Immanente Religion – Transzendente Technologie

Sabine Maasen
David Atwood (Hrsg.)

Immanente Religion – Transzendente Technologie

Technologiediskurse und gesellschaftliche Grenzüberschreitungen

Verlag Barbara Budrich
Opladen • Berlin • Toronto 2022

Bibliografische Information der Deutschen Nationalbibliothek
Die Deutsche Nationalbibliothek verzeichnet diese Publikation in der Deutschen
Nationalbibliografie; detaillierte bibliografische Daten sind im Internet über
https://portal.dnb.de abrufbar.

Der Beitrag von Sabine Maasen "Die Transzendenz der Technik – die
Immanenz der Religion: Das Beispiel Digitalisierung" erschien zuerst in:
Religion und Gesellschaft, herausgegeben von Friedrich Wilhelm Graf und
Jens-Uwe Hartmann, Berlin, Boston: De Gruyter, 2019, pp. 237-254
(https://doi.org/10.1515/9783110582611-013) und wird hier mit
Genehmigung des Verlages abgedruckt.

Gedruckt auf säurefreiem und alterungsbeständigem Papier

Alle Rechte vorbehalten
© 2022 Verlag Barbara Budrich GmbH, Opladen, Berlin & Toronto
www.budrich.de

ISBN   978-3-8474-2404-8 (Paperback)
eISBN   978-3-8474-1528-2 (PDF)
DOI   10.3224/84742404

Das Werk einschließlich aller seiner Teile ist urheberrechtlich geschützt. Jede Ver-
wertung außerhalb der engen Grenzen des Urheberrechtsgesetzes ist ohne Zustim-
mung des Verlages unzulässig und strafbar. Das gilt insbesondere für Vervielfältigun-
gen, Übersetzungen, Mikroverfilmungen und die Einspeicherung und Verarbeitung in
elektronischen Systemen.

Umschlaggestaltung: Bettina Lehfeldt, Kleinmachnow – www.lehfeldtgraphic.de
Titelbildnachweis: www.istock.com
Satz: Angelika Schulz, Zülpich
Druck: docupoint GmbH, Barleben
Printed in Europe

Inhaltsverzeichnis

Sabine Maasen und David Atwood
Einleitung: Immanente Religion – Transzendente Technologie.
Technologiediskurse und gesellschaftliche Grenz/überschreitung/en............ 7

Ordnungen des Technoreligiösen

Sabine Maasen
Die Transzendenz der Technik – die Immanenz der Religion:
Das Beispiel Digitalisierung 23

Jürgen Mohn
Religionisierte Technik. Zur Religionsdiskursgeschichte des
technologischen Dispositivs... 41

Christian Schwarke
Schattentheater – Transzendenz als Projektionsfläche des Technischen 69

Genealogien der Technoreligion

Beat Wyss
Atlantis oder die Dialektik der Mythologie 93

Georg Jochum
Erlösung durch Technologie – zum transzendenten Gehalt
des technikutopischen Denkens 119

David Atwood
Technomythie und digitale Religion. Zu den kategorialen
Schwierigkeiten einer Religionsgeschichte der Technologie...................... 143

Christopher Coenen und Armin Grunwald
Von der Erlösung zur Lösungsorientierung und zurück?
Quasi-religiöse Zukunftsvisionen als Herausforderung und Chance
für die Technikfolgenabschätzung 159

Ästhetiken und Praktiken des Technoreligiösen

Alexander Darius Ornella

"Why nature won't save us from climate change but technology will":
creating a new heaven and a new earth through carbon capture
technologies 193

Sascha Dickel

Die Traumfabrik. Die Inszenierung des 3D-Drucks als revolutionäre
Technologie (post-)industrieller Wissensarbeit 225

Felix Keller

Anarcho-Mystik. Die Verklärung von Anonymität in digitalen
Räumen 247

Alfred Nordmann

Die schöne Technik der Verschwendung. Größte Kleinigkeiten 269

Thomas Christian Bächle

Appropriating God – zur sich wandelnden Medialität religiöser
Erfahrung 287

Autor:innen 313

Einleitung:
Immanente Religion – Transzendente Technologie. Technologiediskurse und gesellschaftliche Grenz/überschreitung/en

Sabine Maasen und David Atwood

1 De- und Restabilisierungsdynamiken in technisierten Gesellschaften

Demografischer Wandel, Globalisierung, weltweite Vernetzung, sich laufend aktualisierendes Wissen und immer schneller zirkulierende Informationen prägen uns und die Gesellschaft: Eine Innovation jagt die andere, Innovationen selbst unterliegen der Innovation. Besonders dynamisch und intensiv wirken gegenwärtig Digitalisierungsprozesse. Schon der häufig benutzte Prozessbegriff signalisiert: Wer in der digital vernetzten Welt lebt, lebt in einer Welt voller und dauerhafter Herausforderungen – was uns alles noch bevorsteht (Industrie 4.0, automatisiertes Fahren, Big Data, Soziale Robotik, ...), fragen wir uns nicht nur selbst, sondern dies bestimmt auch politische Entscheidungsfindungen, Innovationsdiskurse, Rechtsfragen, mediale Debatten ebenso wie die Forschung selbst. Digitale Systeme generieren und steuern die riesigen Datenströme, damit zugleich ganze Märkte, aber auch unsere Stromnetze, Gesundheitssysteme und unsere Mobilität. In Zeiten des Corona-Virus erlaubt uns Digitalisierung darüber hinaus eine ganze Reihe von Realexperimenten, in denen wir Arbeit, Freizeit, Bildung, Konsumverhalten oder solidarisches Handeln neu organisieren.

Diese und viele weitere Herausforderungen für uns selbst, für private und zufällige Gemeinschaften sowie die Gesellschaft als Ganzes eröffnen unterschiedliche Wege, mit unbekannten Implikationen insbesondere neuer Technologien umzugehen, die uns in ebenso unbekannte Zukünfte führen mögen. Die Signatur der Gegenwart ist die fortlaufender Destabilisierungen, die sogleich nach Restabilisierungen rufen – nicht zuletzt dank immer neuer Technologien. Technisierungen durchdringen unterdessen nicht nur den individuellen und gesellschaftlichen Körper, sondern prägen auch die Einbildungskraft. Auch sie hat sich, so Vilém Flusser (1998), in bisher unerreichtem Maße von den Vorgaben jeder Natur freigemacht, und zwar nicht zuletzt im Zuge der durch Digitalisierung erzeugbaren Bilder und Konstruktionen. Für Flusser verkörpert die Technik selbst, insbesondere die durch die Digitalisierung forcierte, die neue Einbildungskraft, weil sie uns unvordenkliche Bilder und damit auch: Entwicklungsoptionen wahrzunehmen, zu denken, zu diskutieren und zu schaffen erlaubt.

Eben dies macht den Transzendenzgehalt von Technologien aus – als soziotechnische Assemblagen erfassen und durchdringen sie uns mit ihren Chancen und Risiken, mit ihren Potentialen und Folgeinnovationen. Gesellschaften, die sich als Innovationsgesellschaften verstehen, billigen zugleich, mit Risiken, Unbekanntem, (noch) nicht Gewusstem Umgang zu pflegen. Die in diesem Sinne ,notorische' Transzendenz immer neuer Technologien wird Teil immanenter Gesellschaftlichkeit. Dies wollen wir als Bewegung fortlaufender Grenz/überschreitung/en erläutern, die sich der religionisierenden Semantik von Immanenz/Transzendenz bedient und auf eben diese Weise das Unheimliche dieser Vorgänge bannt.

2 Grenzüberschreitungen? Grenzüberschreitungen!

Das Erkennen, aber auch das Überschreiten von immer neuen Grenzen bedarf, so würde man zunächst denken, einer gesteigerten kulturellen Kompetenz, nicht nur kognitiver, sondern auch normativ-affektiver Art, da Grenzüberschreitungen in der Regel von der Furcht vor Unbekanntem und Ungewissem, aber auch von der Hoffnung auf neue Chancen und Perspektiven begleitet sind. Dies wird nicht zuletzt am stets kontroversen Umgang mit neuen Technologien deutlich.

Folgt man Werner J. Patzelt (2013), der aus einer sozialphänomenologischen Perspektive argumentiert, so ist die Denkfigur einfach: Es gibt etwas diesseits der Grenze und etwas jenseits der Grenze. Wir sind zunächst einmal diesseits der Grenze, streben aber – vielleicht, und aus welchen Motiven auch immer – in den Bereich jenseits dieser Grenze; und wir nennen unseren Bereich diesseits der Grenze „Immanenz" oder „das Immanente" (von *manere*, d.h. bleiben), den Bereich jenseits der Grenze aber „(die) Transzendenz" oder „das Transzendente" („das Überschreiten"). Aus dieser Perspektive braucht es für das Transzendieren, also für Grenzüberschreitungen, zunächst einmal Grenzen, die alsdann überschritten werden können. Bei näherer Betrachtung aus poststrukturalistischer Perspektive stellt sich der Prozess indessen invers dar: Wo immer (etwas) transzendiert wird, gibt es offenbar eine Grenze (Schlechtriemen 2021). Hinzu kommt die Multiplizität von Grenzen:

> Transzendenz ist zunächst eine Richtungsangabe, sie verweist auf ein Überschreiten von Grenzen. Aber gemeint sind von Anbeginn nicht territoriale Grenzen (auch wenn Orte „sakralisiert" werden), sondern Grenzen zum Unerreichbaren

nicht nur außerhalb, sondern auch innerhalb der Gesellschaft, von der man ausgeht. (Luhmann 2002: 80)

Es kann sich dabei um die Grenze des Körpers, der Sprache, des Wissen(könnens) oder gar die Grenze der physikalisch nachweisbaren Welt handeln. Es handelt sich dabei stets um Grenzen zwischen Zugänglichem und Unzugänglichem, Kontrollierbarem und Unkontrollierbarem. Betrachtet man also die Herausbildung von Grenzen genauer, wird deutlich, dass diese ihrerseits eben durch die Überschreitung allererst konstituiert werden. Weiter im Zitat:

> Transzendenz ist und verdeckt durch ihre Fixierung zugleich das Unheimliche, das jeden Sinn zersetzen, auflösen, überschreiten kann. Wir interpretieren Transzendenz deshalb als eine so nicht formulierbare, ja durch Religion gerade verdeckte Duplikation des Vorhandenen, Erreichbaren, Vertrauten in einen anderen Sinnbereich. (Luhmann 2002: 80)

Grenzen und Grenzüberschreitungen sind mithin ko-konstitutiv, jedoch durch eine zentrale Asymmetrie charakterisiert: Das Immanente, das Erwartbare, das Normale ist jeweils markiert bzw. das Selbstverständliche; die Grenzüberschreitung, das Transzendieren hingegen ist – ob positiv oder negativ bewertet – stets sinnstiftungspflichtig. Die Grenzüberschreitung bildet immer die Ausnahme, denn wäre sie der Regelfall, gäbe es die entsprechende Grenze nicht. Gerade aufgrund ihres Ereignis- und Ausnahmecharakters und weil die Überschreitung die bestehenden Grenzen in Frage stellt, provoziert sie Reaktionen: von Individuen, Gruppen, ganzen Gesellschaften. Auf die Ankündigung, das Ereignis oder den Prozess einer Grenzüberschreitung folgt in aller Regel eine Phase, in der der Grenzübertritt entweder emphatisch begrüßt oder gar heroisiert oder aber abgelehnt oder gar dämonisiert wird – im Regelfall alles zusammen (Schlechtriemen 2021).

Dieser Band bietet für Prozesse dieser Art dezidert heterogen gewählte Beispiele. Sie eint nur zweierlei: In jedem Fall ist von technologischen (v.a. digital motivierten) Grenzen und Grenzüberschreitungen die Rede; überdies bemühen und erproben die Beiträge eine ganz spezifische, religiös konnotierte Semantik: die von Immanenz und Transzendenz. Mit Christian Schwarke (2012) gehen wir davon aus, dass wir unsere durch und durch technisierte und zunehmend digitalisierte Gesellschaft in erheblichem Umfang auch religiös deuten und dass umgekehrt Religion in erstaunlicher Vielfalt mit Technik interagiert. Dieser Band möchte in der Vielfalt der Erscheinungsformen deutlich machen, dass und wie in der Immanenz unserer technologisch beständig herausgeforderten Kultur religiöse Semantiken und Praktiken zur sinnstiftenden Deutung herangezogen werden. Mit dieser Perspektive radikalisiert sie das Motiv von Grenz/überschreitung/en: Das Charakteristische an der Transzendenz ist ja eben ihre Unverfügbarkeit. Und es ist die zentrale Funktion der Religion, plausibel in der Immanenz über das Transzendente zu kommunizieren – vorzugsweise durch Formen und Prozeduren, die vor der Offenlegung der Paradoxie, Transzendentes in der Immanenz verfügbar zu machen, schützen (vgl. dazu auch den Beitrag von Maasen in diesem Band). Dies gilt wohlgemerkt für das Überschreiten der „Grenzen zum Unerreichbaren nicht nur außerhalb, sondern auch innerhalb der Gesellschaft, von der man ausgeht" (Luhmann 2002: 80). Angesichts der nicht nur sachlich und sozial herausfordernden, sondern auch hoch-affektiv besetzten Akte der Grenzüberschreitungen, nicht zuletzt, wenn es um die ebenso machtvoll wie teils unsichtbar wirkenden digitalen Technologien geht, ist Grenzüberschreitungskompetenz gefragt. Sowohl praktisch als auch analytisch fügt sie sich dazu in teils gepflegte Semantiken ein (Luhmann 1980). Was die Praktiken betrifft, so ist etwa an die Vielzahl und Vielfalt medial-künstlerischer Inszenierungen oder historischer Narrative zu denken, die das Unheimliche des Transzendierens überdecken – nicht zuletzt mit religionisierenden Motiven, womit eine in den Bereich der Religion hineinreichende Semantik bezeichnet ist (Atwood 2019: 20).[1] Was die Analytik betrifft, so bedarf auch die Grenzüberschreitung einer Leitunterscheidung, nämlich der von Immanenz und Transzendenz, mit der die in der Regel als solche verkannte Arbeit an einem ‚unmöglichen Projekt' sichtbar wird: Sinnstiftung von digitalen Technologien unter Bedingungen von Ubiquität, Transversalität und weitgehender Unsichtbarkeit.

Die Beiträge dieses Bandes gehen ganz verschiedenen Grenz/überschreitung/en nach und sie zeigen, dass und wie die gesellschaftliche Bewältigung technologischer Herausforderungen mit religiösen Mitteln erfolgt, und zwar unter Ausnutzung der Leitunterscheidung von Immanenz und Transzendenz. Transzendenzbetonte Coping-Semantiken oder auf Grenz/überschreitung/en abstellende Analytiken etwa nehmen die Unheimlichkeit neuer technologischer Herausforderungen auf und integrieren sie auf religionisierende Weise ins gesellschaftliche Spiel, sei es in epistemischer oder in normativer, sei es in technologiekritischer oder -apologetischer Weise. Umgekehrt bringen digitale Technologien auch für religiöse Praktiken neue Formen hervor und lösen – im Hinblick auf deren Transzendenzverweise – produktive Experimentalität und Reflexivität aus.

Man könnte mit Blick auf Beobachtungen 2. Ordnung auch sagen, dass die Leitunterscheidung Immanenz/Transzendenz auch die von Hartmut Rosa (2019) gepflegte Semantik der „Verfügbarmachungen" der „Unverfügbarkeit" der Moderne informiert. Rosa konzentriert sich mit dem soziologisch begründeten Konzept der „Verfügbarmachungen" auf vier Dimensionen, in denen sich moderne Gesellschaften trotz konstitutiver Steigerungsdynamik

---

1 Der Analysebegriff der Religionisierung wurde im Rahmen eines Forschungsprojektes der Religionswissenschaft Basel entwickelt (vgl. dazu auch die Beiträge von Mohn und Atwood in diesem Band).

durch Wachstum, Beschleunigung und Innovation gleichwohl immer wieder Stabilisierungen durch, wenn auch stets befristete, Zugänglichkeiten sichert: durch Sichtbarmachung (Wissenschaft), Erreichbarkeit (Technikentwicklung), Beherrschbarkeit (politisch, rechtlich, administrativ), Nutzbarmachung (v.a. ökonomisch). In all diesen Dimensionen und den damit verbundenen Strategien der Verfügbarmachung zeigen sich, so Rosa, jedoch auch immer wieder die konstitutive Unverfügbarkeit der Welt oder das notorische Ungenügen der Verfügbarmachungen (Grenzen des Wachstums, Umweltzerstörung, etc.). Der in diesem Band bevorzugte Bezug auf die religionisierende Form der dynamischen Ko-Präsenz von Verfügbarmachungen und Unverfügbarkeiten erfasst alle empirischen Dimensionen und Strategien beobachtungstheoretisch durch die Leitunterscheidung von Immanenz und Transzendenz.

Diese Leitunterscheidung fokussiert zwar auf den zentralen Mechanismus der Grenz/überschreitung/en, ohne sich jedoch auf einzelne Implikationen für spezifische Gesellschaftsformationen festzulegen und exploriert dabei die epistemisch wie normativ stilbildende Kraft der religionisierenden Form. Dabei geht es indessen nicht um die Behauptung einer gesellschaftlichen Evolution, in der Konstruktionen von Transzendenz ihre Verbindung zu Dingen in der Immanenz zunehmend verlören. Es geht um etwas anderes: Ihre Unvorstellbarkeit findet stets neue Formen und Symbole der Einheit von Immanenz und Transzendenz, die jedoch, wenn nicht sakraler, so doch in bislang verkanntem Ausmaß nach wie vor religionisierender Art sind.

Mit dieser Leitidee hat sich eine multidisziplinäre Gruppe aus Religions-, Kultur-, Wissenschafts-, Technik- und Medienwissenschaftler:innen sowie Soziolog:innen zusammengefunden, um sie entlang dezidiert unterschiedlicher Gegenstände und disziplinärer Herangehensweisen zu diskutieren.[2] Es wird ganz bewusst kein Versuch eines Resümées unternommen; dieser Sammelband legt gewissermaßen ein Protokoll der wesentlichen Diskussionslinien vor. Sie kreisen um „Ordnungen des Technoreligiösen", „Genealogien der Technoreligion" sowie „Ästhetiken und Praktiken des Technoreligiösen".

3 Ordnungen des Technoreligiösen

Die verschiedenartigen Verstrebungen zwischen dem religiösen Feld und dem Feld der Technologien rufen nach einer Ordnung, insbesondere dort, wo die Grenzen unklar sind und wo Immanentes und Transzendentes vielleicht gerade auf der unerwarteten Seite auftauchen, etwa in den digitalen Disposi-

---

2 Wir danken der Friedrich Schiedel-Stiftung für die großzügige Unterstützung zweier Workshops am Munich Center for Technology in Society (MCTS) der TU München.

tiven. Dort, wo die Grenzen zwischen Religion und Technologie verwischt werden, sprechen wir deshalb vom Technoreligiösen, dessen Ordnung jeweils neu etabliert wird, indem neue Grenzen gezogen werden, etwa, indem eine Technologie wie beispielsweise die DNA-Sequenzierung mit dem Vorwurf des Gott-Spielens kritisiert wird. Die Technikevaluation ruft hier religiöses Vokabular herbei und stellt so einen diskursiven Raum des Technoreligiösen her, in dem Immanentes und Transzendentes neu verhandelt werden. Verschiedene Beiträge gehen diesen Ordnungen des Technoreligiösen nach und schlagen selbst Ordnungsversuche vor, mit denen die Grenzen zwischen Religion und Technologie im Spiel um ganz unterschiedliche Transzendenzverweise und den Umgang mit ihnen neu gedacht werden können.

Die Ordnungen des Technoreligiösen sind, so Sabine **Maasen**, durchaus nicht durch strikte Gegensätzlichkeit, sondern durch eine z.T. verkannte Verweisstruktur aufeinander bestimmt. Dies wird besonders deutlich, wenn Religion und Technologie (auch) als Kulturtechnologien betrachtet werden: In dieser Funktion machen beide das jeweils unhintergehbar Transzendente etwa der vielfältigen Digitalisierungsphänomene dennoch kommunizierbar, sei es durch Hoffnungen oder Ängste, Utopien oder Dystopien. Was die Technik nach Cassirer für den Menschen leistet, nämlich ihn in eine produktive Distanz zu sich selbst zu setzen, vollzieht der Blick auf das Verhältnis von Transzendenz und Technologie für das Verhältnis des Menschen, einzelner Gruppen oder ganzer Gesellschaften zur Technik. Das ist die gesellschaftliche Bedeutung technologischer Transzendenzdiskurse – auch wenn sie sich selbst, wie etwa in Gestalt von Technikfolgenabschätzungen ganz immanent und daher *als Transzendenzdiskurse* verkennen: Zwar geht es in ihnen stets ‚ums Ganze', etwa um Gerechtigkeit oder den Schutz der Privatsphäre, doch verhindert die selbst gesetzte Aufgabe, ‚Lösungen' für soziale oder ethische Probleme einer Technik zu suchen, dass der Diskurs sich in Grundsatzstreitigkeiten verliert. Er muss seinen Transzendenzbezug verkennen um zu funktionieren. Insofern sind diese Verfahren selbst Kulturtechniken, d.h. lösungsorientierte Handlungsschemata für Transzendentes.

Die geradezu zum Allgemeinplatz gewordenen Religionsverdächtigungen von neuen Technologien, die auch Jürgen **Mohn** als Religionisierungen beschreibt, untermauern und ergänzen die auch von Schwarke erhobene These, der zufolge Technikevaluationen über den Religionsvergleich vollzogen werden. Religion wird zum semantischen, immanenten Reservoir, mit dem die (für den Endbenutzer:innen) häufig nicht mehr zugängliche und damit transzendente Technologie evaluiert werden kann. Mohn zeigt, wie der Mensch sich in den technologischen Dispositiven selbst transzendiert und dies gleichzeitig schon seit Anbeginn der neuen oder 'modernen' Technikgeschichte immer im Hinblick auf den religiösen Gehalt reflektieren muss. Dies zeigt er exemplarisch an Oswald Spengler, Ernst Bloch und Erich Fromm. Nicht nur in diesen intellektuellen Großerzählungen wird das religiöse Feld als ein manipulatives Feld und Spielplatz der Technologien sichtbar, deren Interpretation nach religionstheoretischer Fundierung ruft. Auch die Magier der Technologie, die Ingenieure, werden, etwa in Spenglers Zukunftsprognose, zu Priestern einer „Religion der Technik", die zukünftige Wirklichkeiten entwerfen und schaffen. Technikdeutung wird so zur religionstheoretischen Herausforderung.

Technologiediskurse sind in dieser Debatte immer auch Machtdiskurse, in denen darüber gestritten wird, ob eine Technologie zu viel, zu wenig oder auf falsche Weise Macht ausübt. Diese Frage nach dem Machtaspekt in Technologiediskursen wird auch von Christian **Schwarke** in Bezug auf Technikbilder in der neueren westlichen Kulturgeschichte weitergeführt. Schwarke zeigt, wie Transzendenzzuschreibungen zu einem notwendigen „ethischen Marker" werden, mit denen insbesondere neue Techniken evaluiert werden. Seine Antwort auf die Frage, was Technik denn überhaupt mit Transzendenz zu tun habe, lautet: Transzendenzverweise treten immer dann auf, wenn eine Technologie die Gesellschaft als Ganzes irritiert und Fragen nach der Auswirkung einer Technologie auf die Kultur als Ganzes gestellt werden. Man kann solche Fragen zwar vermeiden, aber, wenn sie derart gestellt werden, können sie „nicht unter Absehung von einer Transzendenzdimension der Technik" beantwortet werden. Transzendenz wird damit zu einem Schattentheater: Wie im Schattentheater wird eine neue Technik „auf den Schirm der Transzendenz projiziert, und erscheint dort größer, bedeutungsvoller, aber gleichzeitig vielleicht klarer, schärfer umrissen". Die Metapher des Schattentheaters als besonderes Medium sowie Schwarkes Analyse von Technikbildern verweist darauf, dass die Medialität jeder religiösen Erfahrung dabei eine Bedingung *sine qua non* ist.

Diese Beiträge erkunden eine Doppelbewegung: Der Religionsvergleich wird zum Deutungsreservoir der Technikevaluation und diese zur religionstheoretischen Herausforderung, während das religiöse Feld selbst die technologischen Mediatisierungen aufgreift.

4   Genealogien der Technoreligion

Die Ko-Konstitutivität von Immanenz und Transzendenz spielt in die gegenwärtigen 'Sphären' von Technologie und Religion hinein, die dieser Band als weitaus komplexer darstellt, als sie in den jeweiligen Fachdiskursen und insbesondere im öffentlichen Diskurs über Technologien vorgestellt werden. Diese Komplexität hat und ist Resultat einer Geschichte. Sowohl die immer neuen Grenzen zwischen Religion und Technologie als auch ihre Überschreitungen reichen tief in die europäische Ideengeschichte zurück. Hier formieren *mythos* und *technae* ganz verschiedene Dispositive. Genealogisch kann gezeigt werden, wie schon in der Antike ein Feld auszumachen ist, das eine transzendente Seite der Technologie explizit macht und damit das Feld eröffnet, um auch Genealogien der Technoreligion neu zu beschreiben. In diesem Sinn wird hier von der Technoreligion im Singular gesprochen: um den Komplex der Verstrebungen von Immanenz und Transzendenz im Bereich des Technologischen zu beschreiben, der selten ohne Mythen oder religiöse Semantiken auskommt.

Der Kunst- und Medientheoretiker Beat **Wyss** zeigt am Mythos der Atlantis-Geschichte und seinen unterschiedlichen Paradigmen, wie eine gegenwärtige Aufklärung immer an die Mythologie früherer Zeiten anknüpft. Wyss geht genealogisch von der Gegenwart von Atlantis zu verschiedenen vergangenen Schichten dieses Mythos zurück und zeigt seine jeweils alltägliche, pragmatische Wirkung. Er arbeitet mit der Dialektik von Technik und Mythologie als Weiterführung der von Adorno und Horkheimer stark gemachten dialektischen Programmatik. Wyss führt die von Adorno und Horkheimer als jeweils zwischen Mythologie und Technik bestehende Paradoxie als 'Arbeit am Mythos' weiter und kommt zum Schluss, dass „transzendente Technik als immanente Religion" das sei, was Horkheimer und Adorno „erstarrende Aufklärung" genannt hatten. Wyss zeigt die Bedeutung von Grenzüberschreitung auf, indem er die pragmatisch-alltägliche Wirkung des Atlantis-Mythos für die Technikentwicklung und die Technikevaluation aufzeigt.

Diese im Atlantis-Mythos angelegte Technikutopie, die vom Verbot als „Non plus ultra" der platonischen Version in ein koloniales und schließlich technikoptimistisches Gebot des „Plus Ultra" kippt, wird auch von Georg **Jochum** aufgenommen. Jochum zeichnet nach, wie bei Thomas Morus' Utopia und verstärkt noch mit Bacons *Nova Atlantis* eine „Religion der Technologie" konstituiert wird. Mit Bacons Nova Atlantis wird aus dem „Non Plus Ultra" ein Transzendierungsimperativ, der die technologische Grenzüberschreitung zu einer Pflicht erklärt. In den zeitgenössischen, post- und transhumanistischen Leitdiskursen der Gegenwart wird die „Spannung zwischen den inferioren irdischen Sphären und den transzendenten himmlischen Sphären in einen Gegensatz zwischen unvollkommener Biosphäre und vollkommener Technosphäre transformiert". Der Transhumanismus wird so ein erstes Mal als Grenzüberschreitung beschrieben. Jochum fragt schließlich in Anlehnung an Bruno Latour, ob dieser Transzendierungsimperativ vor dem Hintergrund unserer dringender werdenden „planetaren Grenzen" nicht revisionsbedürftig sei. Ist im Kampf um Gaia eine Transformation der „Religion der Technologie" gefragt, die bereit ist, sich selbst Grenzen zu setzen? In verschiedenen zeitgenössischen Technologiediskursen deutet sich, so Jochum, die „Herausbildung eines weltimmanenten Heilsgehalts der Religion an".

Dem schon angesprochenen Leitdiskurs des Trans- und Posthumanismus und seinen religiösen Facetten greifen mehrere Autoren aus verschiedenen Perspektiven auf: Zum einen unternimmt David **Atwood** eine religionswissenschaftlich-metapherngeschichtlich orientierte Analyse der mythopoetischen Aspekte von Singularitäts-, Superintelligenz- und Unsterblichkeitsdiskursen. Die Moderne wird dabei als Religions-Grenzziehungsgeschichte sichtbar, in deren Zuge ‚Religion' als konstitutives Außen von Wissenschaft und Technologie wirkt. Atwood fragt nach den ‚technoreligiösen' Diskursivierungen, in denen diese Grenzziehung mit Irritationen einhergehen und dabei die ‚säkular-technologische Gesellschaftsordnung' neu justieren und gleichzeitig konstituieren.

Zum anderen gehen Armin **Grunwald** und Christopher **Coenen** religionsähnlichen Aspekten in der Technikfolgenabschätzung nach. Sie blicken weit zurück in die Religionsgeschichte und vergleichen gnostische Weltablehnungen mit transhumanistischen Gegenwartsablehnungen. Dabei schlagen sie mit ihrem Programm einer hermeneutisch orientierten Technikfolgenabschätzung ein „Denken in Alternativen" vor, mit dem aus der interdisziplinären Zusammenarbeit Fragen generiert werden können, die aus der häufig behaupteten Alternativlosigkeit der dominanten Perspektiven herausführen (Dobroc et al, 2018) – Transzendenzkompetenz im Plural. Eine hermeneutisch orientierte Technikfolgenabschätzung zeigt nicht nur, dass und auf welche Weise sich zumindest in westlichen Gesellschaften transzendente Diskurse in erheblichen Umfang von institutionalisierten Religionen auf visionäre Technikdiskurse verlagert haben. Sie macht auch deutlich, dass und auf welche Weise auch diese Visionen durch (neu)religiöse Motive, Bilder und Narrationen durchzogen sind: Auch aus diesen Sichtbarmachungen schöpfen Technikdiskurse ihre sowohl technikkritische als auch technikgestaltende Kraft.

Die Verkehrung der immanenten Biosphäre und der transzendenten Technosphäre zeigt erneut, wie Religion und Technologie schon seit vielen Jahrhunderten in einem Wechselspiel stehen, dessen Variabilität gerade zur *conditio sine qua non* eines technologischen Leitdiskurses in der Moderne wird. In den Genealogien der Technoreligion wird dieses diskursive Wechselspiel in seinen historischen Veränderungen gezeigt, wobei die Gemeinsamkeit in der Ko-Konstitutivität und der je neuen Grenzziehung zwischen Immanenz und Transzendenz, Religion und Technologie liegt.

5 Ästhetiken und Praktiken des Technoreligiösen

Die verschiedenen Genealogien des technoreligiösen Komplexes nehmen ganz unterschiedliche ästhetische und praktische Formen an. Der dritte Teil des Sammelbandes wendet sich dezidiert heterogenen Phänomenen zu, die sich an neuen Technologien wie der Kohlenstoffspeicherung, dem 3-D-Druck, dem Feuerwerk, Gebets-Apps oder den Heilsversprechen einer digitalen Utopie zeigen lassen. Wieder wird die zweifache Grenzüberschreitung deutlich, die den Sammelband kennzeichnet: sowohl werden technologische Errungenschaften mit religiöser Semantik evaluiert als auch religiöse Praktiken technologisch re-instituiert, wie dies etwa an Gebets-Apps sinnfällig wird.

Dass Technologiediskurse auf Engste verwoben sind mit Klimadiskursen ist keine Neuheit. Auch nicht, dass in letzteren zuweilen apokalyptische Töne zu hören sind. Dass aber die Errettung vor der Klimakatastrophe durch technologische Errungenschaften möglich ist, lässt die Frage nach der 'Religion der Technologie', wie sie Wyss, Mohn und Jochum beschrieben haben, in neuer Aktualität stellen. Alexander Darius **Ornella** geht dieser Frage nach, indem er die Idee der 'Rettung vor der Klimakatastrophe' durch die Technologie der Kohlenstoffspeicherung als rhetorische Konstruktion eines paradiesischen 'Landes von Milch und Honig' beschreibt. Die religiöse und utopische Rhetorik und Imagination in der Bewerbung der Kohlenstoffspeicherungstechnologie hat aber zur Folge, wie Ornella festhält, dass die Bedeutung der individuellen wie kollektiven Verantwortung untergeht, da die 'Wundertechnologie' diese Probleme zu lösen vorgibt. Stattdessen suggeriert sie einen spätmodernen Ablasshandel, der beide Aspekte des vormodernen Ablasshandels weiterträgt: einerseits ein Erlass der gesellschaftlichen Sünde des Klimawandels, andererseits ein individueller Erlass einer kohlenstoffintensiven Lebensführung.

Von dort geht es gleich zum 3-D-Druck: Das Wirtschaftsmagazin *The Economist* positioniert im Jahr 2012 die seinerzeit neue Technologie des 3-D-Drucks in den revolutionären Diskurs dezentralisierter Wirtschaft, kollaborativer Vernetzung heterogener Akteur:innen und individualisierter Produkte. Sascha **Dickel** demonstriert in seinem Beitrag die wissensästhetische Dialektik von Ver- und Entzauberung dieser nahenden Technologie. Entzauberung geschieht etwa durch bildliche Verankerung in der Gegenwart und in bereits vertraute Motive postmoderner Wissensarbeit. Gleichzeitig jedoch wird erneutes *blackboxing* betrieben: Weder das Innere der Produktionstechnik noch die Architektur und Dynamik der unsichtbaren Netzwerke werden offenbar. Die innerweltlich-utopische, religionisierende Grenzüberschreitung ist zugleich seltsam vertraut. Es ist gerade die bildästhetische Inszenierung, der beides zugleich gelingt: 3-D-Technologie entgrenzt vertraute Wissensarbeit qua digitaler Produktionsarbeit ins Private und baut so alle Transzendenzverweise bruchlos in die Immanenz bereits praktizierter Lebens- und Arbeitsverhältnisse ein.

Felix **Keller** beschreibt sodann in einer Analyse des mystischen Anarchismus und einigen seiner Exponenten wie Julian Assange, Edward Snowden, Gustav Landauer oder Simon Critchley, wie die letzte der spätmodernen Utopien von einem globalen Heilsversprechen in eine drohende Apokalypse der Digitalisierung kippt. Er zeigt, wie von den frühen mystischen Anarchisten des 19. Jahrhunderts bis zu den heutigen Internetaktivisten eine „Religion des Staatsgeheimnisses" beschrieben und bekämpft wird, die etwa im Stempel „classified" ihren Ausdruck findet. Die Publikation solcher klassifizierter Dokumente ist damit mehr als *whistleblowing*: Es ist Religionskritik und Kampf gegen eine staatliche Religion, die gleichfalls in eine elitäre Gemeinschaft umschlägt, deren missionarischer Eifer die „dämonische Machtbasis des Staates" dadurch angreift, als dass sie auf das Naturgesetz der Verschlüsselung zurückgreift und damit Identität und Adressierbarkeit der einzelnen Menschen verschleiert – unsichtbar macht. Darin äußert sich nicht weniger als ein Angriff auf die Institution des Eigennamens, die durch die mystische Macht einer Technologie erreicht wird. Allerdings, so schließt Keller, kippte auch die Idee einer elitären Elite: neben *Anonymous* tritt QAnon.

Alfred **Nordmann** zieht einen Vergleich zwischen dem Feuerwerk und dem Klavierspiel und beobachtet dabei die Grenz/überschreitung/en, die im Fall solcher „maßlosen Techniken" stattfinden: Es ereignen sich Kreationen eigener Welten. Beiden ist eine ekstatische, lustvolle und gleichzeitig zärtliche, sachliche Sorge um das Zusammenspiel von Tönen oder Feuerwerkskörpern eigen. Nordmann zeigt, dass diese Formen der Sachlichkeit als mystisch beschrieben werden können, insofern beide als ästhetische Erfahrungen Transzendenz erzeugen: eine „Welt als begrenztes Ganzes". Hinsichtlich des Zusammenhangs von Transzendenz und Immanenz in der Technologie ergibt sich daraus die Folgerung, dass wir „der Einladung nicht zum Gebrauch der Technik, sondern in ihre Welt" folgen. Was ekstatische Phänomene gilt, trifft nicht minder auf scheinbar technizistische Instrumente zu: So bietet etwa auch das Smartphone mit seinen Kameras die Einladung an, mit dem Selfie eine eigene Welt zu konstituieren.

Diese spezifische Medialität ist schließlich dem Medienwissenschaftler Thomas **Bächle** Anlass, sich der praktischen Kommunikation mit 'dem Göttlichen' zuzuwenden – vermittelt etwa in Rosenkranz- oder Gebets-Applikationen – und dabei die spezifische Ökonomie der religiösen Erfahrung als eingebettet in die modern-neoliberale Selbstregierung des gläubigen Selbst zu beschreiben. Dies beinhaltet einen Zwang zur Individualisierung, die aber aufgrund der technischen Individualmedien, wie etwa der genannten Gebet-Apps, weiterhin den Regeln der Ökonomie unterliegt. Die audiovisuelle Repräsentation der Transzendenz wirkt in ihrer „performativ-auratischen Ästhetik": man betet mit der Rosenkranz- oder der Gebets-Applikation und kommuniziert dabei mit der Gottheit. Die Grenzüberschreitung von der Immanenz zur Transzendenz wird damit mit der Technik ermöglicht, die im Smartphone herumgetragen werden kann. Bächles Beitrag zeigt schließlich auch, wie Religion mit Technik interagiert und dabei neue Grenzen und Grenzüberschreitungen produziert.

Nachdem die ersten Beiträge vor allem die Unterscheidung von Immanenz und Transzendenz auf die Technikevaluation fokussierten und so die Ordnungen des immer wieder neu religionisierten Technologiediskurses erkunden, endet der Sammelband mit dem Blick auf die andere Seite der Doppelbewegung: Hier geht es um die Technologisierung des Religiösen und die technologische Inszenierung religiöser Unterscheidungen – die Gottheit wird in einer App ansprechbar. Beide Seiten kennzeichnen aber gerade in ihrer Spannung und Dynamik, so argumentiert dieser Sammelband, zentrale Strategien im zeitgenössischen Technologie- wie auch im Religionsdiskurs. Die verschiedenen Dispositive: Feuerwerke, Drucker oder Applikationen fügen diese Unterscheidungen – kreativ, dilatorisch oder auch spektakulär – in alltägliche Praxis ein. Im Fluss der Praxis wird der Transzendenzbezug, wie sich in diesen Fällen zeigt, zu einem Operator praktischer Logik (Bourdieu 1993). Er verbindet Erfahrung und Deutung, Identität und Strategie miteinander (Schäfer 2016, 296). In jedem Fall justiert die Unterscheidung von Immanenz und Transzendenz unser Verständnis von immer neuen Technologien, unsere Praktiken mit ihnen und unser Urteil, was nun zu hoffen oder zu fürchten und eben deshalb: als Nächstes zu transzendieren wäre – in der Immanenz gesellschaftlicher Praxis.

6 Epilog: Kontingenzbewusstes und reflexionsfreundliches Intervenieren in technisierte Gesellschaften

Hartmut Rosa beginnt und endet seinen Essay *Unverfügbarkeit* mit einem Plädoyer:

> Unablässig versucht der Mensch, die Welt in Reichweite zu bringen: Dabei droht sie jedoch stumm und fremd zu werden: Lebendigkeit entsteht nur aus der Akzeptanz des Unverfügbaren. (2019: 127)

Die Leser:innen mögen selbst entscheiden, ob und ggf. wie weit sie dieser Empfehlung folgen wollen. Eine Deutung, die auf die dynamische Ko-Präsenz des Duals von Immanenz und Transzendenz sowie auf die epistemische wie normative Kraft der religionisierenden Form im Umgang mit Grenz/-überschreitung/en setzt, würde indessen vermutlich eher auf Träume, Künste, Taktiken und Politiken setzen: Sie nehmen mithin das paradoxal verfasste Dual selbst ernst und erlauben sich ein mal nüchternes, mal emotionales Spiel mit seiner Proceduralisierung. Dies ist nicht zu verwechseln mit (digitalisiertem) Gestaltungswahn im Angesicht von De-Traditionalisierung, Entkonventionalisierung und Pluralisierung der sozialen Welt – ganz im Gegenteil. Experimente und Coups ebenso wie deren kulturelle De- und Rekontextualierungen setzen auf Gelegenheiten und Möglichkeiten, Essayismus und Katalyse, kurz: auf kontingenzbewusstes Intervenieren in Sphären, die selbstredend auch von Konflikten, Asymmetrien und Differenzen durchzogen sind. Sollte es eines Plädoyers bedürfen, so ginge es wohl darum, kontingenzbewusstes

Intervenieren in technologisch herausgeforderten Gesellschaften mit der Notwendigkeit beständiger Reflexivität zu verschwistern – wir empfehlen dazu: das Beobachtungsschema von Immanenz/Transzendenz.

Wir danken der Arbeitsgruppe Immanenzen/Transzendenzen für die wunderbar transzendenzfreundlichen Diskussionen in der Immanenz des Munich Center for Technology in Society der TU München sowie der Friedrich Schiedel-Stiftung für die Drucklegung des Bandes. Unser Dank gebührt auch Dr. Barbara Sutter, Julia Heinrichsen und Olivia Saling für ihre geradezu übernatürliche Geduld bei der formalen Bearbeitung der Manuskripte. Schließlich danken wir auch dem Verlag Barbara Budrich für den Anstoß zu diesem Sammelband und die freundliche Begleitung bis zur Publikation.

Sabine Maasen und David Atwood   Basel, München, Hamburg 2021

Literatur

Atwood, David (2019): Schwellenzeiten. Mythopoetische Ursprünge von Religion in der Zeitgeschichte, Baden-Baden: Ergon.
Bourdieu, Pierre (1993): Sozialer Sinn. Kritik der theoretischen Vernunft, Frankfurt a.M.: Suhrkamp.
Flusser, Vilém (1998): Kommunikologie, Frankfurt/Main: Fischer.
Luhmann, Niklas (1980): Gesellschaftliche Struktur und semantische Tradition, in: ders.: Gesellschaftsstruktur und Semantik, Suhrkamp Wissenschaft: Frankfurt/Main.
Luhmann, Niklas (2002): Die Religion der Gesellschaft, Frankfurt/Main: Suhrkamp.
Patzelt, Werner J. Patzelt (2013, Hg.) Die Machbarkeit politischer Ordnung. Transzendenz und Konstruktion, Bielefeld: transcript.
Rosa, Hartmut (2019): Unverfügbarkeit, Wien/Salzburg: Residenzverlag.
Schäfer, Heinrich Wilhelm (2016): Teuflische Konflikte: Religiöse Akteure und Transzendenz, Zeitschrift für Friedens- und Konfliktforschung, Sonderband 1, S. 294-333.
Schlechtriemen, Tobias (2021): Grenzüberschreitung. https://www.compendium-heroicum.de/lemma/grenzueberschreitung/?pdf=11064 [Zugriff am 26.06.2021].

Ordnungen des Technoreligiösen

Die Transzendenz der Technik – die Immanenz der Religion: Das Beispiel Digitalisierung[1]

Sabine Maasen

Digitalisierung – dieses Stichwort löst ganz verschiedene Assoziationen aus: Sie kreisen etwa um die immer wieder aufflammenden Aufregungen um Facebook, aber auch um Big Data, Industrie 4.0, algorithmisch vernetzte Patienten, e-democracy. Manchmal handelt es sich um Visionen, an deren digitale Erfüllung man nur zu gern glauben möchte, wie es etwa bei der Aussicht auf erweiterte politische Teilhabe der Fall ist; nicht selten handelt es sich dabei jedoch auch um belächelte Verheißungen, so etwa, wenn es um die Eröffnung von Apple-Stores geht, vor denen „die Gläubigen" schon in der Nacht zuvor vor dem Eingang zelten: Dann fürchtet man mit einer grenzenlosen IT-Gläubigkeit auch eine neue technologische Religion. So oder so lässt sich beobachten, dass sich digitale Technik zunehmend mit Transzendenzverweisen auflädt und umgekehrt Religion durch digitale Welten, sei es, be- oder verdrängt, sei es, zu neuer Form gebracht wird. Hier scheint nur eines sicher: Religionen und Glaube stehen vor der Frage, wie sie mit den Herausforderungen durch die vielfältigen Erscheinungsformen der Digitalisierung umgehen wollen.

Am Beispiel der Digitalisierung will der folgende Essay eine diskursanalytisch geprägte Perspektive auf die konstitutive Transzendenz der Technik eröffnen. Es handelt sich ausdrücklich um ein Gesprächsangebot, das dazu einlädt, die Transzendenzverweise der Digitalisierung ernst zu nehmen, und zwar deshalb, weil sie eine spezifische Weise darstellen, fundamentale und weitreichende Implikationen neuer Technologien auszuloten. Denn wann immer und solange es um „neue" Technologien geht, sehen wir in (digitalen!) verstärkte (und auch digitale!) Anstrengungen, sich in der Immanenz der Gesellschaft über Transzendentes, und das heißt: über Prinzipien, Ziele, Werthaltungen zu verständigen, die wir im Hinblick auf neue oder kontroverse Technologien für unverfügbar halten wollen. Dass dies nicht unbedingt im Konsens, gar im Konflikt geschieht, ist aus dieser Perspektive weniger bedeutsam, als dass diese Verständigungen geschehen, und das gegebenenfalls nicht nur über den, sondern auch im digitalen Raum.

Religion, so der Vorschlag, kann hier wichtige Anregungen geben: Nicht nur bietet sie hier Deutungshorizonte an, sondern darüber hinaus – und für den vorliegenden Zusammenhang wichtiger noch – ist sie selbst als eine Kul-

---

1 Wiederabdruck aus: Graf, Friedrich Wilhelm/Hartmann, Jens-Uwe (Hg., 2019): Religion und Gesellschaft. Sinnstiftungssysteme im Konflikt.

turtechnologie zu verstehen, deren spezifisches Merkmal es ist, sich in der Immanenz der Welt über Transzendentes zu verständigen.

1 Zum Umgang mit Transzendenz verweisen der Technik als „Kulturtechnologie"

Ob im Alltag, in der sozialwissenschaftlichen Deutung oder in der theologischen Selbstreflexion der Kirchen und Religionsgemeinschaften: Ziemlich regelmäßig wird ein strikter Gegensatz von Religion und Technik unterstellt. Diese Studie folgt jedoch eher jenen Hinweisen, wonach ‚Technik' und ‚Transzendenz' in einem spannungsvollen Wechselverhältnis zueinanderstehen. Dazu verhält sich etwa die These, dass die Entfaltung von methodischrationaler Lebensführung als Element der kapitalistischen Produktionsweise in der protestantischen Ethik und der Prädestinationslehre wurzelt; (vgl. Weber 1934) dazu verhalten sich aber auch solche Stimmen, die das Deutungsmodell „Maschine" als Mythos (vgl. Mumford 1974) und Technik und Wissenschaft selbst als „Ideologie" (vgl. Habermas 1968) zu erklären versuchen.

Darüber hinaus lässt sich beobachten, dass die kulturelle Aufnahme und Verarbeitung neuer Techniken, sei es positiv oder negativ, seit der Antike in religiösen Semantiken geführt wird. Im positiven Falle findet sich das Bild der rituellen Blendung des Polyphems durch Odysseus mit einem gehärteten Holzpfahl: Hier wird die technologische Überlegenheit des homo sapiens gefeiert (vgl. Brukert 1999). Im negativen Falle mag man an die Rede von der Gentechnik als einem „Eingriff in die Schöpfung" denken: In diesen und ähnlichen religiösen Termini oder Konzepten artikuliert sich eine eher technikkritische Haltung gegenüber der Atomenergie, den Bio-, Nano- sowie, *last but not least*, den Informations- und Kommunikationstechnologien.

Diese religionisierende Bezugnahme auf neue (zumeist auch umstrittene) Technologien ist nicht zufällig. Mit Christian Schwarke gehe ich davon aus, dass wir unsere durch und durch technisierte Gesellschaft, insbesondere im Feld jeweils neuer Technologien, in erheblichem Umfang auch religiös deuten, und dass umgekehrt Religion in erstaunlicher Vielfalt mit Technik interagiert (vgl. Schwarke 2012: 79). Ich ergänze jedoch eine weitere Überlegung, nämlich die, dass auch Religion selbst als eine Technologie verstanden werden kann, die stilbildend für Umgang mit konstitutiven Transzendenzverweisen vor allem jeweils „neuer" Technologien ist.

Inwiefern jedoch darf sich Religion überhaupt als Technologie verstehen? Dazu argumentiere ich in zwei Schritten: Zunächst ist an Aristoteles zu erinnern, der ausdrücklich zwischen Technik und Technologie unterscheidet. Während danach *Technik* als ein Ensemble bestimmter Vermögen (Fertigkeiten), Handlungsschemata und technischen Fixierungen (Produkten) aufzufassen ist, richtet sich *Technologie* (gr., zusammengesetzt aus technè = Fertigkeiten und lógos = Vernunft, Rationalität) auf die mit ihnen verbundenen Rationalitäten. Technologie umfasst daher über die materiale Lösung hinaus auch die Rationalität, die bestimmte technische Verfahren oder Artefakte mit Plausibilitätskriterien versieht und die Angemessenheit der gewählten technischen Mittel im Hinblick auf die gewünschten Zwecke feststellt. Diese Rationalität betrifft wesentlich die handlungswirksamen Strategien, die sich um technische Apparaturen herum bilden, nämlich: Legitimationsstrategien (z.b. Akzeptanzbeschaffung), Durchsetzungsstrategien (z.B. Gesetzgebungsverfahren) und Befähigungsstrategien (z.B. Bedienungsanleitungen und Ausbildungsvorschriften) (vgl. Maasen/Merz 2006). Dieses erweiterte Technikkonzept ist nicht auf Material-/Realtechnik beschränkt, sondern schließt darüber hinaus sog. Intellektual- und Sozialtechniken ein (vgl. Hubig 2013).

Im zweiten Schritt schlage ich nun vor, diesen Gedanken auf Religion zu übertragen, indem wir sie als eine Kultur*technologie* metaphorisieren, die eine ganze Reihe von Kultur*techniken* unter sich versammelt. Während der Begriff der Kulturtechnik auf den engen Zusammenhang zwischen der Benutzung von Apparaten und technischen Systemen sowie der Anwendung methodischer Verfahrensweisen verweist, richtet sich der Begriff der Kulturtechnologie in reflexiver Weise auf kulturelle Praktiken und Verfahren, die Kultur allererst hervorbringen. Die These lautet: Eine wichtige, wenn nicht die wichtigste Funktion von Religion als Kulturtechnologie mit ihren diversen Kulturtechniken wie etwa Gebet, Meditation, Tanz oder theologische Erörterung ist es, uns dazu zu befähigen, das Transzendente im Diesseits, im Diesseits unserer technomorphen Kultur (vgl. Böhme 2000: 164) zu erkennen, die dafür notwendigen religiösen Sinnstiftungsangebote durchzusetzen und (im Zuge des technisch mitgeprägten Wandels) immer aufs Neue zu legitimieren. Das Technomorphe unserer Kultur ist dabei heute in zunehmendem Maße durch Digitalisierung charakterisiert. Als ubiquitär anzutreffende, transversale, instantan und zugleich überwiegend unsichtbar funktionierende Technologie mit starkem Bezug zum Virtuellen ist sie ein überaus instruktiver Fall.

Die zentrale Aufgabe für Religion als Kulturtechnologie ist es – und hier folge ich Niklas Luhmann –, in der Immanenz unserer technomorphen Kultur die Differenz von verfügbar/unverfügbar oder Immanenz/Transzendenz (vgl. Luhmann 1982: 24) artikulierbar zu machen. Die Unterscheidung von Immanenz und Transzendenz in der Immanenz bewirkt dabei zweierlei: Zum einen sichert sie die Verfügbarkeit der Transzendenz in der Immanenz, zum anderen aber verletzt sie auch ihre Unzugänglichkeit. Durch ihre Verfügbarmachung wird sowohl verdeckt als auch fixiert und verdinglicht (vgl. Luhmann 2000). Genau diese Einheit von Immanenz und Transzendenz in der Immanenz wird von Luhmann als das Sakrale bezeichnet.

Das Problem: Das Transzendente ist unberührbar, unverfügbar, sonst wäre es nicht das Transzendente. Da Religion aber darauf abzielt, die Gleichzeitigkeit von Immanenz und Transzendenz in der Immanenz herzustellen, stehen wir vor einem Paradox: Die Transzendenz kann nicht immanent sein. Paradoxien können bekanntermaßen nicht aufgelöst, sondern nur prozessiert werden, und zwar vorzugsweise, indem sie unsichtbar gemacht werden – zum Beispiel dadurch, dass das Sakrale als Geheimnis dargestellt oder Tabus und Autoritäten installiert werden, um sich gegen Offenlegung der Paradoxie zu schützen. Die immanenten Formen des Religiösen erlauben es so, plausibel *im* Diesseits *über* das Jenseits zu kommunizieren, denn sie verhindern, dass die Differenz von Immanenz und Transzendenz in die religiöse Kommunikation eindringt und sie unplausibel macht.

In einer Kultur, die nicht nur durchgreifend, sondern mit beschleunigter Dynamik mit immer neuen Techniken und den mit ihnen verbundenen Legitimations-, Durchsetzungs- und Befähigungstechnologien durchsetzt ist, bleibt Religion als Kulturtechnologie davon nicht unaffiziert. Zwar können wir einerseits derzeit beobachten, dass es immer mehr Domänen in der Gesellschaft gibt, die sich davon emanzipieren, religiös begründet werden zu wollen. Das ist ein großer Vorteil, und zwar sowohl für die Gesellschaft als auch für die Religion. Zum Beispiel kann man, ja muss man, juristische oder politische Entscheidungen über technologische Entwicklungen ohne Gottesbezug treffen; und man kann religiös sein, ohne gleich andere Probleme in der Gesellschaft mit lösen zu müssen (vgl. Nassehi 08.11.214).

Doch andererseits: In der technomorphen Kultur sind Technik und Transzendenz weder Gegenwelten noch Paralleluniversen, auch wenn insbesondere physische Technologien wie Computer und Smartphones zunächst den Anschein erwecken mögen, als seien sie *reine Immanenz*. Sie scheinen allein dem Reich des Gemachten und dem Machbaren anzugehören, während Religion sich allein dem Reich des Unverfügbaren zuzuwenden scheint. Meine These lautet demgegenüber, dass Techn(olog)isches und Religion(en) als Kulturtechnologien *einander im Medium der Bearbeitung von Transzendenzverweisen* gegenwärtig in vielfältiger Weise durchdringen.

Ein kulturwissenschaftlich informierter Begriff der Transzendenz umfasst dabei alle Phänomene, die sich als unverfügbar darstellen. Dabei geht es, *nota bene*, um das, was wir als transzendent wahrnehmen und zur Sprache bringen, ob vorübergehend oder vorgetäuscht oder für immer. Es wird deshalb auch von Transzendenzverweisen gesprochen, wozu etwa auch Verweise auf ‚die Geschichte', ‚die Natur' oder ‚die Ästhetik' gehören, und zwar immer dann, wenn und insofern sie *als* unverfügbar behandelt werden. Und wann immer Transzendenzverweise vorliegen, ist ein gesellschaftlicher Umgang mit ihnen angezeigt. An dieser Stelle wird deutlich, inwiefern Religion auch eine *Kultur*technologie ist – eine Technologie, die dazu beiträgt, Irritationen durch Neues in der Gesellschaft, etwa durch Neue Technologien, zu beobachten und zu behandeln – und zwar sichtbar: in fortgesetzten Diskursen, die ihre kulturellen Implikationen spezifizieren.

Kultur hat, Dirk Baecker (2015) folgend, die Funktion, „das differentielle Potential des Menschen mit dem differentiellen Potential der Gesellschaft immer wieder neu in Spannung zu versetzen und abzugleichen" (Delaney 2004). Kulturalität bezeichnete dann aus dieser Perspektive die Fähigkeit oder Eigenschaft von Kulturwesen, die soziohistorisch spezifischen Bedingungen von Mensch und Gesellschaft zu neuen Knoten zu verbinden und dies unter wechselnden Kriterien für angemessen und wünschbar oder unangemessen und kritisierbar zu halten. Etwa: Woran glaubt die „Netzgemeinde", was sind ihre „Glaubensinhalte", ihre Wertevorstellungen, ihre Moral? Und diese durch immer neue Technologien beschleunigte Reflexivität, aber auch Mitgestaltung ist in posttraditionalen Gesellschaften keine einmalige, sondern eine Daueraufgabe.

Dies gilt zumal in Gesellschaften, die sich zu einem erheblichen Teil über „Wissen" reproduzieren. Sog. Wissensgesellschaften definieren sich nämlich durch die Bedeutung *kognitiver Erwartungsmuster*, d.h. durch die Bereitschaft, eingelebte Wahrnehmungs- und Handlungsmuster gegebenenfalls infrage zu stellen. (vgl. Heidenreich 2003: 29) Wissen wird deshalb als ‚lernbereites Deutungsschema' betrachtet – Deutungsschemata, die den natürlichen und sozialen Lebensbedingungen der Menschen einen Sinn geben und die ihr praktisches Verhalten regeln. Sie sind prinzipiell intersubjektiv überprüfbar und werden in der Regel auch stabilisiert, da sich kognitive Erwartungen oft bestätigen. Sie sind aber auch enttäuschbar, und zwar dann, wenn sich der Widerstand der Realität geltend macht; dann gilt es, das Deutungsschema zu ändern, d.h. zu lernen. Dieser Widerstand der Realität kann verschiedener Art sein, und etwa durch sich verändernde natürliche und soziale Lebensbedingungen ausgelöst werden. Ausgelöst werden kann es aber auch durch neue Wissensangebote und Technologien, die soziohistorisch spezifischen Bedingungen von Selbst und Gesellschaft zu neuen Knoten zu verbinden, die zudem neue Kriterien liefert, sie für angemessen oder wünschbar zu halten – oder auch nicht. Wo etwa liegen die Risiken einer vereinsamenden Kommunikation, aber auch die Chancen für Begegnung und Gemeinschaft beispielsweise mit ökumenischen Partnern weltweit?

Als Kulturtechnologie ist Religion eine reflexiv-mitgestaltende Stimme unter anderen (z.B. Technikfolgensabschätzung), jedoch eine, die ihre spezifische Virtuosität mit den transzendenten Dimensionen der Technikreflexion und -gestaltung hat. An diesem Punkt geht es deshalb um die Frage, was es mit Transzendenzdiskursen in der Gesellschaft eigentlich auf sich hat.

2 Die gesellschaftliche Bedeutung von Transzendenzdiskursen

Die hier vorgeschlagene Perspektive arbeitet zunächst mit den beiden großen Versionen der Säkularisierungsthese. Die eine geht bekanntlich auf Max Weber, die andere auf Émile Durkheim zurück. Beide, Weber (1934) und Durkheim (2007) beobachteten an der Wende vom 19. zum 20. Jahrhundert mit der Industrialisierung den ungeheuren Umbruch der gesellschaftlichen Verhältnisse. Weber sieht einen Prozess kultureller Rationalisierung, der zur Entzauberung einer vormals magisch verklärten Welt führt und die religiösen Wurzeln unserer Lebensführung zugunsten innerweltlicher Zwecke und kalkulierenden Denkens abkappt. Religionsausübung im engen Sinne findet allenfalls im Privaten ein Refugium.

Für Durkheim dagegen stellte sich der Modernisierungsprozess vor allem als Vorgang funktionaler Ausdifferenzierung der Gesellschaft dar: In dem Maße, wie sich berufliche Rollen spezialisierten und Funktionsbereiche wie Erziehung, Politik und Recht voneinander unabhängiger wurden, büßte die Religion ihre Hoheit über diese Bereiche ein und verlor ihre welterklärende Funktion an die Wissenschaft. Weber erwartete einen Bedeutungsverlust der Religion aufgrund eines Prozesses kultureller Rationalisierung; Durkheim aufgrund der Differenzierung der Gesellschaft in getrennte Funktionssphären.

Anders als Weber war Durkheim jedoch nicht der Auffassung, dass Religion in der Moderne bestenfalls noch als Privatsache überleben kann. Er definierte Religion funktional, und zwar als das, was die gemeinsamen Überzeugungen und Werte der Gesellschaftsmitglieder zum Ausdruck bringt. Mit diesem weiten Begriff von Religion führt Modernisierung nicht zum Tod Gottes, sondern zu einem Wandel der religiösen Form.

Mit Weber und Durkheim folge ich dem Differenzierungstheorem der modernen Gesellschaft; mit Durkheim der Idee des Wandels religiöser Formen. Ich folge hingegen nicht der Auffassung mancher Interpreten Durkheims, dass Religion seither jeglicher Transzendenz entbehre und allein auf rationaler Basis gründe (vgl. Strecker o.J.). Tatsächlich ist ihre spezifische Leistung als Kulturtechnologie in dem Umstand begründet, dass sie uns – ich wiederhole – dazu befähigt, das Transzendente in der Immanenz, genauer im Diesseits unserer technomorphen Kultur (vgl. Böhme 2000) zu beobachten, die dafür notwendigen religiösen Sinnstiftungsangebote durchzusetzen und (im Zuge des technisch mitgeprägten Wandels) immer aufs Neue zu legitimieren. Zugleich aber – und hier ergänze ich meine These – sind vor allem neue, noch unzulänglich verstandene Techniken und deren Implikationen für Selbst und Gesellschaft geradezu darauf verwiesen, ihre Transzendenz plausibel zu kommunizieren, etwa durch Bezüge zu Hoffnungen wie Gerechtig-

keit, Demokratisierung, Wohlfahrt oder Nachhaltigkeit; aber auch durch die Kommunikation von Ängsten, Risiken oder Dystopien.
Und diese Behauptung geht deutlich über die Position Peter L. Bergers hinaus, der sich auf die schiere Koexistenz von Technik und Religion beschränkt:

> Es existiert in der Tat ein säkularer Diskurs, der Ergebnis der Moderne ist, aber er kann mit religiösen Diskursen, die überhaupt nicht säkular sind, koexistieren. Dieser säkulare Diskurs hat seine Wurzeln in Wissenschaft und Technik, die den treiben den Motor der Moderne darstellen. [...] der gewaltige Erfolg des Diskurses von Wissenschaft und Technik und seine Verbreitung durch Bildung, die Medien und das Recht haben dem säkularen Diskurs einen Status der Selbstverständlichkeit verliehen. Aber diese Tatsache hat die Religion keineswegs verdrängt oder ihre Glaubwürdigkeit für eine sehr große Anzahl von Menschen in den meisten Teilen der Welt auch nur vermindert. (Berger 2013: 4)

Diese Feststellung würde mir indessen nicht reichen: Ich vermute eher, dass sich die Bearbeitung des Transzendenten der Technologie in der Immanenz sowohl durch Religion als auch durch Technik vollzieht. Sowohl die Transzendenz, die eine Technologie schafft, als auch die, in der sie gründet, werden durch Religion und Technologie reflexiv. Beide praktizieren dies durch Kulturtechniken und insofern sie selbst Kulturtechnologien sind:

Nehmen wir dazu zunächst ein Beispiel von Christoph Rosol zu RFID als einer „(all)gegenwärtigen Kulturtechnologie" (Rosol 2007). RFID steht für Radio Freqency-Identification und meint die automatische Erfassung und Identifikation von Objekten durch hochfrequente elektromagnetische Strahlung. Diese Technik findet sich in unserem Alltag etwa als Diebstahlsicherung in Warenhäusern und Wegfahrsperren bei Autos, als Chipkarten für die personalisierte Zugangskontrolle in Firmen oder auch an Skiliften. Das Kürzel befeuert die technologischen Fantasien von Ingenieuren im gleichen Maß, wie es Datenschützer:innen Sorgen bereitet, weil sie „gläserne Konsumenten" und den „Überwachungsstaat" befürchten. Sie sind selbst Kulturtechnologien, weil die zunächst rein technische Assemblage aus *readern*, elektromagnetischen Feldern und Transpondern zu neuen Formen des Erfassens, Codierens, Abbildens und Lesens der Welt führt; die Zusammenführung und Verarbeitung aller Informationen macht es überdies denkbar, dass potentiell alle Subjekte und Objekte vernetzt und einer lückenlosen logistischen Kontrolle unterworfen werden können, die ihrerseits selbst die Kommunikation über sie mitprägen können.

Die mit RFID verbundenen Utopien und Dystopien totaler Kommunikation von Menschen und Dingen verhält sich beileibe nicht ornamental zu dieser Technologie, sondern ist, wie die anhaltenden Debatten um den gläsernen Konsumenten und den Überwachungsstaat bereits andeuten, zentraler Bestandteil dieser Technologie und ihrer weiteren Entwicklung. Ein weiteres Beispiel: Der intelligente Kühlschrank beispielsweise, der in der Lage ist, für den Kunden eine Einkaufsliste an die Einzelhandelsfiliale zu senden, so dass er nicht mehr einkaufen gehen muss, hat zwar besonders für ältere oder kranke Menschen Vorteile. (vgl. Pezoldt/Gebert 2011) Es müssen auch keine Mitmenschen für den Einkauf bemüht werden. Der gleiche technische Wandel kann jedoch zur Folge haben, dass sich immer mehr Menschen abschotten und die Gesellschaft zunehmend vereinsamt. Die Utopien und Dystopien, mithin, die Transzendenzen, die mit diesen digitalisierten Techniken verbunden sind, artikulieren sich in einem ganzen Strauß von Praktiken und Verfahren zur Reflexion auf und Gestaltung umstrittener Technologien, so bspw. Kulturtechniken wie Technikfolgenabschätzungen, Expertenhearings oder Bürgerkonferenzen.

Die Transzendenz der digitalisierten Technologien äußert sich dabei in der Immanenz dieser Verfahren in der Regel hoch ambivalent, als Gemengelage aus Chancen und Risiken für Sicherheit, Zugangsgerechtigkeit oder körperliche Unversehrtheit, die einerseits abzuwägen sind, die aber andererseits auch die weitere technische Entwicklung beeinflussen. Im Fall von RFID wurden national und international eine ganze Reihe solcher Verfahren durchgeführt. Sie richten ihren Blick insbesondere auf nicht-intendierte Nebenfolgen dieser Technik (z.B. auf soziale oder technische Risiken) und nehmen auf die weitere Technologieentwicklung Einfluss. Bei der RFID-Technik führt dies beispielsweise gegenwärtig zum Aufbau von besseren Kommunikationschancen für betagte, behinderte oder kranke Menschen, und zwar auch *mithilfe* von RFID-Techniken. Das Stichwort lautet hier: *Ambient Assisted Living*, wozu etwa auch altersgerechte Kommunikationssysteme im häuslichen Umfeld gehören.

An diesem Beispiel sollte zunächst deutlich werden: *Als* Kulturtechnologien machen nicht nur Religion, sondern auch Technologie das für sie jeweils unhintergehbar Transzendente kommunizierbar (hier: technische Utopie oder Dystopie). Was die Technik nach Cassirer für den Menschen leistet, nämlich ihn in eine produktive Distanz zu sich selbst zu setzen, vollzieht der Blick auf das Verhältnis von Transzendenz und Technologie für das Verhältnis des Menschen, einzelner Gruppen oder ganzer Gesellschaften zur Technik. *Das ist die gesellschaftliche Bedeutung technologischer Transzendenzdiskurse* – auch wenn sie sich, wie etwa in Gestalt von Technikfolgenabschätzungen oder Bürgerdialogen als Transzendenzdiskurse verkennen: Zwar geht es in ihnen stets „ums Ganze" (etwa um Gerechtigkeit oder den Schutz der Privatsphäre), doch verhindert der strikte Bezug auf „Lösungen" für soziale oder ethische Probleme einer Technik, dass der Diskurs sich in Grundsatzstreitigkeiten verliert. Er muss seinen Transzendenzbezug verkennen, um zu funktionieren. Insofern sind diese Verfahren selbst Kultur*techniken* – lösungsorientierte Handlungsschemata für Transzendentes.

3 Die religiöse Bearbeitung der Transzendenz des Digitalen I

Im Folgenden möchte ich gern diese Überlegungen auf Religion erweitern: Als Kulturtechnologie partizipieren sowohl Religion als auch Technologie an einem Markt zunehmend pluraler Sinnstiftungsangebote, auf dem sie indessen vielfältige Bezüge zueinander aufweisen: Sie liefern einander Fragen, Formen und Techniken (!) der Sinnsuche, die teils kompetitiv und möglicherweise konflikthaft, teils aber auch konvergent und kollaborativer Art sind.

> Technik speist sich nicht nur aus religiösen Motiven, sondern die Gesellschaft bedient sich religiöser Vorstellungen im weitesten Sinne, um die Einpassung neuer Techniken in ihre Rahmenordnung und den Vorstellungshorizont ihrer Kultur zu reflektieren. (Schwarke 2012: 16)

Man kann dabei oft eine gewisse zeitliche Dynamik beobachten: Religiöse Bezugnahmen in der Darstellung und Wahrnehmung nehmen ab, sobald neue Technologien nicht mehr neu, sondern zur Normalität geworden sind. So zeigt etwa Jeffrey Alexander anhand des Diskurses über den Computer zwischen den 1940er und 1970er Jahren, wie eschatologische und metaphysische Momente von „Frankensteins Monster" in den 1940ern bis zum Auftauchen des „Personal Computer" 1975 stetig zurückgingen (Jeffrey 1990). Religion *als* Kulturtechnologie scheint insbesondere für neue Technologien sog. Passageriten bereitzustellen: Durch vertraute religiöse Motive werden Chancen und Risiken (noch) unbekannter Techniken und ihre (noch) unbekannten Implikationen verarbeitet.

Verknüpfungen von Technik und Religion begegnen uns aber nicht nur dann, wenn es um die Frage der Integrierbarkeit einer neuen Technik in einen bestimmten sozialen Kontext geht, sondern auch dann, wenn es um Großtechnologien geht. So werden stereotyp Kühltürme von Kraftwerken Kirchtürmen gegenübergestellt; gentechnische Neuerungen und kosmologische Kleinstteilchen wie Quanten oder Gene (vgl. das Gott-Genom) sind mit religiösen Aufladungen durchsetzt: Die Metapher des „Gott-Spielens" durchzieht weite Teile der kritischen Debatte. In der wortwörtlichen, also schöpfungstheologischen Bedeutung des „Playing God"-Arguments wird ausdrücklich von der Existenz Gottes bzw. einer von Gott gegebenen Schöpfung ausgegangen: Danach gibt es dem Menschen gesetzte objektive Grenzen für sein Handeln in der Schöpfung, die er nicht überschreiten darf. Durch den gentechnischen Eingriff würde der Mensch eine als göttlich, daher gut befundene Schöpfung verändern, indem beispielsweise Artgrenzen überschritten werden. Damit verbunden sind stets weitere Transzendenzverweise, wie etwa auf bestimmte Naturbilder und den Wert der Natürlichkeit an sich – eine andere die Menschlichkeit: So forderte der Dalai Lama in seiner Dankesrede anlässlich der Friedensnobelpreisverleihung am 10. Oktober 1989:

> Mit immer wachsendem Einfluss der Wissenschaft auf unser Leben haben Religion und Spiritualität eine größere Rolle zu spielen, um uns an unsere Menschlichkeit zu erinnern. (Dalai Lama 1989)

Das gilt auch für diejenige Technologie, die uns derzeit in der Gesellschaft enorm beschäftigt, und die bereits den Namen Digitale Revolution erhalten hat. Auch wenn es schon bald drei Dekaden her ist, dass das Internet im Jahr 1990 für die kommerzielle Nutzung freigegeben wurde, wird uns erst in den letzten Jahren so richtig klar, welche transformativen Effekte diese Querschnittstechnologie hat: Sie ist heute für Millionen Menschen einerseits ein alltägliches Instrument für Arbeit, Ausbildung und Privatleben geworden, andererseits verändert sie alle diese gesellschaftlichen Handlungsfelder auch enorm. Im Feld der Arbeit ist an Industrie 4.0 und an völlig veränderte Berufsprofile zudenken oder an den Strukturwandel des Handels durch online-Geschäfte; dass wir uns lebenslang, auch mithilfe digitaler Medien weiterbilden müssen, gehört bereits zum *common sense*; dass wir mit unseren Freunden, Partnern „chatten", „smsen", „whatsappen", sie möglicherweise im Netz überhaupt erst finden – ebenso wie den Schreiner zum Aufpolieren der Truhe, die ich von meiner Großmutter geerbt habe, ist für viele bereits völlig normal. Die enormen Chancen für politische Beteiligung, unternehmerisches Handeln, kreative Selbstgestaltung, das Zusammenfinden von Gemeinschaften mit ganz besonderen Interessen, deutet einige der *Chancen* an, die mit der Digitalisierung verbunden werden. Arbeitsplatzvernichtung, Überwachung, Datenschutz oder die Googleisierung der Gesellschaft deuten einige der *Risiken und Besorgnisse* an, die mit Digitalisierung einhergehen.

Doch vielleicht nochmals genauer: Was bedeutet eigentlich Digitalisierung? Die technische Digitalisierung bezeichnet zunächst einmal zwei qualitativ unterschiedliche Vorgänge, die sich in etwa mit den Begriffen ‚Aufzeichnen' und ‚Algorithmisieren' bezeichnen lassen: Erstens handelt es sich um die Erstellung eines passiven digitalen Formats – passiv in dem Sinne, dass die Interpretationsleistung beim Betrachter liegt – in Form von digitalem Ton, Bild, Film oder Text durch z.B. eine Übertragung aus einem physischen Original. Dies ist die Digitalisierung eines Inhalts, eines Objekts oder einer konkreten Verhaltensabfolge, wie sie bereits über frühere Medien wie Schrift oder Photographie möglich wurde. Zweitens kann Digitalisierung die Überführung eines potenziell möglichen–also noch unausgeführten – analogen Verhaltens in eine digital verarbeitbare Form, in einen Algorithmus oder ein Programm bedeuten. Bei dieser zweiten Art der Digitalisierung werden also die Regeln der Entscheidungs- und Handlungsprozesse aufgezeichnet, die situationsabhängiges Verhalten allererst produzieren.

Ein Beispiel: Google ermittelt die Relevanz von Webseiten zu einem bestimmten Begriff anhand der Linkverweise von anderen, ihrerseits möglichst relevanten Webseiten darauf, ähnlich einem Studenten auf Literatursuche, der schaut, welche Werke zu einer Thematik von anderen wichtigen Werken am häufigsten zitiert werden. Was geschieht dabei? Informationen und Informationskontexte werden von ihrem materiellen Substrat, z.B. von einem Gehirn, entkoppelt und in eine immaterielle Form mathematisch ausdrückbarer Werte überführt. Dieses sog. Digitalisat ist erstens kostengünstig identisch reproduzierbar, archivierbar und distribuierbar; es ist zweitens vollständig und endlich beschreibbar und damit ebenso manipulierbar; und es kann schließlich drittens zur Ordnung oder Vermittlung auf sich selbst angewendet werden. Es geht mithin um viel mehr als nur um „Daten". Es geht, mit Friedrich Kittler gesprochen, nicht nur um viele Daten und Programme, sondern um ein ganzes „Netzwerk von Techniken und Institutionen [...], die einer gegebenen Kultur die Adressierung, Speicherung und Verarbeitung relevanter Daten erlauben" (Kittler 1985: 519).

Digitalisierung in diesem Verständnis ist also weit mehr als ein technischer Vorgang, sondern hat, wie einleitend bereits angedeutet, enorme Implikationen für uns individuell, für praktisch alle gesellschaftlichen Handlungsbereiche, ja, für die Gesellschaft insgesamt. Ihre Transzendenzen fordern auch Theologie, Kirche und Religionsgemeinschaften sinnstiftend heraus. Werner Thiede etwa sieht – ganz konträr zu den Freiheitsversprechen der Digitalisierung, die in Informationen über alles für alle gründet – eine ganze Reihe von „*Freiheitsfallen*" (Thiede 2014):

- *Die politische Freiheitsfalle.* Dazu zitiert er etwa den Präsidenten des Europäischen Parlaments, Martin Schulz: „Macht das Speichern von Bewegungsbildern und Kommunikationsdaten unsere Welt wirklich sicherer, wie das seit 9/11 behauptet wird, oder wird damit der Staat, der ein neues ‚Super-Grundrecht Sicherheit' schützen will, nicht vielmehr selbst zum Sicherheitsrisiko für seine Bürger?"

- *Die ökologische Freiheitsfalle.* Sie funktioniert so, dass die Vorteile für den Umweltschutz, wie ihn die digitale Revolution etwa durch eingesparte Wege mit sich bringt, gleichzeitig mit einer bemerkenswerten Umweltverschmutzung und Energievergeudung verknüpft sind. Man denke z.B. an die immer stärkere Funkstrahlung.

- *Die lebenspraktische Freiheitsfalle.* Dinge, die uns umgeben, beobachten und überwachen uns. Sie senden pausenlos Informationen über unser Tun und Lassen. Der Kühlschrank etwa weiß Bescheid über unsere Essgewohnheiten. Die vernetzte Zahnbürste über unsere Zahnhygiene. Die Dinge wirken aktiv mit an der Totalprotokollierung des Lebens. Damit werde Vertrauen vollständig durch Information und Kontrolle ersetzt.

- *Die spirituelle Freiheitsfalle*: Die ehemalige Präsidentin der Landessynode der bayerischen Landeskirche, Dorothea Deneke-Stoll, hat zwar kritisch darauf hingewiesen, dass Medien, Ökonomie und ebenso Technik inzwischen zu unbeherrschbaren Mächten geworden seien: Doch würden die ethischen und spirituellen Herausforderungen der fortschreitenden digitalen Revolution im Raum von Theologie und Kirche bislang weitgehend verkannt.

Erforderlich seien darum Kontrollmechanismen, die dafür sorgten, dass der „Mensch im Verhältnis zu Politik, Medien, Technologie und Ökonomie ein freies, urteilsfähiges Individuum bleiben kann" (ebd.). Kurz: Thiede diagnostiziert mit diesen Freiheitsfallen den Status der Digitalisierung als „Ersatzreligion" – an dieser Stelle geht es indessen weniger um die Frage, ob und inwiefern diese Einschätzung gerechtfertigt ist (also um die Frage, ob es sich tatsächlich um den Ersatz der Religion, um eine neue Religion oder um etwas Religionsähnliches handelt), sondern es geht darum, dass hier mit religiösen Motiven die Risiken einer neuen Technologie behandelt und in eine kritische Sinnstiftung überführt werden. Dabei handelt es sich vielleicht nicht mehr um eine wirklich neue Technologie, aber doch, wie es scheint, um eine transformative Querschnittstechnologie, die sich laufend ändert und uns dauerhaft und in vielfältige Richtungen herausfordert. Deshalb wundert es nicht, dass ihre Thematisierung ebenso dauerhaft, vielfältig und umfassend ist – ein Umstand, der Religion als Virtuosin im Umgang mit Transzendenzverweisen nur allzu vertraut ist. Sie artikuliert sich unter anderem als das Verhältnis der Digitalisierung zur Spiritualität. Hier gibt es indessen weitere Hinweise, dass die Religionisierung von Transzendenzverweisen des Digitalen auch Kämpfe um Deutungshoheit beinhalten. Dies gilt insbesondere dann, wenn es sich um Phänomene handelt, die als genuin religiöser Art gelten: so etwa im Feld der Spiritualität.

4 Die religiöse Bearbeitung der Transzendenz des Digitalen II

Was lehrt uns der Diskurs um Spiritualität und Internet, bevor wir von da aus das Zusammenspiel von Religion und Technik mit Blick auf ihre immanenten Transzendenzverweise näher beleuchten? Wenn wir unter Spiritualität im spezifisch religiösen Sinn nicht nur die Vorstellung einer geistigen Verbindung zum Transzendenten verstehen, sondern die bewusste Hinwendung und das aktive Praktizieren einer spezifischen Form der Sinnstiftung, so drückt sich vielleicht hier am besten die kulturtechnologische Dimension der Transzendenzverweise von Technik und Religion aus. Bernd-Michael Haese unterscheidet zunächst zwei Formen, nämlich die Spiritualität des Internet sowie die Spiritualität im Internet (vgl. Haese 2008). Was zunächst die Spiritualität des Internet betrifft, so werden in dieser Spielart dem Internet selbst spirituelle Qualitäten zugewiesen. Die Benutzung des Internet gilt als der spirituelle Akt des Medienzeitalters. Das Netz, so auch der Medienwissenschaftler Norbert Bolz, wird selbst zur transzendenten Größe, die früher noch Gott hieß, „und Religion funktioniert als Endlosschleife" (Bolz 1996). Unterstützt wird diese Analogisierung durch eine Übertragung von klassischen Attributen der christlichen Gotteslehre auf Eigenschaften, die nunmehr die „Metaphysik des Internet" (Böhme 1996) repräsentieren: So wie Gott ist das Netz allgegenwärtig, ortsunabhängig, und es repräsentiert die moderne Form der göttlichen Allwissenheit. Im Netz gibt es keine Zeitlichkeit, es ist immer verfügbar, immer ist jemand ansprechbar und die Zeit, die man im Netz verbringt, ist nicht mit dem normalen Zeitempfinden zu erfassen – eine Ahnung von Ewigkeit. Haese weist zu Recht darauf hin, dass diese Idee durchaus nicht neu sei, denn schon Teilhard de Chardin habe die Idee der „Noosphäre" als eschatologisches Entwicklungsziel menschlicher Wissensanstrengung „Punkt Omega" genannt. Marshall McLuhan habe den Begriff in die Medienwissenschaft übernommen und die Noosphäre als durch die technischen Medien geschaffenes „Gehirn und Bewusstsein für die Menschheit" vorhergesagt. Diese moderne „Netztheologie" komme nicht selten einer gnostischen und apokalyptischen Spiritualität gleich und sei oft durch einen deutlichen Dualismus geprägt:

> Die religiösen Motive des Cyberspace führen dazu, die Welt ihrem Elend zu überlassen und Cyberspace als Möglichkeit der Weltflucht in eine Sphäre des Reinen anzubieten – jenseits des endlichen Leibes und der sterbenden Erde. (Böhme 2000: 257)

Ein weiteres Beispiel für einen Transzendenzverweis gibt der Begriff des „Avatar", also der digitalen Spielfigur eines Users im Netz. Für viele religiöse Beobachter ist er ein Indiz für eine Tendenz zur Selbstvergottung: Avatare bezeichnen in der indischen Mythologie die körperlichen Repräsentanzen der auf Erden wandelnden Götter – auch Bernd-Michael Haese glaubt nicht, dass diese Wortwahl zufällig ist. Die zugehörige Spiritualität brauche keine besonderen Foren und keine besonderen Angebote: Das schiere Surfen im Netz, das zeitlose Eintauchen und die unbegrenzte Teilhabe an der gigantischen Informationsflut selbstsindes, die für das Gefühl der kosmischen, alles vereinenden Netzexistenz sorgen.

Bernd-Michael Haese *beobachtet* all diese Prozessse nicht nur; als Theologie *beurteilt* er auch die, wie er es sieht, Schwäche dieser Form der Theologisierung des Internet: Die göttlichen Attribute wie Allwissenheit und Allmacht seien gerade nicht als unermessliche Steigerung ihrer menschlichen Konkretionen zu denken, sondern nur in ihrer kategorialen Verschiedenheit und vor allem in ihrer Bezogenheit auf das Wesen Gottes. Aus der von mir vorgeschlagenen Perspektive gilt allerdings: Entscheidend ist, *dass* mit Theologisierung, Spiritualisierung, Religiosität argumentiert, kritisiert, aber auch verhandelt wird: Die kritische Distanznahme, aber auch die Suche nach neuen Formen des Religiösen selbst gehen in der Auseinandersetzung mit dem Digitalen Hand in Hand. Die z.T. widerstreitenden Urteile sind jedoch wichtig, um diese Auseinandersetzung voranzutreiben. Die Verständigung über Transzendentes in der Immanenz vollzieht sich *als Diskurs*, hier: als religionisierender Diskurs.

Wenn es sodann um die Spiritualität *im* Internet geht, so fragt eine christliche Spiritualität innerhalb und außerhalb des Internet stets auch nach der religiösen Sehnsucht des spätmodernen Menschen – eine Sehnsucht, die sich aus Erfahrungen von Zerrissenheit und Aufspaltung von Identität in unserer Gesellschaft ergibt. Das Internet scheint einerseits solche spirituellen Erfahrungen neuen „Einsseins trotz Aufspaltung" bereithalten zu können. Andererseits gilt das Internet als Lebensraum, teilweise sogar selbst als *Ursache* des zerrissenen, dividierten Selbst, das zwischen verschiedenen Identitäten bis hin zum Verlust einer eigenen Identität hin- und herschaltet. Für den Theologen Haese ist klar: Dies ist „pseudo religiös" (Haese 2008: 5) – wichtig aus der von mir vorgeschlagenen Perspektive ist hier aber wiederum nicht das Urteil über „*pseudo*" – oder *richtige Religion*, das man teilen kann oder auch nicht, sondern, dass ein solcher Bezug zum Religiösen überhaupt hergestellt wird. Der Widerstreit der Urteile selbst ist aus dieser Sicht ein (gleichwohl wichtiges) Medium der Debatte um die Transzendenzbezüge des Digitalen.

Das Internet fordert im Gegenzug aber offenbar auch die christliche Spiritualität heraus: Dass Menschsein als *leibliche Existenz* seine Würde erfährt, ist im christlichen Bewusstsein kaum verankert. Im Gegenteil: Die gesamte westliche Geistesgeschichte nach der Aufklärung und die Theologie mit ihr haben dazu beigetragen, dass das Körperliche weitgehend zugunsten des Geistigen abgewertet wurde. Nun melden sich soeben andere Stimmen: Kritiker einer Spiritualität im Internet klagen (plötzlich!) die Körpervergessenheit digitaler Spiritualität ein. Ob und wie eine christliche Spiritualität im Lichte leiblicher Existenz sich nun mit dem Internet gestalten kann, ist zwar noch offen – entscheidend ist erneut, *dass* es diese Frage provoziert. Varianten einer Spiritualität im Internet sind vielfältig zu finden, von Webandachten bis hin zu virtuellen Gebets- und Andachtsräumen und Gottesdiensten. Neben einer Betonung des Spielerischen und der Stärkung des Narrativen ergeben sich für eine christliche Spiritualität soeben, so scheint es, neue Formationschancen von Gemeinschaftlichkeit.

Neben der Frage der Spiritualität des Internet und der Spiritualität im Internet ist schließlich auch dessen Virtualität ein weiteres wichtiges Thema theologischer Befassung: Virtuell wird häufig synonym zu ‚vorgetäuscht' ‚unecht', ‚wertlos' o.ä. benutzt und negativ konnotiert. Allerdings ist Virtualität kein ergänzender Modus des menschlichen Lebens neben anderen, sondern aus kulturwissenschaftlicher Perspektive ist menschliche Erkenntnis und Sinngebung überhaupt schiere Virtualität. Zu Recht weist Haese darauf hin, dass unsere gesamte sogenannte Hochkultur von Musik, Poesie und bildender Kunst unmittelbare Konsequenz unseres Daseins als Lebewesen sei: Nicht erst moderne Gesellschaften haben Virtualität geradezu kultiviert. Vernetzte, rechnergestützte Kommunikation setzt dies (nur) fort, wenn auch in neuartigen multimedialen Erscheinungsformen und Qualitäten von Virtualität. Vor allem die zeitliche Unmittelbarkeit, die sogenannte Instantaneität des Internet (McLuhan 1994), hat die Metapher vom Raum plausibilisiert: Man spricht von Chaträumen, in denen sich Menschen synchron schriftlich unterhalten, von Erlebniswelten, 3D-Räumen, in denen man dann nicht nur textbasiert, sondern auch mit Hilfe von Avataren miteinander kommuniziert und kooperiert. Virtuelle Welten, die wir als Ergebnisse der Digitalisierung empfinden, sind also im Kern eine technomediale Fortführung hochkultureller Verkehrsweisen. Kurz: Menschen haben immer in verschiedenen Sphären von Virtualität gelebt und sie als hohes Kulturgut angesehen. Doch erst die Digitalisierung führt uns die Tatsache der *unvermeidlichen Virtualität* plastisch vor Augen (Turkle 1998).

Diesem Transzendenzverweis auf Hochkultur fügt sich sogleich ein religiöses Pendant an: Jede religiöse Vorstellung von Transzendenz ist ohne die Fähigkeit der Virtualisierung nicht möglich. Für den Theologen ist klar: In jedem Abendmahl, das Christen miteinander feiern, begeben sie sich in die Virtualität der Gemeinschaft mit Christus, mit Hilfe ihrer Erinnerung – also virtuell – , die durch mündliche Tradition und schriftliche Fixierung, also medial vermittelt und bewahrt, mit Hilfe der stofflichen Medien Oblate/Brot und Wein, aber auch in anderen Traditionen etwa mit Meditation oder Trommeln. Eine prinzipielle theologische Disqualifikation der Virtualität auch in ihren komplexen technischen Ausprägungen ist dennoch die Regel.

5 Joint Ventures zwischen Religion und Technik im Transzendenzdiskurs?

Wo sind wir nun angekommen? Es gibt eine Diskursivierung des Transzendenten neuer Technologien in der Immanenz religiöser und außerreligiöser Praktiken und Verfahren. Während Religion in der Immanenz die Transzendenzverweise des Digitalen, wenn auch überwiegend kritisch, aber sehr explizit zu thematisieren beginnt, geschieht dies zwar auch im Feld der Technologie, bleibt jedoch etwa in der Form von Technikfolgenabschätzungen als Diskursivierung von Transzendenz stets implizit. Transzendenzverweise finden sich hier ausschließlich in mundaner Fassung: *zeitlich* etwa als mitlaufender Bezug auf Zukünfte, die es zu gestalten gelte, *sachlich* als Verweis auf übergeordnete Ziele wie etwa Nachhaltigkeit, *sozial* durch die organisierte Beteiligung von Anspruchsgruppen, *normativ* durch die Berücksichtigung von Werten wie etwa Gerechtigkeit – all dies im Modus von Aushandlungsprozessen und unter Bedingungen von Unsicherheit, Nichtwissen, Risiko.

Festzuhalten bleibt: (Neue) Technologien fordern unsere Kultur(en) heraus, da sie per Definition das Vorfindliche transzendieren. Dies geschieht heute in bereits durch und durch technisierten Gesellschaften, für die das Digitale nicht nur ein Beispiel, sondern eine Ikone geworden ist, auch deshalb, weil sie zu vielen weiteren Technologien wiederum transformative Bezüge unterhält, etwa zu den Biotechnologien. Deshalb frage ich mich am Schluss, dabei eine Formulierung von Axel Siegemund (Siegemund 2012: 108) variierend: Schaffen es Technologien und Religion als Kulturtechnologien, die sie beide auch sind, zum Kern der soziotechnischen Entgrenzungen vorzudringen, um dort, an der Sehnsuchtsgrenze des Realen, auf Sinndeutungen zu treffen, die wir an der Peripherie der technischen Zivilisation (Achtung: Transzendenz!) immer wieder vermissen?

Angesichts der Dynamik des soziotechnischen Wandels müssen wir uns wohl eingestehen, dass dies eine Daueraufgabe ist, die Technologie und Religion vielleicht gelegentlich einmal in engerem Bezug aufeinander betreiben sollten. Technikgestaltung könnte von Religion, der Virtuosin im Feld der Transzendenz, womöglich eine Menge lernen, und womöglich spirituell-affinere Formen der Digitalisierung entfalten, die über bloße „Jesus-Apps" oder „web-Andachten" hinausgehen. Umgekehrt könnte sich Religion von mundanen Transzendenzdiskursen wie etwa Technikfolgenabschätzung einen unerschrockeneren Umgang mit Deutungsvielfalt abschauen. So oder so, eine fortgesetzte Diskursivierung des konstitutiv Transzendenten in neuen Technologien befähigt uns, das Diesseits unserer technomorphen Kultur (vgl. Böhme 2000) zu beobachten, die dafür notwendigen transzendenten Sinnstiftungsangebote zu sichten und zu bewerten und (im Zuge des technologisch mitgeprägten Wandels) immer wieder aufs Neue zu legitimieren. Natürlich auch im digitalen Raum…!

Literatur

Baecker, Dirk (2015): Was ist Kultur? Und einige Anschlussüberlegungen zum Kulturmanagement, zur Kulturpolitik und zur Evaluation von Kulturprojekten. Stand: Oktober 2015. https://catjects. files.wordpress./2015/11/was_ist_kultur1.pdf [Zugriff: 24.06.2021].

Berger, Peter L. (2013): Nach dem Niedergang der Säkularisierungstheorie. Münster: Centrum für Religion und Moderne.

Böhme, Hartmut (1996): Zur Theologie der Telepräsenz. In: Hager, F. (Hrsg.): Körper Denken. Aufgaben der Historischen Anthropologie. Berlin: Reimer, S. 237-249.
Böhme, Hartmut (2000): Kulturgeschichte der Technik. In: Böhme, H./Matussek, P./Müller, L. (Hrsg.): Orientierung Kulturwissenschaft. Was sie kann, was sie will. Hamburg: Rowohlt, S. 164-178.
Bolz, Norbert (1996): Tele! Polis! In: Iglhaut, S./Medosch, A./Rötzer, F. (Hrsg.): Stadt am Netz. Ansichten von Telepolis. Mannheim: Bollmann, S. 143-150.
Brukert, Walter (1999): „Urgeschichte der Technik im Spiegel antiker Religiosität". Technikgeschichte. In: Burckhardt, M. (Hrsg.): Vom Geist der Maschine. Eine Geschichte kultureller Umbrüche. Frankfurt a. M.: Campus-Verlag, S. 281-299.
Dalai Lama (1989): Nobelpreis-Rede. University Aula Oslo.
Delaney, Carol (2004): Investigating Culture. An Experiential Introduction to Anthropology. Malden, MA: Wiley-Blackwell.
Durkheim, Émile (2007): Die elementaren Formen des religiösen Lebens. Neuaufl. Frankfurt a. M.: Verlag der Weltreligionen.
Habermas, Jürgen (1968): Technik und Wissenschaft als "Ideologie". Frankfurt a. M.: Suhrkamp.
Haese, Bernd-Michael (2008): Wie heilig ist der Cyberspace (2.0) – Das Internet als Ort für Spiritualität. Jahrestagung der Leiterinnen und Leiter der Telefonseelsorge.
Heidenreich, Martin (2003): Die Debatte um die Wissenschaft. In: Böschen, S./Schulz-Schaeffner, I. (Hrsg.): Wissenschaft in der Wissensgesellschaft. Opladen: Westdeutscher Verlag, S. 25-51.
Hubig, Christioph (2013): Kulturbegriff – Abgrenzungen, Leitdifferenzen. https://www.philosophie.tu-darmstadt.de/media/institut_fucr_philosophie/diesunddas/hubig/downloadshubig/kulturbegriff__abgrenzungen_leitdifferenzen_perspektiven.pdf [Zugriff: 26.06.2021].
Jeffrey, Alexander (1990): the sacred and profane information machine: discourse about the computer as ideology. In: Archives de sciences sociales des religions 35e Année, 69, S. 161-171.
Kittler, Friedrich (1985): Aufschreibesysteme 1800/1900. München: Fink.
Luhmann, Niklas (1982): Funktion der Religion. Frankfurt a. M.: Suhrkamp.
Luhmann, Niklas (2000): Die Religion der Gesellshaft. Frankfurt a. M.: Suhrkamp.
Maasen, Sabine/Merz, Martina (2006): „TA-SWISS erweitert seinen Blick. Sozial- und kulturwissenschaftlich ausgerichtete Technologiefolgen – Abschätzung". TA-DT36/2006, Projektabschlussbericht. Bern.
McLuhan, Marshall (1994): Die magischen Kanäle – Understanding Media. Dresden, Basel: Verlag der Kunst.
Mumford, Lewis (1974): Mythos der Maschine. Kultur, Technik und Macht. Frankfurt a. M.: Fischer.
Nassehi, Armin (08.11.214): Wie von Gott reden – in der säkularisierten Gesellschaft? München.
Pezoldt, Kerstin/Gebert, Ria (2011): RFID im Handel – Vor- und Nachteile aus Unternehmens- und Kundensicht. Ilmenauer Schriften zur Betriebswirtschaftslehre, Band 2011,8. Ilmenau: proWiWi e. V.
Rosol, Christoph (2007): RFID. Vom Ursprung einer (all)gegenwärtigen Kulturtechnologie. Berlin: Kulturverlag Kadmos.

Schwarke, Christian (2012): Einleitung. In: Neumeister, K./Renger-Berka, P./Scharke, C. (Hrsg.): Technik und Transzendenz. Zum Verhältnis von Technik, Religion und Gesellschaft. Stuttgart: W. Kohlhammer, S. 9-17.

Siegemund, Axel (2012): Transzendenzmodifikation in der Ökosystemrenaturierung, Technik als kreative Schöpfung? In: Neumeister, K./Renger-Berka, P./Scharke, C. (Hrsg.): Technik und Transzendenz. Zum Verhältnis von Technik, Religion und Gesellschaft. Stuttgart: W. Kohlhammer, S. 79-108.

Strecker, David (o.J.): Modernisierung = Säkularisierung? Betrachtungen zu einer altbekannten Gleichung. In: polar.

Thiede, Werner (2014): Total digital: Die technologische Entwicklung als kirchliche Herausforderung. In: Das Sonntagsblatt, 08.

Turkle, Sherry (1998): Leben im Netz. Identität in Zeiten des Internet. Reinbek bei Hamburg: Rowohlt.

Weber, Max (1934): Die protestantische Ethik und der Geist des Kapitalismus. Tübingen: J.C.B. Mohr (Paul Siebeck).

Religionisierte Technik.
Zur Religionsdiskursgeschichte
des technologischen Dispositivs

Jürgen Mohn

1 Religionisierung zwischen Dämonisierung und Apologetisierung

Im Verlauf des Aufsatzes wird der Diskurs über Technik, der sich einer religionsaffinen Sprache bedient, analysiert, um zu verstehen, wie die Muster der sprachlichen Religionisierung von Technik funktionieren. Für den gegenwärtigen Diskurs über Technik ist das sehr wichtig, weil gerade in Bezug auf neuere technische Entwicklungen im digitalen Bereich, für den symbolisch das *Silicon Valley* steht, immer wieder eine religionisierende, auf transzendente Dimensionen wie Gott und Götter verweisende Sprache verwendet wird. Überall wird Religion gesehen oder vermutet (Cachelin 2017; Moorstedt 2017; Kleinz 2019). Aber welche religiösen Dimensionen meinen Journalisten oder populär schreibende Wissenschaftler wie Yuval Noah Harari (2017) in den digitalen Technologien zu sehen und thematisieren zu müssen? Um das nachvollziehen zu können, muss auf den geschichtlichen Kontext zurückgegriffen werden, denn die Religionisierung von Technik hat eine lange Geschichte im 20. Jahrhundert und kann paradigmatisch an so unterschiedlichen Autoren wie Oswald Spengler, Ernst Bloch und Erich Fromm abgelesen werden, die die Gemeinsamkeit teilen, Technik eindeutig religionsaffin zu verhandeln und zu deuten, und zudem eine ambivalente Haltung zur Technik aufweisen.

Genau diese Charakteristika weisen auch die heutigen Religionisierungen der digitalen Technik auf. In einem theoretischen Zwischenteil wird anhand von Agamben gezeigt, dass auch explizite Religionstheorien sich um die Deutung der Technik drehen. Das führt zu der Gesamtthese, dass Technik-Diskurse sowohl in religionsbezogenen wie in nicht religionsbezogenen Wissenschaften eine große und als ambivalent eingestufte Affinität zwischen Religion und Technik zuschreiben. Das zu sehen, ist wiederum die Voraussetzung, um gegenwartsbezogen zu diskutieren, ob diese Formen der Religionisierung unumgehbar und notwendig, also angemessen sind oder zu vermeiden wären. Die Antwort liegt im Religionsdiskurs der europäischen Religionsgeschichte, der sich gerade auch gegenüber Technik, Fortschritt und ‚religiösem' Wissenschaftsanspruch entfaltet hat.

Religionsdiskursgeschichte und „Europäische Religionsgeschichte", wie sie von Burkhard Gladigow (2005) skizziert und gefordert wurde, bedingen und irritieren einander. Der Diskurs über Religion mittels der expliziten Verwendung des Religions*begriffs* als semantisches Medium dieser Debatte charakterisiert die Europäische Religionsgeschichte spätestens seit dem 17. Jahrhundert auch in vergleichend welthistorischer Perspektive. Der Diskurs des Religionsbegriffs begleitet nicht nur, sondern formiert und reflektiert die historische Entwicklung des sich in der Neuzeit plural ausdifferenzierenden religiösen Feldes. Der (Selbst-)Beobachtungsbegriff Religion entfaltet sich aus der römisch-europäischen Religionsgeschichte heraus und bewirkt im 18. und 19. Jahrhundert eine Konjunktur an Aussagen über Religion, die auf einen Verlust dessen verweisen, was als selbstverständlich mit der römisch-christlichen Religion adressiert wurde.

Diese Entwicklung des Religionsbegriffs, die als eine Diversifikationsgeschichte von Religion beschrieben werden muss, kann gleichzeitig als eine Emanzipationsgeschichte von Aussagen über Religion von ihren römisch-christlichen Prägungen beschrieben werden. Eine Emanzipationsgeschichte deswegen, weil die inhaltliche (substantielle) Engführung und diskursive Dominanz über den Religionsbegriff sich aus den christlich-theologischen Vereinnahmungen zugunsten nicht-theologischer wissenschaftlich-vergleichender Perspektiven und (funktional) komparativer Neuformierungen des Begriffs verschieben. Das schlägt sich in der komplexen Geschichte des Religionsbegriffs nieder. Der Gegenstand der Aussagen über Religion ist dabei Objekt ständiger Aushandlungen. Allerdings wird das Wort Religion nicht nur begrifflich mehr oder weniger präzise bestimmt, sondern ist auch der Ankerpunkt von Ideen, Vorstellungen, Wahrnehmungen, Metaphern und Konzepten, die sich an den Begriff anlagern, sich mit ihm verbinden. Die sich hieraus ergebenden Widersprüche halten den Gegenstand der Aussagen in Bewegung. Eine Geschichte der Ideen, Begriffe, Vorstellungen, Wahrnehmungen, Metaphern oder Konzepten von Religion soll im Folgenden nicht versucht werden. Eher handelt es sich um eine Religionsdiskursgeschichte als Geschichte von textlichen *Aussagen* über Religion, die versucht, die tragenden Konzepte in der Verwendung der Religionsbegrifflichkeit und an ihr angelehnter religiöser Semantiken differenzierend zu skizzieren.

Um die Perspektive der Diskursgeschichte und Dispositionsgeschichte von Religion herzustellen und einzunehmen, wird der Begriff der *Aussage* (*l'énoncé*) im Sinne Foucaults für die Religionsdiskursgeschichte verwendet (Foucault 1973: 115-190). Es geht um Aussagen über Religion, um diskursive Verhandlungen von Religion, unter expliziter oder impliziter Verwendung des Religionsbegriffs und verwandter religionsaffiner Semantiken.

Welche Aussagen über *Technik sub specie religionis* wurden und werden vermittelt? Die Zusammenstellung der Aussagen lehnt sich im Sinne eines kontingenten, aber wirkmächtigen Ausgangspunktes an bekannte Texte und

Autoren, die Technik thematisieren, an. Solche Semantisierungen von diskursiven Gegenständen mit dem Wort Religion zeigen einen gesellschaftlichen Diskurs, der komplex und diversifiziert ist. Dieser Diskurs generiert seine Einschränkungen und Erweiterungen, seine Aussagenbeschränkungen und Aussagenmöglichkeiten, die auch die ‚Religion' und die Wissenschaft erfasst haben. Was ‚Religion' sei, wird erst durch dieses Diskursspiel eröffnet, erweitert und zugleich beschränkt. Die Selbstverständlichkeiten einer Innigkeit von Christentum und Religion wurden längst aufgehoben, die Semantik ist jedoch weiterhin in Bewegung und anhand der Übertragungsgeschichte von Religion, die Phänomene in die Religions-Semantiken hineinzieht, können christliche Diskurse samt ihrer Ausschließungssemantik (dessen, was nicht christlich und verwerflich, was antichristlich und daher antireligiös sei) als Prototyp religiöser Diskurse verstanden werden. Unter Religion wird allgemein verhandelt, was zuvor exklusiv dem christlichen Diskurs vorbehalten war. Jedoch werden nicht nur christliche Gegenstände zu religiösen Gegenständen, sondern die inhaltlichen Bewertungen und Aussagen über diese Gegenstände werden differenziert und voneinander unterschieden. Christliche Gegenstände werden zu religiösen Themen. Tod oder Gott werden zu religiösen Themen, die unterschiedlich verstanden werden – je nach religiöser Semantik. Diese unterschiedlichen Bestimmungen von Tod oder Gott/Götter treten als religiöse Kommunikationen in Konkurrenz zueinander. Um diese Konkurrenzen zu vergleichen, hat sich eine Wissenschaft entwickelt, die Religion in ihren Unterschieden in den Blick bringen will und zugleich die Gemeinsamkeit hervorhebt: die Vergleichende Religionswissenschaft. Da sie aber aus einer wissenschaftlichen Sichtweise vergleicht, muss sie sich von religiösen Sichtweisen unterscheiden. Das bringt sie zunehmend in Differenz zu wissenschaftlichen Positionen, die religiöser Herkunft (*religiogen*) sind und die beispielsweise, aber nicht ausschließlich in theologischen Semantiken zu finden sind.

Diese komplexen Entwicklungen zwischen Theorie und Gegenstand zeigen sich in den Konzepten, die mit Religion verbunden werden. Vorstellungen und Ideen von Religion prägen das Gesamtbild, das ein Diskurs über Gegenstände (Referenzen) bewirkt, die sich in Religionskonzepten verdichten und eine eigene Geschichte entfalten. Neben einer Begriffsgeschichte und einer Ideengeschichte wird die Religionsgeschichte daher zugleich von einer Aussagengeschichte bestimmt und begleitet. Das Textmaterial kann somit auf entsprechende *religionisierende* Aussagen hin untersucht werden. *Religionisierung* wird zunächst sehr weit verstanden im Sinne einer *Einbeziehung der Gegenstände einer Aussage in eine religiöse Semantik*. Die Gegenstände werden als religiöse Phänomene in den Zusammenhang mit dem bestehenden Religionsdiskurs gebracht. Dabei sind zwei Tendenzen zu unterscheiden: religiöse Zuschreibungen als substantielle Aussagen, *etwas sei Religion*, sind von beschreibenden, eher distanzierten und reflexiven Aussagen, *etwas sei wie Religion*, zu unterscheiden. Beide können ineinander übergehen. Diese religionisierenden Zuschreibungen können auch als *Sakralisierungen* beschrieben werden. Wenn Technik als Technikreligion – wie die Datenreligion bei Harari (2017, 526f.) – beschrieben wird, wird die Aussage getroffen, dass Technik einen (im Sinne der Terminologie Durkheims) abgesonderten, sakralen und besonderen Bereich der Gesellschaft bzw. der Lebenswelt darstellt. Diese Sakralisierung kann jedoch negativ oder positiv konnotiert sein.

Zu unterscheiden wäre zwischen einer *Dämonisierung* der Technik im Sinne einer religiösen Verneinung (als falsche Religion) und negativen Moralisierung des Gegenstands Technik einerseits. Auf der anderen Seite stünde eine *Apologetisierung* der Technik im Sinne einer positiven religiösen Rechtfertigung und Begründung von Technik. Diese Unterscheidungen dienen als heuristische Leitunterscheidungen zur Analyse der Aussagen in den Textzitaten über Technik. Die wissenschaftlichen Beschreibungen und Analysen in den zu untersuchenden Texten sind dabei nicht klar von deren religiösen Zuschreibungen zu trennen, was sich besonders dann zeigt, wenn es um gegenwärtige Aussagen über digitale Techniken in den gegenwärtigen wissenschaftlichen Diskursen geht.

Ausgehend von Giorgio Agambens Theorie des Dispositivs (Agamben 2008) soll daher eine ‚Religionsaussagengeschichte' der Religionisierung von Technik bzw. des technologischen Dispositivs skizziert werden. Ausgangspunkte sind Technik-Deutungen in Texten von Ernst Bloch, Oswald Spengler und Erich Fromm. Mit Agamben kann religionstheoretisch-historisch folgende Interpretation der auf Technik bezogenen Religionsaussagengeschichte vorgenommen werden: Der *sich* in seinem ‚technologischen' Komplex (Dispositiv) selbst *transzendierende Mensch* zeigt sich als Erbe einer gescheiterten Schöpfungstheologie oder göttlichen *oikonomia* (Agamben), der sich seine ‚ersehnten' Transzendenzräume im Kontext der Welt-Immanenz – beispielsweise durch Technik als zweite Schöpfung (Cassirer 1985) – erschafft und imaginiert und schließlich als Technologie realisiert. Dieses Konzept grundiert bis heute die Religionsaussagen über Technik und Technologie. Als weiterer theoretischer Ausgangspunkt auch zur Interpretation des religionstheoretischen Ansatzes von Agamben soll die kommunikative Beobachtungstheorie von Luhmann hinzugezogen werden, die von dem binären Code Transzendenz/Immanenz als Beobachtungsvorgabe für religiöse Kommunikationen der Gesellschaft ausgeht. Was jedoch beobachtet wird, sind die Programme, die auf Basis dieses Codes Grundunterscheidungen vornehmen. Die Frage wird am Ende sein, ob mit diesem Ansatz eine Differenz von wissenschaftlicher Theorie der Religion und religiösen Programmen bzw. Deutungen von Technik überhaupt aufrechterhalten werden kann.

2 Das technologische Dispositiv: Giorgio Agambens Religionisierung der Dispositive und die religionskritische Forderung nach Profanierung

Das *religiöse Feld*, das den Kontext und den Gegenstand von Aussagen des Religionsdiskurses bildet, ist dadurch gekennzeichnet, dass die Akteure, die im Feld oder in Bezug auf das Feld agieren, versuchen, sich gegenseitig zu manipulieren. Bourdieu bezeichnet dieses Feld im Kontext seiner Überlegungen hinsichtlich seiner gegenwärtigen Auflösungstendenzen auch als ein *manipulatives Feld*, das nicht mehr von Priestern und Propheten klassischen Profils dominiert wird, sondern von Trainern und Therapeuten, die das Denken und Handeln der ‚Laien' nach Maßgabe ihrer Weltsicht manipulieren wollen (Bourdieu 2009: 243-248). Die Akteure haben sich geändert, die Strukturen und die kommunikativen Manipulationsstrukturen im Kampf um symbolisches (und auch ökonomisches) Kapital sind gleichgeblieben. Die Instrumente der Kommunikation, die es für die Akteure zu beherrschen gilt, sind nicht nur als Kommunikationsmedien, sondern unter Vorzeichen der Digitalisierung als technologische Dispositive zu bezeichnen. Gegenüber der Technik bezeichnet Technologie einen umfassenden Zusammenhang gesellschaftlicher Dinge und Strukturen, in die Technik und Techniken eingebunden sind und die durch Techniken entwickelt werden. Techniken können somit als manipulative Kommunikationsmittel verstanden werden. Diese sind durch Technik geprägt und wirken als Dispositive, die die Akteure und Strukturen des Felds bestimmen. Die jeweilige Gesamtheit, also der Komplex der Techniken kann als technologisches Dispositiv der (Welt-)Gesellschaft verstanden werden. Bourdieu gibt insofern implizit bereits einen Hinweis auf die religionsaffine Bedeutung der Technik für den manipulativ-kommunikativen Zugriff auf Denken und Handeln der Menschen.

Um die anvisierte Aussagenanalyse in Bezug auf Technik bzw. Technologie vorzunehmen, wird zusätzlich Giorgio Agambens Unterscheidung und Bestimmung des Dispositivs, die er im Anschluss an Michel Foucault vornimmt, als Ausgangspunkt genommen. Agamben schlägt vor dem Hintergrund seiner theologisch-ökonomischen Herleitung des Begriffs des Dispositivs „eine allgemeine, recht grobe Aufteilung des Vorhandenen in zwei große Gruppen oder Klassen" vor:

> einerseits die Lebewesen (oder die Substanzen), andererseits die Dispositive, von denen sich jene unablässig gefangennehmen lassen. Einerseits also, um die Terminologie der Theologen zu übernehmen, die Ontologie der Geschöpfe, andererseits die oikonomia der Dispositive, die darauf abzielen, jene zu regieren und zum Guten zu führen. (Agamben 2008:26)

Die bewusste Übernahme theologischer Begrifflichkeit hat bei Agamben einen doppelten Sinn. Einerseits leitet sie die gegenwärtige Beschreibung der Dispositive aus der Wirksamkeit der christlichen Religionsgeschichte her, andererseits – und daran anschließend – zeigt sie die religiöse Potentialität von Dispositiven im religiösen Feld auf. Agamben verallgemeinert somit die „Foucaultschen Dispositive noch weiter" und bezeichnet mit ihnen

> [...] alles, was irgendwie dazu imstande ist, die Gesten, das Betragen, die Meinungen und die Reden der Lebewesen zu ergreifen, zu lenken, zu bestimmen, zu hemmen, zu formen, zu kontrollieren und zu sichern. (Agamben 2008: 26)

Werden Technik und Techniken bzw. die Technologie als Dispositive bestimmt, dann beziehen sich diesbezügliche Religionisierungen in erster Linie auf die die Lebewesen formierenden Gegenstände, nicht auf die Lebewesen selbst. In dem von Agamben vorgenommenen Begriff des Dispositivs ist bereits die religiöse Potentialität eingeschrieben. Bezugsgröße solcher durch den Dispositivbegriff vorgenommenen Religionsaussagen sind Gegenstände, die von Lebewesen unterschieden sind. Als solche fungiert explizit die zweite Schöpfung des Menschen, die Technik, als Objekt von Aussagen: Die Welt der Technik als Gefüge der Technologie der Gesellschaft *dispositiviert* die Lebewesen. Die Dispositive formieren, so der weitere Schritt von Agamben, die Lebewesen zu Subjekten. Die ‚modernen' Dispositive setzen also zudem einen Subjektivierungsprozess in Gang. Dieser Gedanke des im Zwischen von Dispositiv und Lebewesen entstehenden Subjekts wird im Folgenden nicht weiterverfolgt, sondern es soll zunächst darum gehen, die eine Seite der Unterscheidung, die des Dispositivs, also die Religionisierung der Technik, als Dispositiv zu verstehen. Agamben lehnt sich an Foucault auch darin an, dass er die theologische Herkunft und den universalen Charakter der Dispositive hervorhebt:

> In der Foucaultschen Strategie nehmen die Dispositive eben genau die Stelle der Universalien ein: nicht einfach diese oder jene Polizeimaßnahme, diese oder jene Machttechnologie, jedoch ebensowenig eine durch Abstraktion gewonnene Allgemeinheit. Vielmehr sind sie, wie er im Gespräch von 1977 sagte, „das Netz (le réseau), das man zwischen diesen Elementen herstellen kann". (Agamben 2008: 15f.)

Die (digitalen) technischen Dispositive (oder als Gesamtheit das technologische Dispositiv) wären in dieser Perspektive als die die Gesellschaft durchziehende relationale Struktur der technischen Welt bzw. in der digitalen technischen Welt als (Cyber-)Netz zu verstehen. Durch diese vernetzte Struktur werden die Lebewesen dispositiviert, angeordnet und in ihrer Spezifik ‚erschaffen'. In Fortführung der These von der theologischen Herkunft der modernen Ökonomie wurde nach Agamben über die *Oikonomia Gottes* (Trinität) die göttliche Weltordnung als Dispositiv eingeführt und wirksam. Gegenwartsbezogen wäre in Fortführung der These von Agamben die Technologie als dispositivierend im Kontext der Ökonomie der Weltgesellschaft zu beschreiben. Die Religionisierung der Technik und auch der Ökonomie selbst (Religion des Kapitalismus) erklärt sich in der Sicht von Agamben aus der theologisch-oikonomischen Herkunft beider. Die Technik übernehme die Rolle eines universalen Dispositivs, das die Lebewesen anordnet. Und dieser Vorgang geschehe im Kontext der religiösen (theologisch hergeleiteten) Struktur der modernen Ökonomie. Die theologische Genealogie ist das Hauptanliegen Agambens in der Fortführung der Theorie des Dispositivs von Foucault und erlaubt es ihm, das Dispositiv mit der Deutung der Technik als „Ge-stell" bei Heidegger in Verbindung zu bringen:

> Diese theologische Genealogie verleiht den Foucaultschen Dispositiven eine noch größere Prägnanz und stellt sie in einen Kontext, in dem sie sich nicht nur mit der „Positivität" des jungen Hegel verschränken, sondern auch mit dem „Gestell" des späten Heidegger, dessen Etymologie derjenigen von dis-positio, dis-ponere (das deutsche „stellen" entspricht dem lateinischen ponere) verwandt ist. Wenn Heidegger in Die Technik und die Kehre schreibt, daß „Ge-stell" gemeinhin „Gerät" bedeutet, er unter diesem Terminus jedoch „das Versammelnde jenes Stellens, das den Menschen stellt, d.h. herausfordert, das Wirkliche in der Weise des Bestellens zu entbergen" versteht, wird die Nähe dieses Terminus zur dispositio der Theologen und zu den Dispositiven von Foucault evident. Die Gemeinsamkeit all dieser Termini besteht darin, auf eine oikonomia zu verweisen, das heißt auf eine Gesamtheit von Praxen, Kenntnissen, Maßnahmen und Institutionen, deren Ziel es ist, das Verhalten, die Gesten und die Gedanken der Menschen zu verwalten, zu regieren, zu kontrollieren und in eine vorgeblich nützliche Richtung zu lenken. (Agamben 2008: 25)

Technik als Gestell, das den Menschen (als Lebewesen) herausfordert und als Entbergung der Wirklichkeit verstanden wird, ist ein umfassendes Feld der Manipulationen in der modernen Gesellschaft. Es kann als das Feld interpretiert werden, das laut Bourdieu das religiöse Feld transformiert hat, also religiöse Funktionen übernimmt, wobei Bourdieu zwar die manipulativen Techniken, nicht aber das hierbei zunehmend ins Spiel kommende Manipulative der technischen Dispositive hervorhob.

Führt man den Gedanken weiter, läuft er auf die Aussage hinaus, dass durch das technologische Dispositiv die Ökonomie zur Praxis der Manipulationen der Menschen (der Lebewesen) befähigt wird. Damit kann in Transformation und Fortführung des religiösen Feldes dieses auch als *dispositives Feld* bezeichnet und analysiert werden. Die theologische Herleitung von Dispositiv und Ökonomie bei Agamben und der manipulativen Strukturen der rezenten Gesellschaftsentwicklungen bei Bourdieu sind bereits *religiogene* Interpretationen der gegenwärtig durch Technik und Ökonomie geprägten Gesellschaft. Dass sich vor diesem Hintergrund religionisierende Aussagen über Technik finden, beschreiben und analysieren lassen, ergibt sich aus der religionsgeschichtlichen Herkunft der modernen technologischen Gesellschaft. Genau diese Interpretation der Technologie setzt aber bereits die Religionisierung der wissenschaftlichen Kategorien voraus. Und zwar unter der interpretativen Voraussetzung, dass Technik und Gesellschaft in einer religionisierenden Sprache beschrieben und Aussagen über Technik dementsprechend getroffen werden können.

Agamben trifft seine religionisierende Aussage im Sinne einer Religionstheorie der Dispositive, die er explizit dann als Religion bezeichnet, wenn diese eine Absonderung durch *Opfer* bewirken. Hierzu greift er die gesellschaftskonstitutive Theorie der Religion als Sakralisierungsgeschehen aus der Durkheim-Schule auf. Religion wird als ein Vorgang verstanden, der einen sakralisierten Bereich entstehen lässt, durch den Gegenstände abgesondert und dadurch tabuisiert werden. Erst durch diesen Vorgang entsteht auch die profane Sphäre, die sich nur in Abgrenzung zur sakralen ergibt und ständig kommunikativ bis rituell konstituiert werden muss. Die Sakralisierung der Technik fügt ihrer dispositivierenden Wirkung den Charakter des Opfers hinzu. Sakralisierung der Technik, als ein Teilaspekt der Religionisierung, bedeutet, dass der Gegenstandsbereich der Technik einen sakralen Charakter der Absonderung aufweist, der durch ein Opfer entsteht. Das kann so verstanden werden, dass der Technik Leben geopfert wird, beispielsweise dem Smartphone Lebenszeit geopfert wird, den Algorithmen intime Lebensdaten geopfert werden. In den Worten Agambens, zunächst allgemein und theoretisch formuliert:

> Insofern läßt sich als Religion definieren, was dem allgemeinen Gebrauch Dinge, Orte, Tiere oder Personen entzieht und in einen abgesonderten Bereich versetzt. Nicht nur gibt es keine Religion ohne Absonderung, sondern jede Absonderung enthält oder bewahrt in sich einen genuin religiösen Kern. Das Dispositiv, das die Absonderung vollzieht und regelt, ist das Opfer: Durch eine Reihe minutiöser, nach der Verschiedenheit der Kulturen variierender Rituale, die Hubert und Mauss geduldig inventarisiert haben, sanktioniert es in jedem Fall den Übergang von etwas vom Profanen zum Heiligen, vom menschlichen in den göttlichen Bereich. Doch was auf rituelle Weise abgesondert wurde, kann durch einen Ritus wieder dem profanen Bereich zurückgegeben werden. Die Profanierung ist das Gegendispositiv, das dem allgemeinen Gebrauch zurückgibt, was ihm durch ein Opfer entzogen und abgesondert wurde. (Agamben 2008: 34)

Wenn Sakralisierung der religiöse Vorgang der Religionisierung von Technik darstellt, ist Profanierung, wie sie Agamben vorschwebt, eine Form der Kritik an Sakralisierung, eine Entsakralisierung wie sie durch Analyse, durch Distanzierung und durch Unterscheidung als Kriterien für eine wissenschaftliche Form der Religionisierung verstanden werden kann. In der Wissenschaft wird durch Beschreibung und Rekonstruktion Sakralisierung zugleich entlarvt und dekonstruiert. Wissenschaftliche Religionisierung wäre dann ein Vorgang der Profanierung, also der potentiellen Religionskritik (Agamben 2005: 70-91).

Religionisierende Aussagen können aber auch selbst als Sakralisierung wirken und Bereiche wie die Technik in eine Sphäre der Trennung und Absonderung, der Tabuisierung und Unverfügbarkeit rücken. Dieser Technik gebühren dann Opfer, die das Dispositiv der Technik als ein religiöses Dispositiv kennzeichnen. Eine der Schwierigkeiten, in der Wissenschaft dem Vorgang der Sakralisierung, also der Absonderung durch Opfer zu entgehen, liegt darin, dass die modernen Dispositive, also auch die der Wissenschaft, einen Subjektivierungsprozess einschließen: einen Selbstaneignungsprozess der Dispositive, über den sie Herrschaft ohne Gewaltanwendung ausüben:

> Aus dieser Perspektive stellen sich der Kapitalismus und die modernen Figurationen der Macht als eine Verallgemeinerung und Radikalisierung jener Absonderungsprozesse dar, die für die Religion bestimmend waren. Bei näherer Betrachtung der soeben umrissenen theologischen Genealogie der Dispositive, die sie mit dem christlichen Paradigma der oikonomia, also der göttlichen Weltregierung in Zusammenhang brachte, wird jedoch deutlich, daß sich die modernen Dispositive von den traditionellen durch etwas unterscheiden, was ihre Profanierung besonders problematisch werden läßt. Jedes Dispositiv schließt nämlich einen Subjektivierungsprozeß ein, ohne den es nicht als Regierungsdispositiv funktionieren, sondern sich darauf beschränken würde, bloße Gewaltanwendung zu sein. (Agamben 2008: 35)

Die Religionisierung der Dispositive und damit gerade des technologischen Dispositivs dient also einer religionskritischen Funktion, ohne die der Selbstaneignung durch moderne Dispositive nichts entgegenzusetzen wäre. Nur die vorgängige Religionisierung in der Beschreibung der modernen technologisch-kapitalistischen Gesellschaft, der Technik und der Wirtschaft als Formen der Absonderung durch Opfer vermag auf die subtile Vereinnahmung der Subjekte hinzuweisen, weil sie die Manipulationsstrategien (Bourdieu) aufzudecken und die Notwendigkeit der Profanierung einzufordern vermag:

> Die Frage der Profanierung der Dispositive – das heißt des Verfahrens, mittels dessen das, was in ihnen eingefangen und abgesondert wurde, dem allgemeinen Gebrauch zurückgegeben wird – ist deshalb umso dringlicher. Um sie richtig stellen zu können, müssen jene, die sie sich zu eigen machen, in der Lage sein, sowohl in die Subjektivierungsprozesse als auch in die Dispositive einzugreifen, um jenes Unregierbare zum Vorschein zu bringen, das zugleich Anfang und Fluchtpunkt jeder Politik ist. (Agamben 2008: 41)

Das Unregierbare durch Profanierung zum Vorschein zu bringen, lässt sich als eine Aussage charakterisieren, die im Verständnis von Luhmann das Dispositiv als Programm religiöser Kommunikation, als Besetzung der Transzendenzseite der religiösen Grundunterscheidung bzw. Erst-Unterscheidungen (Luhmann 2000: 30, 138f.) so beobachtet, dass es als Religion identifiziert und eben deswegen auch der Religionskritik im Sinne der Profanierung unterworfen werden kann. Die kritische Wendung dieser religiösen Kommunikation im Sinne einer Dämonisierung des (technologischen) Dispositivs kann Anschluss gerade aufgrund ihrer Religionisierung auch im wissenschaftlichen Diskurs erfahren: wissenschaftlich, theoretisch oder philosophisch religionisierende Kommunikation verhandelt in ihrer Deutung der Technik zugleich eine Bestimmung der Transzendenzseite kommunikativer erster Unterscheidungen. Technik als Religion zu bestimmen, von der es sich in einem zweiten Schritt durch Profanierung zu befreien gilt, ist aber zugleich *religiöse* Kommunikation, die im Wissenschaftsdiskurs religionskritischen Anschluss sucht. Das ist bereits in den Aussagen der Technik-Diskurse von Oswald Spengler, Ernst Bloch und Erich Fromm in unterschiedlicher Ausprägung festzustellen und findet in Yuval Hararis Buch *Homo Deus* erfolgreich seine populärwissenschaftliche Fortsetzung. Hier zeigt sich die Ambivalenz und religiöse Verstrickung religionisierender Aussagen selbst in ambitionierten Religionstheorien wie denen von Agamben und von Luhmann, eine Ambivalenz, die bereits in der Aussagengeschichte der Religionisierung von Technik vorgeprägt ist.

3 Religionisierungen in Texten von Spengler, Bloch und Fromm

Die Texte, die zur Analyse der Religionisierungsstrategien von Technik hinzuzuziehen wären, sind zahlreich, sie können bestimmten Autoren, aber auch unterschiedlichen politisch-weltanschaulichen, klassisch-religiösen oder gesellschaftspolitischen Richtungen zugeschrieben werden. Eine solche kontextuelle Einordnung wird nicht angestrebt. Es soll lediglich darum gehen, populäre Texte, die dadurch gekennzeichnet sind, dass sie über Technik in religiös konnotierten Aussagen kommunizieren, als Teil der Religionsdiskursgeschichte des technologischen Dispositivs zu identifizieren und in ihrer sprachlichen Vorgehensweise zu charakterisieren. Dabei soll nicht die jeweilige Theorie (vom Untergang des Abendlandes bei Spengler, vom Prinzip der Hoffnung bei Bloch oder von der humanistischen Gesellschaftstherapie bei Fromm) im Vordergrund stehen, sondern es soll beobachtet werden, wie Technik in Bezug zu religiösem Vokabular bzw. zum Religionsbegriff selbst gebracht wird, wie Technik zum Teil eines religionsbezogenen Diskurses bzw. selbst religiös (oder religionskritisch) kommuniziert wird. Der Diskurs über Religion ist umfassend und beinhaltet sowohl wissenschaftlich-religionsbezogene Aussagen als auch religiöse Aussagen im engeren Sinne. Letztere können mit Hilfe der Theorie der spezifischen Codierung religiöser Kommunikation identifiziert werden. Die Verwendung des Religionsbegriffs selbst ist dabei ambivalent: als Analyseinstrument und als religiöse bzw. religionskritische Zuschreibung zugleich. Hierbei soll die sprachliche Konstruktion der Religionisierung hervorgehoben werden, um eine Genealogie des Dispositivs der Technologie im rezenten Kontext des Digitalen/Internet/ Cyberspace vorzubereiten und um zu sehen, wie Religionstheorien in ihrer Zuschreibung von Religion immer auch reflexiv auf sich zurückwirken bzw. ambivalent in einem *religiösen* Religionsdiskurs verstrickt sind. Giorgio Agambens religionstheoretische Deutung des Konglomerats von Ökonomie und Technologie als bedrohliche Herrschaft neuer Formen von Religion, die den Menschen manipulieren und daher profaniert werden müssen, trifft nicht nur auf journalistische Einschätzungen des *Silicon Valley* zu und spiegelt sich in den Selbstdeutungen seiner Protagonisten wieder, sondern hat ihre Vorgeschichte in den Technik-Deutungen von Spengler, Bloch und Fromm. Technik-Deutungen ziehen, so wird sich zeigen lassen, *religiöse Diskurse* geradezu ‚magisch' an.

4 Oswald Spengler oder die ambivalente Religion des Fortschritts: vom *Priester der Maschine* zum *Fortschrittsphilister*

Vor 100 Jahren erschien der erste Band von Oswald Spenglers *Der Untergang des Abendlandes*. Das Werk erfährt in mehreren Auflagen eine große Resonanz und wird bis heute in seinen zwei Bänden immer wieder nachgedruckt. Anhand der Symbolisierung des „Ausgedehnten" demonstriert er seine prinzipielle Vorgehensweise des Vergleichs bzw. der Reihenbildung von historischen Entwicklungen. Auf diese Weise werden Wissenschaft und Religion in eine Entwicklungsgeschichte eingereiht, verglichen und einander zugeordnet. So kommt es bei Spengler zu einer Religionisierung durch die Textstrategien des Vergleichs und der Parallelisierung:

> Ihr gemeinsames Mittel, das einzige, welches die sich verwirklichende Seele kennt, ist die Symbolisierung des Ausgedehnten, des Raumes oder der Dinge – sei es in den Konzeptionen des absoluten Weltraumes der Physik Newtons, der Innenräume gotischer Dome und maurischer Moscheen, der atmosphärischen Unendlichkeit der Gemälde Rembrandts und ihrer Wiederkehr in den dunklen Tonwelten Beethovenscher Quartette, seien es die regelmäßigen Polyeder Euklids, die Parthenonskulpturen oder die Pyramiden Altägyptens, das Nirwana Buddhas, die Distanz höfischer Sitte unter Sesostris, Justinian I. und Ludwig XIV., sei es endlich die Gottesidee eines Aischylos, Plotin, Dante oder die den Erdball umspannende Raumenergie der heutigen Technik. (Spengler 1990: 109f.)

Das Verbindende, die Seele, fungiert als *tertium*, die über den Vorgang der Symbolisierung der Räumlichkeit der Materie und der Dinge, die Spengler das „Ausgedehnte" nennt, zu einer Selbstverwirklichung der Seele in Raumkonzeptionen wie dem „absoluten Weltraum der Physik" führt, zu religiösen Architekturen wie den Innenräumen der Dome und der Moscheen, den Skulpturen und Pyramiden, zum Nirwana und bis hin zu den „Gottesideen" der Philosophie, der Musik Beethovens und letztlich zur Verwirklichung im Konzept der Raumenergie der heutigen Technik. Die Aussage in Bezug auf Technik ist deutlich: Technik stehe als Ausdruck seelischer Konzeptionen in einer Linie zu den religiös-kulturellen Konstruktionen des Menschen. Die Symbolisierung des Raumes als „Mittel" der sich verwirklichenden Seele bildet die Voraussetzung des Vergleichs und der historischen Entwicklung der Raumkonzepte. Bei der Technik wird zudem das Energetische und das Erdumspannende oder Globale hervorgehoben. Es handelt sich also um eine vergleichende kulturmorphologische Aussage, die durch religiöse Herleitung bzw. Reihenbildung die Technik entsprechend in der religionsgeschichtlich akzentuierten Entwicklung der Seele einordnet.

In einem weiteren Schritt stellt der Text eine zentrale Unterscheidung auf, in dem er die Technik als Kultus in Differenz zur Theorie setzt und diese Differenz weiter ausformuliert. Denn die Technik ist hinsichtlich des konzeptionellen Weltbezugs zwar auf den gleichen Gegenstand bezogen, wird aber in diesem Bezug anders bestimmt:

> Die Technik richtet sich auf die sichtbare Nähe und Notdurft. Die Theorie wendet sich der Ferne zu und den Schauern des *Unsichtbaren*. Dem kleinen Wissen des Alltags setzt sie den Glauben zur Seite, und doch entwickelt sie wieder ein neues Wissen und eine neue Technik höherer Ordnung: zum Mythos tritt der Kultus. Jener lehrt die *numina kennen*, dieser sie *beschwören*. Denn die Theorie im erhabenen Sinne ist religiös durch und durch. (Spengler 1990: 507)

Technik und Theorie sind als die zwei einander bedingenden und ergänzenden Weisen der Konzeptualisierung der Welt im seelischen Vorgang zu verstehen. Beide sind auf *numina* bezogen, einem Gegenstandsbereich, der unter der Begriffsbildung des *Numinosen* bereits bei dem Theologen Rudolf Otto 1917 zu einer zentralen Kategorie der Bestimmung von Religion als eines universal zu vergleichenden Phänomens erhoben wurde. Spengler setzt nun verschiedene Begriffe als Ausdrucksformen des ihnen gemeinsamen Charakteristikums, das darin besteht, dass sie alle *numina*, göttlich wirksame Wesen seien. Doch bevor er diese *numina* explizit benennt, trifft er die Aussage, dass sich Technik auf das Sichtbare und Naheliegende beziehe und in einem Zweckzusammenhang stehe, den er durch den Begriff der „Notdurft" gekennzeichnet sieht. Technik dient der Befriedigung eines naheliegenden Bedarfs, der sich ganz im Gegenwärtigen, Greifbaren und Sichtbaren abspielt. Die Theorie hingegen ist darüber hinaus auf die Ferne und insbesondere das Unsichtbare gerichtet, das wiederum durch „Schauern" gekennzeichnet sei. Da beide sich auf *numina* richten, die eben diesen Aspekt des Fernen oder Nahen aufweisen, sind die religiösen Konnotationen des göttlich Schauderhaften, wie sie ebenfalls bei Rudolf Otto als *tremendum* in Bezug auf das *Numinose* bezeichnet werden, sprachlich mitgeführt. Die Gesamtaussage des Textes über Technik nimmt zunehmend den Charakter einer Aussage über religiöse Phänomene an.

Dabei ist noch nicht klar, ob der Standort, der durch diese Aussagen konstituiert wird, als ein religiöser oder ein wissenschaftlicher zu bezeichnen wäre. „Theorie" als Gegenstand der Aussage in Spenglers Text wird jedoch wörtlich bereits als im „erhabenen Sinne" religiös bezeichnet. Wenn Theorie „durch und durch" „religiös" sei, stellt sich natürlich die Frage, wie weit der Text als ein Theorietext zu verstehen und nicht eher als ein religiöser zu interpretieren sei. Es ist jedoch durchaus zu konstatieren, dass religionisierende Texte gerade ihren eigenen Standpunkt, der in Konsequenz ebenfalls in diese Religionisierung der Gegenstände fallen müsste, nicht explizit reflektieren.

In der Aussage des Textes ist die begriffliche Religionisierung aller Phänomene, die im Zusammenhang mit Theorie stehen, vorgenommen; also wird auch bereits die Technik in einen religiösen Deutungskontext gestellt. Dem Wissen über den Alltag, also dem Wissen, das den Techniken im Umgang mit dem Naheliegenden zugrunde liegt, wird in der Theorie ein ‚Glaube' beiseitegestellt, der sich selbst übersteigt durch neues technisches Wissen, das wiederum zu einer höheren Ordnung der Technik in der Gestaltung von Nähe und Notdurft, also des Alltags und der notwendigen Zweckbefriedigung führt. Zu jedem Mythos, der sich den *numina* erkennend nähert, tritt in Folge ein Kultus, also eine Technik hinzu, die die erkannten *numina* beschwört. Theorie sei ein mythisch-religiöser Erkenntnisvorgang, Technik ein kultisch-religiöser Beschwörungsvorgang. Beide richten sich jedoch auf den gleichen Gegenstand, die *numina*. Die religionisierende Technik-Aussage von Spenglers Text differenziert zwar im Medium der Geschichte, indem es eine Entwicklung von der Religion zur Naturwissenschaft aufzeigt. Diese Entwicklung setzt aber zugleich die Theorie der Naturwissenschaft in einen genealogischen Bezug zur Religion:

> Erst in ganz späten Zuständen entwickelt sich aus der religiösen die naturwissenschaftliche Theorie, indem man sich der Methoden bewusst wird. Abgesehen davon ändert sich wenig. Die Bilderwelt der Physik bleibt Mythos, ihr Verfahren bleibt ein die Mächte in den Dingen beschwörender Kultus, und die Art der Bilder und Verfahren bleibt abhängig von denen der zugehörigen Religion. (Spengler 1990: 507)

Die Methoden der naturwissenschaftlichen Theorie mögen sich geändert haben, ansonsten bleibe alles gleich, bleibe die naturwissenschaftliche Theorie eine ‚religiöse', insofern ihre Bilderwelt in der Physik dem Mythos verhaftet bleibe. Und die Verfahren der Naturwissenschaft, also die Technik im engeren Sinne, beziehen sich weiterhin auf die Mächte in den Dingen, die sie in ihren Verfahren wie in einem Kultus beschwört. Bilder und Verfahren der Naturwissenschaft gehören der jeweiligen Religion der Naturwissenschaft an, von der sie abhängig sei. Wie diese ‚Religionen' der Naturwissenschaften zu bezeichnen und zu charakterisieren wären, ist nicht Teil der Aussagen des Textes. Zusammenfassend lässt sich die religionisierende Aussage bezüglich der Naturwissenschaft durch die Differenz von Theorie und Technik als die von Mythos und Kultus kennzeichnen oder als die von Glaubenswissen und Alltagswissen, von Kenntnis und Beschwörung, von Bild und Verfahren. Es ist die *numina*-Intention auf das Ferne und das Schauern des Unsichtbaren in der Theorie einerseits und die *numina*-Intention auf das Nahe und notwendig Zweckdienliche (Notdurft) in der Technik andererseits.

Der Bezugspunkt technischer Intentionalität ebenso wie der sie begleitenden Theorie sind die *numina*, die über Erfahrung erschlossen werden. Das folgende Zitat zeigt nochmals deutlich die Erweiterung der religionisierenden Aussage über Technik, indem sie religiöse Erfahrung sowohl der Theorie als auch der Technik in einem emphatischen, gefühlsbezogenen Sinne unterlegt:

> Ein Triumphgefühl begleitet jede Erfahrung im Reiche der Natur, heute noch, durch die über Absichten und Kräfte des Himmelsgottes, der Gewittergeister, der Flurdämonen, oder über die Numina der Naturwissenschaft – Atomkerne, Lichtgeschwindigkeit, Gravitation – oder auch nur über die abgezogenen Numina des mit seinem eigenen Bilde beschäftigten Denkens – den Begriff, die Kategorie, die Vernunft – etwas festgestellt und damit in den Kerker eines unveränderlichen Systems kausaler Beziehungen gebracht wird. Erfahrung in diesem anorganischen, tötenden, festmachenden Sinne, die etwas ganz anderes ist als Lebenserfahrung und Menschenkenntnis, erfolgt aber in doppelter Weise: als Theorie und als Technik: religiös gesprochen als Mythos oder Kultus, je nachdem der Gläubige die Geheimnisse seiner Umwelt erschließen oder bezwingen will. (Spengler 1990: 884)

Spenglers Text religionisiert in doppelter Weise, da er einerseits direkt das Attribut ‚religiös' überträgt und zudem die religiöse Semantik von *numina*, Mythos und Kultus so verwendet, dass die charakterisierende Herleitung und Bestimmung der Naturwissenschaft über das Medium der Religionsgeschichte, der religiösen Archäologie vorgenommen wird. Hierbei werden die Vergleichsbegriffe als *tertium* instrumentalisiert, um die genealogische Herleitung über eine Erweiterung des Begriffs der *numina* zu bewirken. Diese evozieren zunächst als Götter, Geister und Dämonen im Reich der Natur die Erfahrung und fungieren im Bereich der Naturwissenschaft als Atomkerne, Lichtgeschwindigkeit und Gravitation oder im Denken als Begriff, Kategorie oder Vernunft. Auf diese Weise setzt Spengler die Bilder in ein System kausaler Beziehungen.

Diese denkerische Aufgabe der Theorie ist jedoch zuvor in dem Text bereits als „durch und durch religiös" charakterisiert worden. Der Triumph in der wissenschaftlichen Erfahrung der Natur bleibt also ein religiöser (im erhabenen Sinne) und erfolgt in doppelter Weise: als Theorie und Technik, als Mythos und Kultus, – je nach Modifikation der Intention auf die Geheimnisse der Umwelt. Die Theorie erschließt, die Technik bezwingt die Geheimnisse in der je spezifischen Erfahrung der *numina*. Diese Intention wird jedoch dem konkreten Menschen zugeschrieben: dem Naturwissenschaftler als Gläubigen.

So erfolgt konsequent in dem Text auf die Anthropologisierung der Religion in Verbindung mit der Seele eine Individualisierung der Religion im Sinne des religiösen Genies bzw. der religiösen Begabung oder des religiösen Virtuosentums. Die wissenschaftlich-technischen Spezialisten werden zu religiösen Spezialisten, da neben der Religiosität der Seele die konkrete Religion der Umsetzung ins Technische tritt. Der die Umwelt erschließende oder bezwingende Gläubige bedarf des Talentes, der Theoretiker der Gabe des Schauens und der Techniker der Begabung des Beschwörens, wodurch sich eine individualisierte Nomenklatur religiöser Spezialisten ergibt, die die naturwissenschaftliche Religion in eine auf Zukunft im Modus der Erfindung ausgerichtete Prophetie münden lässt, die vom Theoretiker erschaut, vom Techniker priesterlich umgesetzt wird. Theorie und Technik dienen letztlich den prophetischen Erfindungen:

> Religiosität ist ein Zug der Seele, aber Religion ist ein Talent. „Theorie" fordert die Gabe des Schauens, die nicht alle und wenige in erleuchtender Eindringlichkeit besitzen. Sie ist Weltanschauung im ursprünglichsten Sinne, Anschauung der Welt, ob man nun in ihr das Walten und Weben von Mächten, oder mit städtischem und kälterem Geist, nicht fürchtend oder liebend, sondern neugierig, den Schauplatz gesetzmäßiger Kräfte erblickt. Die Geheimnisse von Tabu und Totem werden im Götterglauben und Seelenglauben angeschaut und in der theoretischen Physik und Biologie errechnet. „Technik" setzt die geistige Begabung des Bannens und Beschwörens voraus. Der Theoretiker ist kritischer Seher, der Techniker Priester, der Erfinder Prophet. (Spengler 1990: 885)

Der Mensch ist anthropologisch qua Seele durch Religiosität gekennzeichnet, aber erst die zweckorientierte Umsetzung im Handeln, im Kultus, also die Technik im umfassenden, auf Theorie aufbauenden Sinne wird als Religion gekennzeichnet. Talent als Potentialität zum Gestalten beruhe auf der Gabe des Sehens durch Theorie. Der Theoretiker als Seher wird deutlich und konsequent in dem Personenarsenal der Religionsgeschichte verortet und von dort hergeleitet. Jedoch nicht die Götter oder Tabu und Totem bilden das Objekt der Weltanschauung und den Kern des Geheimnisses, den es zu entbergen gilt, sondern der Ort gesetzmäßiger Kräfte bildet das Objekt der theoretischen Schau, die in den Naturwissenschaften wie Physik und Biologie nun *errechnet* wird. Das seherische Talent und die Fähigkeit des Bannens und Beschwörens richten sich auf einen religiösen Gegenstand, auf seine spezifischen *numina*, die nur über das Rechnen gebannt und beschworen werden können. Das Talent der Handlungspotentialität im Reich der Natur verschiebt sich entsprechend vom Sehen auf das Rechnen. Die religionisierende Aussage des Textes bezieht insbesondere die Mathematik als „etwas Heiliges" ein. Das Entbergen der Natur verschiebt sich vom zauberischen ‚richtigen' Wort auf die durch Mathematik bestimmte physikalische Technik:

> Deshalb beruht jede Beschwörung der Gottheit auf der Kenntnis ihres wirklichen Namens, auf der Ausübung der nur dem Wissenden bekannten und zu Gebote stehenden Riten und Sakramente in genau der richtigen Form und unter Gebrauch der richtigen Worte. Das gilt nicht nur vom primitiven Zauberwesen, sondern auch von jeder physikalischen Technik und noch viel mehr von jeder Medizin. Deshalb ist Mathematik etwas Heiliges, das regelmäßig aus religiösen Kreisen hervorgeht – Pythagoras, Descartes, Pascal -, und die Mystik heiliger Zahlen, der 3, 7, 12, ein wesentlicher Zug aller Religion [...]. (Spengler 1990: 885)

Die *numina* der Riten und Sakramente der physikalischen Technik sprechen nun die Sprache der „heiligen Zahlen". Die Technik baue auf den Kult der Berechnung und dem Geheimnis der Bezifferung der Welt auf, womit in der Technik ein wesentlicher Zug der Religion genealogisch fortgeführt wird: die Mystik (der Zahlen). Die Zahlen werden als „Formen, Ausdrucksmotive oder Mitteilungszeichen" charakterisiert, mit denen Makro- und Mikrokosmos, Welt und Mensch, in Verbindung gebracht werden und die entweder als Gebote oder Gesetze wirken und über die die Maschinen beherrscht werden:

> In der priesterlichen Technik heißen sie Gebote, in der wissenschaftlichen Gesetze. Beide sind Name und Zahl, und der primitive Mensch würde keinen Unterschied finden zwischen der Zauberkraft, mit welcher der Priester seines Dorfes die Dämonen, und der, mit welcher der zivilisierte Techniker seine Maschinen beherrscht. (Spengler 1990: 886)

Es ist zu erinnern, dass die Logik der religionisierenden Aussagen von Spengler auf eine universale Geltung und Verbreitung einer Religion der Naturwissenschaft und der Technik hin angelegt ist, wobei die potenzielle Entwicklung von Wirtschaft und Technik zu der entwicklungsgeschichtlichen Universalisierung auf das gesamte Dasein der Erde hin tendiere, die sich in der letzten Stufe der Entwicklung, der Zivilisation, bereits herausgebildet habe:

> Während aber diese Ausbreitung alle Grenzen überschreitet, vollzieht sich und zwar in großartigen Verhältnissen die Ausbildung der inneren Form in drei deutlich unterscheidbaren Stufen: Ablösung von der Kultur – Reinzucht der zivilisierten Form – Erstarrung. [...] Diese Entwicklung hat für uns schon eingesetzt, und zwar sehe ich in der Krönung des gewaltigen Gebäudes die eigentliche Mission der Deutschen als der letzten Nation des Abendlandes. In diesem Stadium sind alle Fragen des Lebens, nämlich des apollinischen, magischen, faustischen Lebens zu Ende gedacht und in einen letzten Zustand des Wissens oder Nichtwissens gebracht. Um Ideen kämpft man nicht mehr. Die letzte, die Idee der Zivilisation selbst, ist im Umriß formuliert und ebenso sind Technik und Wirtschaft im Problemsinne fertig. Aber damit beginnt erst die mächtige Arbeit der Ausführung

aller Forderungen und der Anwendung dieser Formen auf das gesamte Dasein der Erde. (Spengler 1990: 686)

Der religionsgeschichtlichen Entwicklung nach kommt nun dem Barockzeitalter als Zeitalter der Ausformulierung der Naturwissenschaft im Sinne des „faustischen Menschen" eine prägende Rolle zu. Die Naturwissenschaft erfährt hier eine praktische Ausrichtung zulasten der Theorie. Sie war nach Spenglers Text auch keine Dienerin der theoretischen Theologie, sondern Dienerin des „Willens zur Macht", der in der mathematisch und experimentell ausgerichteten Mechanik die Technik prägte:

> Innerhalb der Barockphilosophie steht die abendländische Naturwissenschaft ganz für sich. Etwas Ähnliches besitzt keine andere Kultur. Sicherlich war sie von Anfang an nicht die Magd der Theologie, sondern Dienerin des technischen Willens zur Macht und nur deshalb mathematisch und experimentell gerichtet und von Grund aus praktische Mechanik. Da sie durch und durch zuerst Technik ist und dann Theorie, so muß sie so alt sein wie der faustische Mensch überhaupt. (Spengler 1990: 928)

Die nun ins Spiel kommende „faustische Technik" führe religionsgeschichtlich nach der antiken und arabisch geprägten Religion, die durch Schauen und Zaubern geprägt sei, die Technik der Beherrschung der Natur und der Lenkung der Welt nach dem Willen des abendländischen-faustischen Menschen als *neue Religion der Technik* ein (Spengler 1990: 1186). Die religionsgeschichtliche Entwicklung münde in das Reich der Maschine, dem der Ingenieur als ihr Priester vorstehe, von ihm sei die Industrie abhängig, er schaffe die Möglichkeiten zu den künftigen Wirklichkeiten im Reich der Maschinen, das durch die Technik beherrscht und vorangetrieben werde, also auf Zukunft prophetisch ausgerichtet sei:

> Der Organisator und Verwalter bildet den Mittelpunkt in diesem künstlichen und komplizierten Reich der Maschine. Der Gedanke hält es zusammen, nicht die Hand. Aber gerade deshalb ist eine Gestalt noch wichtiger, um diesen stets gefährdeten Bau zu erhalten, als die ganze Energie unternehmender Herrenmenschen, die Städte aus dem Boden wachsen lassen und das Bild der Landschaft verändern, eine Gestalt, die man im politischen Streit zu vergessen pflegt: der Ingenieur, der wissende Priester der Maschine. Nicht nur die Höhe, das Dasein der Industrie hängt vom Dasein von hunderttausend begabten, streng geschulten Köpfen ab, welche die Technik beherrschen und immer weiter entwickeln. Der Ingenieur ist in aller Stille ihr eigentlicher Herr und ihr Schicksal. Sein Denken ist als Möglichkeit, was die Maschine als Wirklichkeit ist. (Spengler 1990: 1191)

Spenglers religionisierende Deutung der Zukunft wird nun gegen Ende des Textes in eine andere Dimension gelenkt, denn der Text bleibt hinsichtlich der bewertenden Einschätzung dieser Entwicklung offen und zeigt somit seine gegenwartsspezifische Ambivalenz. Die Zukunft wird wie eine religiöse Kampflandschaft entworfen. Solange der Ingenieur seine Einheit von Gedankenarbeit und Maschinenarbeit fortführen könne und seinen Nachwuchs heranbilde, also die nachfolgenden Priester, Seher und Propheten, werde die Industrie nicht erlöschen Es entfalte sich jedoch ein Kampf zwischen dem Heil der Seele und der Macht der Welt. Insofern der Text die Technik als Wille zur Macht bestimmt, entwirft er das Szenario eines religiösen Kampfes, bei dem es um die Frage nach dem „Satanismus der Maschine" gehe, also um die religiöse *Dämonisierung* der Technik als Wille zur Macht wie sie in den Maschinen zum Ausdruck komme. In Zukunft werde es also in einem religiösen Streit um die Religion der Technik gehen, um die Frage, ob die Maschine eine satanische Welt sei oder nicht, ein Kampf um die Geister, also um die religiösen Spezialisten oder Virtuosen:

> Man hat, ganz materialistisch, die Erschöpfung der Kohlenlager gefürchtet. Aber solange es technische Pfadfinder von Rang gibt, gibt es keine Gefahren dieser Art. Erst wenn der Nachwuchs dieser Armee ausbleibt, deren Gedankenarbeit mit der Arbeit der Maschine eine innere Einheit bildet, muß die Industrie trotz Unternehmertum und Arbeiterschaft erlöschen. Gesetzt den Fall, daß das Heil der Seele den Begabtesten künftiger Generationen näher liegt als alle Macht in dieser Welt, daß unter dem Eindruck der Metaphysik und Mystik, die heute den Rationalismus ablösen, das wachsende Gefühl für den Satanismus der Maschine gerade die Auslese des Geistes ergreift, auf die es ankommt – es ist der Schritt von Roger Bacon zu Bernhard von Clairvaux – , so wird nichts das Ende dieses großen Schauspiels aufhalten, das ein Spiel der Geister ist, bei dem die Hände nur helfen dürfen. (Spengler 1990: 1191)

In einer kleinen Schrift über *Der Mensch und die Technik* aus dem Jahr 1931, die auf sein großes Werk folgte, widmet sich Spengler explizit der Bedeutung der Technik für den Menschen. Auch hier religionisiert der Text die Technik, wobei er nun den Fortschritt und dessen Kritik in die Aussagen über Technik einbezieht. Fortschrittsreligion wird nun zur platten Schwärmerei, die Technik diene der Ersparnis von Arbeit und dem Amüsement, nicht mehr der Seele:

> Die Fortschrittsphilister begeisterten sich über jeden Druckknopf, der eine Vorrichtung in Bewegung setzte, die — angeblich — menschliche Arbeit ersparte. An Stelle der echten Religion früher Zeiten tritt die platte Schwärmerei für die „Errungenschaften der Menschheit", worunter lediglich Fortschritte der arbeitersparenden und amüsierenden Technik verstanden wurden. Von der Seele war nicht die Rede. (Spengler 1931: 4)

Der Text religionisiert nicht mehr in einer apologetischen und genealogischen Manier die Technik, sondern stellt diese in Verbindung mit dem Fortschritt der Erleichterung menschlichen Lebens und der Intensivierung des Genusses, dem ein materialistisch ausgerichteter Rationalismus diene. Diese Aussage wird nun religionskritisch hergeleitet über den Anbeter der Fortschrittsreligion: dem *Fortschrittsphilister*. Religionisierung kippt von der Sakralisierung in die polemische Dämonisierung einer „materialistischen Religion" der Technik, die christlich-trinitarisch ironisiert wird. Die Textstrategie der Religionsaussagen wechselt die Bewertung: Technik ist nicht mehr seelischer Ausdruck der Entbergung der Geheimnisse der Natur im positiven Sinne der religionsgeschichtlichen Entwicklung vom Wort zur Zahl, sondern – vorbereitet über die Satanisierung der Maschine – ein negativ konnotierter, philisterhafter Glaube des Materialismus und Rationalismus, der die Verbindung zur früheren Religion der Seele verloren habe. Technik ist für Spengler jetzt kein Kult oder Akteur der Naturbeherrschung mehr, sondern wird zum Objekt der Anbetung. Sie wird nicht mehr mit dem Ingenieur als Priester, sondern mit dem Philister als Anbeter ihres materialistischen Fortschritts in Verbindung gebracht.

> Mit dem Rationalismus endlich wird der „Glaube an die Technik" fast zur materialistischen Religion: Die Technik ist ewig und unvergänglich wie Gott Vater; sie erlöst die Menschheit wie der Sohn; sie erleuchtet uns wie der Heilige Geist. Und ihr Anbeter ist der Fortschrittsphilister der Neuzeit, von Lamettrie bis Lenin. (Spengler 1931: 71)

Die sprachlichen Konstruktionen der Religionisierung bei Spengler zeigen, ähnlich wie die folgenden kürzer dargestellten bei Ernst Bloch und Erich Fromm, bereits einen gemeinsamen Aspekt. Die Wertung der Technik, ihre ‚moralische' Einschätzung und ‚historische' Einordnung in Bezug auf Religion, kann nur in der Ambivalenz von (religions)theoretischer Interpretation und religiöser *oder* religionskritischer Deutung vorgenommen werden. Die Einschätzung der Technik changiert zwischen Sakralisierungs- und Profanierungs-Aussagen. *Religionisierung wird zur Voraussetzung sowohl der Apologie wie der Kritik am zuvor religionisierten Objekt.* Dieses Objekt wird aber als eine Tendenz in die offene Zukunft des Fortschritts aus der Geschichte heraus bestimmt, wobei das noch Unbeobachtbare der Zukunft eine Transzendenzseite einnimmt, die aus der Immanenz der jeweiligen Geschichte gedeutet, also religiös kommuniziert wird. Genau diese ambivalente Vorgehensweise findet sich wieder in der journalistischen Bewertung und in der Selbstdeutung der digitalen, von Heilsbringern (Ray Kurzweil) und Religionsgründern (Anthony Levandowski) geprägten Technologien des *Silicon Valley*. Religion als Metapher: Nicht nur gegenwärtig, sondern bereits bei Spengler findet sich dieser Gebrauch der Religionssemantik als metaphorische Strategie in der Auseinandersetzung mit Technik allgemein und den je neueren Technologien im speziellen. Die einen sehen sich als Erbe und Neugründer von Religion und Transzendenz, die anderen als vehemente Religionskritiker und Warner vor einer solchen Erbschaft.

5 Ernst Bloch und die Transzendenz der Technik als Utopie

Bei Ernst Bloch wird die Technik als anthropologische Entlastung und Segnung bereits im Geist der Utopie aus dem Jahr 1918 charakterisiert. Somit greift er seiner expliziten und ausführlichen Thematisierung im Technik-Kapitel (Bloch 1959: 729-817) des Prinzips Hoffnung über die „technischen Utopien" vor:

> Denn es kam das rastlose um sich greifen, das für sich arbeiten lassen und die eiserne Bedienung durch mechanische Kräfte. Es wird noch kommen die dadurch geschehene Entlastung der Menschen mittelst der Technik, und ihre nicht mehr aufzuhaltende Segnung des Lebens, nämlich die mögliche Abschaffung der Armut und die durch das revolutionäre Proletariat erzwungene Entlastung der Menschen von den Fragen der Ökonomik. (Bloch 1918: 432)

Diese indirekte Religionisierung von Technik greift an dieser Stelle noch nicht auf eine religiöse Semantik zurück. Eine explizite Verwendung des Religionsbegriffs kennzeichnet auch nicht das Technik-Kapitel des Prinzips Hoffnung, sondern sie ergibt sich über die im fünften Teil des Werkes in den Kapiteln 53 bis 55 vorgenommene Wertungen der „Segnung" und „Entlastung" durch Technik als „wachsender Menscheinsatz ins religiöse Geheimnis" (Bloch 1959: 1392). Diese geschichtliche Entwicklung vom Himmel auf die Erde, von der Religion zur Technik – „Der Trieb nach oben wird zuletzt einer nach vorwärts." (Bloch 1959: 1509) – wird im marxistischen Sinne gedeutet. Insofern führt diese auch technische Entwicklung „Religion im Erbe (Meta-Religion)" als „menschliche[s] Sichselbstüberschreiten" im Laufe der Geschichte, in deren Dienst die technischen Utopien stehen. Explizite Religionisierung unter Verwendung des Religionsbegriffs führen allerdings zu konkreten religionsbezogenen Aussagen in Bezug auf die zentrale Thematik der Hoffnung, unter der die Technik als anthropologische Dimension des Nochnicht der Geschichte bzw. des Mängelwesens Mensch zu deuten ist.

> Technik als Entbindung und Vermittlung der im Schoß der Natur schlummernden Schöpfungen, das gehört zum Konkretesten an konkreter Utopie. (Bloch 1959: 813);
> [...] ein wirklicher Einbau der Menschen (sobald sie mit sich sozial vermittelt worden sind) in die Natur (sobald die Technik mit der Natur vermittelt worden ist). Verwandlung und Selbstverwandlung der Dinge zu Gütern, natura naturans und supernaturans statt natura dominata: Das also meinen die Grundrisse einer besseren Welt, was konkrete Technik angeht. (Bloch 1959: 817)

Bereits hier erreichen die Strategien der Utopisierung und Teleologisierung von Technik den Umkehrschluss, dass Religion dort sei, wo Hoffnung auftrete, womit das *Prinzip Hoffnung* ‚prinzipiell' bereits einer Religionisierung in positiver, apologetischer Hinsicht unterworfen wird:

Wo Hoffnung ist, ist so in der Tat Religion, aber da der absolute Inhalt der Hoffnung selbst in der Intention noch so ungefunden ist, gibt es auch einen dermaßen variierenden Phantasie-Fundus der Religionen als der Versuchungen des utopischen Totum. (Bloch 1959: 1417)

Die Religionisierungs-Strategie richtet sich allerdings auch religionskritisch gegen konkrete religiöse, insbesondere theistische Religionskonzepte, die im Laufe der Geschichte sich selbst in eine Meta-Religion aufheben, die sich im Erbe des *Prinzips Hoffnung* bzw. des utopischen Prinzips niederschlage. So seien Atheismus und Religion durch das gleiche Ziel gekennzeichnet, Atheismus führe Religion ohne Gott weiter:

Das Ziel aller höheren Religionen war ein Land, wo Milch und Honig so real wie symbolisch fließen; das Ziel des inhaltlichen Atheismus, der nach den Religionen übrigbleibt, ist genau das gleiche – ohne Gott, aber mit aufgedecktem Angesicht unseres Absconditum und der Heils-Latenz in der schwierigen Erde. (Bloch 1959: 1550)

Die Utopie vom real erfüllten Leben als Erbe und transzendierendes ‚Meta' der Religion zeige sich in den unterschiedlichsten historischen Entwicklungen und gesellschaftlichen Bereichen bzw. anthropologischen Dimensionen und damit selbstverständlich in allen Entwicklungen und Tendenzen der Technik:

Sinngemäß ist utopische Intention weder auf die bloße innere Traum-Enklave noch aber auch auf die Probleme der besten Gesellschaftsverfassung beschränkt. Ihr Feld ist vielmehr gesellschaftlich breit, hat sämtliche Gegenstandswelten der menschlichen Arbeit für sich, es dehnt sich – wie in Erinnerung zu bringen ist und der Fortgang zu zeigen hat – nicht minder in Technik und Architektur, in Malerei, Dichtung und Musik, in Moral wie Religion. (Bloch 1959: 727)

Die Religionisierung wird bei Bloch durch mehrere Strategien durchgeführt:

1. wie bereits bei Spengler im Sinne einer religiösen Genealogie, also einer Historisierung der Technik im Kontext der *Religionsgeschichte* (Bloch 1959: 740-758);
2. durch eine utopische Politisierung der Technik als sozialistisch (Bloch 1959: 769);
3. durch eine Futurisierung der Technik und ihrer Erfindungen als konkrete Voraussetzung und Inkarnation der Utopie (Bloch 1959: 771-788) und
4. durch eine direkte Ineinssetzung von Technik und Utopie im Sinne einer metaphorischen Vergöttlichung der Technik durch Vergleich: „Technik als Entbindung und Vermittlung der im Schoß der Natur schlummernden Schöpfungen, das gehört zum Konkretesten an konkreter Utopie" (Bloch 1959: 813).

Technik wird religionisiert als Umsetzung der Vermittlung von Mensch und Natur hin zu einer besseren Welt nach Vorgabe des Prinzips Hoffnung als Fortführung des Gehaltes der Religion. Technik wird apologetisiert, nicht dämonisiert, indem sie in die Religionsgeschichte der Hoffnung eingebaut und als konkrete Utopie zu einer „besseren Welt" als „Einbau der Menschen [...] in die Natur (sobald die Technik mit der Natur vermittelt worden ist)" (Bloch 1959: 817) gedeutet wird. Bloch religionisiert die Technik im Sinne seiner religiösen wie religionsüberschreitenden Deutung der Geschichte, in der die Technik nicht dämonisiert, sondern ‚erlösend' apologetisiert wird. Damit wird auch bei ihm, wenn auch weniger direkt, die gewertete Technik religiös kommuniziert, indem sie in Bezug auf Transzendenz als geschichtliches Erlösungsziel codiert wird. Utopie und Hoffnung als Bestimmung der Transzendenz aus der irdischen Immanenz des Vorscheins auf Hoffnung setzt die Religionisierung zur *Beobachtung von Utopie* als des eigentlich Unbeobachtbaren ein. Die Religionisierungen der Technik als Erfüllung des Hoffnungsprinzips dienen entsprechend der Programmierung der Transzendenz/ Immanenz-Unterscheidung im *Prinzip Hoffnung*, das ebenfalls wie bei Spengler die Ambivalenz von (religions-)theoretischer Interpretation und religiöser sowie religionskritischer Deutungen, von Sakralisierung und Profanierung aufweist. Hinsichtlich der Religionisierung der digitalen Technologien spurt Bloch weniger die kritische als die erlösende Sicht auf Technik vor: Technik bereitet nicht nur die Versöhnung mit der Natur, sondern auch die Vollendung der ‚alten' Religion in Gestalt einer Metareligion globalen Ausmaßes als Immanentisierung transzendenter Hoffnungen vor: insofern trägt gerade die Technik Religion im Erbe.

6 Erich Fromm oder die Kritik der Selbsttranszendenz des vergöttlichten Menschen durch Religionisierung der Technik

In den Texten Erich Fromms finden sich an unterschiedlichen Stellen explizite Aussagen einer Religionisierung der Technik. Fromm setzt den Religionsbegriff sogar gezielt ein und stellt sich in den Kontext einer wissenschaftlichen Diagnose der gegenwärtigen westlichen Gesellschaft im Sinne einer psychoanalytischen bzw. sozialpsychologischen Beschreibung der Gegenwart. Fromms Position baut explizit auf der Religionskritik von Marx und Freud auf und formuliert zugleich eine humanistische und atheistische Religion, die er gegen eine Technikreligion in Stellung bringt und einfordert (vgl. allgemein: Hardeck 1992). Dabei verfährt er textstrategisch wie Spengler und Bloch zugleich: gesellschaftliche Phänomene werden religionisiert, indem sie durch eine anthropologische Dimension des Menschen erklärt werden. Der Mensch sei religiös, weil er ein gesellschaftlich eingebettetes Orientierungssystem (aufgrund seines Verlustes der Harmonie) benötige und zugleich ein Objekt emotionaler Verehrung begehre, das diesem Orientierungssystem zugrunde liegen müsse. Diese (im Anspruch) wissenschaftliche Religionisierung im Sinne einer Religionsanthropologie wird unterfüttert durch die normative Unterscheidung zwischen einer positiven humanistischen Religion und einer negativen autoritären Religion, die den Menschen unterwerfe und ihn seiner Freiheit beraube. In diesem Kontext einer universalen Religionisierung menschlicher Existenz- und gesellschaftlicher Lebensverhältnisse identifiziert Fromm explizit eine neue Religion der Gegenwart. Er nennt sie die „Religion der Technik", die die Funktion der Religion einerseits übernehme, andererseits aber aufgrund ihres nicht humanistischen, sondern autoritären Charakters der Religionskritik zu unterwerfen sei. Bereits 1951 in seinem Text *Mann und Frau* übt er diese Kritik an der ‚falschen', letztlich inhumanen Religion der Technik aufgrund einer religionsdiagnostischen Einschätzung seiner Gegenwart, wobei er zunächst verbal unter expliziter Verwendung des Religionsbegriffs seine Deutung vornimmt. Im Anschluss hieran unterscheidet er durch eine normative Differenzierung das wahre von dem falschen Programm für Transzendenz. Insofern *kommuniziert* Fromm *religiös über Religion*:

> Kurzum: Durch die im modernen Kapitalismus praktizierte „Ethik" ist der Religion das andere Bein amputiert worden. Sie kann nicht mehr die Repräsentantin von Werten sein, da man ihr auch in dieser Funktion nicht mehr traut. So hat Gott abgedankt sowohl als Schöpfer der Welt wie auch als Verkünder der Werte der Nächstenliebe und der Überwindung der Gier. Dennoch scheint der Mensch nicht ganz ohne Religion leben zu können oder zu wollen. Er lebt nicht nur vom Brot allein. Er muss eine Vision haben, einen Glauben, der sein Interesse erweckt und ihn aus einer bloß tierischen Existenz erhebt. Ein Rückfall in früheres Heidentum mit seinem Götzendienst dürfte gegenwärtig nicht attraktiv sein. Doch glaube ich, sagen zu können, dass sich in unserem Jahrhundert eine neue Religion entwickelt, die ich „Religion der Technik" nennen möchte. (Fromm 1951: 331)

Diese „Religion der Technik" habe zwei Aspekte, die von Fromm durch eine doppelte Transzendierung des religionisierten Gegenstands gekennzeichnet wird: Einerseits ist diese Religion der Technik in der gesellschaftlichen Entwicklung, ähnlich wie bei Bloch, auf „Schlaraffenland", „unbegrenzte Bedürfnisbefriedigung", auf ein „Paradies" „absoluten Genusses" zur „Eliminierung der Anstrengung", also auf eine Transzendierung des immanenten Weltzustandes in einen paradiesischen ausgerichtet, andererseits ist sie auf die Gottwerdung des Menschen, auf einen „Pfad ins Unendliche" (Fromm 1951: 330) hin angelegt. Diese neue Religion sei, so Fromms religionskritische Wendung, eine neue Form von Götzendienst, [...] in dem die Technik der neue Gott ist oder in dem der Mensch selbst zum Gott wird, und die Astronauten dabei die Hohepriester dieser Religion sind. [...] eine neue Religion, in der die Technik zur Großen Mutter wird, die alle ihre Kinder ernährt und zufriedenstellt. [...] In jedem Fall aber verkündet diese neue Religion keine moralischen Prinzipien, außer dem einen, dass man tun muss, was technisch möglich ist! Die technische Möglichkeit wird zur moralischen Verpflichtung, zur Quelle der Moral selbst. (Fromm 1951: 331)

Deutlich wird in Fromms Aussagen die Kritik an der neuen Religion durch seine negative Religionisierung der Vision der Selbstvergöttlichung (und damit Selbsttranszendierung), die diese Religion antreibe und die er als Opfer an einen Götzendienst, als Moralisierung allein durch technische Machbarkeit und als Unmenschlichkeit charakterisiert sieht und daher einer Strategie der Religionskritik unterwirft. Den Opfercharakter des technologischen Dispositivs hat auch die religionstheoretische Interpretation Agambens hervorgehoben. Eine doppelte Religionisierungsstrategie ergibt sich bei Fromm aus seiner eigenen religiösen Position einer Religion der Humanität, der er ein eigenes Credo schreibt (Fromm 2009: 118-136) und die als positive Matrix seine Kritik an der Religion der Technik begründet, was die Aussagen in seinem späteren Werk *Haben oder Sein* aus dem Jahr 1976 nochmals unterstreichen:

Die Vision hinter dem modernen „kapitalistischen" wie „kommunistischen" Industrialismus ist tatsächlich eine religiöse, wie alle Visionen religiös sind, die Energien für neue kreative Strukturen mobilisieren. Getrieben durch diese Vision, oder besser gesagt: trunken von ihr, realisierte der Mensch die Wunder der Technik, von denen er in früheren Zeiten geträumt hatte bzw. von denen er nie geträumt hätte. (Fromm 1976: 524) [...] Der Mensch ist in der Tat auf dem Weg, Gott zu werden. Dies ist seine Antwort auf die religiöse Tradition und die Grundlage für die vollständige Aufhebung der Ethik. Allerdings muss der Mensch, um Gott werden zu können, unmenschlich werden. Auf lange Sicht muss sich der Mensch deshalb selbst zerstören, indem er sich selbst auf dem Altar des wahren Gottes, auf den der Mensch-Gott schließlich verzichten muss, der Technik nämlich, opfert. (Fromm 1976: 525)

Die Religionisierung der Technik erlaubt es ihm ebenso wie bereits Spengler und Bloch, diese als Besetzung von Transzendenzvorstellungen (Gott, Götzen, Allmacht, Paradies usw.) zu kommunizieren, also Allmacht und Allwissenheit durch Technik als religiöse Position zu thematisieren, wobei auch Fromm trotz seines (religions-)theoretischen Anspruchs keinen distanzierten Diskurs über wahre oder falsche Transzendenzprogramme führt. Sondern er übt deutlich aus dem Geist einer humanistischen Immanenz Kritik an ‚götzenhaften' bis hin zu ‚unmenschlichen' Besetzungen der Transzendenzseite durch Technik. Es ist zugleich eine Kritik an der Überhöhung von Erwartungen, die in eins den Menschen vergöttlichenden Technik gesetzt werden.

Auch hier gehen Wertung und Religionisierung Hand in Hand und begründen die kritischen Aussagen über die Besetzung der Transzendenzseite religiöser Kommunikation durch Technik.

7 Abschließende Reflexionen zum Zusammenhang von Transzendenz, Technikdeutung und Religionstheorie (Exkurs zum Dataismus)

Übertragungen religiösen Vokabulars oder des Religionsbegriffs selbst auf nicht genuin ‚religiöse' Phänomene im Sinne der antik-christlich-jüdischen Religionstraditionen beginnen spätestens im 18. Jahrhundert. Jetzt gehen Religionstheorien, Religionsbegriffe und neu-religiöse Entwicklungen ineinander über und führen einen Diskurs über religiöse Inhalte, also über Transzendenz-Programme, ohne diese explizit als solche zu thematisieren. Diese Inhalte werden über die Strategien der Distanzierung und des Vergleichs, der Sakralisierung und Profanierung in allgemeinere Religions-Aussagen verpackt. Die Veränderung der religiösen Landschaft bzw. des klassischen religiösen Feldes war von vornherein auch ein Produkt der sich vervielfältigenden theoretischen Religionskonstrukte. Die permanente Neu-Erfindung des Religionsbegriffs in philosophischer Theorie und später in den Wissenschaften des 19. und 20. Jahrhunderts ist dabei äußerst plural und ambivalent bis widersprüchlich verlaufen. Kritik an Religion geht Hand in Hand mit Neukonzeptionalisierungen von Religion. Die neuen ‚Ideen' von Religion waren zugleich auch ein Vorschlag bzw. Aussagenverdichtungen für neue Religionen: Rousseaus Zivilreligion, Schleiermachers Religions-Religion (Geschmack für das Unendliche), Comtes Religion des Positivismus, Feuerbachs Religion der Zukunft. Aber auch Nationalreligion, Kunstreligion und Wissenschaftsreligion waren und sind weitere Formierungen dieser Ideen als Empfehlungen neuer Religionen. Damit wurde das Religionsverständnis einerseits stark erweitert und auf unterschiedlichste gesellschaftlich-kulturelle Felder übertragen: Wissenschaft, Kunst, Wirtschaft, Recht, Politik, Individuum und eben auch Technik. Kein Bereich scheint verschont zu bleiben, nicht als Religion gedeutet werden zu können.

Andererseits wurden Konzepte der autopoetisch-kommunikativen Schließung des ausdifferenzierten Religionssystems einer funktionalen Gesellschaft entwickelt (Luhmann). Die formalste kommunikative Form von Religion solle die Codierung von Transzendenz/Immanenz sein, die es ermögliche, unterschiedlichste Programme dieser Codierung zu beobachten, in denen verschiedene, religionsspezifische Grundunterscheidungen die Formaldifferenz besetzen. Immanenz und Transzendenz werden bei Luhmann zu relationalen und formalen Begriffen einer spezifischen Codierung, die letztlich aber jeder auf Differenz setzenden Kommunikation zugrundliegen. Es wäre daher zu fragen, inwieweit die durch diese Beobachtung sich ergebende Identifikation von religiöser Kommunikation nicht sogar in allen Kommunikationen, die auf ein *re-entry* setzen, zwangsläufig mitgeführt wird. Es wäre weiter zu fragen, ob die Religionisierungen unterschiedlichster Teilbereiche von Kultur, Gesellschaft und Individuum nicht selbst wiederum auf dieser Grundunterscheidung aufsetzen und diese im Programm Religion/Nicht-Religion mitführen. Wäre das so zu beobachten – und der analysierte Bereich der religionisierenden Aussagen über Technik legen dies nahe –, müsste der Religionsdiskurs auch in den wissenschaftlichen Theorien als Stellvertreterdiskurs von Transzendenz-Bestimmungen beobachtbar sein, wobei die eigene Beobachterposition lediglich die Distanzierungsstufe der Beobachtung möglicherweise auf eine dritte Stufe verlagert. Wäre das dann Religionswissenschaft im Sinne wissenschaftlicher Religionsbeobachtung oder ebenfalls wiederum eine Gestaltwandlung des religionsgesättigten Religionsdiskurses?

Vor dem Hintergrund der Religionisierungs-Aussagen über Technik und deren Ambivalenz zwischen (religions-)theoretischer Thematisierung und religiöser Deutung müssten auch die Religionstheorien selbst durch diese Ambivalenz bzw. Paradoxie gekennzeichnet sein, so dass sich die These ergibt, dass wissenschaftliche oder theoretische Religionsdiskurse immer durch solche ambivalenten Aussagemöglichkeiten gekennzeichnet sind. Auch die Religionstheorien, die mit spezifischen Unterscheidungen ansetzen, müssten qua ihrer Religionisierung daraufhin beobachtet werden können, wie sie den Transzendenz-Diskurs auf einer zweiten Ebene der Beobachtung selbst mitführen und somit anschlussfähig halten: Agambens Unterscheidung von Sakralisierung/Profanierung, die üblichen Unterscheidungen von religiös und säkular, von heilig und profan und selbst die grundlegende Unterscheidung von Luhmanns Systemtheorie zwischen System und Umwelt. Alle Funktionssysteme und auch wissenschaftliche Religionsunterscheidungen könnten (und müssten) dann als Programme religiöser Kommunikation beobachtet werden. Auch eine Religionstheorie geht von Setzungen begrifflicher Differenz aus und beobachtet etwas (zunächst) Unverfügbares, Unbeobachtbares, indem sie es als Religion kommuniziert und dabei die Paradoxie ihrer Unterscheidung anschlussfähig zu halten versucht. Die Beobachtung der Transzendenz-Seite aus der Immanenz menschlicher Kommunikationsgefüge kann daher auch Technik als Religion im Zuge einer Religionisierung beobachten und hat dies wie oben gezeigt auch getan. Auch Agambens Theorie des Dispositivs operiert mit Grundunterscheidungen, die eine deutliche religionsaffine Herkunft aufweisen. Und seine Beobachtung der modernen Gesellschaft leitet geradezu eine religiöse Abkunft aus ‚religiöser' Gotteskommunikation her, um Religionskritik am Dispositiv der Gesellschaft im Sinne von Profanierung zu betreiben bzw. überhaupt kommunizieren zu können. Damit wären den Reli-

gionsdeutungen und Religionstheorien immer schon eine *religiöse* Problemlage immanent eingeschrieben.
Religionisierungen ziehen Aussagen über Phänomene in einen religionsförmigen Diskurs hinein. Was ist die ‚Funktion' solcher Diskurse? Sie erlauben, so die weitere These, *indirekt religiös zu kommunizieren*. Religionisierungen kommunizieren Transzendenz nicht nur direkt, indem sie Programme für die Codierung bieten, sondern auch indirekt, indem sie durch Religionszuschreibung ihre Gegenstände (Technik, Digitalität, Kapitalismus, Fußball usw.) zu einem Transzendenzdiskurs erklären. Indem man sich religionisierend zur Technik verhält, kommuniziert man indirekt in religiösen Unterscheidungen, indem man direkt – als Stellvertreter – die Gegenstände der Religionisierung (Technik, Daten, KI usw.) für den religiösen Diskurs stehen lässt. Die Kritik oder Begründung von Religion, die latent sich in den Religionisierungen verbirgt, erlaubt es, zur Transzendenzfrage eine indirekte Position zu beziehen. Transzendenz wird nicht direkt adressiert, sondern indirekt über die Religionszuschreibung involviert. Indem man über Religion kommuniziert, distanziert man sich von direkter religiöser Kommunikation und verhandelt die direkte religiöse Kommunikation in einem sekundären Modus der Distanz. Somit wird Transzendenz über die Beobachtung von Transzendenz (beispielsweise derjenige der Technik oder der Technologie) indirekt kommuniziert. Die religiöse Kommunikation hat in der Gesellschaft einen zweiten Ort eingenommen: neben dem religiösen Kommunikationssystem findet sie im Wissenschaftssystem einen distanzierten Modus der Transzendenz-Kommunikation, der sie in eine wissenschaftliche wahr/falsch-Differenz übersetzt. Bei Agamben können religiöse Kommunikationen als Opfer-Dispositive so erkannt werden, dass sie der indirekten wissenschaftlichen bzw. philosophischen Kritik überführt werden können. Wissenschaftliche Religionsdiskurse sind insofern zu einem großen Teil religionskritische Diskurse, die Religionisierung einsetzen, um die direkte religiöse Adressierung zu vermeiden. Im Modus wissenschaftlicher oder allgemeiner religionsbeobachtender Kommunikation werden auf diese Weise höchst ambivalente Stellvertreterdiskurse über Transzendenzsetzungen und Transzendenzmöglichkeiten geführt.

In neuester popularisierender Manie bringt der im Sinn-Medium von Geschichte und Fortschritt geführte religionisierende Technikdiskurs in der Manier von Spengler, Bloch und Fromm wieder neue alte Aussagen über Technikreligion hervor, indem z.B. Yuval Harari digitale Techniken bzw. das bereits von Agamben angesprochene technologische Dispositiv aufs neue einer Religionisierungsstrategie unterwirft, die wiederum in der Ambivalenz von (religions-)theoretischer Interpretation und religionskritischer Deutung die neue Religion des „Dataismus" als Gefahr für die Transzendenzseite der menschlichen Zukunft beschwört:

Indem der Dataismus die menschliche Erfahrung mit Datenmustern gleichsetzt, bringt er unsere wichtigste Quelle von Autorität und Sinn ins Wanken und kündet von einer ungeheuren Glaubensrevolution, wie wir sie seit dem 18. Jahrhundert nicht erlebt haben. In den Zeiten von Locke, Hume und Voltaire behaupteten Humanisten, Gott sei „ein Produkt der menschlichen Vorstellungskraft". Heute zahlt es der Dataismus den Humanisten mit gleicher Münze heim und erklärt: „Ja, Gott ist ein Produkt der menschlichen Fantasie, aber die menschliche Vorstellungskraft ist ihrerseits das Produkt biochemischer Algorithmen." Im 18. Jahrhundert drängte der Humanismus Gott an den Rand, indem er von einem deozentrischen zu einem homozentrischen Weltbild überging. Im 21. Jahrhundert könnte der Dataismus die Menschen an den Rand drängen, indem er von einer homozentrischen zu einer datazentrischen Weltsicht wechselt. (Harari 2017: 526f.)

Literatur

Agamben, Giorgio (2005): Profanierungen. Frankfurt am Main: Suhrkamp.
Agamben, Giorgio (2008): Was ist ein Dispositiv? Zürich, Berlin: diaphanes.
Bloch, Ernst (1959): Das Prinzip Hoffnung. Frankfurt am Main: Suhrkamp.
Bloch, Ernst (1918): Geist der Utopie (Faksimile der 1. Aufl., München, Leipzig: Duncker & Humblot 1918). Frankfurt am Main: Suhrkamp 1971.
Bourdieu, Pierre (2009): Religion. Schriften zur Kultursoziologie 5, hg. von Frank Schultheis und Stephan Egger, Konstanz: UVK.
Cassirer, Ernst (1985): Form und Technik. In: Cassirer, Ernst: Symbol, Technik, Sprache. Aufsätze aus den Jahren 1927-1933. Hamburg: Meiner, S. 39-97.
Foucault, Michel (1973): Archäologie des Wissens. Frankfurt am Main: Suhrkamp.
Fromm, Erich (1951): Mann und Frau, (zitiert nach Fromm, Erich: Gesamtausgabe in 12 Bänden, Band XI, hg. von Rainer Funk, München DVA 2016).
Fromm, Erich (1976): Haben oder Sein. Die seelischen Grundlagen einer neuen Gesellschaft, (zitiert nach Fromm, Erich: Gesamtausgabe in 12 Bänden, Band XII, hg. von Rainer Funk, München: DVA 2016).
Fromm, Erich (2009): Mein Glaube an den Menschen, ausgewählt und eingeführt von Rainer Funk, Düsseldorf: Patmos.
Gladigow, Burkhard (2005): Europäische Religionsgeschichte. In: Gladigow, Burkhard: Religionswissenschaft als Kulturwissenschaft, hg. von Christoph Auffarth und Jörg Rüpke, Stuttgart: Kohlhammer, 289-301.
Harari, Yuval Noah (2017): Homo Deus. Eine Geschichte von Morgen. München: Beck.
Hardeck, Jürgen (1992): Vernunft und Liebe. Religion im Werk von Erich Fromm. Frankfurt am Main, Berlin: Ullstein.
Luhmann, Niklas (2000). Die Religion der Gesellschaft. Frankfurt a.M.: Suhrkamp.
Spengler, Oswald. (1931): Der Mensch und die Technik. Beitrag zu einer Philosophie des Lebens. München: Beck.
Spengler, Oswald. (1990): Der Untergang des Abendlandes. Umrisse einer Morphologie der Weltgeschichte. München: Beck.

Schattentheater – Transzendenz als Projektionsfläche des Technischen

Christian Schwarke

Transzendenz wird Techniken in Diskursen zugeschrieben, in denen es um die kulturelle und soziale Bedeutung neuer Techniken geht. Je stärker eine Technik das bisherige Ordnungsgefüge einer Gesellschaft zu irritieren droht, desto umfassender fallen die positiven oder negativen Transzendenzbehauptungen dabei aus. Insofern neue Techniken das Bisherige tatsächlich „überschreiten", sind Transzendenzzuschreibungen nicht beliebig. Transzendenz steht dabei für den imaginären Blick von außen auf das Ganze der soziokulturellen Ordnung. Der Beitrag bietet zunächst eine kurze Geschichte der wechselvollen Geschichte des Verhältnisses von Technik und Transzendenz in der westlichen Kultur. Im Anschluss wird an Beispielen gezeigt, wie Transzendenzzuschreibungen an Techniken vorgenommen werden, um schließlich deren Funktion als ethische Marker zu diskutieren.

1 Einführung

„For Heaven's Sake – What On Earth Does Technology Have To Do With Transcendence?" Mit diesen Worten betitelte im Jahr 2003 Stijn Van den Bossche seinen Beitrag zu dem Sammelband *Technology and Transcendence* (Van den Bossche 2003). Der Verfasser liefert darin eine Interpretation von Krzysztof Kieslowskis Film *Dekalog I* mit der These, dass sich die Welt nicht technisch berechnen ließe und der Mensch sich im Angesicht existenzieller Grenzsituationen nur verrechnen kann, wenn er sein Leben auf die Technik statt auf Gott gründe. Selbstverständlich beeilt sich der Verfasser hinzuzufügen, dass damit überhaupt nichts gegen die Technik gesagt sein solle. Vielmehr geht es ihm darum zu zeigen, dass Technik niemals die Stelle der Transzendenz einnehmen könne. Eine solche Gegenüberstellung von Technik und Transzendenz, zu der auch die Differenzbestimmung von Technik und Mensch (als Ort der Transzendenz nach dem Verlust Gottes) gehört, war und ist im öffentlichen Diskurs wie in Philosophie und Theologie weit verbreitet.[1] *Hat der Mensch die Technik noch im Griff?* betitelte die F.A.Z.

---

1 Noch die erhitzte Debatte um die Willensfreiheit, die sich an die Veröffentlichung eines Manifestes von Hirnforschern im Jahre 2004 (vgl. Elger et al. 2004) an-

am 6. Juni 2018 ihr Special zur CEBIT. „Lieber Gott als Google fragen", lautete eine Zwischenüberschrift (Knop 2018). Neben die Wahrnehmung eines Gegensatzes von Transzendenz und Technik ist freilich schon früh im 20. Jahrhundert die Beobachtung getreten, dass Technik auch religiöse Züge tragen und auf Transzendenz rekurrieren könne (vgl. Bry 1924: 139-144). Mit durchaus ideologiekritischem Impuls wurden solche Verbindungen in der einen Richtung als illegitim bewertet. Transzendenz in technischen Zusammenhängen sei demzufolge eine unerlaubte Usurpierung zum Zwecke der Anmaßung der eigenen Bedeutungssteigerung (vgl. Noble 1998; Eisfeld 1996). In einer anderen Richtung aber wurde Transzendenz als Wahrnehmungsfolie der technischen Entwicklung (vgl. Nye 1994; 2003; Oliver 2013) bzw. als ihr Motor gedeutet (vgl. Burckhardt 1999).

Aus ingenieurwissenschaftlicher Perspektive sieht das freilich oft anders aus. Die tägliche Laborerfahrung lässt eher die eingangs zitierte Frage stellen, in deren Licht alle philosophischen und kulturwissenschaftlichen Erkenntnisse über den Zusammenhang von Technik und Transzendenz ebenso wie solche über Grenzauflösungen zwischen Natur und Technik, Mensch und Maschine als das erscheinen, was die Kulturwissenschaften in den technischen Artefakten zu entdecken meinen: soziale Konstruktionen.[2] Das kann auch gar nicht anders sein. Denn die Kulturwissenschaften richten den technischen Gegenstand ihrer Beobachtung, um ihn beobachten zu können, selbstverständlich immer schon so zu, dass er in ihr Gesichtsfeld passt. Zu meinen, dass mit dieser Operation vermeintlich moderne Unterscheidungen nicht etwa unterlaufen, sondern als falsches Denken entlarvt würden, wäre naiv und offenbarte ein Denken, das durchaus im kritisierten Objektivismus verbleibt. Es käme an dieser Stelle daher auf eine reflektierende und nicht bloß rezitierende Rezeption der großen Theoretiker:innen wie Bruno Latour (1995; 2005), Donna Haraway (1995) und Serge Moscovici (1990)[3], der vieles schon früher erkannt hatte, an. Noch alle Bemühungen, irgendwelche sozio-technischen Zusammenhänge mit dem Mythosbegriff zu rekombinieren (vgl. Münker/ Roesler 1997), leben von der Differenz zwischen der „Technik" und dem metaphernspezifischen „system of associated commonplaces" (Black 1996: 71), das sich mit dem Begriffsfeld des Transzendenten in der Wahrnehmung der Zielgruppe verbindet. Insbesondere die Literatur zur Informationstechnologie bietet hier reichhaltiges Anschauungsmaterial (vgl. u.a. Davis 1998).

    schloss, legt davon auf dem Grenzgebiet zwischen Naturwissenschaft und Technik Zeugnis ab (vgl. Geyer 2004).
2   Die Beschreibung solcher Zusammenhänge reicht mindestens zurück bis Ludwik Flecks Studie von 1935 (vgl. Fleck 2012).
3   Im Blick auf die Auflösung der Grenzen zwischen Technik und Natur ist unbedingt auf Scott Bukatman hinzuweisen (vgl. Bukatman 1993).

Im Folgenden soll die im Anfangszitat gestellte Frage, was Technik denn überhaupt mit Transzendenz zu tun habe, beantwortet werden. Dabei wähle ich einen Zugang, der sich von zwei möglichen Antworten auf diese Frage unterscheidet. Weder halte ich die Verbindung von Technik und Transzendenz für eine reine Ideologie derer, die die Realität des „stahlharten Gehäuses" der Technik etwa in der Werbung mit frommem Schlagobers versehen wollen. In dieser Richtung könnte man etwa die Darstellungen göttergleicher Frauen auf antiken Pferdewagen deuten, die am Beginn des 20. Jahrhunderts elektrische Glühbirnen für die AEG und andere bewarben. Noch ist die Technik an sich transzendent, wie man es im Kontext klassischer Religionen etwa Gott zuschreiben würde. Zu dieser Richtung gehört m.E. auch der wirkmächtigste technikphilosophische Entwurf des 20. Jahrhunderts von Martin Heidegger. Indem er in der Technik eine bestimmte ontologische Konstellation obwalten sieht, die zugleich das Denken des modernen Menschen unmittelbar und (fast) unausweichlich bestimmt, erhält die Technik selbst einen transzendenten Charakter. Beide Deutungen des Verhältnisses von Technik und Transzendenz lassen sich am Transhumanismus studieren. Von den Protagonist:innen schon vor der Konjunktur des Begriffs als Realisierung und gleichzeitig damit verbundene Erledigung etwa des Unsterblichkeitsglaubens gefeiert (Technik ist die Erreichung von Transzendenz) (vgl. Tipler 1995; Moravec 1988), sehen Gegner:innen in der Bewegung die ideologische Verschleierung technokratischer Machtphantasien durch Transzendenzbehauptungen (Technik erschleicht Transzendenz) (vgl. Becker 2015; Coenen 2010; Cole 2011).

Gegenüber diesen Deutungen gehe ich zunächst schlicht davon aus, dass Techniken Transzendenz in gesellschaftlichen Diskursen zugeschrieben wird. Diese Zuschreibung aber ist nicht zufällig und nicht beliebig, sondern notwendig. Sie begegnet regelmäßig dort, wo neue Techniken die bisherige soziale und kulturelle Ordnung der Gesellschaft infrage stellen. Im 20. Jahrhundert war darüber hinaus an verschiedenen Stellen fraglich, wie Menschen sich auf die technisch induzierte Verschiebung zwischen Machbarem und Unverfügbarem einstellen sollten. So erfordern die Möglichkeiten der pränatalen Diagnostik zugleich Entscheidungen darüber, was ich überhaupt wissen möchte, wenn ich darauf nicht reagieren könnte. Solche Anpassungsprozesse, so meine These, werden sozusagen im Spiegel des Transzendenten diskutiert – ohne dass dies den Beteiligten notwendig bewusst sein muss -, weil das Transzendente zum einen den Blick auf das Ganze eröffnet und zum anderen klassischerweise der Ort ist, an dem Menschen sowohl die Erfahrung des Kontingenten als auch Veränderungen solcher Kontingenz wahrnehmen. Wie im Schattentheater wird eine neue Technik auf den Schirm der Transzendenz projiziert, und erscheint dort größer, bedeutungsvoller, aber gleichzeitig vielleicht klarer, schärfer umrissen, als würde man sie isoliert betrachten – wenn sie im Licht der jeweiligen Kultur einer Gesellschaft, die gleichsam die Projektionslampe darstellt, wahrnehmbar wird. Wenn etwa die Gentechnik als ‚Eingriff in die Schöpfung' oder als ‚Gott spielen' apostrophiert wird, ihr also Transzendenzattribute aus dem Bereich der (jüdisch-christlichen) Gotteslehre beigelegt werden, dann ist das zwar weder naturwissenschaftlich noch theologisch angemessen, aber es beschreibt den Schatten, den die mit kulturell bedingten Fragezeichen angestrahlte Technik auf dem Schirm der Transzendenz (bzw. ihrer Metaphorik) hinterlässt. Wenn dieser Vorgang als notwendig charakterisiert wird, dann selbstverständlich nicht im Sinne eines Kant'schen Postulats, sondern im empirischen Sinne, dass große technische Innovationen, die die Gesellschaft als Ganze zu verändern schienen, jedenfalls im 20. Jahrhundert solche Transzendenzzuschreibungen in Technikdiskursen mit sich brachten. Exemplarisch wird dies unten an den Beispielen der sog. zweiten industriellen Revolution und der Gentechnik erläutert.

Wenn hier die Metapher des Schattentheaters verwendet wird, dann zielt das nicht auf eine Ironisierung, der zufolge alles, d.h. die öffentlich um neue Technologien geführten Diskurse, ‚nur' Theater und also aus wissenschaftlicher Perspektive Scheingefechte seien, deren Beleuchtung man mit überlegenem kulturwissenschaftlichen Gestus den Stecker ziehen könnte und sollte. Vielmehr transportiert das Theater seit der Antike die Idee der Katharsis, der Reinigung. Im hier zur Diskussion stehenden Kontext geht es in ähnlicher Weise um Klärung. Indem eine Technik im Schattentheater der Transzendenz ‚durchgespielt`` wird, klärt sich – so das implizite Ziel solcher Aufführungen (d.h. Diskurse) – das Verhältnis dieser Technik zur Gesellschaft. „Transzendent" muss der Schirm der Projektion insofern sein, als nur der hypothetische Blick von außen das Ganze (der Gesellschaft) erfassen kann. Welche Transzendenz sich ein Diskurs (bzw. eine Gesellschaft) dafür sucht, ist damit noch nicht ausgemacht, und sie muss keineswegs religiös im traditionellen Sinn sein. Was genau ich im hier interessierenden Zusammenhang unter Transzendenz verstehe, wird unten (3.) erläutert.

Die folgenden Überlegungen sind in drei Abschnitte gegliedert. Ich beginne mit einer kurzen Darstellung der Genese der Verhältnisbestimmung(en) von Technik und Transzendenz, weil die Welt eben nicht nur sozial, sondern auch historisch konstruiert ist (2.). In einem zweiten Schritt soll dann erläutert werden, wie die behaupteten Zuschreibungen von Transzendenz im Einzelnen aussehen und welche Konsequenzen sie haben (3.). Solche Transzendenzzuschreibungen haben dabei nie nur einen deskriptiven Sinn. Sie zielen vielmehr stets auf normative Implikationen einer Technik. Daher stehen die aufgerufenen Transzendenzbezüge in einem ethischen Kontext. Wie jede Metapher rufen sie Assoziationen auf, die den Gegenstand in einem je anders bewerteten Licht erscheinen lassen (sollen). Daher führen die Überlegungen unausweichlich zu ethischen Aspekten (4.), die bei genauerem Hinsehen bereits den Ausgangspunkt der Frage nach dem Verhältnis von Technik und Transzendenz markieren. Denn warum sollte diese Frage überhaupt von Interesse sein, wenn nicht aufgrund der Notwendigkeit zu unterscheiden, ob und wie wir handeln sollen oder ob wir nicht handeln können oder sollen.

2 Eine kurze Geschichte des Verhältnisses von Technik und Transzendenz

Ich beginne mit einer kurzen Rekonstruktion der Genese der Wahrnehmung des Verhältnisses von Technik und Transzendenz in der christlich dominierten westlichen Kultur. Der früheste Beleg für eine (metaphorische) Verbindung von Technik und Transzendenz stammt meines Wissens von Ignatius von Antiochien. Um 110 schreibt der Bischof an die Gemeinde in Ephesus: „Denn ihr seid Bausteine für das heilige Haus des Vaters. Ihr werdet in die Höhe gezogen durch den Baukran Jesu Christi, das Kreuz. Das Seil ist der Heilige Geist. Der Kranführer ist euer Glaube. Der Weg, der in die Höhe führt zu Gott, ist die Liebe" (Ignatius 1999: 781). Im Mittelalter begegnet die Vorstellung, dass Technik eine reale Funktion in der Heilsgeschichte übernimmt, insofern sie – wie George Ovitt gezeigt hat – dazu beiträgt, die Welt nach dem Sündenfall wiederherzustellen (vgl. Ovitt 1987). Gleichzeitig regt sich im Spätmittelalter Kritik an der Technik, die darauf abzielt, dass Technik sich im Gegensatz zur göttlichen Ordnung befinde. So wehrt sich etwa Georg Agricola 1556 gegen Technikkritiker, die im Bergbau einen Eingriff in Gottes Hoheitsbereich sehen und daher ablehnen (vgl. Agricola 1977: 1-21). Dennoch finden sich insbesondere im 18. Jahrhundert zahlreiche Pfarrer und Theologen, die sich intensiv mit der Technik beschäftigen und ihre Entwicklung vorantreiben (vgl. Warnke 1997). Erst im weiteren Verlauf des 19. Jahrhunderts wird in vielen Bereichen jene professionelle Differenzierung sichtbar, nach der Techniker für die Gestaltung des täglichen Lebens zuständig sind, während Pfarrer und Theologen das Transzendente und damit eben das Nicht-Immanente zu verwalten haben.[4] Sprichwörtlich verdichtet findet man diese Differenz im Wortpaar „Heilung und Heil", der zufolge Mediziner:innen zwar Heilung anzubieten vermögen, nicht jedoch das Heil. Dieses Motiv findet man aber etwa auch in den dreißiger Jahren des vorigen Jahrhunderts, als die Entwicklung von Autobahnkreuzen mit dem Argument kritisiert wurde, dass die Verbesserung der Straßensicherheit noch lange nicht zum guten Leben führe (vgl. Anonym 1939: 916f). In der Perspektive der Nachgeborenen, denen Autobahnkreuze mehr als vertraut sind, wirkt ein solches Verdikt entweder albern oder zynisch. Denn die Frage, ob ich bei einem Autounfall ums Leben komme oder mein Ziel dank eines kreuzungsfreien Verkehrs lebendig erreiche, ist für das Individuum allerdings eine

---

4 Exemplarisch für den Bereich der Medizin dargestellt vgl. Neumeister 2017.

Frage des guten Lebens. Dennoch wird hier deutlich, dass es in der Zuordnung von Technik und Transzendenz auch um unterschiedliche Zuständigkeiten ging. Freilich gehörte dazu ein bestimmtes Verständnis von Transzendenz, das selbst durchaus nicht notwendig ist, sondern sich im Zuge der viel zitierten Ausdifferenzierung der Moderne erst herausgebildet hat. Vereinfacht lässt sich sagen, dass auf der Rückseite dessen, was wir als Säkularisierung bezeichnen, das Transzendente sich immer weiter aus dem Bereich des irgend weltlich zu Verortenden entfernt hat. So, als gewissermaßen gereinigt Transzendentes, tritt es jedoch in Konkurrenz zu allem nur irgend innerweltlich Erreichbaren. Ein Religionsverständnis, das ganz im Gegensatz zu Antike und Mittelalter Religion nur in dem klar eingegrenzten Bereich ihrer offensichtlichen Rituale sieht, ist ebenso eine Folge davon, wie die Wahrnehmung der jeweiligen „Berufsfachmenschen", dass in ihren Bereich hineinpfusche, wer die Selbstkonzeption als Transzendenzverwalter oder aber als rein immanent arbeitender Weltoptimierer stört.

Diese Konstellation änderte sich mit dem 11. September 2001 nicht unwesentlich. Das Attentat auf das World Trade Center in New York führte dazu, dass bereits in den 1960er und 1980er Jahren angestellte Überlegungen zur Persistenz des Religiösen nun an öffentlicher Aufmerksamkeit gewannen (vgl. Rendtorff 1969; Kamper/Wulf 1987). Mit der Legitimation eines Jürgen Habermas, der das Thema zum Gegenstand seiner Dankesrede zur Verleihung des Friedenspreises des Deutschen Buchhandels gemacht hatte (vgl. Habermas 2011), wurde die Religion (und mit ihr die Transzendenz) wieder zu einem salonfähigen Thema der Intellektuellen in Deutschland.[5] Und so konnte der Computerfachmann Jaron Lanier im Jahr 2014 seine Rede über die Gefahren von Big Data anlässlich der Verleihung des Friedenspreises des Deutschen Buchhandels mit den emphatischen Worten beenden: „Love Creation", wobei auch diese Rede von einem Spannungsverhältnis von Technik und Transzendenz als dem Reich humaner Werte durchdrungen war (Lanier 2014).

Gleichwohl gilt auch für das Verhältnis von Technik und Transzendenz die psychologische Binsenweisheit, dass nicht so weit voneinander entfernt liegen kann, was sich heftig streitet. Und tatsächlich trifft jene Annahme der Säkularisierungstheorie, der zufolge die Technik ursprünglich religiöse Hoffnungen in verfügbare Handlungen überführt, zu. Die Technik tut dies aber nicht, weil sie als Technik etwas ganz Anderes wollte als die Religion, sondern weil sie ähnlich wie Religionen das Vorhandene ebenfalls überschreiten will. Insofern Technik in diesem Sinne stets das Vorhandene zu überschreiten trachtet, hat sie tatsächlich Anteil an der Konzeption und Wahrnehmung von

---

5 Ohne dass diese partielle Revozierung der Aufklärung als ebenso zeitgeistbestimmt wie die vorhergegangene Vernachlässigung des Transzendenten in den Blick gekommen wäre.

Transzendenz, wie sie der christlichen Kultur und der griechischen Mythologie eignet. Wenn in den 1930er Jahren der Gott Hermes aufgerufen wird, um die weltweite Kommunikation mit AT&T zu bewerben, ist das eben nicht völlig zufällig, sondern durchaus geschichtsbewusst gestaltet. Heute ermöglicht die weltweite Kommunikation im Internet jenseits sozialer und körperlicher Barrieren eine Gleichheit, die im Christentum der Sache nach im Abendmahl intendiert, aber notorisch nie verwirklicht werden konnte (vgl. Schwarke 2002). Ein anderes Beispiel stellt die Transplantationsmedizin dar. Wenn auch im 20. Jahrhundert mit dem Ziel durchaus immanent gedachter Lebensverlängerung und Verbesserung der Lebensqualität entwickelt, so ist die Hoffnung auf Wiederherstellung des defekten Körpers doch bereits in der Alten Kirche und im Mittelalter Gegenstand der Hoffnung (vgl. Bynum 1996; Pannenberg 1993: 619ff). Damals musste freilich noch erwartet werden, dass Gott im Jenseits das vornimmt, was heute im Operationssaal geschieht. Mit der Identifizierung solcher Parallelen oder Kontinuitäten soll nicht überspielt werden, dass der zunehmende Verlust eines positiv konnotierten Jenseits in der Moderne – die Zukunft wird nicht mehr erhofft, sondern gefürchtet – und der damit einhergehende Bedeutungszuwachs des Immanenten für die Technik nicht nur als Folge, sondern ebenfalls als Movens zu deuten ist. Religiöse Tradition und Moderne spielen beide ihre freilich jeweils unterschiedliche Rolle im technischen Fortschritt.[6]

3 Zuschreibungen von Transzendenz

Transzendenzmotive werden Techniken in öffentlichen Diskursen zugeschrieben bzw. mit ihnen verbunden, um diesen Techniken positive oder negative Bedeutungen zuzuschreiben. Über solche Bedeutungszuschreibungen wird in der Gesellschaft diskutiert, ob und wie eine Technik Anwendung finden soll und damit in das kulturelle Leben integrierbar ist. Um Missverständnissen vorzubeugen, sei betont:

1. Selbstverständlich fallen Techniken nicht vom Himmel.
2. Aus der Perspektive der Kulturwissenschaften gibt es nichts, was nicht Kultur wäre.
3. Im Verhältnis von Technik und Gesellschaft gibt es keine einlinigen Kausalitäten, sondern Wechselbeziehungen.
4. Solche Wechselbeziehungen prägen selbstverständlich auch die Entwicklung neuer Technologien.

6 Ausführlicher zu historischen Aspekten vgl. Stöcklein/Rasem 1990 – eine Fülle von Material bieten die Beiträge der Zeitschrift „Technology and Culture" (John Hopkins University Press/Society for the History of Technology 1959; vgl. Schwarke 2005).

Wenn ich daher hier von der Frage nach der Integration einer Technik in die Gesellschaft spreche, dann meine ich nicht, dass es eine Technik an sich und eine Gesellschaft an sich gäbe. Ich gehe vielmehr davon aus, dass beides (und übrigens auch die Ökonomie und andere Aspekte, die hier eine Rolle spielen) nur kommunikativ gegeben sind und sich sogar gegenseitig z.b. metaphorisch stützen. Ich werde das unten am Konzept des Gens näher erläutern.

An zwei Beispielen will ich verdeutlichen, dass und wie der Technik Transzendenz zugeschrieben wird. Ich beziehe mich dabei zum einen auf die Entwicklung der Technik in den zwanziger und dreißiger Jahren des 20. Jahrhunderts sowie zum anderen auf die Entwicklung der Gentechnik in der zweiten Hälfte des 20. Jahrhunderts. Ich wähle diese Beispiele, weil sie mir für das 20. Jahrhundert signifikant zu sein scheinen: Die Zeit nach dem Ersten Weltkrieg markiert in Deutschland und den USA einen kaum zu überschätzenden technisch-gesellschaftlichen Umbruch. Technik dringt erstmals als ein die gesamte Kultur und das Alltagsleben der Menschen mitbestimmender Faktor ins Rampenlicht der öffentlichen (und damit schließlich auch der intellektuellen) Aufmerksamkeit. Hier werden zahlreiche Denkmuster und *frames* geprägt, die den Diskurs bis heute bestimmen, so z.B. die bange Frage, ob der Mensch die Technik beherrsche oder ob es sich umgekehrt verhalte; ob die Technik Sozialität befördere oder sie vielmehr untergrabe (Telefon, Radio, heute das Internet). Dies scheint mir daher ein nicht ganz belangloser historischer, gleichwohl bis in die Gegenwart ‚stilbildender' Kontext zu sein.

Das zweite Beispiel steht exemplarisch für die beiden technologischen Zusammenhänge, die im 20. Jahrhundert in der Vorstellung der Menschen, wie sie in den öffentlichen Diskursen artikuliert wurden, an den Kern dessen rührten, ‚was die Welt im Innersten zusammenhält': Das Atom bzw. die Kernspaltung und das Gen bzw. die Gentechnik. Da man im Einzelnen zeigen kann, wie der Gentechnikdiskurs auf den Atomdiskurs aufbaut und diesen ausbaut (vgl. Neumeister/Renger-Berka 2012), jener aber zugleich aktueller und deutlich metaphernproduktiver, mithin illustrativer war, soll der Gentechnikdiskurs als Beispiel dienen.

Zum ersten Beispiel: Das erste Drittel des 20. Jahrhunderts wird durch eine Reihe von technischen Innovationen geprägt, die den Alltag der Menschen und deren Wertvorstellungen sowie die soziale Ordnung verändern sollten. Henry Ford ermöglicht mit dem ‚Model T' einer breiten Schicht die Verwendung des Automobils und damit eine erhebliche Mobilität. Durch die Übernahme des Fließbandes aus den Chicagoer Schlachthöfen verändert sich der Charakter der Arbeit in den Fabriken. Der stark ansteigende Verbrauch von Stahl und Kohle macht die Arbeit und die Arbeitsbedingungen in Bergwerken und Stahlwerken zu einem gesellschaftlich bedeutsamen Problem. Flugzeuge und dieselelektrische Lokomotiven verkürzen Reisezeiten massiv. Telefone ermöglichen eine weltweite Kommunikation. Der Haushalt wird ebenso mechanisiert wie Vergnügungsparks. Elektrischer Strom macht vor allem die Städte heller und ermöglicht Arbeit und Leben rund um die Uhr. Wenn sich auch all diese Entwicklungen bereits vor der Jahrhundertwende angedeutet hatten, so werden sie doch erst in den zwanziger Jahren umfassend reflektiert. Dies hat meines Erachtens zwei Gründe: Zum einen dringt Technik nun nicht nur in ihren Produkten, sondern auch in ihren Produktionsprozessen in die Alltagskultur und damit in die Wahrnehmung der Intellektuellen ein. Zum anderen verschiebt sich die Positionierung zahlreicher Intellektueller und der Kirchen von einer arbeiterkritischen Sicht zu einem Verständnis für die Lebensbedingungen der Industriearbeiter (vgl. May 1949).

Die kulturellen und sozialen Folgen der durchgängigen Technisierung der Lebenswelt zu Beginn des 20. Jahrhunderts sind vielfältig beschrieben worden und müssen hier nicht ausführlich dargestellt werden. Wichtig aber ist, dass die moderne Technik und ihr Konsum eine Veränderung der Wertvorstellungen des 19. Jahrhunderts erforderte. Nicht mehr Sparsamkeit, Zurückhaltung und individueller Fleiß waren in den Fabriken erforderlich, um wirtschaftlichen Erfolg zu generieren. Vielmehr verlangte die Wirtschaft, dass vorhandenes Geld ausgegeben und durch Güter zum Ausdruck gebracht wurde. Fleiß verwandelte sich demgegenüber in der automatisierten Fabrik in passgenaue Bewegungsabläufe. Erst jetzt begannen auch die Kirchen langsam, die strukturellen Bedingungen zu erfassen, die zu veränderten Lebensbedingungen, Lebenseinstellungen und den sozialen Folgelasten der Industrialisierung geführt hatten. Wie die moderne Technik in die kulturell und von ihrer Wertorientierung her noch weitgehend im 19. Jahrhundert verwurzelte Welt und ihre Ordnung integriert werden könne, war durchaus nicht selbstverständlich.

Meine These lautete, dass die Frage der Integration einer Technik in die Gesellschaft über Transzendenzverweise ‚diskutiert' wird. Unter Transzendenzverweisen verstehe ich dabei Begriffe, Vorstellungen und Bilder, die sich auf Kontexte beziehen, die der Verfügung von Menschen aus unterschiedlichen Gründen voraus liegen. Das können Bezüge zu klassischen Religionen sein, aber auch zu einzelnen mythologischen Motiven, zur Geschichte oder aber zu Raum und Zeit, soweit sie dem Menschen entzogen sind. Solche Motive nun werden mit bestimmten Techniken in Verbindung gebracht, um deren Bedeutung – sei sie positiv oder negativ – vermeintlich offen zu legen. Wenn etwa von der Gentechnik als ‚Eingriff in die Schöpfung' oder als ‚Gott spielen' gesprochen wird, wird Hörer:innen nicht nur eine bestimmte Wertung nahegelegt, sondern auch die über alle Vorstellungen hinausreichende Wirkung der Gentechnik. Wenn ich hier von einer Zuschreibung spreche, meine ich damit, dass die Gentechnik in einem präzisen Sinne weder biologisch noch theologisch mehr mit Gott zu tun hat als eine Knochenoperation. Dennoch sagt die Metapher etwas über die *Wahrnehmung* dieser Technik, insofern die Gentechnik das bisher Unverfügbare (d.h. Transzendente, der Bereich des Göttlichen) unter bestimmten kulturellen und historischen Voraussetzungen in die Machbarkeit überführt. Die Gentechnik ermöglicht ein Handeln, wo früher nur Gott verantwortlich gemacht werden konnte. Deshalb wird dieser Technik das Attribut des Göttlichen (wenn auch als negatives Image) zugeschrieben. Nun könnte man einwenden, dass neue Techniken dem Menschen durch die Verfügbarmachung doch neue Handlungsräume eröffnen und also gerade die Immanenz vergrößern. Dennoch finden hier Transzendenzzuschreibungen statt, weil sie die Unsicherheiten bearbeiten, die diese Veränderungen begleiten.

Solche Zuschreibungen werden nicht zuletzt in den Metaphern deutlich, mit denen eine neue Technik von unterschiedlichen Seiten belegt wird.[7] So ist der ‚Code des Lebens' als Metapher der frühen Informationstechnologie entlehnt. Er stellt insofern eine Transzendenzzuschreibung dar, als ein Code nicht einfach ein Geheimnis transportiert, sondern das Ergebnis einer Verschlüsselung darstellt. Zwar verband sich mit der Entdeckung der Genetik der Impuls, nun selbst in der Immanenz am Ursprung des Lebens zu sein, aber eben nur um den Preis, dass wiederum ein nicht identifizierbares Subjekt zur Voraussetzung gemacht wurde. Das war nach Lage der Dinge freilich absurd, gab aber den richtigen Impuls wieder, dass mit der Analyse des Genoms ehedem Unverfügbares nun (zunächst nur scheinbar) in die Verfügungs- und damit auch Verantwortungsmacht der Menschen überging. Dass dies faktisch nicht alle Menschen waren, sondern in der öffentlichen Wahrnehmung mehr oder minder entrückte und durch die mediale Darstellung selbst mystifizierte Forscher:innen in Laboratorien, dramatisierte den Zusammenhang zusätzlich. Wissenschaftshistorisch ist die Entlehnung des ‚frames' der Informationstechnik für die Gentechnik zugleich ein Beispiel für die inhibierende Kraft des jeweiligen ‚Denkraums' (Aby Warburg). Denn die bis in die bildlichen Darstellungen der Transkription hinein wirksame Leitvorstellung (Transkription als Lesevorgang eines Lochstreifens) verhinderte, dass die Revision des molekularbiologischen Dogmas (Entdeckung der Reversen Transkriptase, 1970) in der Öffentlichkeit ebenso bekannt wurde wie das Dogma selbst (vgl. Schwarke 2001, 141-149).

Da Transzendenzverweise der Eigenart religiöser Sprache entsprechend vorwiegend in Bildern und Symbolen zum Ausdruck gebracht werden, sollen im Folgenden einige Bilder den Zusammenhang erschließen.[8] Der symboltheoretische Hintergrund kann dabei hier nicht näher erläutert werden, ist aber an anderer Stelle nachzulesen (vgl. Schwarke 2013).

---

7 Diese Zusammenhänge sind ausführlich dargestellt in meiner Habilitationsschrift von 1997 (vgl. Schwarke 2001). Kurz zuvor hatten damals Dorothy Nelkin und Evelyn Fox Keller in ähnlicher Richtung argumentiert (vgl. Nelkin/Lindee 1995; Keller 1995). – Später erschien das Buch von Lily Kay: Who Wrote the Book of Life? (vgl. 2000).
8 Ausführlich zu diesem Zugang und zu weiteren Beispielen: (vgl. Schwarke 2014).

Abb. 1: Hans Baluschek (Zukunft) **Abb. 2:** Caspar David Friedrich: Kreuz im Gebirge

Ein Bild des deutschen Malers Hans Baluschek zeigt, wie Licht in der Darstellung einer durch Technik bestimmten Lebenswelt symbolisch als Transzendenzverweis genutzt wurde (Abb. 1).⁹

Eine Familie steht im Halbdunkel vor dem Hintergrund eines künstlichen Lichts, das aus den Fenstern der Fabrik im Hintergrund dringt. Doch dieses Licht macht nur die Dunkelheit noch deutlicher, in der die Familie steht. Ihrer Zukunft schaut sie nicht hoffnungsvoll entgegen, sondern hält sie allenfalls tapfer aus. Die Art der Lichtdarstellung lässt dabei an die romantische Tradition etwa Caspar David Friedrichs denken, wie man sie zum Beispiel aus dem Bild „Das Kreuz im Gebirge" (Tetschener Altar) (Abb. 2) (Friedrich 1807/1808) oder „Frau in der Morgensonne" (Friedrich 1818) kennt. Das dort entsprechend der frühromantischen Vorstellung ins Naturreligiöse übersetzte Licht der eigentlich christlichen Transzendenz (welches hinter einem Hügel aufsteigend die Auferstehung symbolisiert) wird nun bei Baluschek zur durchaus ambivalenten Darstellung der Verheißung des Technischen (in Gestalt der Fabrik), die für die dargestellte Familie jedoch nicht in Erfüllung

---

9 Das Bild der Zeitschrift *Sichel und Hammer* (1924) beruht auf Baluscheks Gemälde „Zukunft" (vgl. Baluschek 1920b).

geht. Denn das Licht erhellt nichts außer Brachlandschaft und menschlicher Tristesse. Der Verweis auf den Transzendenzmodus des Lichts dient dazu, die Bedeutung der Technik für die Menschen und ihr Leben zu diskutieren, in diesem Fall wird ihr entsprechend Baluscheks sozialkritischer Intention eine negative Bedeutung beigelegt (vgl. Horn 1991; Mothes/Bartmann 2015: 73; Spies/Bartmann 2018: 200f).

Zahlreiche Werbungen der Zwischenkriegszeit zeigen demgegenüber mit der umgekehrt positiven Intention das Produkt der Anzeige in Lichtkegeln, die aus dem ‚Jenseits' des Bildes einbrechen (vgl. Wilson/ Pilgrim/Tashjian 1986; Acker 2018).[10]

Einer der zentralen Punkte der Technikdiskurse der 1930er Jahre war die Frage, ob die Maschine die Herrschaft über den Menschen übernehme (z.b. in Stuart Chase: Men and Machines, vgl. Chase 1929). Die noch heute gegenüber der Technik virulente Frage, ob der Handlungszuwachs im Allgemeinen nicht paradox mit einer zunehmenden Ohnmacht des Einzelnen einhergehe (so wie es gegenwärtig im Blick auf das Internet und Big Data diskutiert wird), hat hier eine ihrer Wurzeln. Dies wird in einem Gemälde des Malers Carl Grossberg ins Bild gesetzt (Zu Grossberg: vgl. Fehlemann 1994).

In hellen Farben porträtiert Grossberg 1925 die industrielle Welt (Abb. 3) (vgl. Grossberg 1925). Ein Affe sitzt auf einer Druckmaschine (die die Funktion eines Schreibtischstuhls übernimmt). Im Hintergrund sieht man die Weltkugel und eine Marienstatue. Rechts öffnet sich das Fenster in eine sonnige Flusslandschaft, von der man – wie in der Malerei der Renaissance – nicht so genau weiß, ob sie als wirkliche Landschaft oder als gemalte Welt bewusstgemacht werden soll.[11] Auf der ‚Rückenlehne' des Stuhls sitzt ein Affe, der ein traditionelles Symbol für den Menschen als *Homo faber* aufnimmt. Der Affe der Natur (Abb. 4) (vgl. Fludd 1618) ist seit dem 17. Jahrhundert ein geläufiges Symbol für die Technik, weil er, als das dem Menschen nächstverwandte Tier, dennoch nur zur Nachahmung fähig schien (vgl. Böhme 2001). Der Mensch, so die Aussage des Bildes, befindet sich gegenüber der Welt und ihrer transzendenten Beschützerin (Maria) eigentlich auch nur in der Rolle des Affen, des Nachahmers. Anders als die hochfliegenden Ideen von einer gewissermaßen göttlichen Verfügungsmacht über die moderne Welt und ihre Technik verweist Grossberg mit den stilistischen Mitteln des sog. Magischen Realismus zwar nicht direkt auf eine Ohnmacht, aber darauf, dass diese Verfügungsmacht nur Nachahmung, Stellvertretung sei.

---

10 In utopischer Entgegensetzung von Industrie und technikfreier Stadt, die von einem Licht aus dem Himmel beleuchtet wird, findet sich das Thema z.B. auch bei Herman Bernhard Dieperink: Der Berg der Träume (Dieperink 1923).

11 Exemplarisch: Die Verkündigung Bastiano Mainardis (vgl. Mainardi ca. 1460-1513) im Eingang der Collegiata di Santa Maria Assunta in San Gimignano.

Abb. 3: Carl Grossberg: Maschinensaal (1925)

Abb. 4: Robert Fludd: De Naturae Simia (Frontispiz)

Das dritte Beispiel nimmt das für die 1920er und 1930er Jahre wichtige Thema der Stadtentwicklung auf. Der amerikanische Maler Aaron Douglas zeigt in seinem Werk Aspiration (Abb. 5) eine Forscherin und zwei Forscher, die sich vom dunklen Grund an der Unterseite des Bildes abheben (vgl. Douglas 1936).[12] Dort recken sich noch die Hände, die ihre Ketten sprengten. Nun aber weist alles auf die Zukunft, die „city upon the hill", die in leuchtendem Gelb die Farbe des Sterns widerspiegelt. Wie die drei Weisen aus dem Morgenland scheinen die Forscher dem Stern zu folgen, der sie zur Verbindung von Hochhäusern und Fabrik in der neuen Stadt führen wird. Ganz anders sieht diese Stadt wiederum bei Hans Baluschek aus (Abb. 6) (vgl. Baluschek 1920a). Nicht in Untersicht, sondern in der Aufsicht blicken wir mit der dunklen faustischen Gestalt im Vordergrund auf eine düstere Stadt. Licht geht nur von den Fenstern und Lampen aus, die jeweils wie Höhlen in den Gebäuden und technischen Einrichtungen liegen. Der Rauch der Schornsteine färbt den Himmel schwarz. Die Lokomotive unter der Gleisbrücke lauert wie das mythische Tier am Eingang der Höhle. Der Weg der Gleisbrücke führt nicht bergauf, sondern hinein in einen Schlund. Dieses Bild ist gestaltet wie die Seitenflügel von Altären, die einst das Jüngste Gericht visualisierten.

12 Zu Douglas vgl. Earle 2007.

Abb. 5: Aaron Douglas: Aspiration (1936)

Abb. 6: Hans Baluschek: Arbeiterstadt (1920)

Alle Bilder verbinden Technik mit bestimmten Aspekten aus dem Transzendenzhaushalt der christlich geprägten Kultur. Dabei öffnen diese Transzendenzaspekte jeweils den Blick auf das Ganze. Es sind Lebens- und Weltentwürfe, die sichtbar gemacht werden sollen, nicht Details der Technik. Der Blick auf das Ganze ist dabei jeweils normativ geprägt: Entweder führt die moderne Technik die Welt in die Erlösung oder in den Untergang.

Mit dem Aufschwung der 1950er Jahre schien die Alternative zwischen diesen beiden Transzendenzentwürfen der Technik zunächst in den USA und dann auch in Europa zugunsten der positiven Sicht entschieden worden zu sein. Die technischen Innovationen der zwanziger und dreißiger Jahre waren nun in den Alltag der Menschen integriert. Fast jede Familie hatte einen Fernseher, ein Auto, eine Waschmaschine, viele ein Haus im Grünen. Elektrisches Licht, am Ende des 19. Jahrhunderts meist von göttlichen Damen plakativ in Szene gesetzt und als Heilsgabe des Transzendenten beworben, war nun selbstverständlich und daher keines Transzendenzverweises mehr bedürftig. Eine neue Generation von Kühlschränken wurde nun nicht mehr damit beworben, dass sie den Tod (als Sensenmann) in die Arbeitslosigkeit schicke, wie es Werbeanzeigen der Firma *General Electric* aus den 1930er Jahren noch durchaus überzeugend mit dem Transzendenzverweis darstellen konnten.

Ein zweites Beispiel ist die Entwicklung der Gentechnik. Nachdem diese Technik in den siebziger Jahren entwickelt worden war, drang sie erst in den achtziger und neunziger Jahren in das Bewusstsein breiter Bevölkerungsschichten und der Medien. Da die Molekularbiologie seitens der Forschung als Entschlüsselung des letzten Geheimnisses des Lebens in die Öffentlichkeit transportiert wurde, lag es nahe, Veränderungen an diesem Geheimnis als problematisch wahrzunehmen. Denn das letzte Geheimnis des Lebens ist nun einmal traditionell dem Göttlichen vorbehalten. Hinzu kommen weitere Punkte. Denn in der Diskussion um die Gentechnik verdichteten sich zwei andere Technikdiskurse, die zuvor für Aufregung gesorgt hatten. Zum einen war dies die Kerntechnik. Da diese mit den Bomben auf Hiroshima und Nagasaki das Bewusstsein der Weltöffentlichkeit erreicht hatte, lange bevor eine friedliche Nutzung diskutiert wurde, galt eine Technik, die in bisher unberührte Bereiche der Natur vordrang, als potentiell gefährlich (vgl. Neumeister/Renger-Berka 2013). Zum anderen wurde mit dem Bericht des *Club of Rome* aus dem Jahr 1972 (vgl. Meadows 1972) deutlich, dass die Menschen durchaus technisch an dem Ast sägen, auf dem sie sitzen. Beide Problemwahrnehmungen wurden nun in der Diskussion um die Gentechnik aufgenommen. Daher spielte die Metapher vom ‚Eingriff in die Schöpfung' eine so große Rolle. Auch wenn es wie oben erwähnt sowohl biologisch als auch theologisch hinkt, wird die Verwendung des Bildes doch plausibel, wenn man bedenkt, dass die Gentechnik die Menschen erneut mit dem komplexen Ineinander von Naturabhängigkeit und Eingriffsmöglichkeiten konfrontierte. Denn Schöpfung markiert auch in kirchenfernen Kreisen jenen Aspekt der Natur, der sich unserem Zugriff entzieht. Auch diese Zusammenhänge werden wiederum an Bildern besonders deutlich.

Ein Beispiel dafür, dass Transzendenzverweise nicht allein dem Christlichen entstammen müssen, zeigt das Forschungsmagazin einer Pharmafirma (Abb. 7) (vgl. Research 1993). Man sieht die Silhouetten einer Familie in einem unbestimmten, bläulich erleuchteten Raum. Eine DNA-Kette, die im Bildvordergrund metallisch erscheint, um sich im Hintergrund organisch zu verformen, bewegt sich scheinbar auf die Menschen zu und umschlingt sie. Dem Bild zugeordnet ist die Unterschrift „der Faden, an dem unser Leben hängt". In diesem Bild sind vielfältige Transzendenzverweise wirksam. Da ist zunächst der Faden, der an die aus der griechischen Mythologie bekannten Moiren anknüpft, die den Lebensfaden entweder knüpfen oder zerschneiden. Das Motiv der schlangenähnlichen Gebilde, die die Menschen umschließen, erinnert dagegen, hier deutlich dramatischer, an die Laokoon-Gruppe (in den Vatikanischen Museen, Abb. 8). Diese Skulptur zeigt, wie Laokoon und seine Söhne von Schlangen als göttliche Strafe getötet werden. Da Schlangen ebenfalls ein Schicksalssymbol darstellen (Klassisch dazu: vgl. Warburg 2011), wird damit wiederum das Gen als auf der Grenze zwischen Kontingenz und Technik stehend visualisiert.

Gegenüber diesen Elementen aus der griechischen Mythologie spielt die formale Bildgestaltung auf einen sehr modernen Mythos an. Menschen im blauen Licht auf Silhouetten zu reduzieren und sie vor eine diffuse helle

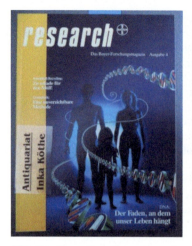 

Abb. 7: Bayer-Forschungsmagazin **Abb. 8:** Laokoon Gruppe

Lichtquelle zu stellen, ist ein typisches Motiv des Science-Fiction-Films. Das Licht im Hintergrund verweist im Gegensatz zu den schicksalhaften Schlangen der DNA auf das Heil. Dabei handelt es sich um eine Anspielung auf Steven Spielbergs „Unheimliche Begegnung der dritten Art" (1977), einer der wenigen Science-Fiction-Filme, in denen Aliens etwas Heilvolles bringen. Während also der antike Mythos Schicksal symbolisiert, spielt die Aufnahme des modernen Mythos auf die Erlösung von solchem Schicksal an. Wenn dieses Bild das Transzendente auch durchaus ambivalent einsetzt, zeigt sich doch auch hier, dass die Bedeutung der Technik über Transzendenzverweise erschlossen werden soll.

Wenn Transzendenzverweise im Blick auf die Technik dann verstärkt auftreten, wenn eine Technik neu ist, sollten sie sich im Prozess der Implementierung einer Technik in die Gesellschaft verflüchtigen. Das scheint mir auch der Fall zu sein. Gleichwohl zeigt die Entwicklung der Gentechnik, dass sich solche Verweise reaktivieren lassen. Als in den Jahren um 2010 die Entwicklung der synthetischen Biologie einen Schub zu verzeichnen schien, beflügelten neuerlich Vorstellungen von Schöpfung die Diskussion. „Experiment Schöpfung. Junge Gen-Forscher spielen Gott" titelte das nicht unbedingt als Kirchenzeitschrift auftretende Magazin *Natur und Kosmos* (vgl. Natur + Kosmos 2010). Das Titelbild des Beitrags machte sehr deutlich, was die Autoren darunter verstanden (Abb. 9).

Einer Forscherin in komplettem Schutzanzug begegnet ein vermeintlich künstlich hergestelltes Wesen – freilich kopfüber, um deutlich zu machen, dass dies nur verkehrt sein könne.

Abb. 9: Natur + Kosmos

Nun könnte man einwenden, dass die Bedeutung und die Folgen einer Technik durchaus ohne Transzendenzverweise diskutiert werden können. Dies geschieht auch immer dann, wenn eine neue Technik den kulturellen Vorstellungshorizont einer Gesellschaft nicht als Ganzes irritiert. Der Wechsel von der Schallplatte zur CD wurde eben nicht als Eingriff in die Schöpfung diskutiert. Die Diskussion um die Zulässigkeit der Embryonenforschung dagegen wurde und wird jedoch unter Rückgriff auf die ‚Heiligkeit des Lebens' geführt. Dabei zeigt auch diese Debatte, dass die verschiedenen, scheinbar rein biologischen Bestimmungen der Zeitpunkte, ab wann es sich bei einem Embryo um menschliches Leben handele, auf anthropologischen Prämissen aufruhen, die selbst nicht transzendent sind, aber als scheinbar unverfügbar in die Diskussion eingebracht werden. Ebenso wird daraus folgend auch der faktisch nur abgeleitete ‚biologische' Zeitpunkt als jenseits menschlicher Verfügung sakrosankt gemacht, obwohl es sich um diskursive Zirkelschlüsse handelt (vgl. Schwarke 2003).

4 Transzendenz als Erschließungshorizont technischer Kulturfähigkeit

Technikdiskurse sind normative Diskurse. Es geht um Fragen der Anwendung von Techniken oder um Fragen der Zuständigkeit. Denn selbst die Antworten auf die Frage, ob es sich bei der Technik um Artefakte, Systeme, soziotechnische Konstellationen, Beobachtungen oder Kommunikationsakte handelt (jeweils mit den entsprechenden, selber nicht selten als heilig behandelten Theoretiker:innen des entsprechenden Paradigmas im Hintergrund), versuchen den ‚Gegenstand' jeweils für sich zu reklamieren und damit Deutungsmacht zu erlangen.

Um das Verhältnis von Immanenz und Transzendenz in Technikdiskursen zu beschreiben, kommt man daher um die Reflexion auf die normative Komponente und letztlich den Machtaspekt nicht herum. Dies haben Autor:innen wie Michel Foucault (1988) und Donna Haraway (1996) bereits deutlich gesehen. Blickt man auf die meisten technikethischen Diskurse, so verhandeln sie neben technikspezifischen Problemen ökonomische, politische, kulturelle und rechtliche Konsequenzen einer neuen Technik. Zusammenfassend könnte man diese auch als die sozialen Implikationen einer Technik beschreiben. Dabei bestehen zwischen den jeweiligen Aspekten jeweils Wechselbeziehungen zur Technik, insofern etwa bestimmte ökonomische Bedingungen die Entwicklung einer Technik befördern, die Technik umgekehrt aber auch ökonomische Verhältnisse verändert. Zu diesen Aspekten der Gesellschaft gehören auch ihre Transzendenzvorstellungen. Diese werden aber in der Regel (jedenfalls außerhalb der Religionsgemeinschaften) nicht so diskutiert, dass nach der Vereinbarkeit einer Technik mit der Dogmatik gefragt würde, sondern „Gegenstand" sind stets die als immanent wahrgenommenen Zusammenhänge. Diese aber werden diskutiert im Medium der als transzendent wahrgenommenen Kategorien. Das trifft z.B. auch auf Gemeinschaften zu, die stärker als die Großkirchen auf einem dezidiert religiösen Fundament aufruhen, wie die Amish. So gründet sich deren Ablehnung des Telefons nicht auf einen Konflikt mit der Gotteslehre, sondern auf die Befürchtung, dass ein nicht-öffentliches Sprechen die Versuchung mit sich bringt, schlecht über Dritte zu sprechen (vgl. Kraybill 1989: 141-165; Hostetler 1993). Das Ergebnis eines technikethischen Diskurses ist daher nicht die Antwort auf die Frage, ob eine neue Technik mit der jeweiligen Transzendenzvorstellung vereinbar ist, sondern ob die Technik im Lichte der Transzendenz mit der Gesellschaft vereinbar ist. Im Lichte der Transzendenz spiegelt sich also die Frage, ob eine Technik mit der Kultur als ganzer vereinbar ist oder nicht. Man kann solche Fragen zu vermeiden suchen. Wenn man sie aber stellt, wird man sie nicht unter Absehung von einer Transzendenzdimension der Technik beantworten können. Anders und im Bild des Titels gesagt: Im

Schattentheater sieht man die Figuren auf dem Schirm größer und klarer konturiert. Man kann sowohl den Schirm wegnehmen als auch das Licht löschen. In beiden Fällen sieht man jedoch nichts mehr.

Literatur

Acker, Emma (Hrsg.) (2018): Cult of the Machine. Precisionism and American Art. Aust.-Kat. Fine Arts Museum San Francisco, New Haven/London: Yale University Press.
Agricola, Georg (1977): Zwölf Bücher vom Berg- und Hüttenwesen (1556). München: dtv.
Anonym (1939): Trouble at the World of Tomorrow. In: The Christian Century 56, Nr. 30, S. 916f.
Baluschek, Hand (1920): Zukunft. Abgebildet in Sichel und Hammer 3, 7, Titel.
Becker, Philipp von (2015): Der neue Glaube an die Unsterblichkeit: Transhumanismus, Biotechnik und digitaler Kapitalismus. Wien: Passagen Verlag.
Black, Max (1996): Die Metapher. In: Haverkamp, Anselm (Hrsg.): Theorie der Metapher. 2. erg. Auflage, Darmstadt: Wiss. Buchgesellschaft, S. 55-79.
Böhme, Hartmut (2001): Der Affe und die Magie in der „Historia von D. Johann Fausten." In: Röcke, W. (Hrsg.): Thomas Mann, Doktor Faustus, 1947-1997 (Publikationen zur Zeitschrift für Germanistik). Neue Folge Bd. 3 (2001), 109-145.
Bry, Carl Christian (1924): Verkappte Religionen. Gotha/Stuttgart: Friedrich Andreas Perthes.
Bukatman, Scott (1993): Terminal Identity: The Virtual Subject in Postmodern Science Fiction. Durham, NC: Duke University Press.
Burckhardt, Martin (1999): Vom Geist der Maschine. Eine Geschichte kultureller Umbrüche. Frankfurt a. M.: Campus.
Bynum, Caroline Walker (1996): Materielle Kontinuität, individuelles Überleben und die Auferstehung des Leibes: Eine scholastische Diskussion im Mittelalter und heute. In: Dies. (Hrsg.): Fragmentierung und Erlösung. Geschlecht und Körper im Glauben des Mittelalters. Frankfurt a.M.: Suhrkamp, S. 226-302.
Chase, Stuart (1929): Men and Machines. New York: Macmillan. (dt. Moloch Maschine, 1930)
Coenen, Christopher, et al. (Hrsg.) (2010): Die Debatte über „Human Enhancement": Historische, philosophische und ethische Aspekte der technologischen Verbesserung des Menschen. Bielefeld: Transcript.
Cole-Turner, Ronald (Hrsg.) (2011): Transhumanism and Transcendence: Christian Hope in an Age of Technological Enhancement. Washington, DC: Georgetown University Press.
Davis, Erik (1998): Techgnosis. Myth, Magic and Mysticism in the Age of Information. New York: Harmony Books. (weitere Auflagen 2005, 2015)
Dieperink, Herman Bernhard (1923): Der Berg der Träume. Öl auf Leinwand, 104x86 cm, Dortmund: Westfälisches Industriemuseum.

Douglas, Aaron (1936): Aspiration. Öl und Tempera auf Leinwand, 152x152 cm, San Francsisco: De Young Museum of Fine Arts.
Earle, Susan (2007): Aaron Douglas. African American Modernist. Aust.-Kat. Spencer Museum of Art, The University of Kansas, Lawrence; New Haven/London: Yale University Press.
Eisfeld, Rainer (1996): Mondsüchtig. Wernher von Braun und die Geburt der Raumfahrt aus dem Geist der Barbarei. Hamburg: Rowohlt.
Elger, C.E. et al (2004): Das Manifest. In: Gehirn & Geist. 6, 30-37. https://www.spektrum.de/magazin/das-manifest/839085 [Zugriff: 07.06.2021].
Fehlemann, Sabine (Hrsg.) (1994): Carl Grossberg: Retrospektive zum 100. Geburtstag. Aust.-Kat. VonderHeydt-Museum Wuppertal, Köln: DuMont.
Fleck, Ludwik (2012): Entstehung und Entwicklung einer wissenschaftlichen Tatsache. Einführung in die Lehre vom Denkstil und Denkkollektiv (1953). 9. Auflage, Frankfurt a. M.: Suhrkamp.
Fludd, Robert (1618): Tractatus Secundus De Naturae Simia Seu Technica macrocosmi historia. Frontispiz, Oppenheim: Bry.
Foucault, Michel (1988): Die Geburt der Klinik. Eine Archäologie des ärztlichen Blicks. Frankfurt a.M.: Fischer. (fr. Naissance de la Clinique, 1963)
Geyer, Christian (2004): Hirnforschung und Willensfreiheit. Zur Deutung der neueren Experimente. Frankfurt a. M.: Suhrkamp.
Habermas, Jürgen (2001): Glauben und Wissen. Frankfurt a.M.: Suhrkamp.
Haraway, Donna (1994): Die Biopolitik postmoderner Körper. Konstitutionen des Selbst im Diskurs des Immunsystems. In: Borck, Cornelius (Hrsg.): Anatomien medizinischen Wissens. Medizin, Macht, Moleküle. Frankfurt a.M.:Fischer, S. 307-359.
Haraway, Donna (1995): Die Neuerfindung der Natur. Primaten, Cyborgs, Frauen. Frankfurt a.M.: Campus.
Horn, Gabriele (Hrsg.) (1991): Hans Baluschek, 1870-1935. Aust.-Kat., Berlin: Staatliche Kunsthalle.
Hostetler, John A. (1993): Amish Society. 4. Auflage, Baltimore/London: Johns Hopkins University Press.
Ignatius von Antiochien (1999): Brief an die Epheser 9,1. Zitiert nach: Das Neue Testament und frühchristliche Schriften, übersetzt und kommentiert von Klaus Berger und Ilona Nord, Frankfurt a.M./Leipzig: Insel.
Johns Hopkins University Press/Society for the History of Technology (1959 ff.): Technology and Culture.
Kamper, Dietmar /Wulf, Christoph (Hrsg.) (1987): Das Heilige. Seine Spur in der Moderne. Frankfurt a.M.: Athenäum.
Kay, Lily (2000): Who Wrote the Book of Life? A History of the Genetic Code. Stanford: Stanford University Press. (dt. Das Buch des Lebens, 2005).
Keller, Evelyn Fox (1995): Refiguring Life. Metaphors of Twentieth-Century Biology. New York: Columbia University Press.
Knop, Carsten (2018): Hat der Mensch die Technik noch im Griff? In: F.A.Z., Nr. 128, 06.06.2018, B1.
Kraybill, Donald B. (1989): The Riddle of the Amish Culture. Baltimore/London: Johns Hopkins University Press.

Lanier, Jaron (2014): Der „High-Tech-Frieden" braucht eine neue Art von Humanismus. Dankesrede, https://www.friedenspreis-des-deutschen-buchhandels.de/sixcms/media.php/1290/Friedenspreis%202014%20Reden.pdf [Zugriff 26.06.2018].
Latour, Bruno (1995): Wir sind nie modern gewesen. Versuch einer symmetrischen Anthropologie. Berlin: Akademie Verlag.
Latour, Bruno (2005): Eine neue Soziologie für eine neue Gesellschaft. Einführung in die Akteur-Netzwerk-Theorie. Frankfurt a. M.: Suhrkamp.
Mainardi, Bastiano (ca. 1460-1513): Die Verkündigung. San Gimignano: Collegiata di Santa Maria Assunta.
May, Henry F. (1949): Protestant Churches and Industrial America. New York: Harper & Brothers.
Meadows, Dennis L. (1972): Die Grenzen des Wachstums: Bericht des Club of Rome zur Lage der Menschheit. Stuttgart: Deutsche Verlagsanstalt.
Moravec, Hans (1988): Mind Children. The Future of Robot and Human Intelligence. Cambridge, MA: Harvard University Press.
Moscovici, Serge (1990): Versuch über die menschliche Geschichte der Natur. Frankfurt a.M.: Suhrkamp. (fr. Essai sur l'histoire humaine de la nature, 1968).
Mothes, Christian/Bartmann, Dominik (Hrsg.) (2015): Tanz auf dem Vulkan. Das Berlin der Zwanziger Jahre im Spiegel der Künste. Aust.-Kat. Stadtmuseum Berlin, Berlin: Verlag M.
Münker, Stefan/Roesler, Alexander (1997): Mythos Internet. Frankfurt a.M.: Suhrkamp.
Natur + Kosmos (2010): Experiment Schöpfung. Junge Gen-Forscher spielen Gott. Heft 12.
Nelkin, Dorothy/Lindee, M. Susan (1995): The DNA-Mystique. The Gen as a cultural Icon. New York.: W.H. Freeman.
Neumeister, Katharina (2017): Medizin und Theologie: Die medizinische Volksaufklärung der evangelischen Pfarrer im 18. und 19. Jahrhundert und der aktuelle Gentechnik-Diskurs. In: Technologien des Glaubens. Schubkräfte zwischen technologischen Entwicklungen und religiösen Diskursen (Acta Leopoldina 71), Stuttgart: Wissenschaftliche Verlagsgesellschaft, S. 101-116.
Neumeister, Katharina/Renger-Berka, Peggy (2013): Das Atom im Reagenzglas. Die Kerntechnik als Legitimationsressource im öffentlichen Biotechnik-Diskurs. In: Dreischer, Stephan/Lundgren, Christoph/Scholz, Sylka/Schulz, Daniel (Hrsg.): Jenseits der Geltung. Konkurrierende Transzendenzbehauptungen von der Antike bis zur Gegenwart. Berlin: de Gruyter, S. 272-287.
Noble, David (1998): Eiskalte Träume. Die Erlösungsphantasien der Technologen. Freiburg i.Br.: Herder. (engl. The Religion of Technology. The Divinity of Man and the Spirit of Invention, 1997)
Nye, David E. (1996): American Technological Sublime. Cambridge, MA: MIT Press.
Nye, David E. (2003): America as Second Creation. Technology and the Narratives of New Beginnings. Cambridge, MA: MIT Press.
Oliver, Kendrick (2013): To Touch the Face of God. The Sacred, the Profane and the American Space Program, 1957-1975. Baltimore: Johns Hopkins University Press.

Ovitt, George (1987): The Restoration of Perfection: Labor and Technology in Medieval Culture: Labor and Technology in Medieval Culture. New Brunswick: Rutgers University Press.
Pannenberg, Wolfhart (1993): Systematische Theologie. Bd. 3, Göttingen: Vandenhoeck & Ruprecht.
Rendtorff, Trutz (1969): Christentum außerhalb der Kirche. Konkretionen der Aufklärung. Hamburg: Furche.
Research. Das Bayer-Forschungsmagazin (1993): Ausgabe 4, Titel.
Schwarke, Christian (2001): Die Kultur der Gene. Stuttgart: Kohlhammer.
Schwarke, Christian (2002): Cyberspace und Christentum. Virtueller Raum zwischen Theologie und Technik. In: Wissenschaftliche Zeitschrift der TU Dresden 51, 4/5, S. 157-160.
Schwarke, Christian (2003): Biologie und Ethik. Deutung und Bedeutung naturwissenschaftlicher Forschung im Kontext ethischer Urteilsbildung. In: Anselm, Reiner/Koertner, Ulrich H.J. (Hrsg.): Streitfall Biomedizin. Göttingen: Vandenhoeck & Ruprecht, S. 99-109.
Schwarke, Christian (2005): Technik und Theologie. In: ZEE 49, S. 88-104.
Schwarke, Christian (2013): The Gospel According to Fortune. Technik und Transzendenz in der Mission für eine industrielle Kultur. In: Vorländer, Hans (Hrsg.): Transzendenz und die Konstitution von Ordnungen. Berlin: de Gruyter, S. 289-310.
Schwarke, Christian (2014): Technik und Religion. Religiöse Deutungen und theologische Rezeption der Zweiten Industrialisierung in den USA und in Deutschland. Stuttgart: Kohlhammer.
Spies, Paul/Bartmann, Dominik (Hrsg.) (2018): Die Schönheit der großen Stadt. Berliner Bilder von Gaertner bis Fetting. Aust.-Kat. Stadtmuseum Berlin, Berlin: Verlag M.
Stöcklein, Ansgar/Rasem, Mohammed (Hrsg.) (1990): Technik und Religion (Technik und Kultur 2), Düsseldorf: VDI.
Tipler, Frank (1995): Die Physik der Unsterblichkeit. Moderne Kosmologie, Gott und die Auferstehung der Toten. München: dtv.
Van den Bossche, Stijn (2003): For Heaven's Sake – What On Earth Does Technology Have To Do With Transcendence? In: Breen, Michael/Conway, Eamonn/McMillan, Barry (Hrsg.): Technology and Transcendence. Dublin: Columba Press, S. 174-185.
Warburg, Aby (2011): Schlangenritual. Berlin: Wagenbach.
Warnke, Götz (1997): Die Theologen und die Technik. Hamburg: von Bockel.
Wilson, Richard Guy/Pilgrim, Dianne H./Tashjian, Dickran (1986): The Machine Age in America, 1918-1941. Aust-Kat., New York: Brooklyn Museum, Harry N. Abrams.

Genealogien der Technoreligion

Atlantis oder die Dialektik der Mythologie

Beat Wyss

1 Kritik der Dialektik der Aufklärung

Das Begriffspaar Immanenz und Transzendenz benennt einen Antagonismus, der sich durch breite theologisch-philosophische Denkmuster zieht. Konventionell decken sich diese mit dem Antagonismus religiös und profan, aber auch mit dem Unterscheiden von Glauben und Wissen. Nicht selten fällt in einschlägigen Diskursen der Begriff des „Mythos", jener Instanz herkömmlichen Sagens und Wähnens, das dem „Logos" als Instanz des aufklärenden Erkennens entgegengestellt wird.

Der Mythos sei in den Zusammenhang unseres Bandes gestellt, weil er hilft, den Begriff der Transzendenz aus christlich geprägter Philosophie zu erweitern auf Gebiete paganer Götter- und Heldengeschichten, Literaturen und Volkssagen, die nicht direkt im Bund mit eschatologischen Heilsgedanken stehen. Transzendenz soll dabei nicht mit Mythos, Immanenz nicht mit Aufklärung gleichgesetzt werden. Die beiden polaren Begriffspaare sind diskursgeschichtlich auf spezifische Gebiete festgelegt: Immanenz – Transzendenz eher im Feld des Wissens, Mythos – Aufklärung eher im Feld der Ethik. Der Vergleich beschränkt sich auf die Untersuchung jenes Mechanismus, der beiden Oppositionen innewohnt: Sei es paradoxer Zusammenprall, dialektischer Umschlag, mystische Inversion. Die Hypothese sei aufgestellt, dass es eine Dialektik von Immanenz und Transzendenz im Wissensdiskurs gibt, der parallel verläuft zur Dialektik von Mythos und Aufklärung.

Der Titel meines Aufsatzes knüpft an die „Dialektik der Aufklärung", jener Programmschrift der Kritischen Theorie von Max Horkheimer und Theodor Adorno, den Gründern der Frankfurter Schule, entstanden im amerikanischen Exil von Los Angeles. Mit der Behauptung einer Dialektik der Mythologie sei versucht, über die Dialektik der Aufklärung eine zweite Spiralbewegung zu ziehen, oder besser: eine alternative Spiralbewegung vorzuschlagen.

Um diesen Brückenschlag vorzunehmen, diene uns die Argumentation von Horkheimer und Adorno als Lehrgerüst. Die Autoren fragen sich angesichts der Katastrophe des Zweiten Weltkriegs, warum es möglich geworden sei, dass Aufklärung in Barbarei umschlagen kann. Europa, eine Kulturregion hoch entwickelter Wissenschaft und Technik war 1944, als „Dialektik der Aufklärung" erstmals erschien, gerade dabei, mit hoch entwickelter Technologie in Schutt und Asche gelegt zu werden.

„Die rastlose Selbstzerstörung der Aufklärung" entfaltet sich in drei Schritten:
Erstens: Einer „Instrumentalisierung der Wissenschaft" im positivistisch gestimmten 19. Jahrhundert, das die kritische Kontrolle technologischen Fortschritts zunehmend unterbindet und nur noch dessen unbedingte Affirmation als wissenschaftlich korrektes Verhalten zulässt. Als Beweis gelten allein „Tatsachenfeststellung und Wahrscheinlichkeitsrechnung".

Zweitens: Doch gerade der strikte Szientismus ‚exakter' Wissenschaft, in Vermeidung von Scharlatanerie und Aberglauben, „präpariert (...) den verdorrenden Boden für die gierige Aufnahme von Scharlatanerie und Aberglauben" (Horkheimer/Adorno 1968: 7).

Daraus folgt drittens:

> Dass der hygienische Fabrikraum und alles, was dazugehört, Volkswagen und Sportpalast, die Metaphysik stumpfsinnig liquidiert, wäre noch gleichgültig, aber dass sie im gesellschaftlichen Ganzen selbst zur Metaphysik werden, zum ideologischen Vorhang, hinter dem sich das reale Unheil zusammenzieht, ist nicht gleichgültig. (Horkheimer/Adorno 1968: 10)

Die Liquidierung von Metaphysik erzeugt die zynische Metaphysik einer Welt als Tatsache für Menschen einer Herrenrasse, die sich zur Weltherrschaft ermächtigt glauben. Damit versuchen die „Philosophischen Fragmente", eine Erklärung für die humanitäre Katastrophe zu leisten. Aufmerken lässt dabei der einschränkende Satz:

> Wir glauben, in diesen Fragmenten insofern zu solchem Verständnis beizutragen, dass die Ursache des Rückfalls von Aufklärung in Mythologie nicht so sehr bei dem eigens zum Zweck des Rückfalls ersonnenen nationalistischen, heidnischen und sonstigen modernen Mythologien zu suchen ist, sondern bei der in Furcht vor der Wahrheit erstarrenden Aufklärung selbst. (Horkheimer/Adorno 1968: 8)

Der moderne Totalitarismus, faschistischer, völkischer oder stalinistischer Spielart ist somit nicht Ursache, sondern nur Symptom einer „erstarrenden Aufklärung", die vor sich selber Angst bekommen hat und die Welt des Mythos gleichsam zum Trost herbeiruft.

Aber was ist „erstarrende Aufklärung"? Besteht die Erstarrung allein im Dogma des Positivismus? Und was kann Aufklärung sein, wenn sie mehr wäre als der paradoxe Glaube an die Welt als Tatsache? Da verharren Horkheimer und Adorno in einem Aufklärungsbegriff, der sich abstrakt und negativ zur positivistischen, technokratischen Wissenschaft positioniert. Der Programmschrift Kritischer Theorie fehlt so eine theoretische Diskussion von Aufklärung; deren Begriff entfaltet sich nur *implicite*, mäandrierend entlang von beispielhaften Fallanalysen, betitelt: „Odysseus, oder Mythos und Aufklärung", „Juliette oder Aufklärung und Moral" sowie „Kulturindustrie: Aufklärung als Massenbetrug". Was die Autoren in ihren Fragmenten vorführen, ist, auf den Punkt gebracht, Aufklärung als Arbeit am Mythos (Blumenberg

1979). Da in der Aufklärung der Keim zur Selbstzerstörung steckt, ist sie angehalten, sich permanent selber aufzuklären. „Nimmt Aufklärung die Reflexion auf dieses rückläufige Moment nicht in sich auf, so besiegelt sie ihr eigenes Schicksal." (Horkheimer/Adorno 1968: 7)."Ein Kernsatz bringt die dialektische Bewegung auf den Punkt: „Schon der Mythos ist Aufklärung, und: Aufklärung schlägt in Mythologie zurück." (ebd.: 10)

Doch hier beginnt das Problem, und dieses liegt in der Terminologie. Der Wortgebrauch führt zu Missverständnissen, da die dialektisch verknüpften Begriffe „Aufklärung", „Mythos" und „Mythologie" nicht hinreichend definiert sind. Was ist denn der Unterschied von Mythos und Mythologie, wenn Mythos zwar schon Aufklärung ist, die beim „Umschlag in Mythologie" jedoch wieder verloren geht?

Es gelte also, Mythos und Mythologie klar zu unterscheiden. Mein Vorschlag ist, Mythos als Manifestation kultureller Gewohnheit zu definieren: konventioneller Gemeinplatz, ein unscharfer Topos, der in mündlicher Überlieferung verschiedene Formen annehmen kann.

Aber Mythos ist nicht gleich Mythologie. Mythologie wäre eben jene Arbeit am Mythos, die den Topos zur Großen Erzählung erklärend gestaltet, sie moralischer und ethischer Reflexion erschließt. Mythologie wäre somit ein Modus von Aufklärung, ist es doch im Wort schon eingeschrieben: Mythologie bezeichnet den kulturellen Prozess, bei dem der Logos den Mythos reflektierend durchwirkt und dabei dessen anonymen kollektiven Vorstellungen mit lebenspraktischem, philosophischem und theologischem Gehalt versieht.

Auch Horkheimer und Adorno erkennen in Homers Odyssee ein Zeugnis von Aufklärung, beschränken sich dabei aber auf eine eher holzschnittartige Analyse von narrativen Topoi, statt Aufklärung in Homers Sprache selber aufzusuchen. Bezeichnend für den eher oberflächlichen Zugang ist ein Übertragungsfehler, der sich in der Passage über die Blendung Polyphems durch Odysseus eingeschlichen hat. Bekanntlich gibt sich der gefangene Odysseus dem Zyklopen als „Niemand" aus. Im Griechischen steht dafür aber nicht, „Udeis/ Οὐδεὶς", wie es die „Dialektik der Aufklärung" kolportiert, sondern Οὖτις. Der Unterschied ist etymologisch durchaus von Bedeutung: Primäre Bedeutung von οὐδεὶς ist „keiner" (nicht/einer), die von οὖτις hingegen „niemand" (nicht/jemand).

Die List der Selbstverleugnung kommentieren die Autoren so:

> Aus dem Formalismus der mythischen Namen und Satzungen, die gleichgültig wie Natur über Menschen und Geschichte gebieten wollen, tritt der Nominalismus hervor, der Prototyp bürgerlichen Denkens. Selbsterhaltende List lebt von jenem zwischen Wort und Sache waltenden Prozess. Die beiden widersprechenden Akte des Odysseus in der Begegnung mit Polyphem, sein Gehorsam gegen den Namen und seine Lossage von ihm, sind doch wiederum das Gleiche. Er bekennt sich zu sich selbst, indem er sich als Niemand verleugnet, er rettet sein Leben, indem er

sich verschwinden macht. Solche Anpassung ans Tote durch die Sprache enthält das Schema der modernen Mathematik. (Horkheimer/Adorno 1968: 77) Ziemlich rasant wird der mythische Held zum Prototyp des bürgerlichen Subjekts katapultiert. Auch wenn Odysseus in der Tat als Abenteurer der Subjektivität gedeutet werden kann, stehen seine Irrfahrten und listigen Taten auf einer anthropologischen Stufe weit vor dem bürgerlichen Zeitalter. Wenn aber die Odyssee zu eng mit der modernen Welt zusammengelesen wird, verdünnt sich auch der Begriff der Aufklärung auf eine szientifisch-technologische Ebene. Damit aber verschenken Horkheimer und Adorno ihre interessante Hypothese, wonach der Mythos schon Aufklärung sei.

Dem wollen wir jetzt auf den Grund gehen, indem wir die Geschichte von Odysseus und Polyphem etwas genauer lesen.

Odysseus und seine Gefährten sind nach stürmischer Irrfahrt auf der Insel der Kyklopen gelandet. Hungrig und durstig brechen sie in Polyphems Höhle ein. Dieser, mit der Herde von der Weide her heimkommend, überrascht die Fremdlinge und versperrt ihnen die Flucht aus der Höhle. Die ersten Gefährten werden zum Nachtmahl bereits verspeist. Da bietet der listige Seefahrer dem gierigen Riesen Wein aus den mitgebrachten Schläuchen an:

Κύκλωψ, τῆ, πίε οἶνον, ἐπεὶ φάγες ἀνδρόμεα κρέα
(...)
σοὶ δ' αὖ λοιβὴν φέρον, εἴ μ' ἐλεήσας
οἴκαδε πέμψειας.

Nimm, Kyklop, und trink eins; auf Menschenfleisch ist der Wein gut!
(...)
Diesen rettet' ich dir zum Opfer, damit du erbarmend
Heim mich sendest. (Homer IX, 347-350)

Odysseus ist also in der Lage, sich vor dem entsetzlichen Menschenfresser als jovialen Besucher auszugeben und dem Hausherrn gar ein Gastgeschenk zu machen. Auf die Frage, wie er denn heiße, fällt dann der Name:

Οὖτις ἐμοί γ' ὄνομα· Οὖτιν δέ με κικλήσκουσιν
Μήτηρ ἠδὲ πατὴρ ἠδ' ἄλλοι πάντες ἑταῖροι

Niemand ist mein Name; denn Niemand nennen mich alle,
Meine Mutter, mein Vater und alle meine Gesellen. (Homer IX, 366-367)

Die Verleugnung seines Namens besteht ganz einfach in einer lautlichen Verschiebung im Wort von Ὀδυσσεὺς zu Οὖτις. Homer lässt das Sprachspiel dreimal wieder anklingen und dabei für Witz und Doppelsinn sorgen. Der inzwischen betrunkene Zyklop bedankt sich auf seine Weise für den genossenen Wein:

Οὖτιν ἐγὼ πύματον ἔδομαι μετὰ οἷς ἑτάροισιν
Τοὺς δ' ἄλλους πρόσθεν· τὸ δέ τοι ξεινήιον ἔσται.

Niemand will ich zuletzt nach seinen Gesellen verzehren;
Alle die andern zuvor! Dies sei die verheißne Bewirtung. (Homer IX, 369-370)

Unfreiwillig sagt damit der getäuschte Riese voraus, dass er nach diesem Mal tatsächlich niemanden mehr fressen würde. Mit dem falschen Namen des Odysseus war zugleich ein wahrer Sachverhalt ausgesprochen.

> Sprach's und taumelte rücklings hin und lag mit gesenktem
> Dicken Nacken im Staub, und der allgewaltige Schlummer
> Überwältigte ihn. Und seinem Rachen entstürzten
> Wein und Stücke von Menschenfleisch, die der Trunkene ausbrach.

(Homer IX, 371-374)

Odysseus und die überlebenden Gefährten nutzen die Gelegenheit und stechen dem trunkenen Schläfer mit einem glühenden Pfahl das Auge aus.

Sorgt die zweite Nennung des Tarnnamens für Ironie, so rettet die dritte Nennung von Niemand den Griechen das Leben. Durch die schmerzhafte Blendung aufgewacht, ruft Polyphem seine Nachbarn um Hilfe:

ὦ φίλοι, Οὖτίς με κτείνει δόλῳ οὐδὲ βίηφιν;

Niemand würgt mich, ihr Freund', arglistig! Und keiner gewaltsam.
(Homer IX, 408)

Gleich doppelt tut die Verneinung des Namens im Vers ihre Wirkung. Die Nachbarn ziehen kopfschüttelnd ab, der Getäuschte und Geblendete ist dem Gespött anheimgestellt.

Als der Zyklop seine Widder und Böcke zur Weide auslässt, haben Odysseus und seine Gefährten sich unter die starken Tiere gebunden und entkommen so der Höhle. Vergeblich hat der blinde Riese die Tiere abgetastet. Als der Leithammel mit Odysseus unter dem Bauch die Kontrolle passiert, klagt Polyphem dem Tier sein Leid und tröstet sich selber mit dem Satz:

Οὖτις, ὃν οὔ πω φημὶ πεφυγμένον ἔμμεν ὄλετρον.

Niemand! Ich mein', er ist mir noch nicht dem Verderben entronnen!
(Homer IX, 455)

Auch diese doppelte Verneinung spricht eine Tatsache aus, die dem Polyphem entgeht. In der Tat entrinnen Odysseus und seine Gefährten gerade eben ihrem Verderben.

Das homerische Epos ist nicht Mythos, sondern Mythologie, kunstvoll nicht nur im Versmaß, sondern auch hoch reflektiert im Umgang mit Sprache als Medium der Kommunikation. Der Dichter rechnet mit dem Lachen der Zuhörenden und Lesenden, während er das Sprachspiel zwischen Niemand und Odysseus schillern lässt. Das Epos ist Arbeit am Mythos, erbauliche und belehrende Mythologie, ein Lehrstück im bewussten Umgang mit Sprache.

Poetologisch lässt sich das Verhältnis Mythos und Mythologie mit einem Begriffspaar von Émile Benveniste vergleichen. In dessen Problèmes de linguistique générale wird unterschieden zwischen *récit* und *discours* (Beneviste 1966: 237f). *Récit* ist der erzählende, objektive Bericht; im *récit* spricht ein allwissender Autor, der weder sich selber offenbart, noch von den Hörern Notiz nimmt, die ihm lauschen. Dem auktorialen *récit* entspricht die Sphäre des Mythos. Der Prozess der Mythologie hingegen entfaltet sich über den *discours*: Der unterbricht die Handlung, indem er diese kommentiert und sich dabei an die Hörer richtet. Der Diskurs geht von einem Ich aus, dem Ich des Odysseus, dem des Polyphem, das sich an einen Chor von Komparsen wendet, von dem jeder einzelne auch Ich zu sich sagen kann. Tritt also in der Szene direkte Rede eines Akteurs auf, bricht in den *récit* der *dicours* ein, der schließlich das Ich der Zuhörenden und Lesenden weckt. Der Aufmerksamkeit erheischende, zeigende und mahnende Kommentator eröffnet das Gespräch mit dem Publikum über den Sinn der Handlung. Mythologie ist subjektivierter Mythos.

Der dialektische Kernsatz von Horkheimer und Adorno ist nach dieser Begriffsklärung umzukehren: Mythologie ist Aufklärung; und: Aufklärung schlägt in Mythos zurück.

Gefahr besteht dann, wenn Mythologie, das heißt jener kritisch reflektierende, aufklärende Umgang mit mythischen Topoi im Gewand einer Großen Erzählung zum konventionalen Mythos umschlägt. Dass ist dann der Fall, wenn religiöse, kulturelle, oder wissenschaftliche Auffassungen in einer Weise dogmatisiert werden, dass kritische Gegenrede auf den Mythos nicht geduldet werden.

Soweit ist Horkheimer und Adorno beizupflichten: dass Aufklärung immer wieder aufs Neue zu erstreiten ist, gerade weil ihr Aggregatszustand labil und flüchtig bleibt. Wenn aber gilt, dass Aufklärung Arbeit am Mythos ist, dann ist sie selber stets Teil der Mythologie, selbst wenn sie sich mit hoch spezifischen Fragen moderner Naturwissenschaft beschäftigt. Die Schwachstelle in der „Dialektik der Aufklärung" liegt darin, dass sie die szientifisch verkürzte Form von Aufklärung als Feindbild aufbaut, ohne auf den grundsätzlichen Ansatz von Immanuel Kant einzugehen.

Als Gewährsmann wird Francis Bacon beigezogen, wenn kurz und bündig behauptet wird: „Das Programm der Aufklärung war die Entzauberung der Welt". Die Autoren sprechen im historischen Perfekt aus der Perspektive, wo Aufklärung bereits wieder Mythos geworden ist. In drei Thesen wird der „Begriff der Aufklärung" definiert:

> Der Verstand, der den Aberglauben besiegt, soll über die entzauberte Natur gebieten. Das Wissen, das Macht ist, kennt keine Schranken, weder in der Versklavung

der Kreatur noch in der Willfährigkeit gegen die Herren der Welt. (Horkheimer/Adorno 1968: 13-15)

Technik ist das Wesen dieses Wissens. Es zielt nicht auf Begriffe und Bilder, sondern auf Methode, Ausnutzung der Arbeit anderer, Kapital. Das entzaubernde Wissen ist instrumentell. Es zerstört mythische Rückbindungen und fördert den Typus des zynischen Parvenüs.

> Rücksichtslos gegen sich selbst, hat Aufklärung noch den letzten Rest ihres Selbstbewusstseins ausgebrannt. Nur solches Denken ist hart genug, die Mythen zu zerbrechen, das sich selber Gewalt antut. (...) Nicht auf Befriedigung, die den Menschen Wahrheit heiße, sondern auf ‚operation', das wirksame Verfahren komme es an. (Horkheimer/Adorno 1968: 13-15)

Aufklärung als Überlistung der Natur verlangt vom Subjekt dieselbe Härte, die dieses gegen das Objekt ausübt.

Daraus ergibt sich ein zweifaches Fazit: „Auf dem Weg zur neuzeitlichen Wissenschaft leisten die Menschen auf Sinn Verzicht." Und: „Es soll kein Geheimnis geben, aber auch nicht den Wunsch einer Offenbarung." (Horkheimer; Adorno 1968: 13-15)

Dass sich Horkheimer und Adorno in der Profilbeschreibung auf die zynische Schrumpfform der Aufklärung einschießen, ist der Zeit geschuldet, da dieses Manifest geschrieben wurde. Als Gegengift zur szientifisch-instrumentellen Auffassung der Welt sei im Folgenden eine kritische Auffassung entworfen, die das Mythisch-Religiöse als unausweichlichen Bestandteil jeder Wissenskultur akzeptiert und analytisch integriert in das wissenschaftliche Denken.

Dabei sei Bacon gegen die rabiate Auslegung seitens der „Dialektik der Aufklärung" in Schutz genommen. Nun, ich will es dabei nicht mit dem üblichen *aperçu* bewenden lassen, wonach der Philosoph ja selber zum Opfer seines Empirismus wurde: Beim Versuch, die Haltbarkeit von Hähnchenfleisch im Schnee zu verlängern, starb Bacon an einer Lungenentzündung. Nein, Baron Baco von Verulam hatte, was Horkheimer und Adorno unterschlagen, durchaus Sinn für Mythologie. Mit seinem utopischen Roman Nova Atlantis hat er einen wirkungsmächtigen Mythos technischen Wissens geschaffen. Mit diesem Werk erweist sich Francis Bacon als Begründer einer literarischen Gattung, die im 20. Jahrhundert zur Hochform auflaufen sollte.

Schon Homer kennzeichnet die Überlegenheit von Odysseus über den Kyklopen in dessen instrumentellem Genie, den Vertreter von dumpfer Naturgewalt zu seinem Nutzen zu überlisten. In diesem Sinne kann man den Neunten Gesang der Odyssee als Urszene technologischer Aufklärung lesen, wie dies die „Dialektik der Aufklärung" tut. Doch mit dem Mythos von Atlantis liegt ein Topos vor, an dem sich ganz spezifisch die Dialektik von Technik und Mythologie entfalten lässt.

2 Sagenhafte Gerüchte

In seinem *opus magnum* „'Plus Ultra' oder die Erfindung der Moderne" (2017) bettet Georg Jochum die Sage von Atlantis und den Säulen des Herakles in die lange Geschichte der Entdeckung des amerikanischen Doppelkontinents. Seine Analyse lässt bewusst die faktische Geschichte der kolonialen Erforschung unseres Globus umschlagen in eine innerweltliche Heilsgeschichte der Moderne: Der Westen als Verheißung. Wissenschaftlich korrekt wird das Narrativ dabei chronologisch entfaltet. In diesem meinem kurzen Text hingegen sei der umgekehrte Weg einschlagen; *katachron* nenne ich die Methode, Mythologie vom Alltag her aufzurollen. Die heuristische Leserichtung mythischer Topoi verläuft von Jetzt nach Einst:

> Κατα hat die Bedeutung von „hinunter", in Bezug auf Zeiterfahrung meint dies die Bewegung hinab, in eine Gegend des Gedächtnisses, die schlafende Erinnerungen an Dinge birgt, die nicht mehr da sind. Der historiografische Akt gräbt sich voran in jene früheren Zeitschichten. Als Grubenlampe beim Graben dient der Archäologie deren gegenwartsbezogenes Wissensinteresse. (...) Was historisches Verstehen-Wollen, Schicht für Schicht freilegend, spontan im katachronen Krebsgang herausfindet, stellt das Bedürfnis nach chronologischer Konvention schließlich wieder auf den Kopf. (...) Diesen hartnäckigen Hang hat Walter Benjamin im Auge, wenn er dagegenhält, Geschichte sei im „Tigersprung ins Vergangene" zu erzählen. (Benjamin 1974: 701; Wyss 2013: 226f)

Der Zauber eines mythischen Topos liegt gerade in dessen Unschärfe, dem Ungefähren seines Herkommens. So verhält es sich beispielhaft mit Atlantis, einem allbekannten Namen, wabernd als kollektiver Gemeinplatz. Der mythische Topos sei zunächst in seinem Zustand als *locus communis* beschrieben, um dessen Ursprung, Schicht für Schicht, archäologisch freizulegen. So wird der *Mythos* dekonstruiert, „Atlantis" seiner unscharfen, ungefähren Vorstellungen entkleidet und also in aufklärende *Mythologie* verwandelt.

Ich beginne da, wo mir dieser sagenhafte Ort zum ersten Mal als Gerücht zugetragen wurde. Meine frühe Kenntnis von Atlantis hielt keiner wissenschaftlichen Prüfung stand, aber sie kam von Herzen. Botschafter jener versunkenen Insel war mir Donovan, der schottische Sänger und Gitarrist, mit seinem Lied „Atlantis" aus dem Jahr 1968:

> The continent of Atlantis was an island
> Which lay before the great flood
> In the area we now call the Atlantic Ocean
> So great an area of land, that from her western shores
> Those beautiful sailors journeyed
> To the South and the North Americas with ease
> In their ships with painted sails
> To the East, Africa was a neighbor, across a short strait of sea miles

The great Egyptian age is but a remnant of The Atlantian culture
The antediluvian kings colonized the world
All the Gods who play in the mythological dramas
In all legends from all lands were from fair Atlantis
Knowing her fate, Atlantis sent out ships to all corners of the Earth
On board were the Twelve:
The poet, the physician, the farmer, the scientist
The magician and the other so-called Gods of our legends
Though Gods they were
And as the elders of our time choose to remain blind
Let us rejoice and let us sing and dance and ring in the new
Hail Atlantis!

Wer damals Donovan hörte, trug lange Haare und fühlte sich dem Stamm der Hippies zugehörig, die vom guten Leben träumten: „Mach' Liebe, keinen Krieg". Als Gymnasiast in Griechisch und Latein geschult, war mir Platon, der Erfinder von Atlantis, natürlich bekannt. Das Lied von Donovan jedoch ließ eine Ahnung aufkommen, es gäbe aus den Texten des athenischen Philosophen wohl Aufregenderes zu lernen, als jenes Pauken unregelmäßiger Verben, zu dem uns der Professor in Altphilologie anhielt. Meine Vorstellungen von Atlantis waren mit Musik unterlegt. Das erste Jazzlokal in Basel, meiner Heimatstadt, war das „Atlantis". Hier wurden Ragtime und Dixieland geboten, es gab einen Kiosk mit afrikanischen Souvenirs, einem echten Krokodil im Terrarium und die Kinder durften zusehen, wenn es gefüttert wurde.

Atlantis als Ort ist, seit ihn Platon in die Welt gesetzt hat, eine Projektionsfläche aus sagenhafter Vergangenheit für gegenwärtige Ängste und Wünsche. So wie die Vergangenheit stets von unserem gegenwärtigen Wissensinteresse beleuchtet wird, beginnt jede Zeitreise auf der Plattform von heute. Historische Forschung sollte sich immer bewusst bleiben, dass sie archäologisch arbeitet. Bevor wir die Fundamente einer antiken Stadt finden, müssen sie ausgegraben werden. Dabei sind die Schichten von Geröll, Schutt und Asche ebenso wichtig, wie die Ruinen selber: Denn jene erzählen die Geschichte dieser Stadt und geben Zeugnis, wann, wie und warum ihre Überreste so unter die Erde zu liegen kamen.

Schälen wir also die Idee von Atlantis sorgfältig aus ihrer Decke. Zur obersten Schicht von Platons versunkener Inselstadt zählen die vielen Hotelbauten, die nach ihr benannt wurden, das Urlaubsparadies Palm Islands zum Beispiel, auf einer künstlich angelegten Inselgruppe vor dem Strand von Dubai am Persischen Golf. Zum Bild von Atlantis passt der monumentale, orientalisierende Torbau in Form eines Hufeisens, der zwei Türme im Stil maghrebinischer Minarette verbindet. Der Besitzer der Ferienanlage ist Solomon Kerzner, ein südafrikanischer Hoteltycoon. Er gestand bei der Eröffnung im Herbst 2008, dass die 28 Millionen Dollar teure Party mit Brillantfeuerwerk, einem Auftritt der australischen Starsängerin Kylie Minogue und geladener Galaprominenz wie David und Victoria Beckham wohl etwas bescheidener ausgefallen wäre, hätte man den Bankencrash der Lehman Brothers vorausgesehen. Ungemach war dem Bau schon kurz vor der Einweihung durch eine Feuersbrunst in der Hotellobby beschieden. Ein schlechtes Omen, gesandt von Göttern, die das übermütige Unternehmen missbilligten? Die düstere Vermutung wäre durchaus im Sinne der Atlantis-Sage.

Zehn Jahre zuvor hatte Kerzner sein erstes Hotel Atlantis gebaut, auf Paradise Island, Bahamas, im selben orientalischen Stil wie das Dubai-Projekt. Der Riesentorbau belegt Rang 14 unter den größten Hotelanlagen weltweit und kann mit dem Rekord der teuersten Hotelsuite punkten: $ 25'000 pro Nacht. Bei Platon lernen wir, dass auch sein Atlantis mit Rekorden und Übergrößen zu tun hat.

Weltweit gibt es Tausende Hotels, die Atlantis heißen. Der maritime und exotische Charakter des literarischen Urbilds verbindet die Moderne mit Urlaub und Freizeit. Atlantis als Ferienparadies liegt irgendwo im Orient oder, wie Francis Bacon vermutet, im Pazifischen Ozean.

Weitreichendere Einflüsse noch als auf den Tourismus, hatte die Atlantis-Sage auf Literatur und Film. Die antike Geschichte der versunkenen Insel bildet die Inkunabel für Fantasy- und Science-Fiction-Romane. Hier wird Atlantis, gehüllt in die ewige Nacht des Weltalls, in fernen Sonnensystemen und Milchstraßen geortet. Die Fernsehserie *Stargate Atlantis*, gesendet vom amerikanischen Sci-Fi-Channel in den Jahren 2004/08, berichtet von einer Expedition in die Pegasus-Galaxie. Hier entdecken die Erd-Astronauten eine menschliche Bevölkerung, die einen Panzerkreuzer mit Hochhäusern bewohnt, eine amphibische Raumstation, die schwimm- und flugtauglich ist. Diese Beweglichkeit ist überlebenswichtig, denn die Siedler sind bedroht von der menschenfressenden Rasse der Wraiths. Die irdischen Astronauten verbünden sich mit den Atlantiden und kämpfen gegen den gemeinsamen Feind. Ihnen gelingt es, einen Angriff der Wraiths auf die Erde abzuwehren. Die Geschichte findet ihr happy end, als Stargate Atlantis nach gewonnener Schlacht in der Bucht von San Francisco zu Wasser geht.

Der kämpferische, hochtechnologische Charakter dieser Science-Fiction ist gar nicht so weit entfernt vom antiken Modell: Denn das platonische Atlantis war alles andre als ein Urlaubsort, es war ein kolonialistischer Staat, geführt von Kriegerkönigen.

3   Die Säulen des Herakles. Literarische Quellen

Noch viele moderne Gerüchte gäbe es zu berichten, doch nähern wir uns jetzt dem „wirklichen", vom Philosophen Platon erdachten, Atlantis. Im Timaios-Dialog wird der Standort der Insel von einem ägyptischen Hohepriester beschrieben:

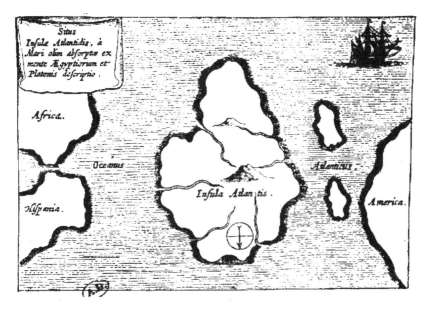

Abb. 1: Anastasius Kircher: Karte von Atlantis, in Mundus Subterraneus, Amsterdam 1665

> Vor jener Meerenge, die ihr Griechen ‚die Säulen des Herakles' (Gibraltar) nennt, liegt ein Land, das grösser ist als Libyen und Ägypten zusammen. (...) Das Meer jenseits der Meerenge kann mit Fug und Recht ein Ozean, und das Land, das ihn umgibt, ein Kontinent genannt werden. (Platon, Timaios, Steph. III, 24e-25a)

Dass der Ozean jenseits von Gibraltar der „Atlantische" heißt, verdankt sich dieser Textstelle. Anastasius Kircher, ein deutscher Gelehrter vom Jesuitenorden, des Collegio Romano, erstellte 1665 eine Karte nach der literarischen Vorlage (Abb. 1). Die Insel Atlantis setzte er zwischen die Westküste Spaniens und Mittelamerika, das inzwischen von Kolumbus entdeckt worden war. Es lag noch außerhalb von Kirchers Vorstellungen, dass sich in den fernen Kolonien der „Neuen Indien" einst ein politisches Machtzentrum wie die Vereinigten Staaten von Amerika herausbilden würde.

Gemäß Platons Dialogen Timaios und Kritias wurde Atlantis, auf heute umgerechnet, vor 11'600 Jahren vom Meeresgott Poseidon gegründet. Zur selben Zeit erschuf Athene, Poseidons Schwester, Ur-Athen, den griechischen Staat, dem die Göttin der Weisheit als Patronin ihren Namen stiftete. Atlantis und Athen waren autoritär geordnete Ständestaaten, Platons Staatsideal entsprechend. Die herrschende Klasse, die Klasse der bewaffneten Wächter und die gewöhnlichen Bürger und Bauern lebten voneinander abgeschirmt. Die soziale Entmischung zeigt sich im Grundriss der Hauptstadt

Atlantis: Die drei Kasten bewohnten je einen der konzentrisch angelegten Stadtringe, die von kreisrunden Wassergräben umgeben waren. Auf der Akropolis lebten die Könige und Priester, ihnen folgte die Kaste der Wächter, die ihre Herren bewachten. In der Ebene siedelten die Gewerbetreibenden und Werktätigen: Der Nährstand, dem die Bestellung der Felder vor den Toren oblag. Der ägyptische Hohepriester, der dieses im Timaios-Dialog berichtet, preist denn auch das Kastensystem in Atlantis und Ur-Athen: Es sei der ägyptischen Gesellschaft und Ihrer Herrschaftsform verwandt (Platon, Timaios, Steph. II, 23d-24b).

Trotz ihrer Ähnlichkeit im politischen Aufbau sind sich die Zwillingsstaaten Feind. Während Ur-Athen alle Tugenden einer idealen Gesellschaft verkörpert, entwickelt sich Atlantis zum Reich des Bösen. Ihr Charakter ist verschwenderisch und kriegerisch zugleich. Denn beide Laster bedingen einander: Je mehr Begierden in der Gesellschaft befriedigt sein wollen, desto mehr ist der Staat gezwungen, sein Herrschaftsgebiet auszudehnen, um aus unterjochten Völker Gewinn zu ziehen. So lehrt es Sokrates im Dialog über den Staat. Ein tugendhaftes Gemeinwesen zeichnet sich dadurch aus, dass es politisch und wirtschaftlich Maß zu halten versteht.

So war die Gesellschaft der Ur-Athener beschaffen, im Gegensatz zu den maßlosen Atlantiden. Der Hang zur Üppigkeit zeigte sich in der Architektur ihrer Hauptstadt: Die Tempel und Paläste, die öffentlichen Plätze strotzten von Statuen aus purem Gold, Silber und Elfenbein, selbst die riesige äußere Ringmauer war von Kupferplatten gedeckt (Platon, Kritias, Steph. III, 116b).

Dank einem ausgeklügelten Bewässerungssystem wurden im Jahr zwei Ernten erzielt, die den Appetit der Atlantiden zu befriedigen hatten. Doch sie bekamen nicht genug. Die Könige von Atlantis schickten sich an, ihr Herrschaftsgebiet kolonial auszudehnen, indem sie über die Säulen des Herakles ins Mittelmeer eindrangen, Libyen, Ägypten und die italienische Halbinsel zu erobern.

Doch die tapferen Ur-Athener besiegen das mächtige Atlantische Heer. Plato hebt sogar hervor, dass die alten Vorfahren den Krieg ohne die Hilfe von Bundesgenossen gewonnen hätten. Dabei mochte der Philosoph seine zeitgenössischen Zuhörer und Leser an die Schlacht von Marathon erinnert haben (s. Abb. 2).

Im Spätsommer 490 vor Christus stoppten die Athener ohne die Hilfe Spartas das übermächtige Heer der Perser unter Dareios I. Über das Ende von Atlantis war Platon, der Autor der Erzählung, offenbar unentschieden. In einem Punkt war er sich als Staatsphilosoph im Klaren: Der Niedergang der Sitten in jenem Land hatte sich angebahnt durch unrechtmäßige Herrschaft und Gewinnsucht.

Der Ungeist der Demokratie breitete sich aus, vor der Platon warnte, da diese Staatsform Luxus und Habgier unter den Reichen, Missgunst und Neid

Abb. 2: Metope von der Ostseite des Zeus-Tempels in Olympia: Herakles, das Himmelsgewölbe tragend, unterstützt von Athene, und Atlas mit den Drei Äpfeln der Hesperiden.Ernst Curtius (Hg.): Die Ausgrabungen zu Olympia, Band 1: Übersicht der Arbeiten und Funde vom Winter und Frühjahr 1875–1876, Berlin 1876. Foto Gebr. Romaïdis, Patras.

unter den Armen sät. Und die atlantische Demokratie kippte prompt in Tyrannei, die schlechteste Form der Herrschaft. Als dies eintrat, berief Zeus den Rat der Götter, da er die Absicht hegte, dieses Volk büßen zu lassen (Platon, Kritias, Steph. III, 121c). Doch die Erzählung bricht ab, als der Göttervater vor der Versammlung die Stimme erhebt. Der Kritias-Dialog blieb Fragment. Im Timaios-Dialog erfahren wir aus dem Mund des ägyptischen Hohepriesters, Atlantis sei nach gewaltigen Erdbeben und Überschwemmungen im Meer versunken:

> Seither ist der Ozean an dieser Stelle unwegsam und unerforschbar (ἄπορον καὶ ἀδιερεύνητον γέγονεν), da schlammige Untiefen, die das Eiland zurückließ, die Passage behindern. (Platon, Timaios, Steph. III, 25d).

Ein Menschenalter vor Platon warnt Pindar in der dritten Nemäischen Ode auf den Allkämpfer Aristokleides von Aigina (475 v.Chr.) vor einer Überquerung der Meerenge von Gibraltar:

οὐκέτι πρόσω
ἀβάταν ἅλα κιόνων ὑπὲρ Ἡρακλέος περᾶν εὐμαρές,
ἥρως θεὸς ἃς ἔθηκε ναυτιλίας ἐσχάτας
μάρτυρας κλύτας, δάμασε δὲ θῆρας ἐν πελάγει
Ὑπερόχως

Keineswegs weit
Bleibt das unwegsame Salzmeer jenseits der Säulen des Herakles günstig,
Der göttliche Held hat Grenzen der Schifffahrt gesetzt,
berühmte Marksteine, bezwang er dort doch Ungeheuer,
Über die Maßen. (Pindar 1937, Verse 20 – 22, Übersetzung B.W.)

Platon schafft mit der Erzählung von Atlantis einen Mythos, der den Raum jenseits der Säulen des Herakles utopisch eröffnet ins Ungemessene. Zugleich aber verschüttet der Erzähler, dystopisch, den Zugang zum Okéanos wieder, indem er die Insel versinken lässt und so das Gebot des „non plus ultra" kategorisch besiegelt.

Die Säulen des Herakles schaffen eine beruhigende Grenze vor dem ἄπειρον, dem Ungeheuren, das dem unendlichen Horizont des Okeanos innewohnt. Für viele Jahrhunderte galt für die Schifffahrt im Mittelmeerraum ein Übertretungsverbot, das, nach dem Mythos, von Herakles gestiftet ward, als er Atlas, den Titanen, überlistete, auch weiterhin und in Ewigkeit das Himmelsgewölbe über Gibraltar zu tragen, verbunden mit der kategorischen Weisung „nec plus ultra!" Die Schiffer sollten sich hüten, in den offenen Atlantik zu stechen. War nicht aus der Odyssee die Warnung zu lesen, dass nautische Neugier den Zorn unbekannter Gottheiten und Ungeheuer auf sich ziehen muss? So richtete sich die hellenische und hellenistisch-römische Antike ein im *Mare nostrum* als einer begrenzten, aber verbindenden Verkehrsfläche von Göttern, Gütern und Geschichten.

Die mythische Festlegung der Grenze durch Herakles ist verknüpft mit dessen elfter Arbeit für den König Eurystheus von Argos: dem Pflücken der Drei Goldenen Äpfel der Hesperiden. Herakles, der dienstbare Wanderer, ist, wie Odysseus, ein Held der List. Der Stiftungsmythos von den Säulen bei Gibraltar ruht auf der Dreistigkeit, die Macht einer chthonischen Naturgottheit zu übertölpeln. Im Auftrag des Königs von Argos besucht Herakles den Titanen Atlas, der das Himmelsgewölbe schultert, und bittet diesen um die Goldenen Äpfel. Die befanden sich im Garten der Hesperiden, den Fernwestlichen, wo die Kapverden schimmern, weit jenseits der Straße von Gibraltar, auf dem Weg zur Neuen Welt, da, wo das im Meer versunkene Atlantis liegt. Der arglos hilfsbereite Titan erklärt sich bereit, die kostbaren Früchte, von seinen Töchtern gehütet, zu holen. Für die Zeit dazwischen erbietet sich Herakles, das Himmelsgewölbe zu halten. Als Atlas mit der kostbaren Beute zurückkehrt, kommt dem Titan der Gedanke, seinen alten Frondienst zu verweigern: Warum soll er jetzt wieder unter die Himmelslast kriechen, wo der Augenblick doch günstig scheint, den Preis für die Früchte selber zu genießen? Doch mit Arglist – Atlas möge bitte schnell noch mal den Himmel heben, bis er sich den Mantel im Nacken für die Last zurechtgelegt habe – zwang Herakles den Geprellten wieder unter sein Joch. Und da steht das Gebirge noch heut': am Rand der Alten Welt.

Um seinen Frevel an den Hesperiden vergessen zu machen, hätte Herakles dann das Verbot ausgesprochen: „nec plus ultra". So wäre der Mythos zu lesen: Als Sühnezeichen des Apfelräubers, der im Sinne von „do ut des" handelt, der archaischen Opferlogik. Ab jetzt gelte die Selbstbeschränkung, dafür aber vergisst die beraubte Gottheit den Übergriff. Der antike Seefahrer verzichtet auf Kolonialgelüste jenseits der Säulen des Herakles, auf dass der überlistete und beraubte Atlas auch weiterhin, in alle Ewigkeit, das festgefügte Himmelsgewölbe trage.

4 Plus ultra! Die Übertretung

Ein Ausdruck für die kompakte lateinische Formulierung „nec plus ultra" in griechischer Sprache ist unbekannt. Es waren die Römer, Meister im Nominalstil kurzer Maximen, die dem europäischen Humanismus Stoff für heraldische Mottos gaben. In der „Göttlichen Komödie" findet „non plus ultra" eine Übertragung ins toskanische Volgare (Jochum 2017: 207-210). Dante begegnet Odysseus im achten Kreis der Hölle. Dieser erzählt von seinen Irrfahrten nach dem Krieg gegen Troia.

> Quando venimmo a quella foce stretta
> dov'Ercule segnò li suoi riguardi
> acciò che l'uom più oltre non si metta. (Dante 1983: Inf. XXVI, 107-109)

In der deutschen, gereimten Übersetzung von Wilhelm G. Hertz lautet die Terz:

> Als wir gekommen sind zur Meeresenge,
> Wo Herkules die Grenzen, die er fand,
> Bezeichnet, dass der Mensch nicht weiterdränge. (Dante 1978: 118)
> Statt endlich nachhause zurückzukehren, statt Ehrfurcht vor seinem alten Vater zu hegen, sich des Sohnes und der ehelichen Liebe mit Penelope zu erfreuen, hätte er die Gefährten zu frevlerischem Tun überredet:
> Considerate la vostra semenza:
> fatti non foste a viver come bruti,
> ma per seguir virtute e canoscenza. (Dante 1983: Inf. XXVI 118-120)
> Bedenkt doch euren Ursprung, denkt, ihr seid

107

> Nicht wie das Vieh! Und nie dürft ihr erkalten
> Bei dem Erwerb von Kenntnis, Tüchtigkeit. (Dante 1978: 118)

Fünf Tage und fünf Nächte seien sie über die Grenze hinaus gesegelt, als das Schiff von vier schweren Brechern zum Kentern gebracht wurde. (Dante 1983: Inf.XXVI, 139-142). Odysseus bekennt Dante und Vergil sein Vergehen, das darin bestand, „a diventir del mondo esperto" (Dante 1983: Inf. XXVI, 28): Im Ehrgeiz, die die ganze Welt zu erfahren. Er büßt im achten Kreis der Hölle, weil er Herakles' Gebot missachtete, dass der Mensch più oltre non si metta.

Galt curiositas im europäischen Mittelalter noch als Todsünde, wurde im Zeitalter der globalen Kolonisierung jenseits des mediterranen Mare nostrum der herakläische Bann gebrochen. Die seefahrenden Nationen strichen das „nec" im Motto und widmeten so ein Verbot in eine Einladung um: Ja, geht nur immer weiter! Die Meerenge zwischen Gibraltar auf spanischer und dem Berg Jbel Mousa auf marokkanischer Seite sei keine Grenze, sondern eine Pforte in die offene Weite des atlantischen Ozeans. Der Habsburger Kaiser Karl V erhob es zum kolonialen Programm: Sein Wahlspruch „plus oultre/ darüber hinaus" beschreibt die Machtfülle des katholischen Monarchen, die sich von Mitteleuropa bis nach Amerika erstreckte und somit ein Reich umschloss, in dem die Sonne nie sinkt. Im Gedenken an Karls burgundische Herkunft wurde das Motto in Französisch verfasst. Die Idee, Dantes Ausdruck zu kontrastieren, soll vom kaiserlichen Leibarzt stammen, dem Mailänder Humanisten Luigi Marliano (Jochum 2017: 248-267).

Bartolomé de Las Casas, von Karl V. zum ersten Bischof der mexikanischen Provinz Chiapa eingesetzt, sah in Südamerika einen Überrest von Atlantis. Der Dominikanermönch interpretierte den Untergang von Atlantis als göttliches Strafgericht. So lange das Volk tugendhaft blieb, lebte es glücklich und im Wohlstand. Jedoch,

> con sus corruptas afecciones y costumbres culpables dejaron y olvidaron con un diluvio y terrible terremoto de un día y una noche.

> wegen ihrer verdorbenen Leidenschaften und sündigen Sitten verschwand es und ging vergessen in Sintflut und furchtbarem Erdbeben in einem Tag und einer Nacht. (Las Casas 1875, cap. VIII, 74f)

Wegen der Katastrophe sei das Meer westlich von Gibraltar lange nicht mehr schiffbar gewesen. Für Las Casas entspricht Platons Bericht der Wirklichkeit, antike Autoren wie Plinius und Seneca, aber auch der Kirchenvater Augustinus hätten die Geschichte beglaubigt. Las Casas geht davon aus, dass sich der versunkene Kontinent einst vom heutigen Südamerika bis zu den Kanarischen Inseln erstreckte. Seit der Sintflut sei dieser Teil der Erde überschwemmt.

Aufhorchen lässt die Behauptung des Dominikanermönchs, dass Christoph Kolumbus sein Vertrauen auf den Westweg nach Indien seiner Platon-Lektüre verdankte:

> El Cristobal Colon pudiese haber leido por el Platon que de la dica isla Atlántica parecia puerta y camino para otras islas comarcanas y para la tierra firme.

Christoph Columbus könnte bei Platon gelesen haben, dass von der sogenannten Insel Atlantis offenbar Zugang und Weg in Richtung zu benachbarten Inseln und zum Festland führten. (ebd.)

Weit hergeholt war diese Behauptung nicht, hatte doch der Vater des Autors, Pedro de Las Casas, Kolumbus auf dessen zweite Reise nach Hispaniola begleitet. Bei der Überfahrt wird man genügend Zeit gehabt haben, solche Hypothesen zu erörtern. Der kühne Seefahrer mochte darauf vertraut haben, dass der untergegangene Kontinent Atlantis Inseln zurückgelassen hatte, die als Etappen für die Passage quer durch den Ozean dienen konnten. So fand der Entdecker von Amerika auf dem Weg ins Unbekannte soliden Halt in einem frei erfundenen Mythos aus der Antike.

Der Paradigmenwechsel von einem bösen zum guten Atlantis ist genau datierbar mit dem Erscheinungsjahr einer utopischen Novelle: „Nova Atlantis" von Francis Bacon, 1627 posthum publiziert. Der Reisebericht in Form eines Dialogs lehnt sich an Platons Erzählung von Atlantis. Wie Bartolomé de Las Casas identifiziert Bacon Atlantis mit den beiden amerikanischen Subkontinenten. Die Indianer seien die Überlebenden einer apokalyptischen Katastrophe. Der englische Autor korrigiert Platon, wenn er sagt, Atlantis sei nicht gesunken, sondern von einer ungeheuren Sturmflut verwüstet worden, derselben Katastrophe, die im Buch Mose als Sintflut auftrat. Nur eine kleine, kluge Gruppe Auserwählter sei vom göttlichen Strafgericht verschont geblieben und habe sich auf eine Insel im Pazifik retten können, die auf den Namen Bensalem getauft wurde.

Die Kolonisten werden von einer Forschungsgemeinschaft regiert, die sich naturwissenschaftlichen Experimenten widmet. Diese Gelehrten bilden eine Geheimgesellschaft unter dem Namen „Haus Salomon" in Anlehnung an den weisen alttestamentarischen König der Israeliten. In ihren Laboratorien betreibt die Bruderschaft Grundlagenforschung der Naturkräfte. Sie führt Baumschulen und botanische Gärten, hält Tiere aller Art, züchtet neue Rassen, wobei auch Vivisektion angewandt wird. Sie entwickelt neue Nahrungsmittel auf chemischer Basis und erforscht deren Geruch und Geschmack. Überall auf der Insel gibt es mechanische Manufakturen, wo mit industriellen Methoden und Geräten gearbeitet wird. Die Forschung zu Luftfahrt, Robotik und Automatik unterliegt dem Berufsgeheimnis weniger Eingeweihter. Sachverständige für Magnetismus, für optische und akustische Effekte betreiben „ein Haus der Blendwerke, wo wir alle möglichen Gaukeleien, Trugbilder und Vorspiegelungen und Sinnestäuschungen hervorrufen (Bacon 1960:

212f)." So bieten die eingeschworenen Wissenschaftler, die das Land politisch beherrschen, dem Volk Brot und Spiele

Bacon überträgt mit Nova Atlantis die platonische Insel an einen Ort, wo die empirische Wende zur neuzeitlichen Naturwissenschaft vollzogen ist. Im Sinne des angelsächsischen Pragmatismus erklärt der Philosoph das Studium des humanistischen Textkanons für fruchtlos. Stattdessen soll das experimentelle Lesen im Buch der Natur geübt werden. Platons unersättlich neugierige Atlantiden werden zum Vorbild für ein Gesellschaftsmodell der Zukunft. Damit schreibt Bacon eine antike Dystopie in eine moderne Utopie um. Es zeugt von philosophischem Selbstbewusstsein, wenn Bacon, Viscount St. Albans und Baron von Verulam, sich das kaiserliche Emblem der zwei Säulen des Herakles aneignete.

Mit der Streichung des „nec" war der alte Opferzauber des „ich gebe, auf dass du gebest" aufgehoben. Das triumphale Motto „Plus ultra!" ist die Einbahnstraße derer, die sich als Sieger aufführen. Jetzt heißt es: „ich nehme und du gibst!" Wie einst die Hesperiden, werden die kolonisierten Völker zur Herausgabe ihrer Schätze überlistet. Während jene aber, Töchter von Atlas, dem Titanen, dem Räuber noch Respekt einflößten, schienen diese primitiven Eingeborenen keinen Schutz höherer Mächte zu genießen. Und es bedurfte keiner List, die Wilden an den Ort ihres Herkommens zu bannen. Die Betrogenen würden niemals in der Lage sein, mit ihren Einbäumen Europa zu erreichen, um mit Wurfspeer, Blasrohr, Pfeil und Bogen auf eine Teilhabe an der Wertschöpfung geraubter Rohstoffe zu pochen.

Doch die chronische Siegerpose machte die Kolonisten, über die Jahrhunderte gesehen, unvorsichtig. Für die Weltausstellungen des 19. Jahrhunderts lockte man sie kurz mal her, die Exoten aus dem Senegal, aus Tonkin, aus Polynesien, stellte sie aus in landesüblichen Hütten, wie sie ihre Bräuche verrichten und tanzen nach merkwürdiger Musik, vor belustigtem Publikum in den Metropolen der Zivilisation. Nach Ende des Spektakels wurden die Wilden wieder heimgeschickt, unter die Obhut der Missionare, damit sie dort wieder ergeben aus dem Katechismus lernten, warum es sich lohne, in den Plantagen der Kolonisten fleißig zu wirken (Wyss 2009). So trugen sie, wie Atlas, die Last eines Himmelsgewölbes, das die trennt, die drin sind, von denen, die draußen bleiben müssen.

Inzwischen haben allerdings die Kolonisierten von den Kolonisten gelernt und lassen sich nicht mehr mit dem Herkulestrick unters Joch ihres Herkommens bannen. Es kommen jetzt Reisende, die das *plus ultra* als Einbahnstraße missachten. Sie wollen wissen, was aus den Goldenen Äpfeln, den sagenhaften, im gelobten Land der Zivilisation geworden sei.

5 Futurum exactum: utopische Rede

Im Rückgriff auf Max Weber übernimmt Jochum den Begriff der Theodizee nach Leibnitz und überträgt ihn auf das Projekt der Entdeckung Amerikas:
> Mit der Erfindung einer neuen westlichen Welt wurde der ‚Geist des Westens' grundlegend transformiert und verweltlicht, und es entstanden neue Formen der utopischen Dizee, in denen eine aktive Selbsterlösung des Menschen ins Zentrum rückte. Die Neuzeit versuchte den Übeln in der Welt nicht mehr durch weltflüchtige Askese zu entkommen, sondern indem sie den innerweltlichen Heilsweg der Überwindung des Bösen durch gesellschaftliche Reformen oder technische Weltbearbeitung wählte. (Jochum 2017: 105)

Jochums konsequente Analyse im ‚Geist des Kapitalismus', um an Webers berühmten Titel anzuspielen (Weber 2004), beschränkt sich allerdings auf die halbe Wende von Transzendenz zur Immanenz, vom göttlichen Heilsversprechen zum innerweltlich erzielten Heil. Immanente Theodizee als Kulturtechnik gelingt aber nur, sofern sie das neu entdeckte, das durch wissenschaftliche Erkenntnis säkular gemachte, mit der alten Mythologie zu verweben weiß – im Sinne der Legitimierung. So knüpft die Zeit der globalen Entdeckungen an die Platonische Sage. Das Neue schreibt sich mythologisch in den überlieferten Kanon des Wissens ein. So wird eine aufklärende Entdeckung schon immer wieder zurückgebunden an die Mythologie früherer Zeiten.

Nova Atlantis ist nicht die erste frühmoderne Novelle eines Idealstaats. Bacon hatte in „Utopia" von Thomas Morus ein Vorbild. Beide Autoren leisten im Sinne Blumenbergs Arbeit am Mythos, indem sie eine Umschrift der antiken Atlantis-Sage in moderne Mythologie vollziehen.

„Utopia" überträgt das platonische Modell des Idealstaats in die englische Tudor-Zeit (Abb. 3). Die Utopie als Fürstenspiegel verzaubert das reale England mit seinen politischen, sozialen und ökonomischen Schwachstellen in ein Sittenbild vom idealen Britannien. Auch geografisch bietet Utopia ein Abbild der Britischen Inseln, die, wie Atlantis, vom Kontinent getrennt sind. Fünfzehn Meilen beträgt die Distanz, was jener zwischen dem englischen Dover und Cape Gris-Netz an der französischen Festlandküste entspricht. Der Umriss von Utopia gleiche einem Halbmond, schreibt der Morus (Morus 1960: 48). Dessen beiden Spitzen erinnern an die felsigen Fjorde der Schottischen Highlands im Norden und an die Halbinsel Cornwall im Süden. Zwischen den beiden Hörnern öffne sich eine grosse Bucht, geschützt von einem Felsen. Die Funktion eines geologischen Bollwerks gegen die Unbilden des Atlantiks erfüllt die Insel Irland.

Abb. 3: Quelle: Thomas Morus: Utopia, Frontispiz, Holzschnitt von 1516

Jochum erkennt in Morus einen Kronzeugen innerweltlicher Utopie. Der Londoner Lordkanzler wirkte in seinen Zukunftsroman auch Berichte aus dem Neuen Indien ein, wo die Sage ging, die Urbevölkerung dort lebe in einem paradiesischen Kommunismus (Jochum 2017: 235-243).

Ein knappes Menschenalter nach dem Bericht von Las Casas war die Besiedlung der Neuen Indien im vollen Gang. Karl V. hatte inzwischen abgedankt, Franzosen und Engländer waren auf dem Vormarsch in Nordamerika zur Besiedlung des riesigen Kontinents. Als Mitglied des königlichen Rats war Bacon 1609 beauftragt, einen Bericht über die britische Kronkolonie Virginia zu verfassen. Er entwarf auch eine Gründungsurkunde zur Besiedlung von Neufundland, einem Territorium, das heute zu Kanada gehört (Dodd 1949). Von den Gründervätern der Vereinigten Staaten von Amerika wurde Bacon als Vordenker ihrer Ideale angesehen: Im US-Amerikanischen Staat Pennsylvania, nordöstlich der Hauptstadt Philadelphia, erinnert eine

1692 gegründete Ortschaft mit dem Namen Bensalem an das Nova Atlantis des englischen Kolonialphilosophen. Die Kolonisten aus Europa brachten neben Bacons „Nova Atlantis" auch mystische Erlösungsliteratur im Geist der Rosenkreuzer in die Neue Welt. Das konspirative Modell der Aufklärung als einer techno-religiösen Erleuchtung wird von Geheimgesellschaften getragen. Einige rosenkreuzerische Riten und Symbole wurden, ein Jahrhundert später, von der Freimaurerbewegung übernommen, der führenden Geheimgesellschaft im 18. Jahrhundert der Aufklärung. Der Unterschied zum Rosenkreuzertum liegt in der Anwendung des hermetischen Wissens. Rosenkreuzer praktizierten Alchemie: dieser Typus von „operativem" Okkultismus wandelte sich in der Freimaurerei ins „spekulativ" Symbolische. Nach der Gründung der ersten Loge in London 1717 fand die Bewegung unter den Intellektuellen und herrschenden Kreisen bald in ganz Europa und Nordamerika Verbreitung.

Die Gründungsväter der USA gehörten fast durchwegs Logen an. Der erste Diplomat der Vereinigten Staaten, Benjamin Franklin, vertrat den jungen unabhängigen Staat in Frankreich. Es entzückte die Pariser, wenn Franklin, statt einer Perücke, die Pelzmütze eines Trappers trug und damit, im Sinne Rousseaus, das Bild eines Edlen Wilden abgab, der direkt von der Prärie kam. Der Universalgelehrte, Erfinder und Politiker vertrat das Neuatlantische Ideal des erleuchteten Intellektuellen am Schalthebel der Macht. Als *Grand Maître* der Loge *Les Neufs Soeurs* wirkte Franklin als Voltaires Pate, als der greise Philosoph in die Bruderschaft aufgenommen wurde. *Le Grand Orient de France*, die Mutterloge der kontinentalen Freimaurerbewegung, unterstützte die Französische und die Amerikanische Revolution.

Wie Logenbruder Goethe später in den *Wahlverwandschaften* schreibt, versteht sich der Freimaurer als verborgener Grundstein der Gesellschaft. „Des Maurers Arbeit ... zwar jetzt unter freiem Himmel geschieht, wo nicht immer im Verborgenen, doch zum Verborgenen (Goethe 1973: 301)." Erleuchtete Politik handelt im Untergrund zum Wohle der Menschheit. Die subversiven Führer im Geist der Hermetik wissen am besten, was gut ist für das Volk. Von den Freimaurerlogen zu den kommunistischen Politbüros wurden soziale Innovation und Revolutionen im Modus von Wohltaten im Geheimen inszeniert. Das Konspirative ist konstitutiver Bestandteil einer messianischen Moderne. Ihr Vordenker ist Francis Bacon.

Noch heute winkt das Arkanum der Moderne in verschlüsselten Zeichen — *to whom it may concern* — in unseren Alltag hinein: als vergessene Erinnerung an das Versprechen einer vollendeten Zukunft. Unterirdische Zeichen werden auch im alltäglichen Geldverkehr gegeben. Die *One Dollar Bill* zeigt auf dem Revers eine Pyramide, deren unvollendete Spitze vom Dreieck des göttlichen *All-Seeing-Eye* vorweggenommen ist (Abb. 4). Die Gestaltungsidee stammt vom Vizepräsidenten Henry A. Wallace, und Präsident Roosevelt hat sie gutgeheißen. Beide waren Freimaurer im 32. Hochgrad (Patterson

1976). Der *New Deal* von 1934 sollte sich mit dem *Novus ordo seclorum* verbinden, die an der Wiege der Republik ausgerufen worden war, wie das Motto des Siegels belegt:

Magnus ab integro seclorum nascitur ordo. (Vergil: Ecl. IV,5)

Groß und aufs Neu' wird die Ordnung der Zeiten geboren. (Übersetzung B.W.)

Vergils Vierte Ekloge preist das Zeitalter der Hirten, womit die Menschheit ihre Geschichte im Stand der Unschuld angetreten hatte. Die europäischen Siedler von Nordamerika sind zurückgekehrt in diesen ursprünglichen Zustand. Ihr Fuss betrat den jungfräulichen Boden der Neuen Welt, um eine erneuerte Gesellschaft zu formen. Das spätlateinische Wort *revolutio* bedeutet: Umdrehung, Zurückwälzen, Rückkehr zum Anfang. Dieser Moment ist datiert am Fuß der Pyramide: 1776, das Jahr Null, als die Vereinigten Staaten ihre Unabhängigkeit von Britannien erklären (Wyss 2013: 200-202).

Es gehört zum dialektischen Geist der Moderne, die Verkündung des Neuen im Grabmal zu symbolisieren. In Gestalt der Utopie meldet sich die Zukunft als je schon Vergangene. Die Neue Ordnung im Symbol der Pyramide vollzieht dieselbe Dialektik des Fortschritts, wie sie in der Rezeptionsgeschichte von Atlantis erscheint. Die Insel musste untergehen, um als verheißener Ort wieder Auferstehung zu feiern.

Die Pyramide auf der One Dollar Bill steht für die Grundfigur dessen, was ich utopische Rede nenne (Wyss 2013: 200-216) (s. Abb. 4). Sie spricht im futurum exactum: Es wird wieder gewesen sein. Die Utopie ist sowohl vergangen als auch versprochen als neuer Beginn. Platon konstruiert dieses Muster, wenn er die Dialoge über den Staat und den Prolog von Timaios miteinander zeitlich verknüpft. In der Politeia beschreibt Sokrates den idealen Staat als mögliche Zukunft. Der Timaios-Dialog nimmt die Diskussion am nächsten Tag wieder auf, als die Teilnehmer sich wieder zusammenfinden. Sokrates beurteilt seine gestrige Rede als nettes Gesellschaftsgemälde (ζωογραφία); nun aber möchte er dieses stehende Bild in Bewegung sehen (Platon, 1902, Steph. III, 19b-c). Und seine Gesprächspartner, Timaios und Kritias, antworten mit einer rhetorischen Gegengabe: Auf den schönen, aber statischen Vorschein des Ideals bieten sie einen Rückblick über die wahre Geschichte der Ur-Athener in Konkurrenz und siegreichem Kampf gegen Atlantis. Was Sokrates philosophisch nur erträumte, hatten die Vorfahren damals schon längst erreicht – und wieder verloren.

Abb. 4: Das Siegel der Vereinigten Staaten befindet sich u.a. seit 1935 auf der Rückseite der One-Dollar-Note.

Mit diesem Kunstgriff entwirft Platon den utopischen Zeitplan, die Blaupause für kommende Gesellschaftsentwürfe, Science-Fiction und Fantasy-Romane. Ihr Fahrplan verläuft folgendermaßen:

- Das Gesellschaftsideal ist vernünftig, weil es denkbar ist, bekräftigt durch einen Dialog unter Denkern, die dem Projekt gemeinsam zustimmen, vorgeführt über den *Politeia*-Dialog.

- Das Ideal ist machbar, weil es ja schon einmal wirklich gewesen war, in alter Zeit. Der Grundstein des idealen Staats ist historisch ausgelegt im Prolog des Timaios und im Kritias-Fragment.

- Zwischen den beiden Zeitschichten: der guten alten Zeit und der guten Zukunft ist das Hier und jetzt: der korrumpierte Zustand verratener Ideale und das Vergessen. Schon Hesiod hatte vom Goldenen Zeitalter und dessen Verlust geschrieben. Die schlechte Meinung über die eigene Zeit als Epoche tiefen Zerfalls gehört zu den ältesten und solidesten Gemeinplätzen im politischen Denken. Es bestimmt den Standort des Intellektuellen als umzingelt von *Seinsvergessenheit*, wie es Heidegger kulturkritisch vermerkt.

Die utopische Rede vollführt einen Salto rückwärts nach vorn mit dem Ziel, die korrupte Jetztzeit zu überwinden, indem sie die *perfekte* Vergangenheit mit dem idealen Entwurf für die Zukunft verbindet. Legitimiert sich das Neue mit dem Anspruch, von einem mythisch-historischen Ursprung hergeleitet zu sein, sprechen wir vom „Renaissanceprinzip als Kulturtechnik" (Wyss 2013).

Jetzt aber zurück zum Anfang von diesem Diskurs, dem kritischen Einstieg in die „Dialektik der Aufklärung": Wir haben den Kernsatz von Horkheimer und Adorno verbessert durch eine klare Unterscheidung zwischen Mythos und Mythologie: Schon Mythologie sei Aufklärung, doch Aufklärung könne wieder in Mythos umschlagen. Mythologie ist zu verstehen als erklärende, aufklärende Arbeit am Mythos, wie es Morus, wie es Bacon beispielhaft an der Sage um Atlantis exerziert haben. Die frühmodernen Autoren unterziehen die platonische Rede einer Umschrift und legitimieren so ihre Zukunftsvisionen durch deren mythische Herkunft. Fällt diese dialektische, aufklärende Arbeit weg, erlahmt die Gestaltungskraft der Großen Erzählung, verblasst Mythologie wieder zum vagen Mythos.

Für Horkheimer und Adorno bildet Bacons empiristischer Denkansatz den Paradefall, wie eine auf wissenschaftlich-technischen Fortschritt reduzierte Aufklärung in Mythos umschlägt (Horkheimer/Adorno 1968: 7ff). Der Umschlag kündigt sich schon, unwillkürlich, in jener berühmten, viel zitierten Schlussforderung im Novum Organon an: „Scientia et potentia humana in idem coincidunt" (Bacon Novum Organon 1990a: 63, siehe Jochum 2017: 327-329). Wenn Wissen als kolonialer, szientistisch begründeter Ermächtigungsanspruch durchgesetzt ist, dann gilt, kurz und bündig: *Wissen = Macht.* Bei Identität von Wissen und Macht aber implodiert Aufklärung, und Technik transzendiert zur immanenten Religion. Damit aber verliert Religion, als ethisch-kritische Instanz, ihre Funktion als erklärende und rechtfertigende Arbeit am Mythos und überlässt die Technokratie einem selbstbezüglichen Walten, das seine Rechtfertigung mit instrumentellen Sachzwängen begründet. Transzendente Technik als immanente Religion wäre somit das, was Horkheimer und Adorno „erstarrende Aufklärung" nennen.

Und so kehren wir zurück nach Atlantis als einem wolkigen Gerücht. Bacons *Plus ultra!* hat die Welt umrundet und steht für den universellen Anspruch auf die Annehmlichkeiten technologischen Fortschritts. Unser Atlantis ist jenes „Neue Atlantis", verwirklicht im Rahmen eines globalisierten Kapitalismus.

Bei aller Banalität solcher Errungenschaft blieb mit „Atlantis" ein Name von exotischer Würze, eine verschwommene, sagenhafte Erinnerung an das abgespaltene Versprechen paradiesischer Zustände. Verdrängt bleibt die Erinnerung an jene Katastrophe, der Platons Atlantis zum Opfer fiel. Die Insel eines raffgierigen, angriffslustigen Kriegervolks wurde zur Projektionsfläche für touristische Wohlfühloasen, für existenzialistische Jazzkeller und für Hippies, die „Liebe statt Krieg" predigen.

Doch die versunkene Insel bleibt, wie der Philosoph schreibt, stets in den Untiefen böser Ahnungen gegenwärtig. Die fragmentarisch erhaltene Geschichte von Atlantis endet unentschieden. Im *Kritias*-Fragment werden die Atlantiden von den Göttern für ihre Hybris bestraft. Im *Timaios*-Dialog hingegen wird die Idee eines Gottesgerichts widerrufen. Hier tritt die Katastrophe als ἀνάγκη auf: als blinde Naturgewalt, die zyklisch hereinbricht und das böse Atlantis wie das gute Athen unterschiedslos zerstört. Der Athener Philosoph vertrat einen antiken Deismus mit der Lehre, dass Götter sich in das Handeln der Menschen nicht einmischen. Aber zugleich ertappt sich Platon beim alten mythischen Glauben, wonach die Katastrophe göttliches Geschick sei. In solchen Gedanken regt sich unbewusste Selbstbestrafung aus Schuldgefühl. Vielleicht hat der Autor den *Kritias*-Dialog gerade deswegen abgebrochen.

In Platons Denken findet sich eine Ambivalenz, die im modernen mythischen Denken weiterlebt. Hartnäckig plagt uns beim Fahren eines Sportwagens mit Hybridantrieb, beim Essen eines tellergroßen Biorindersteaks das schlechte Gewissen, selbst umweltbewusster Luxus könne die globale Erwärmung befeuern. Angekommen in dieser futuristischen Realität, deren utopischer Zauber verflogen ist, meldet sich Atlantis aus trüben Tiefen und überlässt uns dem Mythos des Wähnens.

Literatur

Assmann, Aleida/Fuchs, Gotthard (Hrsg.) (1994): Lange Irrfahrt – Große Heimkehr. Odysseus als Archetyp – Zur Aktualität des Mythos. Frankfurt a.M.: Knecht.
Bacon, Francis (1960): Nova Atlantis (1627). In: Heinisch, Klaus J. (Hrsg.): Der utopische Staat. Morus: Utopia, Campanella: Sonnenstaat, Bacon: Nova Atlantis. aus dem Lateinischen übersetzt, eingeleitet und kommentiert, Hamburg: Rowohlt Taschenbuch Verlag, S. 173-215.
Beneviste, Émile (1966): Problèmes de linguistique générale. Paris: Gallimard.
Benjamin, Walter (1974): Über den Begriff der Geschichte. In: ders.: Gesammelte Schriften I.2, hrsg. von Rolf Tiedemann, Rolf und Hermann Schweppenhäuser, Hermann (Hrsg.), Frankfurt a.M.: Suhrkamp.
Blumenberg, Hans (1979): Arbeit am Mythos. Frankfurt am Main: Suhrkamp.
Dante Aligheri (1978): Die göttliche Komödie. Aus dem Italienischen übertragen von Wilhelm G. Hertz, mit einem Nachwort von Hans Rheinfelder, mit Anmerkungen von Peter Amelung und Zeichnungen von Sandro Botticelli. München: Winkler (1957).
Dante Aligheri (1983): La Divina Commedia. Testo critico della Società Dantesca Italiana, rifatto da Giuseppe Vandelli, (1928). Mailand: Ulrico Hoepli.
Dodd, Alfred (1949): Francis Bacon's Personal Life Story, The Age of James I. London (Band II), London: Rider, S. 157f, 425, 502f, 518–532.

Goethe, Johann Wolfgang von (1973): Die Wahlverwandtschaften. In: Trunz, Erich; von Wiese, Benno (Hrsg): Goethes Werke. Hamburger Ausgabe. Romane I (Band 6), München: Beck.

Homer: Odyssee, griechisch/deutsch. Übers. von Voss, Johann Heinrich. Leipzig: Der Tempel, o.J.

Horkheimer, Max/Adorno, Theodor W. (1968): Dialektik der Aufklärung. Philosophische Fragmente (1944). Amsterdam: De Munter.

Jochum, Georg (2017): Plus Ultra oder die Erfindung der Moderne. Zur neuzeitlichen Entgrenzung der okzidentalen Welt. Bielefeld: transcript.

Las Casas, Bartolomé de (1875): Historia de las Indias (1552) (Band 1), Madrid: Imprenta Miguel Ginesta.

Morus, Thomas (1960): Utopia (1627). In: Heinisch, Klaus J. (Hrsg.): Der utopische Staat. Morus: Utopia, Campanella: Sonnenstaat, Bacon: Nova Atlantis. aus dem Lateinischen übersetzt, eingeleitet und kommentiert, Hamburg: Rowohlt Taschenbuch Verlag, S. 7-110.

Patterson, Richard/Dougall, Richardson (1976): The Eagle and the Shield, A History of the Great Seal of the United States. Washington: Department of State Publication.

Pindar (1937): The Odes of Pindar including the Principal Fragments. Cambridge: Harvard University Press; London: William Heinemann. Zitiert nach: Perseus Digital Library, Gregory R. Crane, Editor in Chief, Tufts University.

Platon (1902): Res Publica. Timaeus, Critias (tomus IV), hrsg. v. John Burnet. Oxford: Claredon.

Platon (2003): Timaios, griechisch/deutsch. Übers., Anm. & Nachw. von Thomas Paulsen und Rudolf Rehn. Stuttgart: Reclam.

Vergil: Eclogues. In: The Latin Library online.

Weber, Max (2004): Die protestantische Ethik und der Geist des Kapitalismus. Vollständige Ausgabe. Hrsg. v. Dirk Kaesler. München: Beck.

Wyss, Beat (2009): Bilder von der Globalisierung. Die Weltausstellung von Paris 1998. Berlin: Suhrkamp/Insel.

Wyss, Beat (2013): Renaissance als Kulturtechnik. Hamburg: Philo Fine Arts.

Erlösung durch Technologie – zum transzendenten Gehalt des technikutopischen Denkens

Georg Jochum

In den letzten Jahren lassen sich im Zusammenhang mit der tiefgreifenden Transformation der Gesellschaft durch digitale Technologien ein Bedeutungsverlust der Sozialutopien und eine wachsende Relevanz von Technikutopien konstatieren. Mit diesen Utopien ist häufig die Verheißung einer Transzendierung der biologisch-natürlichen Begrenzungen der humanen Existenz verbunden. Die hierbei erkennbare Nähe zu religiösen Heilsbotschaften und den damit verknüpften Hoffnungen auf einen Übergang in eine transzendente himmlische Welt ist keineswegs zufällig. Wie in diesem Beitrag dargelegt wird, kann das technikutopische Denken der Gegenwart als eine neue Stufe der Verweltlichung von einst außerweltlich orientierten religiösen Erlösungslehren interpretiert werden. Zugleich deutet sich aktuell, wie abschließend aufgezeigt wird, angesichts der ökologischen Krise die Herausbildung einer hierzu alternativen weltimmanenten religiösen Orientierung an, die nicht auf Erlösung, sondern auf eine Rückbindung an die Erde ausgerichtet ist. Die Geschichte des Abendlandes prägende Spannungsverhältnis von Immanenz und Transzendenz erfährt so aktuell eine grundlegende Rekonfiguration.

1 Der achsenzeitliche Durchbruch in die Transzendenz

Die Begrifflichkeit der „Transzendenz" ist im Laufe der Geschichte in verschiedenster Weise interpretiert worden. Als „den kleinsten gemeinsamen Nenner" kann man einen „Akt oder Prozess des Überschreitens (lat. *transcendere*), der logisch den Faktor der Grenze impliziert" bestimmen (Müller 2011: 2232). Die Idee der Transzendenz setzt somit im religiösen und philosophischen Verständnis eine Grenzziehung und eine daraus abgeleitete Differenzierung voraus: „Was sich innerhalb einer Grenze befindet, wird als immanent, und was diese Grenze übersteigt, als transzendent bezeichnet." (Coreth 1960: 629) Die Bestimmungen von Transzendenz und Transzendierung sind damit *per se* auch mit den Reflexionen über den Charakter von Grenzen und die Möglichkeiten von Grenzüberschreitungen verbunden. In dem vorliegenden Beitrag wird nachgezeichnet, wie diese Möglichkeiten im Laufe der Geschichte verschieden interpretiert wurden und wie schließlich in der Neuzeit die Technik zum zentralen Instrument der Transzendierung werden konnte. Hierbei wird an Ansätze und Forschungen zum „achsenzeitlichen Durchbruch" (Jaspers 1949: 33) angeknüpft, in denen davon ausgegangen wird, dass man von der „Achsenzeit als dem Zeitalter der Entstehung einer Vorstellung von Transzendenz" sprechen kann" (Joas 2014: 15). In vorachsenzeitlichen Kulturen war demnach noch die Vorstellung „einer Homologie zwischen der jenseitigen und der diesseitigen Welt" (Eisenstadt 1987: 11) verbreitet, d.h., es existierte keine Idee einer zur immanenten Welt unterschiedlichen transzendenten Welt. Verbunden war dieses Weltbild in der Regel mit einer „mythischen und zyklischen Konzeption der Zeit" (ebd.) und es wurde die Möglichkeit von geschichtlichem Wandel tendenziell negiert. Mit dem achsenzeitlichen Durchbruch, der sich in verschiedenen Weltregionen im ersten vorchristlichen Jahrtausend vollzog, erfolgte eine grundlegende Neupositionierung des Menschen in der Welt:

> Das Neue dieses Zeitalters ist […], dass der Mensch sich des Seins im Ganzen, seiner selbst und seiner Grenzen bewusst wird. […] Es begann der Kampf gegen den Mythos von Seiten der Rationalität und […] der Kampf um die Transzendenz des Einen Gottes gegen die Dämonen. (Jaspers 1949: 20 f.)[1]

Die bestehende Ordnung der Welt wurde nicht mehr hingenommen und gerechtfertigt wie im klassischen Mythos, sondern eine Befreiung hieraus gesucht. Gemeinsam war, wie Eisenstadt in Anlehnung an Jaspers argumentiert, den „Kulturen der Achsenzeit" (Eisenstadt 1987) mit ihrem „Trieb zur Transzendenz" (ebd.: 11), die „Auffassung einer scharfen Trennung zwischen irdischer und überirdischer Welt" (ebd.: 11) und damit verbunden die Vorstellung von der „Existenz einer höheren, transzendentalen, moralischen oder metaphysischen Ordnung, die jenseits jeder irdischen Wirklichkeit liegt" (ebd.). Die hieraus resultierende Spannung zwischen einem unvollkommenen, leiderfüllten Diesseits und einem vollkommeneren Jenseits führte zugleich zur Frage, wie die „Kluft zwischen der transzendentalen und der irdi-

---

1 Jaspers zufolge haben Philosophen und Religionsgründer wie Konfuzius, Zarathustra, Buddha, die alttestamentarischen Propheten, sowie die griechischen Philosophen zwischen 800 und 200 v. Chr. den Übergang zu den neuen ethischen Weltbildern der Achsenzeit eingeleitet (vgl. Jaspers 1949: 20). Wie Atwood darlegt, ist die Genese des Konzepts der Kulturen der Achsenzeit auch als eine bestimmte Form der „Mythopoesie" (Atwood 2017: 67) zu interpretieren. Die These vom achsenzeitlichen Durchbruch muss hinsichtlich ihrer vereinfachenden Darstellung eines universalen historischen Schwellenübergangs sicher relativiert werden. Dies impliziert allerdings nicht, dass Überlegungen zur Achsenzeit als obsolet anzusehen sind, sehr wohl aber, dass in einem stärkeren Maße die Ambivalenzen des achsenzeitlichen Erbes deutlich gemacht werden müssen (vgl. Bellah & Joas 2012).

schen Ordnung überbrückt werden könnte" und es stellte sich das „Problem der Erlösung" (ebd.).
Die verschiedenen Kulturen der Achsenzeit fanden je unterschiedliche Formen des Umgangs mit dieser Spannung. So wurde in den religiösen Strömungen der Gnosis (von gr. „gnōsis": „Erkenntnis"), das Spannungsverhältnis zwischen irdischer Immanenz und himmlischer Transzendenz zu einem radikalen Dualismus hypostasierten. Die diesseitige Welt wurde von den Gnostikern als Resultat einer verfehlten Schöpfung angesehen (Rudolph 1990: 68). Die Heilsbotschaft des gnostischen „Erlösungsmythos" (Navigante 2012: 390) war das Versprechen der Befreiung aus dieser unvollkommenen Welt, d.h. aus „dem Gefangen-Sein in einer gefallenen Seinsordnung" (ebd.). Die dualistische Kosmologie der Gnosis fand ihre Widerspiegelung in der *gnostischen Anthropologie* und der Sehnsucht nach der Erlösung von der körperlichen Natur. Dem zugrunde lag eine dualistische Trennung zwischen den höheren geistig-göttlichen Anteilen und den minderwertigen animalischen Anteilen des Menschen:

> Alle Gnostizismen postulieren die strikte Trennung von Geist (...) und Materie. Das Unsterbliche, ‚Wesenhafte' am Menschen ist sein geistiger, pneumatischer Teil; die Geschlechtlichkeit hingegen verkörpert das Materielle, Fleischliche und damit den niederen Teil des Menschen. (Maasen 1998: 135)

Die Auflösung der Spannung wird durch eine absolute Ablösung vom Leiblichen erhofft. Die Teilhabe an der Gnosis als einem „erlösenden Wissen" (Rudolph 1990: 63) befreit daher den Menschen nicht nur vom irdischen Kosmos im Allgemeinen, sondern insbesondere auch von seiner biologisch-sexuellen Gebundenheit. Der gnostische Dualismus kann als eine der radikalsten Ausprägungen des achsenzeitlichen Durchbruchs in die Transzendenz angesehen werden. Unter anderem durch den Manichäismus fand dieses Gedankengut eine größere Verbreitung und es beeinflusste auch das Christentum.

Langfristig sollte sich allerdings in den orthodoxen christlichen Lehren insbesondere durch den Einfluss von Augustinus ein Weltbild durchsetzen, das diesen radikalen Dualismus abmilderte und in die Lehre von einer Spannung zwischen irdischem Weltstaat und himmlischem Gottesstaat überführte. An die Stelle des gnostischen Drängens nach einer unmittelbaren Überwindung des Irdischen trat die eschatologische Verheißung einer fernen, durch den Messias eingeleiteten Erlösung am Ende der Zeiten (Eisenstadt 1998: 29). Immer wieder drängten aber gnostisch-heterodoxe Bewegungen auf eine unmittelbare Verwirklichung der außerweltlichen Ideale in der Welt. Im Mittelalter wurden diese Bewegungen allerdings von der Kirche zurückgedrängt (ebd.: 31f.).

In der Moderne wurde jedoch das revolutionäre Potential dieser Erlösungsideen innerweltlich wirksam. Insbesondere das sozialrevolutionäre

Denken der Moderne ist, wie Voegelin argumentiert, von einer „Immanentisierung des christlichen Eschaton" (Voegelin 1965: 229) beeinflusst worden. Es setzte sich mit den „Großen Revolutionen [...] der Glaube an die Möglichkeit, durch politisches Handeln die Kluft zwischen der transzendenten und der weltlichen Ordnung zu überbrücken" (Eisenstadt 2000: 15) durch. Der achsenzeitliche Impetus eines Durchbruchs in eine außerweltliche Transzendenz verwandelt sich so in ein Projekt der aktiven Transzendierung der irdischen Welt durch den Menschen.

Im vorliegenden Beitrag wird an diese Argumentation angeknüpft, dabei aber zwei Ergänzungen vorgenommen: In Eisenstadts Analyse blieb erstens unbeantwortet, weshalb es zu dieser Umwandlung kam und zweitens setzt er den Übergang erst mit den verschiedenen politischen Revolutionen des 17. und 18. Jahrhunderts an. Im Folgenden wird zum einen dargelegt, dass der entscheidende Übergang bereits in der Renaissance infolge der Entdeckung Amerikas und der damit verbundenen Erschließung einer innerweltlichen Transzendenz erfolgt ist. Zum anderen wird aufgezeigt, dass nicht nur die politischen Revolutionen, sondern ebenso die technowissenschaftlichen Revolutionen der Moderne durch den Prozess der Verweltlichung transzendentaler Hoffnungen entscheidend geprägt wurden.

2 Die Entdeckung einer Neuen Welt und die Erschließung einer innerweltlichen Transzendenz

Die Transformation der außerweltlich orientierten Heilswege der abendländischen Erlösungsreligionen zu innerweltlichen Heilswegen wurde wesentlich durch die Entdeckung der Neuen Welt beeinflusst. An die Stelle der spirituellen Grenzüberschreitung in eine himmlische Transzendenz trat ein innerweltliches Transzendieren. Eine zentrale Voraussetzung hierfür war die Überwindung älterer Kosmologien, welche den abendländischen Menschen in den begrenzten Raum des antiken *Orbis Terrarum* bannten.

Hervorzuheben ist, dass es hierbei nicht um die Ersetzung einer Erdscheibenvorstellung durch die Idee einer kugelförmigen Erde ging. Im Mittelalter war die Kenntnis von der Kugelgestalt der Erde weit verbreitet (vgl. Krüger 2000). Allerdings unterschied sich die mittelalterliche Erdkugelvorstellung grundlegend von dem neuzeitlichen Erd-Wasser-Globus. Dem wesentlich durch die aristotelische Schrift *Vom Himmel* (Aristoteles 1987: 287b) beeinflussten geozentrisches Sphärenmodell zufolge befand sich die kugelförmige Erde im Zentrum des Kosmos und wurde von den ebenfalls sphärisch angeordneten leichteren Elementen umgeben, so dass „das Wasser um die Erde herum ist, die Luft aber um das Wasser herum, das Feuer aber um die Luft

Abb. 1: Mittelalterliche Darstellung des Orbis Terrarum aus dem 12. Jhd.: Der Erdkreis ist in die drei Kontinente Asien (oben), Europa und Afrika unterteilt. Er wird durch den umgebenden Ozean limitiert. Am unteren, westlichen Rand sind die Säulen des Herakles abgebildet (Medieval Manuscripts in Oxford Libraries, Bodleian MS Digby 83, f. 15r.).

herum" sei (ebd.: 287b). Eingebettet waren diese sublunaren Sphären der diesseitigen Welt in die höheren supralunaren Sphären, d.h. die himmlische Transzendenz. Es stellte sich dabei die Frage, weshalb sich ein trockener Teil der Erdkugel aus der umgebenden Wasserkugel erhebt. Erklärt wurde diese scheinbare Anomalie u.a. durch die These von den exzentrischen Sphären, d.h. der Annahme, dass die Zentren von Erd- und Wasserkugel nicht identisch seien und daher eine kleine Insel der Erde aus der Wassersphäre herausragt (vgl. Vogel 1995: 149). Diese Konzeption führte dazu, dass trotz des Wissens um die Kugelform der Erde die antike Vorstellung eines vom Ozean umrandeten und limitierten Erdkreises auch im Mittelalter weiterhin verbreitet war und auch in den mittelalterlichen Weltkarten ihre Wiederspiegelung fand (vgl. Abb. 1). Zwar wurden Seefahrten im küstennahen Bereich durchgeführt, die Fahrt in das offene Meer blieb aber tabuisiert.

Seit der Antike gab es ein weit bekanntes Symbol für diese scheinbare Begrenztheit des menschlichen Raums: Bereits in den Oden des griechischen Dichters Pindar (ca. 522-443 v. Chr.) wird berichtet von den „Säulen des Herakles [...], die der Heros, der Gott, gesetzt hat als ruhmvolle Zeugen äußerster Meeresfahrt" (Pindarus 1992: 233). Diese Säulen – die bei der Straße von Gibraltar sich befindlichen markanten Erhebungen des Felsen von

Gibraltar (lat.: *Calpe*) auf der europäischen und des Berges Jebel Musa (lat.: *Mons Abila*) auf der afrikanischen Seite – kennzeichneten den Übergang zwischen dem vertrauten Mittelmeer und dem ungeheuren atlantischen Ozean. Als westlichstes Ende des *Orbis Terrarum* (Erdkreis) waren die Säulen in der Antike das Sinnbild par excellence für die Endlichkeit und auch Mahnung gegen hybriden Expansionsdrang (vgl. Jochum 2017: 57 ff.). Noch Dante (1265-1321) ließ in seiner *Divina Commedia* den von Neugier und Abenteuerlust getriebenen Odysseus über diese Schwelle „wo Herkules seine Zielsäulen bezeichnet hatte, dass der Mensch sich nicht weiter hinaus [im Original: *più oltre non*] begebe" (Dante 1997: Inf. 26. Vers 118) sich hinauswagen – für dieses sündhafte Widersetzen gegen das Gebot des *Non Plus Ultra* wird Odysseus allerdings nicht nur mit dem Untergang seines Schiffs bestraft, er muss später auch noch in Dantes Hölle schmoren, weil er sich dem christlichen Gebot zur Selbstbegrenzung widersetzte.

Die Vorstellung von der Einbettung einer kleinen Erdkugel in eine umfassende Wasserkugel führte in Verbindung mit der religiösen Tabuisierung der Grenzüberschreitung dazu, dass eine Ausfahrt in den Westen als nicht praktikabel angehen wurde. Auch jene spanischen Gelehrten, die sich gegen die Westfahrt von Kolumbus aussprachen, rekurrierten auf diese Konzeption (Randles 1994: 46). Die von Kolumbus verfochtene heterodoxe Vorstellung von einer „einfachen Erd-Wasser-Sphäre" (Vogel 1995: 7) und die darauf beruhende Annahme der Durchführbarkeit einer Westfahrt nach Asien wich damit klar von den gängigen Vorstellungen ab. Der Erfolg der Reise von Kolumbus leitete das Ende der alten Konzeptionen ein und trug zur Legitimierung des einst tabuisierten Drangs zur Grenzüberschreitung bei. Durch den Übergang von der mittelalterlicheren Sphärentheorie zur neuzeitlichen Globusvorstellung wurde eine „kosmographische Revolution" (Vogel 1995) vollzogen. Damit war auch der Weg bereitet, dass die Erde ihre alte inferiore Stellung im geozentrischen Sphärenkosmos verlor und zu einem Planeten erhoben werden konnte. Die kosmologischen Grundlagen des alten Gegensatzes zwischen irdischer Immanenz und himmlischer Transzendenz begannen zu erodieren (vgl. Jochum 2017: 158 ff.).

Mit der 1519 im Auftrag von Kaiser Karl V. begonnenen Umrundung der Welt auf dem Westweg durch Magellan und der Vollendung der Expedition durch Sebastián Elcano wurde die „terrestrische Globalisierung" (Sloterdijk 1999: 852) abgeschlossen. Bezeichnenderweise war es auch Karl V., der die alte, resignative Bedeutung der Säulen des Herakles als Mahnmal eines westlichen „Non Plus Ultra" in ihr Gegenteil verkehrte. Er wählte „Plus Ultra" bzw. „Noch Weiter" zu seiner Leitdevise und schuf hierdurch „aus einem Symbol der Begrenzung ein Symbol der Öffnung und der Entgrenzung" (Walter 1999: 129). Die Umdeutung symbolisierte nicht nur die Ausdehnung der imperialen Macht von Karl V., sondern wurde zum Sinnbild für ein neues Selbstverständnis des modernen abendländischen Menschen:

Das Selbstbewusstsein der Neuzeit fand im Bild der Säulen des Herkules (...) das Symbol ihres neuen Anfangs und gegen den bisher Gültigen gerichteten Anspruch. (Blumenberg 1966: 335)

Wie Assmann argumentiert, wurde die Neudeutung der Grenze für die Genese der modernen „Mythen des Transzendierens" (Assmann 2007) zu einem Basisparadigma:

> Diese Grenze markiert nicht mehr den Anschluss der Welt, sondern im Gegenteil ihre Grenzenlosigkeit. Die Überschreitung der Weltgrenze, die zu Dantes Zeit einer Transgression, einem metaphysischen Frevel gleichkam, ist seit der Neuzeit zu einem Imperativ geworden. (ebd.: 73)

Mit dem *Plus Ultra* wurde gleichsam ein *Transzendierungsimperativ* formuliert, der die Grenzüberschreitung, den Fortschritt, das Modernisieren und das Innovieren zu einer Pflicht für den modernen Menschen werden ließ (vgl. Jochum 2017).

Mit der Entgrenzung des Raums war neben der imperialen Expansion und der Neubestimmung der abendländischen Anthropologie zugleich auch die Erschließung einer innerweltlichen Transzendenz verbunden. Bereits Kolumbus stellte seine eigene Entdeckungsreise als Verwirklichung der endzeitlichen biblischen Prophezeiungen eines „neuen Himmel(s) und einer neuen Erde" (Jesaja 65; 17-19; Off 21, 1-2) dar. Kolumbus zitiert diese Textstelle und interpretiert sie als Vorankündigungen seines Unternehmens:

> Gott machte mich zum Boten des neuen Himmels und der Erde, die Er geschaffen, wie der heilige Johannes in der Offenbarung schrieb, nach dem, was Er sagte durch den Mund des Jesaias, und zeigte mir den Weg. (Kolumbus 1943: 176)

Hier deutet sich eine Verlagerung der eschatologischen Heilserwartungen von der himmlischen Transzendenz in eine „transatlantische Transzendenz" (Sloterdijk 1999: 876) an.

Schließlich trug Vespucci mit seinem berühmten Bericht über ein *Mundus Novus* (Vespucci 2014) dazu bei, dass zunehmend der augustinische 2-Welten-Dualismus in ein Spannungsverhältnis zwischen Alter und Neuer Welt transformiert wurde. Inspiriert durch Vespucci entwarf der englische Humanist Thomas Morus in der Schrift *Utopia* (Morus 1516) eine von den sozialen Missständen der Alten Welt freie Gesellschaft, die er auf einer imaginierten Insel in der Nähe der Neuen Welt ansiedelte.[2] Vespuccis hatte die Sitten und Gebräuche des brasilianischen Stammes der Tupi wie eine Wiederkehr des goldenen Zeitalters dargestellt: „Sie besitzen keine persönlichen Güter, son-

---

2 Wyss deutet die topografischen Merkmale von Utopia zugleich als Wiedergabe der Umrisse des Britischen Inselreichs (vgl. Wyss in diesem Band). Die in der Nähe der Neuen Welt gelegene Insel stellt demnach auch eine in den Raum projizierte Vision eines erneuerten Englands dar.

dern alles gehört der Gemeinschaft [*sed omnia communia sunt*]" (Vespucci 2014: 117; lat. Erg. G. J.). Morus verknüpfte in seiner Schrift diese Berichte mit Ideen aus Platons *Politeia* und berichtet davon, dass in Utopia „alles gemeinsamer Besitz aller ist [*omnia sunt communia*]" (Morus 1990: 44, lat. Erg. G. J.).

Die ‚Erfindung' Amerikas und die damit verbundene Genese der innerweltlichen Utopie trug so wesentlich zur Verweltlichung der außerweltlichen Visionen der Achsenzeit bei. Im Mittelalter war noch das Denken auf eine überweltliche Transzendenz ausgerichtet, die Schrift *Utopia* erklärte hingegen die Umgestaltung der Gesellschaft und damit die Überwindung der Missstände der alten Welt primär zur Aufgabe des Menschen:

> [Es] bezeugt die Utopia ein neues Weltverständnis. (...) Es gibt eine neue innerweltliche Transzendenz, an der die Wirklichkeit gemessen wird und der man nachstrebt. (Nipperdey 1975: 128)

Es wurde gleichsam die achsenzeitliche vertikale Transzendenz in den transatlantischen Raum projiziert:

> Diese Verlegung der Transzendenz in die Horizontale hat die Utopie möglich gemacht, als Denkform, als Schreibweise und als Gussform für Wunschplasmen und immanentisierte Religionen. (Sloterdijk 1999: 876)

Die im Zeichen des Plus Ultras erfolgte Entgrenzung des Horizonts führte so dazu, dass der Akt des Transzendierens, d.h. der Grenzüberschreitung, neu bestimmt und verweltlicht werden konnte. Die Grenze zwischen Diesseits und Jenseits war nicht mehr nur auf geistigem Wege überschreitbar. Es eröffnete sich die Transzendenz der imaginierten Neuen Welt als utopischer Horizont eines innerweltlichen Erlösungsweges. Erst hierdurch konnte der Übergang vom eschatologisch-gnostischen Erlösungsmythos hin zum dem innerweltlichen Mythos der Moderne erfolgen. Dieser Prozess mündete schließlich in die Genese des technoszientifischen Erlösungsmythos ein.

3 Erlösung durch Technologie

100 Jahre nach Morus verfasste der englische Wissenschaftler und Lordkanzler Francis Bacon mit der Schrift *Nova Atlantis* (1627/1862) eine weitere einflussreiche Raumutopie. Er übernahm die Idee einer innerweltlichen Transzendenz, wie sie mit der Utopie von Morus verbunden waren, transformierte aber die Bedeutungsgehalte. Die Verheißung der Baconschen Utopie war die Erlösung von der unvollkommenen Natur und ihre Transzendierung durch Wissenschaft und Technik. Dabei knüpft Bacon in *Nova Atlantis* so-

wohl an Platons Erzählung vom der jenseits der Säulen des Herakles gelegenen Insel Atlantis (vgl. den Beitrag von Wyss in diesem Band) wie auch an biblische Motive an. Im Zentrum der utopischen Insel steht bei Bacon ein Tempel und eine darin angesiedelte „Gesellschaft, die wir Haus Salomon nennen (...) der Leuchtturm unseres Königreiches" (Bacon 1959: 71 f.). Der zentrale Zweck des Hauses und der Gesellschaft ist die „Erforschung der Werke und Geschöpfe Gottes" (ebd.). Mit dieser biblischen Referenz wird die Idee einer Wiedererrichtung des im Alten Testament als Hort der Weisheit dargestellten Tempels des biblischen Salomon propagiert. Ziel ist die Expansion der Macht über die Natur: „Der Zweck unserer Gründung ist es, die Ursachen und Bewegungen sowie die verborgenen Kräfte in der Natur zu ergründen und die Grenzen der menschlichen Macht [the enlarging of the bounds of Human Empire] soweit wie möglich zu erweitern." (Bacon 1959: 89; Bacon 1862: 398)." Im Gegensatz zur mittelalterlichen Naturbetrachtung wird keine Bestandsaufnahme der geschaffenen Natur, sondern die Transzendierung der Natur angestrebt. Bloch bemerkt daher zurecht, dass „Nova Atlantis in jedem Betracht hinter den Säulen des Herkules liegen will, das ist: über die Einbindung durch gegebene Natur hinaus" (Bloch 1959: 765).

Mit dieser Anmerkung verweist Bloch auf die für das Werk Bacons zentrale Neudeutung wissenschaftlicher Grenzüberschreitung, programmatisch verdichtet in der Plus-Ultra-Devise. Die Emblematik der Ausfahrt durch die Säulen des Herakles, wie sie 15 Jahre zuvor auf dem weit verbreiteten spanischen Navigationshandbuch *Regimiento de navegación* (1606) von Garcia de Céspedes abgebildet worden war (vgl. Abb. 2), wurde zum Vorbild für das Titelblatt des *Novum Organum* (1990 [1620]) von Francis Bacon (1561–1626) (Abb. 3).

Für Bacon wurden die Überschreitung der herakleischen Grenze und die Erschließung des Globus zum Paradigma für den wissenschaftlich technischen Fortschritt, wie er an mehreren Stellen seines Werkes deutlich macht. So heißt es in *Über die Würde und die Förderung der Wissenschaften* (1624/2006):

> Ebenso verhält sich auch der Vorzug unseres Zeitalters: also dass unsere gegenwärtige Zeiten mit Recht als ihr Symbol nicht nur jenes Plus Ultra – noch weiter – besitzen; statt wie die Antiken das Non Ultra – nicht weiter – zu gebrauchen [Plus Ultra, ubi antiqui usurpabant Non ultra] [...] sondern (auch) wegen unsern Seefahrten, durch welche es vergönnt ist, den ganzen Umfang des Erdballs gleich den himmlischen Körpern zu umlaufen und umschiffen. Und diese vorzügliche Glückseligkeit in der Schifffahrt und Kenntnis des Weltkreises kann auch von den weiteren Fortschritten und Wachstum der Wissenschaften große Hoffnungen machen. (Bacon 2006: 126; Ergänzungen G.J.)

Im Zeichen des Plus Ultra und der Umrundung der Globus erfolgt so der entscheidende Übergang zum innerweltlichen wissenschaftlich-technischen

Abb. 2: Frontispiz des „Regimento de navegación" von Garcia de Céspedes (1606).

Fortschrittsdenken der Moderne. War die Entdeckung einer Neuen Welt bei Morus als Paradigma für eine innerweltliche Verbesserung der gesellschaftlichen Verhältnisse ausgedeutet worden, so rückt Bacon nun die *Revolution der gesellschaftlichen Naturverhältnisse* ins Zentrum. Mit der Devise, dass „die menschliche Wissenschaft und Macht zusammen(fallen) [Scientia et Potentiae, vere in idem coincidunt]" (Bacon 1990a: 63) müssen, um den Sieg über die Natur zu ermöglichen, formulierte er des das Grundprogramm der modernen Technowissenschaften. Die Fahrt der Schiffe der Wissenschaft durch die Säulen des Herakles führt in die Neue Welt einer vom Menschen optimierten Natur hinüber. Bacon deutete somit den Transzendierungsimperativ des Plus Ultra im Sinne einer Ankündigung des technoszientifischen Fortschritts aus:

> [Es] wurde ein neuer Herkules-Mythos projektiert. Der Mythos wurde technisch und ließ den transzendenten Blick aus der Vertikalen des himmlischen Jenseits in

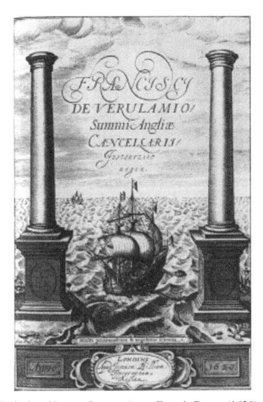

Abb. 3: Frontispiz des „Novum Organon" von Francis Bacon (1620).

die Horizontale der Analyse und Immanenz kippen. […] Plus ultra wurde zur Perspektive der Wissenschaft auf der Suche nach den probaten Mitteln zur Überwindung aller entropischen Übel. (Feuerstein 2005: 143)

Damit wurde eine Säkularisierung der auf eine außerweltliche Transzendenz ausgerichtete Erlösungswege der Kulturen der Achsenzeit in einen innerweltlich orientierten Heilsweg eingeleitet, wie auch die Transformation vieler religiöser Motive durch Bacon deutlich macht. Dieser interpretiert sein technowissenschaftliches Projekt als Erfüllung biblischer Prophezeiungen im Buch Daniel[3] da das Zusammenfallen der nautischen Erkundung der Welt

---

3   Im Buch Daniel (ca. 160 v. Chr.) wurde mit dem Anbrechen des endzeitlichen Reiches des Heils die Öffnung eines versiegelten Buches und der Errettung der darin verzeichneten Außerwählten verbunden: „Die Verständigen werden strahlen, wie der Himmel strahlt; und die Männer, die viele zum rechten Tun geführt haben, werden immer und ewig wie die Sterne leuchten. Du, Daniel, halte diese

und der wissenschaftlichen Revolution „nach göttlichem Rathschluß beschloßen zu sein scheint" (Bacon 2006: 126), wie er im Anschluss an obiges Zitat ausführt:

> Denn also sagt der Prophet Daniel, wenn er von den neuesten Zeiten redet: *Viele werden hin und her gehen über die Erde, und das Wissen wird verehrt werden [Plurimi pertransibunt et augebitur sciencia]*; als wenn das Umherwandern oder Beschauen der Welt, und das vielfache Zunehmen der Wissenschaften für das gleiche Zeitalter bestimmt seien. (ebd.)

Der Bezug auf die Danielsche Prophezeiung findet sich auch auf dem Titelblatt des Novum Organum, was den zentralen Stellenwert dieser Referenz auf die Bibel verdeutlicht. Durch die Baconsche Neuinterpretation wird die biblisch-millenaristische Eschatologie in eine technoszientifische Eschatologie überführt:

> Bei Bacon bezieht sich das Wissen nicht mehr auf die im Buch Daniel versiegelte göttliche Offenbarung, sondern auf die Ergründung und Beherrschung der Natur in dieser Welt. (Mieth 2002: 654)

Die Bezüge auf den Propheten Daniel und den Tempel Salomon machen deutlich, dass Bacons Entwurf der neuzeitlichen Wissenschaften mit einem expliziten Bezug auf ein religiös-eschatologisches Gedankengut verbunden ist. Er rekurriert auf biblische Symboliken und die millenaristische Erwartung der Endzeit und vollzieht zugleich eine Neudeutung, indem nun das Projekt der Transformation der Natur zu einem Bestandteil des eschatologischen Heilsprozesses wird. Die Utopie Bacons weist damit zweifelsohne eine explizit religiös-eschatologische Komponente auf und hat wesentlich zur Begründung einer „religion of technology" (Noble 1997) in der Moderne beigetragen.

Die Ursprünge für diesen Glauben an eine Selbsterlösung des Menschen durch Arbeit und Technik sind bereits im Mittelalter zu finden (Noble 1998: 12f.). Mönche und Gelehrte wie Hugo von St Viktor, Michael Scotus und Bonaventura trugen in Europa zu einer Aufwertung der mechanischen Künste und der maschinellen Techniken bei, und dies führte dazu, dass man auch das Sich-Befassen mit mechanischen Techniken als Bestandteil des spirituellen Lebens ansah. Diese geistige Neuorientierung verband sich zunehmend mit der spirituellen Strömung des Millenarismus, bzw. Chiliasmus, d.h. der Erwartung des Kommens eines tausendjährigen Reichs. Einflussreich waren insbesondere die Schriften des mittelalterlichen Abtes Joachim von Fiore (um 1130-1202), dessen Bedeutung für die Herausbildung der politischen Utopien der Moderne in den Religionswissenschaften breit thematisiert wurden (vgl. u.a. Voegelin 1965: 158f; Ratzinger 1990: 26).

> Worte geheim und versiegle das Buch bis zur Zeit des Endes! Viele werden nachforschen und die Erkenntnis wird groß sein (Hervorhebung G.J)." (Dan. 12; 4)

In diesen Analysen wurde allerdings ein zweiter wichtiger Strang der Rezeption der Schriften von Joachim übersehen: Das joachimitische Denken verband sich auch mit dem Glauben an die Gestaltungskraft der Technik, die als heilsgeschichtliches Instrument der Überwindung der Unvollkommenheit der Welt gedeutet wurde: „Diese neue Vorstellung vom Tausendjährigen Reich (...) ermutigte in einmaliger Weise dazu, Technologie und Transzendenz miteinander zu vermählen. Und so wurde Technologie jetzt zugleich zur Eschatologie (Noble 1998: 32)." Insbesondere durch Bacons Werk wurde die Umwandlung vom eschatologischen Denken in ein technowissenschaftliches Fortschrittsprojekt vorangetrieben:

> Weithin infolge des enormen und nachhaltigen Einflusses von Francis Bacon floss die mittelalterliche Identifikation von Technologie und Transzendenz in die sich herausbildende Mentalität der Moderne ein. (ebd.: 71)

An die Stelle der christlich-eschatologischen Hoffnung auf die Befreiung von der Welt des Leidens durch den göttlichen Erlöser trat das Projekt der durch Technologien ermöglichten Selbsterlösung des Menschen. Bacon verweltlichte die Transzendenz der himmlischen Sphären, indem er das Projekt der Transzendierung der irdischen Natur durch eine Expansion der Technosphäre formuliert.

Damit wird eine für den neuzeitlichen Säkularisierungsprozess zentrale, technoszientisch ausgerichtete, Traditionslinie der Verweltlichung des eschatologisch-gnostischen Denkens erkennbar, die bisher in der Soziologie und den Religionswissenschaften nur unzureichend Berücksichtigung fand. Die Debatte über die Verweltlichung des Erbes der Kulturen der Achsenzeit blieb bisher weitgehend auf die Auswirkungen auf das politische Denken der Moderne beschränkt. Eisenstadt zufolge wurden „in den Großen Revolutionen (...) die Träger der ‚gnostischen' Vision besonders bedeutsam, die das Gottesreich – oder eine säkulare Version davon – auf die Erde bringen wollten" (Eisenstadt 2000: 23). Von Voegelin wurde dabei vor der Gefahr eines „Totalitarismus als existentielle Herrschaft gnostischer Aktivisten" (Voegelin 1965: 185) gewarnt, wie er mit den sozialrevolutionären Denkern verbunden sei.

Dem ist nun hinzuzufügen, dass das gnostische Erbe nicht nur die Sozialutopien beeinflusste, sondern ebenso die Technikutopien. Die Gnosis als „ein Stück des erlösenden Wissens" (Rudolph 1990: 63) wurde auch in das naturwissenschaftliche Wissen transformiert. Die Naturwissenschaftler als Speerspitze des modernen gnostischen Aktivismus trieben eine technowissenschaftliche Revolution der gesellschaftlichen Naturverhältnisse voran. In diesem Sinne hat auch Rossbach eine „mutual affinity of Gnosticism and the rationale of modern science" (1996: 241) konstatiert und dabei auf Traditionslinien verwiesen, die von den antiken hermetischen Schriften bis zu Descartes und Bacon führen. Bacons Werk ist damit zweifelsohne als ein wesentlicher

Zwischenschritt im Prozess der Verweltlichung der außerweltlichen Heilshoffnungen der Kulturen der Achsenzeit in innerweltliche Erlösungswege anzusehen.

Die eschatologische Endzeit geht bei ihm in eine zukunftsoffene Neuzeit des wissenschaftlich-technischen Fortschritts und der Befreiung von der unvollkommenen Natur über. Der „Geist der Gnosis" (Rudolph 1990: 101) kehrte so in der Moderne als *Geist der Technowissenschaften* wieder und trägt seither zur permanenten Revolutionierung der gesellschaftlichen Naturverhältnisse bei. In Paraphrasierung von Eisenstadt kann man daher davon sprechen, dass es die durch Bacons Schriften stark beeinflussten großen wissenschaftlich-technischen Revolutionen und die hierdurch ermöglichten industriell-kapitalistischen Revolutionen der Moderne waren, der zufolge sich die Bereiche Wissenschaft und Ökonomie mit utopischen, eschatologischen, gnostischen und millenaristischen Orientierungen füllten.

Bacons Vision von einem Plus Ultra der Wissenschaft und Technik und seine Utopie eines Nova Atlantis gewannen in England und schließlich in der gesamten westlichen Welt eine starke Wirkmächtigkeit. Von den Mitgliedern der 1660 nach dem Vorbild der Gesellschaft Salomon gegründeten Londoner *Royal Society* wurde Bacon als Ahnvater verehrt. Die Schriften Bacons waren auch in den englischen Kolonien einflussreich (vgl. den Beitrag von Wyss in diesem Band). Dabei verband sich die technoszientifische Utopie mit religiösen Vorstellungen. Die Neue Welt wurde von den englischen Siedlern im Sinne christlich-eschatologischen Gedankenguts gedeutet, und hierdurch wurde auch die gewaltsame Aneignung des Landes legitimiert. Die Landnahme erfuhr insbesondere in der von George Berkeley (1685-1755) formulierten Devise "Westward the course of empire takes its way" eine heilsgeschichtliche Überhöhung (Berkeley zit. n. Bernbaum 1918: 96). Es bildete sich durch die Verschmelzung dieser Traditionen die Vorstellung einer *Manifest Destiny* der USA heraus und es entstand ein spezifisch US-amerikanischer „Frontier-Mythos" (Waechter 1998). Der Rekurs auf den gleichsam „mythischen" Akt der Entdeckung Amerikas und der Landnahme des Westens diente dabei der Legitimierung von Grenzüberschreitungen und einer religiös-heilsgeschichtlichen Überhöhung des technisch-wissenschaftlichen Fortschritts. Die Wirkmächtigkeit dieser Mythen wurde in den letzten Jahren insbesondere in Verbindung mit der Ausbreitung der digital-kybernetischen Technologien wieder klar ersichtlich.

4 Die technologische Transzendenz der Trans- und Posthumanisten

Die Genese des neuen virtuellen Kommunikationsraums des Cyberspaces evozierte Heils- und Erlösungshoffnungen, die starke Ähnlichkeiten zu den gnostischen Sehnsüchten aufwiesen. Bereits vom Schöpfer des Begriffs „Cyberspace" William Gibson wurde dieser in seinem Roman *Neuromancer* (1987; Englisch zuerst 1984) mit cybergnostischen Konnotationen aufgeladen und es ist von den „körperlosen Freuden des Kyberspace [sic!]" (Gibson 1987) die Rede. Die mit dem Cyberspace assoziierten Bilder erinnern an die Erlösungsfantasien, die im jüdisch-christlichen Denken mit dem Himmelreich verbunden waren und es wird so „in den heutigen Träumen der Cyber-Gnosis" (Wertheim 2002: 305) eine Verwandtschaft zu antiken gnostischen Strömungen erkennbar. Verbreitet ist auch eine Übertragung des amerikanischen Frontier-Mythos auf den Cyberspace. So wird von den Autoren des Manifestes *Cyberspace and the American Dream* (Dyson et al. 1994) das Vorantreiben einer „new electronic frontier of knowledge" (ebd.) explizit mit der amerikanischen Landnahme im 19. Jh. verglichen.

Auch die Utopien der sog. Trans- und Posthumanisten sind in der Tradition des gnostisch-eschatologischen Denkens des Westens zu verorten. Bereits der geistige Ahnvater des Transhumanismus Julian Huxley hatte eine durch den technischen Fortschritt ermöglichte Transzendierung der humanen Existenz angekündigt:

> The human species can, if it wishes, transcend itself [...] as humanity. We need a name for this new belief. Perhaps transhumanism will serve: man remaining man, but transcending himself, by realizing new possibilities of and for his human nature. (Huxley 1957: 17)

Infolge der Weiterentwicklung der digital-kybernetischen Technologien und der Life-Sciences etablierte sich der Trans- und Posthumanismus in den 1990er Jahren als breitere technikutopische Bewegung. Max More verkündete in der programmatischen Schrift "Transhumanism" (1990) die quasi-religiöse Heilsbotschaft des Extropianismus. Durch den infiniten Prozess der transhumanistischen Transzendierung von natürlichen Grenzen würde ein sukzessiver Übergang in eine posthumane Welt ermöglicht werden:

> Life and intelligence must never stagnate; it must re-order, transform, and transcend its limits in an unlimited progressive process. [...] The goal of religion is communion with, or merely serving, God being superior to us. The Extropian goal is our own expansion and progress without end. [...] We must progress on to

transhumanity and beyond into a posthuman stage that we can barely glimpse. (ebd.)[4]

In ähnlicher Weise verheißt Hans Moravec in *Robot – Mere machine to transcendent mind* (Moravec 1999) ein „Age of Mind", in dem „our mind will have been transplanted from our biological brain into artificial hardware" und damit werde es möglich, „(to) transcend the physical and sensory limitations of the 'home' body" (ebd.: 170). Auf dieser Basis sei auch eine Befreiung des Menschen von der irdischen Wirklichkeit und ein Aufbruch des vom biologischen Substrat gelösten menschlichen Geistes mit Raumschiffen in transzendente Welten möglich.

Dieser quasi-religiöse Impetus der Idee einer technologischen Transzendenz wird auch in Kurzweils Werk *The singularity is near. When humans transcend biology* (2005) deutlich, in dem eine „Singularity as Transcendence" (ebd.: 387-390) verheißen wird. Kurzweil legt hierbei einen Begriff von Transzendenz zugrunde, der sich auf die in der Evolution erkennbare Tendenz zur zunehmend komplexen Ordnung der Materie durch die „transzendente Kraft unserer Muster" (Kurzweil 2013: 398) bezieht. Diese in der biologischen wie auch technischen Welt beobachtbare Transzendierung der materiellen Welt würde durch die Entstehung der Hyperintelligenz der Singularität, die sich „aus der Verschmelzung des umfangreichen Wissens in unseren Köpfen mit der überragenden Kapazität, Geschwindigkeit und Vernetzung unserer Technik" (ebd.: 14) ergeben werde, auf eine neue Stufe gehoben:

> Evolution dreht sich um Muster, und insbesondere die Tiefe und Ordnung dieser Muster nehmen im Verlauf eines Evolutionsprozesses zu. Die Singularität – die Vollendung unserer Evolution – wird eine Vertiefung all dieser Formen von Transzendenz bewirken. (ebd.: 399)

Die Ersetzung der biologischen Information durch digitale Information würde dabei nicht nur die Evolution beschleunigen, sondern schließlich auch ermöglichen, „dass die Singularität das Universum mit Geist erfüllen wird" (ebd.: 400). Damit wird die Emanzipation von der biologischen Natur und die technologische Transzendierung der Welt zum quasi religiösen Projekt:

---

4 Wie dieses Zitat verdeutlicht, kann der Transhumanismus als eine Bewegung angesehen werden, deren letztliches Ziel die posthumane Überwindung des Menschen ist. Dabei ist anzumerken, dass dieser „technologische Posthumanismus" (Loh 2018: 92 ff.) sich deutlich von dem „kritischen Posthumanismus" (ebd.: 130 ff.) unterscheidet, der vor allem den modernen Anthropozentrismus problematisiert. Um eine begriffliche Uneindeutigkeit zu vermeiden, werden im Folgenden auch jene Autoren, die einem technologischen Posthumanismus zugerechnet werden, als Transhumanisten benannt – unabhängig davon, ob sich diese Autoren selbst explizit als Transhumanisten bezeichnen.

Evolution bewegt sich unaufhaltsam in Richtung des Gottesbegriffs. [...] Wir können die Befreiung unseres Denkens aus den engen Banden seiner biologischen Form somit als spirituelles Unternehmen auffassen. (ebd.)

Bei Kurzweil und den anderen Transhumanisten lässt sich eine an die antike Gnosis erinnernde Verachtung der leiblich-materiellen Existenz erkennen. Und wie bei den Gnostikern wird die Überwindung der irdisch-biologischen Welt durch den Triumph eines transzendenten Gottes erhofft – mit dem Unterschied allerdings, dass sie nun das Heil in einer von dem Menschen selbst hervorgebrachten „technischen Form Gottes" (Böhme 1996: 244) sehen. Die transhumanistische Transzendenz wird nicht durch spirituelle Heilswege, sondern durch ein „transcendent engineering" (Prisco 2013: 235) erreicht. Trotz dieser Differenzen bezüglich der Heilsmethodik lassen sich deutliche Verbindungen zu religiösen Erlösungslehren aufzeigen. Und insbesondere Francis Bacon kann mit seiner oben skizzierten Überführung von christlich-eschatologischem Denken in ein innerweltliches Fortschrittsprojekt als ein Ahnvater des Transhumanismus angesehen werden (vgl. Burdett 2011).

Es können somit die Schriften der Transhumanisten in der Tradition der gnostisch-heterodoxen Strömungen der Kulturen der Achsenzeit und der hierdurch beeinflussten Identifikation von Technologie und Transzendenz verortet werden:

> Techgnosis find themselves, consciously or not, surrounded by a complex set of ideas and images: transcendence through technology. (Davis 1998: 101)

Hartmut Böhme deutet daher zu Recht die Lehren der Transhumanisten als „Cybergnosis" (Böhme 1996), d.h. als eine Wiedergeburt der Gnosis auf technologischer Basis:

> Cyberspace ist die aktuellste Form der Gnosis perennis [...]. Die Propheten des neuen Cyber-Paradieses wie [...] Hans Moravec sind Gnostiker [...] und religiöse Fundamentalisten, welche die Verkettung der menschlichen Geschichte mit den biologisch-evolutionären Bedingungen strategisch aufzulösen sich sehnen. Es sind wilde Transzendenz-Sehnsüchte. (Böhme 1996: 245)[5]

Mit der Verkündung der „Singularität als Transzendenz" (Kurzweil 2013: 398) wird letztlich die alte achsenzeitliche Spannung zwischen den inferioren irdischen Sphären und den transzendenten himmlischen Sphären in einen Gegensatz zwischen unvollkommener Biosphäre und vollkommener Technosphäre transformiert. Der Trans- und Posthumanismus ist dabei im Kern ein

---

5 Die Unterstellung einer Verbindung des Posthumanismus mit der Gnosis ist nicht unumstritten. So argumentiert Krüger, „dass die Rede von Cybergnosis oder Cyberplatonismus im Kontext des Posthumanismus mehr als problematisch ist" (Krüger 2004: 146). Dem ist jedoch entgegenzuhalten, dass die posthumanistischen Cybergnostiker der Gegenwart mit den antiken Gnostikern auf jeden Fall das Ziel der Überwindung der leiblich-genetische Existenz gemein haben.

Postbiologismus, da er auf die technologische Überwindung der Welt des Lebens und deren Begrenzungen abzielt.

Diese neuen cybergnostischen und transhumanistischen Utopien sind als zentrale Leitdiskurse der Gegenwart anzusehen, die auch die Aktivitäten von Google, Apple und anderen IT-Unternehmen beeinflussen und legitimieren. Die von Kurzweil gegründete *Singularity University* in Silicon Valley avancierte in den letzten Jahren zu einem „spirituellen" Zentrum der neuen Techno-Religion der Singularität. Dies macht deutlich, dass die These vom „Ende des utopischen Zeitalters" (Fest 1991) relativiert werden muss. Zu konstatieren ist innerhalb der gegenwärtigen Zukunftsdiskurse „keine Krise des Utopischen an sich, sondern die Krise der Sozialutopien" (Dickel 2009: 193), da diese von den neuen Technikutopien verdrängt werden.

5 Ein neuer Aufbruch in den Himmel oder Rückkehr zur Erde?

In den skizzierten technikutopischen Kontext können auch aktuelle Bestrebungen eines neuen Aufbruchs ins All gestellt werden. Bei den transhumanistischen Gnostikern wird, wie bei Kurzweil und Moravec deutlich wurde, eine Nähe zur antiken Gnosis nicht nur hinsichtlich des Ziels der Überwindung der leiblichen Natur, sondern auch bezüglich eines Strebens nach einem Verlassen der irdischen Welt und eines Ausbruchs in die Transzendenz des himmlischen Weltraums erkennbar. Durch Weltraumunternehmer wie Peter Diamandis, Richard Branson, Elon Musk und Jeff Bezos werden diese transhumanistischen Träume von einer kosmischen Ausdehnung des Cybergeistes säkularisiert und ökonomisiert und so zugleich die technischen Grundlagen für ihre Realisierung geschaffen (vgl. Schneider 2018). Auch die von Donald Trump im Dezember 2017 verkündete NASA-Initiative „lead an innovative space exploration program to send American astronauts back to the moon, and eventually Mars"[6] kann in der Tradition der religiös-heilsgeschichtlichen Überhöhung des technisch-wissenschaftlichen Fortschritts verortet werden, auch wenn Trump nicht auf die transhumanistischen Utopien, sondern auf den „pioneering spirit" der amerikanischen Siedler und damit den alten Frontier-Mythos rekurriert:

> Today, the same spirit beckons us to begin new journeys of exploration and discovery, to lift our eyes all the way up to the heavens and ones again imagine the possibilities waiting in those big, beautiful stars if we dare to dream big. (ebd.)

---

6 Vgl. NBC News "President Donald Trump Signs Major NASA Initiative", https://www.youtube.com/watch?v=kSXu4ysMc5M [Zugriff: 10.06.2021].

Diese Wiederkehr der Raumfahrtphantasien in cybergnostischer wie auch „traditionell" fortschrittsgläubiger Form erstaunt in gewisser Weise. Die entscheidende Bedeutung der Raumfahrtprojekte der 1960er Jahre war letztlich nicht die Eroberung des Alls, sondern der Blick aus dem Weltraum zurück auf die Erde gewesen. Dieser hatte zur Genese eines neuen Bewusstseins für die Einzigartigkeit und Fragilität des Planeten Erde beigetragen. Der amerikanische Astronaut Alfred Worden, der 1971 auf dem Mond landete, schilderte diese Erfahrung mit folgenden Worten:

> Jetzt weiß ich, warum ich hier bin. [...] Nicht um den Mond aus größerer Nähe zu sehen, sondern um zurückzuschauen auf unser Heil, die Erde. (zit. nach Schmid 2000: 400)

Die Ausfahrt in die transzendenten himmlischen Sphären führte so letztlich zu einer Reflexion über die Besonderheit der sublunaren Geo- und Biosphäre.

Zentrale Konsequenz dieses Perspektivenwechsels war auch eine grundlegende Neuausrichtung der Weltraumpolitik, und 1987 wurde in einem Bericht für die NASA eine „Mission to Planet Earth" vorgeschlagen und schließlich die *Mission to Our Home Planet* im *NASA's Earth Science Program* zum Ziel erklärt (vgl. McCurdy 2011: 305). Diese Neuorientierung trug zur Etablierung von vielen Satellitensystemen bei, die eine Erfassung der biologischen und meteorologischen Vorgänge auf der Erdoberfläche zum Ziel hatten. Die hierdurch erbrachten Erkenntnisse führten zur Formulierung des Konzepts der *Planetary Boundaries* (Rockström u.a. 2009), das in den letzten Jahren eine Wiederbelebung der Debatte um mögliche Grenzen des Wachstums angeregt hat (vgl. Abb. 4). Es deutet sich eine neue Wahrnehmung des Globus an, die an die limitierenden vormodernen Vorstellungen erinnern, welche einst den menschlichen Handlungsspielraum durch die Setzung eines Non Plus Ultra begrenzten:

> Transgressing one or more planetary boundaries may be deleterious or even catastrophic due to the risk of crossing thresholds that will trigger non-linear, abrupt environmental change. (ebd.: 32)

Vor dem Hintergrund der Wahrnehmung von planetarischen Leitplanken stellt sich die Frage, inwieweit das von dem Transzendierungsimperativ Plus Ultra geleitete moderne Projekt eines „enlarging of the bounds of Human Empire" (Bacon 1862: 398) durch technowissenschaftliche Naturbeherrschung nicht revisionsbedürftig ist. In dieser Weise interpretiert auch Latour in *Kampf um Gaia* (2017) die Bedeutung der planetarischen Leitplanken:

> Wenn die Menschen des modernen Typus definiert werden können als diejenigen, die sich immerzu von den Zwängen der Vergangenheit emanzipieren, die immerzu auf dem Weg sind, die unüberwindbaren Säulen des Herkules hinter sich zu lassen, dann haben die ERDVERBUNDENEN umgekehrt die Frage ihrer Grenzen zu lösen. Die MENSCHEN hatten die Devise ‚Plus ultra', die ERDVERBUNDENEN haben keine andere Devise als ‚Plus intra'. (Latour 2017: 488; Herv. i. O.)

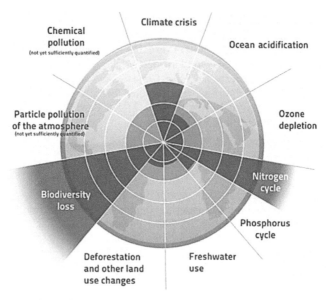

Abb. 4: Darstellung der „Planetary boundaries" (Rockström u. a. 2009: 472).

Aktuell wird allerdings angesichts der neuen Raumfahrtpläne deutlich, dass diese reflexive Wende zurück zur Immanenz des gefährdeten Planeten von Vielen verweigert wird. Der „traditionelle" moderne Blick und Drang nach vorn in zu explorierende „transzendente" Neue Welten gewinnt wieder an Bedeutung. Paradigmatisch hierfür ist auch die Kürzung der Gelder für das *NASA's Earth Science Program* und insbesondere der Forschungen zum Klimawandel durch die Trump-Regierung und die verstärkte Förderung der Erkundung des Alls (Hopf 2018: 14). Diese Entscheidung ist auch in Zusammenhang mit dem Ausstieg aus den limitierenden Beschlüssen des Pariser Klimaschutzabkommen zu sehen. Erkennbar wird so, dass gegenwärtig der das abendländische Denken seit dem achsenzeitlichen Ausbruch begleitende Widerstreit zwischen Begrenzung und Grenzüberschreitung, Innerweltlichkeit und Außerweltlichkeit, Immanenz und Transzendenz auf neuer Stufe wiederkehrt.

Dabei kann man heute allerdings eine Umkehrung des für die klassische Moderne häufig postulierten Gegensatzes zwischen einer immanentistischen Ausrichtung des technowissenschaftlichen Fortschrittsprojekts und einer Transzendenz der Religion konstatieren. Es wird aktuell die untergründig transzendente Orientierung der modernen Technikutopien wahrnehmbar. Und zugleich erfolgte in den letzten Jahren eine Neubestimmung der klassischen religiösen Lehren, in denen es nun nicht mehr primär um eine Erlösung von der Erde und die Rückbindung an einen transzendenten Gott, sondern um die

Integration des Menschen an die begrenzte Immanenz des Irdischen geht. Konturen einer derartigen neuen „Religion, die sich selbst Grenzen setzt und sich mit den Wissenschaften und der Politik zu verbünden lernt um dem Begriff Grenze wieder Sinn zu geben" (Latour 2017: 482) werden Latour zufolge insbesondere in der päpstlichen Umwelt-Enzyklika *Laudato si – Über die Sorge für das gemeinsame Haus*" (Papst Franziskus 2015) sichtbar. In dieser wurde ein Rückbindung an die „Schwester" Erde (ebd.: § 1) eingefordert und mit der Formulierung, dass zu den „am meisten verwahrlosten und misshandelten Armen diese unsere unterdrückte und verwüstete Erde" (ebd.: § 2) zu zählen sei, eine ökologische Ausweitung des Christentums vollzogen. Mit dieser Hinwendung zum Irdischen wird eine neue Ausrichtung der Religion eingeleitet. Ratzinger hatte noch klar formuliert: „Das Heil der Welt beruht darauf, dass sie als Welt transzendiert wird." (Ratzinger 1990: 175) Bei Franziskus wird dahingegen ein Bemühen um eine Vermittlung zwischen religiöser Transzendenz und der Sorge um die Immanenz der Ökosphäre erkennbar. Die irdische Welt soll bewahrt, nicht transzendiert werden. Diese Sorge um die Erde steht auch im klaren Gegensatz zum cybergnostischen und technikutopischen Drang einer Lösung von den Bindungen an die irdisch-biologische Welt und zur Eroberung des Himmels. Es deutet sich so die Herausbildung eines weltimmanenten Heilsgehalts der Religion an, die wieder im Sinne einer der ursprünglichen lateinischen Wortbedeutungen als Pflicht zur „Sorgsamkeit" (vgl. Feil 1986: 41) interpretiert wird.

Literatur

Aristoteles (1987): Vom Himmel. Von der Seele. Von der Dichtkunst. München: Dt. Taschenbuch Verlag.
Assmann, Aleida (2007): Grenze und Horizont. Mythen des Transzendierens bei Emerson, Tennyson und Turner. In: Mülder-Bach, Inka (Hrsg.): Räume der Romantik. Würzburg: Königshausen & Neumann, S. 65-81.
Atwood, David (2017): Zur Politik des Ursprungs. Die Religionsgeschichte der Achsenzeit im 20. Jahrhundert. Zeitschrift für Diskursforschung Heft 1/2017 Beltz Juventa.
Bacon, Francis (1862): New Atlantis (zuerst 1627). In: Speeding, James; Ellis, Robert L.; Heath, Douglas D. (Hrsg.): The Works of Francis Bacon Volume 5. London: Longman, S. 347-413.
Bacon, Francis (1959): Neu-Atlantis. Berlin: Akad.-Verlag (Erstedition in Neulateinisch zuerst 1627).
Bacon, Francis (1990): Neues Organon. Band I. Lateinisch – deutsch. Hamburg: Meiner (Erstedition 1620).

Bacon, Francis (2006): Über die Würde und die Förderung der Wissenschaften. Freiburg, München: Haufe-Mediengruppe (Erstedition in Englisch zuerst 1605, in Latein 1624).
Bellah, Robert. N./Joas, Hans (Hrsg.) (2012): The Axial Age and Its Consequences. Cambridge und London: The Belknap Press of Harvard University Press.
Bernbaum, Ernest (Hrsg.) (1918): English poets of the eighteenth century. New York u.a: Scribner.
Bloch, Ernst (1959): Das Prinzip Hoffnung. In fünf Teilen (Kapitel 1 – 37). Frankfurt am Main: Suhrkamp.
Blumenberg, Hans (1966): Die Legitimität der Neuzeit. Frankfurt am Main: Suhrkamp.
Böhme, Hartmut (1996): Zur Theologie der Telepräsenz. In: Hager, Frithjof (Hrsg.): KörperDenken. Berlin: Reimer, S. 237-248.
Burdett, Michael S. (2011): Contextualising a Christian Perspective on Transcendence and Human Enhancement. In: Cole-Turner, Ronald (Hrsg.): Transhumanism and Transcendence. Georgetown: University Press.
Coreth, Emerich (1960): Immanenz. In: Höfer, Josef; Rahner, Karl (Hrsg.): Lexikon für Theologie und Kirche. Band 5. Freiburg: Herder, S. 629-631.
Dante, Alighieri (1997): Die divina commedia. Würzburg: Königshausen & Neumann.
Davis, Erik (1998): Techgnosis. Myth, magic, mysticism in the age of information. New York: Harmony Books.
Dickel, Sascha (2009): Utopische Positionierungen. In: Steltemeier, Rolf (Hrsg.): Neue Utopien. Zum Wandel eines Genres. Heidelberg: Manutius-Verl, S. 169-200.
Dyson, Esther et al. (1994): Cyberspace and the American dream. A Magna Carta for the knowledge age. Washington, D.C.: Progress & Freedom Foundation. http://www.pff.org/issues-pubs/futureinsights/fi1.2magnacarta.html, [Zugriff: 10.06.2021].
Eisenstadt, Shmuel Noah (1987): Kulturen der Achsenzeit. Ihre Ursprünge und ihre Vielfalt. Frankfurt am Main: Suhrkamp.
Eisenstadt, Shmuel Noah (1998): Die Antinomien der Moderne. Die jakobinischen Grundzüge der Moderne und des Fundamentalismus. Frankfurt am Main: Suhrkamp.
Eisenstadt, Shmuel Noah (2000): Die Vielfalt der Moderne. Weilerwist: Velbrück Wissenschaft.
Feil, Ernst (1986): Religio. Band 1: Die Geschichte eines neuzeitlichen Grundbegriffs vom Frühchristentum bis zur Reformation. Vandenhoeck & Ruprecht, Göttingen 1986.
Fest, Joachim C. (1991): Der zerstörte Traum. Vom Ende des utopischen Zeitalters. Berlin: Siedler.
Feuerstein, Thomas (2005): plus ultra – Zwischen Ekstase und Agonie. In: Bidner, Stefan; Feuerstein, Thomas (Hrsg.), plus ultra. Jenseits der Moderne?/Beyond Modernity? Frankfurt: Revolver Verlag, S. 139 – 166.
Garcia de Céspedes (1606): Regimiento de navegación. Madrid: Casa de Juan de la Cuesta.
Gibson, William (1987): Neuromancer. Science-Fiction-Roman. München: Heyne.

Hopf, Michael (2018): Fact news – Präsident Trumps Raumfahrtpläne. Raumfahrt Concret 101 1/2018, S. 14-17.
Huxley, Julian (1957): Transhumanism. In: ders., New Bottles for New Wine. London: Chatto & Windus, S. 13-17
Jaspers, Karl (1949): Die geistige Situation der Zeit. Berlin: Walter de Gruyter.
Joas, Hans (2014): Was ist Achsenzeit. Eine wissenschaftliche Debatte als Diskurs über Transzendenz. Basel: Schwabe Verlag.
Jochum, Georg (2017): Plus Ultra oder die Erfindung der Moderne. Zur neuzeitlichen Entgrenzung der okzidentalen Welt. Bielefeld: Transcript.
Kolumbus, Christoph (1943): Entdeckungsfahrten. Zürich: Rascher.
Kurzweil, Ray (2005): The singularity is near. When humans transcend biology. New York: Viking.
Kurzweil, Ray (2013): Menschheit 2.0. Die Singularität naht. Berlin: Lola Books.
Krüger, Oliver (2004): Gnosis im Cyberspace? Die Körperutopien des Posthumanismus. In: Hasselmann, Kristiane (Hrsg.): Utopische Körper. München: Fink, S. 131-146.
Krüger, Reinhard (2000): Das lateinische Mittelalter und die Tradition des antiken Erdkugelmodells (ca. 550 – ca. 1080). Berlin: Weidler.
Latour, Bruno (2017): Kampf um Gaia. Acht Vorträge über das Neue Klimaregime. Berlin: Suhrkamp.
Loh, Janina (2018): Trans- und Posthumanismus zur Einführung. Hamburg: Junius.
Maasen, Sabine (1998): Genealogie der Unmoral. Zur Therapeutisierung sexueller Selbste. Frankfurt am Main: Suhrkamp.
McCurdy, Howard (2011): Space and the American Imagination. Baltimore: J.H. University Press.
Mieth, Corrina (2002): Multi pertransibunt et augebitur scientià: Die Inszenierung der Grenzüberschreitung als Begründung der Fortschrittsgeschichte in Francis Bacons Instauration Magna. In: Hogrebe, Wolfram (Hrsg.): Grenzen und Grenzüberschreitungen. Bonn: Sinclair-Press, S. 647-657.
Moravec, Hans (1999): Robot – Mere machine to transcendent mind. New York: Oxford University Press.
More, Max (1990): Transhumanism. Towards a Futurist Philosophy. https://web.archive.org/web/20051029125153/http://www.maxmore.com/transhum.htm [Zugriff: 10.06.2021].
Morus, Thomas (1990): Utopia. Stuttgart: Reclam.
Müller, Klaus (2011): Transzendenz. In: Kolmer, Petra; Wildfeuer, Armin G. (Hrsg.): Neues Handbuch philosophischer Grundbegriffe, Band 3. Freiburg: Alber, S. 2232–2244.
Navigante, Adrian (2012): Gnostische Wahrheit und christliche Offenbarung. In: Reikerstorfer, Johann; Appel, Kurt; Metz, Johannes (Hrsg.): Dem Leiden ein Gedächtnis geben. Göttingen: V & R Unipress, S. 379-402.
Nipperdey, Thomas (1975): Reformation, Revolution, Utopie. Studien zum 16. Jahrhundert. Göttingen: Vandenhoeck & Ruprecht.
Noble, David F. (1997): The religion of technology. The divinity of man and the spirit of invention. New York: Knopf.
Noble, David F. (1998): Eiskalte Träume. Die Erlösungsphantasien der Technologen. Freiburg u.a.: Herder.

Papst Franziskus (2015): Laudato si – Über die Sorge für das gemeinsame Haus. Die Umwelt-Enzyklika des Papstes. Stuttgart: Bibelwerk.

Pindarus (1992): Siegeslieder. Griechisch-deutsch. Darmstadt: Wiss. Buchges.

Prisco, Guilo (2013): Transcendent Engineering. In: More, Max; Vita-More, Natasha (Hrsg.): The Transhumanist Reader. Classical and Contemporary Essays on the Science, Technology, and Philosophy of the Human Future. Chichester : Wiley-Blackwell.

Randles, William G. (1994): Classical Models of World Geography and Their Transformation. In: Haase, Wolfgang; Meyer, Reinhold (Hrsg.): The Classical Tradition and the Americas, Vol. 1. Berlin, New York: Walter de Gruyter, S. 5-76.

Ratzinger, Joseph (1990): Eschatologie. Tod und ewiges Leben. Regensburg: Pustet.

Rockström, Johan [et al.] (2009): Planetary Boundaries: Exploring the Safe Operating Space for Humanity, Ecology and Society 14 (2), 32.

Rossbach, Stefan (1996): Gnosis, science, and mysticism: A history of self-referential theory designs. Social Science Information, Sage (35), S. 233-255.

Rudolph, Kurt (1990): Die Gnosis. Wesen und Geschichte einer spätantiken Religion. Göttingen: Vandenhoeck & Ruprecht.

Schmid, Wilhelm (2000): Philosophie der Lebenskunst. Eine Grundlegung. Frankfurt am Main. Suhrkamp.

Schneider, Peter (2018): Goldrausch im All. München: FinanzBuch Verlag.

Sloterdijk, Peter (1999): Sphären II. Globen, Makrosphärologie. Frankfurt am Main: Suhrkamp.

Vespucci, Amerigo (2014): Neue Welt/Mundus Novus. Und die vier Seefahrten. Wiesbaden: Erdmann.

Voegelin, Eric (1965): Die neue Wissenschaft der Politik. Eine Einführung. München: Pustet.

Vogel, Klaus Anselm (1995): Sphaera terrae – das mittelalterliche Bild der Erde und die kosmographische Revolution. Dissertation. Univ. Göttingen.

Waechter, Matthias (1998): MythenMächte im amerikanischen Geschichtsbewusstsein. Der Frontier-Mythos. In: Völker-Rasor, Anette; Schmale, Wolfgang (Hrsg.): MythenMächte – Mythen als Argument. Berlin: Spitz, S. 111-131.

Walter, Hermann (1999): Die Säulen des Herkules – Biographie eines Symbols. In: Neukam, Peter (Hrsg.): Musen und Medien. München: Bayerischer Schulbuchverlag, S. 119-156.

Wertheim, Margaret (2002): Die Himmelstür zum Cyberspace. Eine Geschichte des Raumes von Dante zum Internet. München u.a.: Piper.

Technomythie und digitale Religion.
Zu den kategorialen Schwierigkeiten einer
Religionsgeschichte der Technologie

David Atwood

Eine *Religionsgeschichte der Technologie* steht vor kategorialen Problemen: Technologie wird üblicherweise der ‚säkularen' Ordnung zugewiesen, während Religion der Technologie als – möglicherweise konstitutives – Außen gegenübergestellt wird. Neben dieser für die Ordnung der selbsternannt säkularen Moderne grundlegenden Unterscheidung werden aber gleichzeitig geschichtskonstitutive Mythen, Metaphern, Weltanschauungen und gemeinschaftsstiftende Rituale im Bereich der Technologie geschaffen, thematisiert, verändert und ersetzt, in denen regelmäßig und explizit auf den Religionsdiskurs zurückgegriffen wird. Metaphern werden ins Spiel gebracht wie diejenige der Singularität, mit denen eine technologische und gänzlich undenkbare Epoche prophezeit wird, eine Epoche post- oder transhumanistischen Zuschnitts, in der die *Conditio humana* überwunden und der Mensch zum „homo deus" wird (Harari: 2018). Oder aber – in der kritischen Perspektive – in der durch die Entwicklung von künstlicher Intelligenz ein überintelligenter Dämon erschaffen wird, den die Menschheit nicht kontrollieren könne. Auch bekannt unter dem technologieskeptischen Vorwurf des „Gott Spielens", fällt das Spiel mit der Religionszuschreibung seit den frühesten technologischen Errungenschaften wiederholt um in eine euphorische Aussicht auf ein „Gottwerden":

> Das dritte große Projekt der Menschheit im 21. Jahrhundert [neben dem Erstreben von Glück und Unsterblichkeit] wird es sein, dass sie für sich göttliche Schöpfungs- und Zerstörungsmacht erwirbt und den Homo sapiens zum Homo deus erhebt. (ebd.: 69)

Oder in noch prägnanterer Form, die ebenfalls vom israelischen Militärhistoriker Yuval Harari stammt: „Die neue menschliche Agenda hat [...] ein einziges Ziel: „Göttlichkeit zu erlangen" (ebd.).

Der folgende religionswissenschaftliche Beitrag nimmt die diesem Band eigenen Irritationsversuche hinsichtlich der Trennungsgeschichte zwischen Religion und Wissenschaft sowie Technologie insofern auf, als er behauptet, dass zeitgenössische Mythen der Technologie und der Digitalität gerade nicht umhinkommen, die Frage nach ihrer eigenen Religiosität zu thematisieren und diesen Zusammenhang damit explizit anzusprechen. Technologiegeschichte ist deshalb immer auch Religionsgeschichte und Grenzüberschreitungen werden zum gemeinsamen Merkmal.

Gegenwärtig wird dies auch an post- und transhumanistischen Modellen sichtbar, die nicht nur von Expert:innen diskutiert werden, sondern längst den Weg ins Feuilleton, in die Massenmedien und die wissenschaftliche Einführungsliteratur geschafft haben. Im Fokus steht im Folgenden nicht die Popularisierung des post- und transhumanistischen Diskurses, wohl aber die verschiedenen Rückgriffe auf religiöse Metaphern und Diskursstrategien, die in der Technikevaluation speziell der Digitalisierung verwendet werden. Denn in der gesellschaftlichen Evaluation von Technologie(n) wird die moderne Trennungsgeschichte der ‚säkularen' Gesellschaft fortlaufend und konstitutiv unterlaufen. In der (positiven oder negativen) Evaluation von Technologie fallen zwei ihrer epistemischen Struktur nach oppositionelle Bereiche zusammen: Religion und ‚säkulare' Technologie. Das Argument dieses Beitrags lautet demnach, dass die Unterscheidung der Technologie von Religion und *vice versa* eine in der Spätmoderne weit verbreitete Form der religiösen Rede darstellt – der Abgrenzung oder Zurechnung von oder zu Religion, wobei damit die epistemischen Strukturen nachgerade konstituiert werden: Über die Grenzüberschreitung zur Religion konstituieren Technologie, Wissenschaft und ‚säkulare' Wissensgesellschaft also ihre epistemischen Identitäten.

Im Kontext der Digitalisierung tritt diese Abgrenzung etwa als Religionisierung der Digitalisierung oder als Kritik an der religionisierten Digitalität, der ‚digitalen Religion' auf.[1] Religionisierungen machen Technologien überhaupt erst verfügbar für religiöse Interpretationen, Zurechnungen oder Zusammenhangskonstruktionen, aber auch für eine neue Religionskritik der Technologie: *„Spiel nicht Gott"!*

Auf die unterschiedlichen Hybridisierungen von Technologie und Religion hat die neuere religionsbezogene Forschung in verschiedenen Kontexten und auf allen Ebenen der gesellschaftlichen Ordnung hingewiesen (u.a. etwa auf technologische *Rituale* und *Ritualisierungen* in der Alltagspraxis, in sozialen Medien oder in spezifischen Formen wie Computerspielen oder digitalen Avataren) (vgl. etwa Hojsgaard 2005; Krüger 2012; Treiber 2010: 69-92; Krüger 2004). Ebenso ist hinsichtlich der *Mythen* der Technologie festgestellt worden, dass verschiedene Formen einer Techno-Mythologie entstehen, in der eine ‚religiöse' Sprache zur Bestimmung von Technologie herangezogen wird – sei es kritisch (,Gott spielen'), zustimmend (wie die Metapher der ‚zweiten Schöpfung' verdeutlicht, oder indem die moderne Mythenproduk-

---

[1] „Mit ‚Religionisierungen' sind jene Prozesse gemeint sind, in denen (1.) religiöse Anliegen zu Anliegen der Wissenschaft erhoben werden, (2.) Domänen wie Politik, Recht oder Literatur auf der Basis solcher Religionskonzepte innerhalb des religiösen Bereichs gestaltet werden und schließlich (3.) Mischformen wissenschaftlicher Religion' und ‚religiöser Wissenschaft' entstehen." (Atwood 2020: 20; vgl. dazu auch in diesem Band den Beitrag von Jürgen Mohn).

tion Technologien in utopischen oder dystopischen Formaten thematisiert und so neue Zukünfte entwirft (vgl. Horn 2010:101-118).² Der nachfolgende Beitrag formuliert im Rückgriff auf Hans Blumenbergs Technikperspektive eine Perspektive auf Mythen und absolute Metaphern der transhumanistischen Debatten.³ Unter Transhumanismus wird die Auffassung verstanden, welche „den Menschen weiterentwickeln, optimieren, modifizieren und verbessern" will, die aber letztlich anthropozentrisch bleibt.⁴ Dabei werden religionsgeschichtlich bekannte Motive wie Unsterblichkeit und Allmacht in den trans- und posthumanistischen Modellen aufgenommen und verschiedentlich genutzt. Gleichzeitig geht es nicht mehr um die metaphysische Überwindung, sondern um „die unendliche Leistungssteigerung mit Hilfe eines neuen, virtuellen Körpers, der wandelbar und letztlich auch omnipotent und allwissend ist" – dies verdeutliche den gänzlich utilitaristischen Charakter, wie Oliver Krüger festhält (Krüger 2004: 8).

Eine *Religions*geschichte der Technologie nimmt also die Transformationen von christlicher Apokalyptik in neuzeitlich-utilitaristische Zukunftsvisionen auf und fokussiert gleichzeitig auf die konstitutive Grenze der selbstbezeichnet ‚modernen und säkularen' Techno-Gesellschaftsordnung. Gerade die Zurechnung oder Abgrenzung, der Religionsvorwurf oder die positive Zuflucht zu religiösem Vokabular, verweisen auf die religions-wissensgeschichtliche Perspektive, die hier angewendet wird. Die Abgrenzung etwa

2 Die Kultur- und Literaturgeschichte des Zukunftswissen hat diese Topoi seit dem 18. Jahrhundert bis in die zeitgenössischen Science-Fiction-Literatur hinein nachgezeichnet und dabei insbesondere die seit 1800 zentrale Dringlichkeitsrhetorik hervorgehoben (vgl. Willer 2014: 224-260).
3 Eine ideengeschichtliche Kontextualisierung, die etwa auch auf die Heidegger-Rezeption zu einem zentralen Ankerpunkt in der Diskussion um den Zusammenhang von Sinn, Kultur und Religion auf der einen sowie Technik und Wissenschaft auf der anderen Seite findet sich bei Erich Hörl (2011).
4 Auch wenn der Begriff des „*transhumanism*" auf Stephen Huxley zurückgeführt werden kann (Huxley 1957; vgl. Loh 2018: 34.), gehen die Anfänge der trans- und posthumanistischen Utopien auf die 1980er Jahre zurück, insbesondere auf Hans Moravec und Frank Tipler (vgl. Loh 2018: 34-40). Verschiedene Ideen, wie diejenige des *uploadings* – der Speicherung des menschlichen Bewusstseins auf einem externen Server – hat Moravec schon 1988 formuliert (Moravec 1988; ders. 1990). Zur weiteren Beschreibung der frühen posthumanistischen Utopien vgl. Krüger 2007. Der Unterschied zum Posthumanismus liegt darin, dass diesem nicht an „'dem' Menschen gelegen [ist], sondern er hinterfragt die tradierten, zumeist humanistischen Dichotomien wie etwa Frau/Mann, Natur/Kultur oder Subjekt/Objekt, die zur Entstehung unseres gegenwärtigen Menschen- und Weltbilds maßgeblich beigetragen haben." (ebd.: 11f.) Loh weist darauf hin, dass der Posthumanismus in der Form einer Kritik des humanistischen Menschenbildes zu einem „kritischen Posthumanismus" wird (Loh 2018: 34-40, hier 11; vgl. zu letzterem Herbrechter 2009).

von ‚religiöser' Prophetie und ‚wissenschaftlicher' Prognose illustriert die hier gemeinten Grenzziehungen und Verstrebungen, die ‚Religion' konstituieren. Die Religionsgeschichte der Moderne wird damit als Religions-Grenzziehungsgeschichte sichtbar, in deren Zuge ‚Religion' als konstitutives Außen von u.a. Wissenschaft und Technologie konstituierend wirkt. An anderer Stelle habe ich diese These im Hinblick auf die Abgrenzung zum juridisch-politischen Bereich nachgezeichnet (vgl. Atwood 2020: 83-140 und 183-236.) Anstatt aber die Dichotomie zu nuancieren und damit weiter zu verschieben, lassen sich mit der von Hans Blumenberg stark gemachten Fokussierung auf ‚Verfügbarkeiten' verschiedene konstituierende Grenzziehungspraktiken zwischen den Sphären ‚Religion' und ‚Technologie' beobachten. Mein Beitrag übernimmt diese Perspektive und fragt nach den ‚technoreligiösen' Diskursivierungen, in denen diese Grenzziehung mit Irritationen einhergehen und dabei die ‚säkular-technologische Gesellschaftsordnung' neu justieren und gleichzeitig konstituieren.

Am Beispiel von post- und transhumanistischen Großerzählungen, wie sie in den letzten Dekaden etwa von Raymond Kurzweil, Hans Moravec, FM 2030, Kevin Kelly oder anderen vorgestellt worden sind, sollen diese Verfügbarkeiten und Grenzziehung zwischen den Metaphern der ‚Allmacht Gottes', der ‚Dämonie' und Autonomie der Technik sowie der ‚Dämonie' ihres Erzeugers situiert und illustriert werden. Insbesondere der letzte Topos war ein weit verbreitetes Moment der Technikkritik, wie Christian Schwarke nachzeichnet. (vgl. etwa Schwarke 2004: 79-94; ders. 2005: 49 und 88-104; ders. 2014.) Dass hier kein Strohmann konstruiert wird, zeigt sich etwa daran, dass der Erfinder und wohl bekannteste Transhumanist Raymond Kurzweil seine eigenen Religionisierungen explizit reflektiert, weil er selbst immer wieder danach gefragt werde, ob er denn etwa „der Gründer einer Religion" sei (etwa: Hülswitt 2010: 28f.). Des Weiteren wurden in den letzten Jahren verschiedene kulturwissenschaftliche (vgl. etwa Hauskeller 2016), philosophische und theologische (vgl. etwa Mercer 2015) Auseinandersetzungen mit dem Verhältnis von Transhumanismus und Religion publiziert und diskutiert, die deutlich machen, dass mit der transhumanistischen „Religion des Digitalen", des „Technischen" oder „Künstlichen" ein zentraler Topos der Spätmoderne berührt wird (vgl. etwa More 2013). Seine Vorläufer gehen weit ins 20. Jahrhundert oder gar ins 19. Jahrhundert zurück und kreisen immer wieder um ähnliche Themen wie Unsterblichkeit (des Menschen) und Göttlichkeit (der Maschine oder des Maschinenmenschen). Dies wird insbesondere bei den von Boris Groys bekannt gemachten russischen Kosmisten sichtbar, die Themen wie Unsterblichkeit, ewiges Leben oder Gleichzeitigkeit von Vergangenem und Gegenwärtigem immanentisieren, indem sie sie technisieren (oder zu Beginn des 20. Jahrhunderts zumindest technisiert denken) (vgl. insbesondere die neuste Publikation dazu: Groys 2018: 18;

auch 2005). Boris Groys weist darauf hin, dass eine Grundlage dieser physischen Unsterblichkeitsfantasien im hegelianischen Historismus liege, dass dieser aber futuristisch umgedeutet wurde. Zudem beruhen all diese Welt- und Zukunftsmodelle auf der Antithese von Natur und Technik.

1 Verfügbarkeiten, Verstrebungen und Grenzziehungen – Hans Blumenbergs Perspektiven auf die Technikgeschichte

Die ‚Religionisierung' von Aspekten des Technischen und Technologischen ist also, aller säkularistischen Unkenrufe zum Trotz, fester Bestandteil des Technikdiskurses. Sie wird etwa sichtbar in den verschiedenen Warnungen, der Mensch solle in seiner neuen technologischen Potenz nicht „Gott spielen" und dabei möglicherweise einen „Dämon" erwecken (vgl. etwa Schwarke 2004: 79-94). Weil das „Gottspielen" aber auch in einem ambivalenten Sinne oder sogar im Sinne einer euphorischen Technikbegeisterung verwendet und des Menschen Transformation zum „homo deus" auch positiv beurteilt wird, können der skeptischen Perspektive somit auch optimistischere Formen entgegengestellt werden. Der Erfinder und Technologieprophet Raymond Kurzweil antwortet auf die Frage, ob es Gott gebe mit einem: „not yet" (vgl. das Ende des Films „The Transcendent Man") und spricht damit auf die ihm zufolge bald entstehende „übermenschliche" oder eben künstliche Intelligenz (KI) an. Kurzweils Gottesbild besteht vordergründig aus zwei Eigenschaften: Allwissenheit und Unsterblichkeit. Sein von ihm selbst als wissenschaftlich oder technologisch bezeichnetes Gottesverständnis unterscheidet sich von einem deistischen Verständnis aber darin, dass bei Kurzweil ein technisch realisierbares Gottesverständnis vorliegt.[5]

Die hier vorgeschlagene Perspektive auf digitale Technologie ist von einer diskursgeschichtlichen Perspektive geleitet, welche die Ordnung der Techno-Gesellschaft als eine spezifisch moderne und scheinbar der säkularen Ordnung zugehörige Selbstkonstitution beschreibt. Dabei lohnt es sich, die diskursgeschichtliche Perspektive mit Hans Blumenbergs metaphorologischen Perspektiven auf Techniken und Technologien zusammenzubringen. Blumenbergs Blick auf die „neuzeitliche Geschichte" ist zudem durch seine

---

5 Der menschliche Körper bleibt zwar sterblich, etwa durch einen Unfall. Lediglich das Bewusstsein, dessen Verständnis bei Kurzweil auf einem idealistischen Monismus beruht, kann technologisch unsterblich gemacht werden. Anschließend an dieses Gottesbild steht bei Kurzweil also ein „informationsmonistisches Verständnis des Geistes und der personalen Identität" im Zentrum (vgl. Loh 2018: 105).

mittlerweile bekannte Kritik an der selbsterklärt ‚säkularen' Gesellschaftsordnung gekennzeichnet (vgl. diesbezüglich insbesondere Blumenberg 1996; Haverkamp 2003: 15-28). Seine Kritik an der Säkularisierungsthese als Kategorie „historischen Unrechts" zielt darauf, dass in der behaupted ‚säkularisierten' Form eine „defiziente Form" vorläge (vgl. Dreier 2014), weil diese „anhand der Merkmale des Enteignungsmodells darstellbar" sei (vgl. Dreier 2014). Säkularisierung behauptet also eine „objektive Kulturschuld" der modernen Rationalität gegenüber dem Christentum und setzt damit einen substanziellen ‚Ursprung', den Fakt ignorierend, dass es keine „apriorischen Behauptungen darüber [geben kann], ob es in der Geschichte substantielle Konstanten gibt oder nicht" (vgl. ebd.). Diese Kritik ist im Folgenden auf den Technologiebereich zu lenken, zumal sich Blumenberg selbst sehr für Technik begeistern konnte (vgl. Blumenberg 2015). Blumenbergs eigene Wertung von Technisierung verändert sich in den Jahren seiner Beschäftigung in beträchtlichem Maße: Während er in den unmittelbaren Nachkriegsjahren Technik als Kompensationsmittel des Mängelwesen Mensch fasst und ihr eher skeptisch gegenübersteht, spricht er ihr in seinen späteren Auseinandersetzungen (im Kontext der Legitimität der Neuzeit) eine funktionale Autonomie zu und sieht in ihr auch ein Element der für die Neuzeit charakteristischen „theoretischen Neugierde". Er kritisiert in seinen späteren Technikschriften insbesondere die „Dämonie der Technik", wobei er auf eine dogmatische Technikkritik zielt (vgl. Blumenberg 2015: 7-16, 10). Er interessierte sich für verschiedene Aspekte der Technisierung, womit er den „Übergang zur Technik und den Prozess der ständigen Vermehrung und Verdichtung dieser Art ‚Dingwelt'" beschrieb (Buch/Weidner 2014: 323). Was Technik und ihr Fortschritt seien, lasse sich für Blumenberg jedoch nicht am Objekt selbst, „sondern nur aus der Analyse des ‚menschlichen Selbstverhältnisses'" heraus erkennen (ebd.).

Zu den Bedingungen des technologischen Fortschritts „gehört auch und vor allem die Durchbrechung bestimmter Blockaden im Bewusstsein der Zeit" (Blumenberg 2015: 235.). Blumenberg zufolge steht der technologische Fortschritt in engem Zusammenhang mit dem wissenschaftlich-theoretischen Fortschritt. Dies habe „methodisch zur Folge gehabt, dass die Technikgeschichte sich an die Wissenschaftsgeschichte als deren Spezifikation ins Gebiet der Anwendungen angehängt hat" (ebd.: 234). Stattdessen sei neben dem praktisch-technischen Fortschritt besonders der „ständige Zuwachs und Vorsprung reiner Theorie" zu beobachten, ohne den der technische Fortschritt gar nicht zu denken sei. In diese Richtung zielt auch eine bekannte These, dass die heutige Digitalisierung eine Fortsetzung der 1968er-Bewegung sei, die sich insbesondere im Modell des nicht autoritativ kontrollierten Netzwerkes äußern würde (vgl. Turner 2006). Neben einer historischen Analyse der Technikentwicklung und ihrer ideengeschichtlichen Verortung interessiert sich Blumenberg insbesondere für Fragen „nach der Stellung des Menschen zur Technik, nach dem technischen Willen, der Entfremdung oder der Herrschaft der Technik über den Menschen" (Buch/Weidner 2014: 325). Wie hängen aber nun seine Säkularisierungskritik und seine Technikanalysen zusammen? In seiner Analyse weist Blumenberg immer wieder auf die Verstrebungen von Technik und ihren religionsgeschichtlichen Analogien hin, etwa wenn er im Hinblick auf den von Henry Adams geprägten Ausdruck der „Religion der Weltausstellungen" die Demonstration neuer technischer „Kräfte" auf den ersten Weltausstellungen beschreibt: „Die Dynamomaschine wird [Adams] zum „Gleichnis der Unendlichkeit", zur Darstellung einer „moralischen Kraft..., ähnlich wie die frühen Christen das Kreuz empfanden." (Blumenberg 2015: 238; vgl die Originalquelle: Adams 1905; Spretnak 2004.) Die damit evozierte funktionale Analogie zwischen Dynamomaschine und Kreuzsymbolik ist hier nicht weiter zu diskutieren, insofern ihre Prüfung und Evaluation geradewegs in den Bereich der religiösen Kommunikation über die ‚richtige Transzendenz' überleitet als dabei ‚Gültigkeit' und/oder Gleichwertigkeit von Kreuz und Dynamomaschine jenseits von weltanschaulichen Bindungen erfragt würde, was über eine religionswissenschaftliche Analyse hinausginge. Stattdessen ist diese Stelle als Anhaltspunkt dafür zu nehmen, dass die gesellschaftliche Verortung von Technologien in der neuzeitlichen Geschichte gerade an der Bruchstelle zur ‚säkularen', nichtreligiösen Redeweise stattfindet. Die gesellschaftliche Evaluation von Technologie verweist also zentral auf die Grenzüberschreitung zur Religion. Dies soll im Folgenden am Beispiel der KI näher beleuchtet werden.

2 Religionisierungen und Profanierungen im modernen Technologiediskurs – Singularität, Superintelligenz und Unsterblichkeit

Wenige Technikpioniere polarisieren im zeitgenössischen Technologiediskurs derart, wie dies gegenwärtig Ray Kurzweil tut. Anstelle von Kurzweil könnte die Analyse sich auch auf Nick Bostroms *Superintelligence* (2014) beziehen, welche ähnliche Modelle zusammenbringt. Kurzweil, der Pionier der optischen Texterkennung, der Spracherkennung sowie u.a. elektronischer Musikinstrumente publiziert auch über die technologische Zukunft und die Rolle des Transhumanismus, auch wenn er der transhumanistischen Modellbildung „keine innovativen Ideen mehr hinzuzufügen hatte", die nicht schon bei Vinge, Moravec, Tipler oder Minky angelegt waren (Krüger 2004: 4; vgl. auch Loh 2018: 106-112).[6]

---

6 Vernor Vinge etwa war deutlich zurückhaltender in der Prognose der Superintelligenz und in der Reflektion ihrer (auch negativen) Potenziale. Auch wenn vieles

Der Titel des 1998 erschienen Buches verdeutlicht schon, dass es sich hierbei um eine die Felder von Technologie und Religion verbindende Perspektive handelt: „das Zeitalter der spirituellen Maschinen" (deutsch: *homo s@piens*). Nicht überraschend ist daher, dass ihm seine Kritiker in religionskritischer Absicht vorwerfen, „er verpacke New-Age-Geschwurbel in Technologiejargon. Aber das greift zu kurz – denn er ist messianisch, nicht mystisch" (Daub 2017; vgl. auch Adams 1919). Der Literaturwissenschaftler Daub geht hier rasant durch die Religionsgeschichte des 20. Jahrhunderts und macht mit Recht auf den messianischen Zug der Singularitätsthese aufmerksam, ignoriert aber gleichzeitig, dass „New-Age-Geschwurbel" auch messianisch sein kann und nicht ‚nur' mystisch ist, insofern Kurzweil einen technologischen Messianismus entwickelt und mit einer Prophetie verbindet. Dass Kurzweils Messianismus prophetisch ist, zeigt sich bei ihm an verschiedenen Stellen. Deutlich wird sein Hang zur Prophetie besonders in der Prognose einer übermenschlichen, artifiziellen Superintelligenz und dem Zeitpunkt, an dem diese entsteht – der Singularität: „Before the next century is over, human beings will no longer be the most intelligent or capable type of entity on the planet." (Kurzweil 1999: 14) Damit ist der Kern der kurzweilschen Singularitätsthese dargestellt, die eine spezifische transhumanistische Sichtweise präsentiert und die Ablösung des Menschen als ‚Krone der Schöpfung' durch eine künstliche (Super)Intelligenz (KI) meint (vgl. Loh 2018: 107).[7] Diese Ablösung des Menschen meint zugleich auch die Überwindung des menschlichen Todes in einer postbiologischen Existenz.

Die Idee der Singularität kam in den 1980er Jahren auf, als sich Vernor Vinge auf ein ‚Gesetz' des Intel-Ingenieurs Gordon Moore bezog, das eine automatische Schaltkreisverdoppelung beschrieb und damit ein exponentielles Informationsbearbeitungswachstum behauptete, konkret eine Verdoppelung der Transitoren auf einem Mikrochip alle 12 bis 24 Monate.[8] Loh weist daraufhin, dass Moore und seine Nachfolger dem Induktionsproblem unterlagen, welches David Hume 1740 als logische Unmöglichkeit, von einem Besonderen auf ein Allgemeines zu schließen beschrieb (vgl. Loh 2018: 111).

---

schon bekannt war, stieß Kurzweils 1998 erschienenes *The Age of Spiritual Machines* auf große Resonanz und nahm viele Entwicklungen voraus, die tatsächlich eingetroffen sind (etwa das Tragen von Computern am Körper oder virtuelle Realitäten).

7 Loh weist darauf hin, dass für „transhumanistische" Modelle das Element des Artifiziellen weniger wichtig ist, als für „posthumanistische" Modelle, wie sie etwa Hans Moravec vertreten.

8 Vinge nahm Mores Gesetz von 1965 auf und ergänzte, dass künstliche Intelligenz dazu in der Lage sein werde, ihre eigene Intelligenz eigenständig zu steigern (vgl. Vinge 1993: 265-275). Die in der IT-Branche lange diskutierte These kommt erst kürzlich unter Beschuss: https://t3n.de/news/moores-law-tech-revolution-799448/ [Zugriff: 5.6.2018].

Nichtsdestotrotz war für Vinge dieser Moment der Singularität gleichbedeutend mit dem Ende des Anthropozän.⁹ Kurzweil nahm die von Vinge propagierte These auf und beschrieb das Moment der Singularität, das er für das Jahr 2045 ankündigte, als technologischen Wandel, der so schnell und umfassend sei, dass er eine Epochenschwelle¹⁰ in der Geschichte der Menschheit darstelle. In der Art des Bruches selbst war sich Kurzweil mit Vinge einig: „we are entering a regime as radically different from our human past as we humans are from the lower animals" (Kurzweil 2005: 33). Die mythologische Konstellation, die Kurzweil uns damit vorlegt,¹¹ besteht also in der messianischen Erwartung des Moments der Singularität, einer zukünftigen Schwelle, nach der nichts mehr sei wie zuvor (vgl. Atwood: 2020).

In der religionsgeschichtlichen Metaphorik ist damit ein Übergang vom ‚Tode Gottes' zum Tode des Menschen und der gleichzeitigen Kreation Gottes im Gewand der künstlichen Intelligenz, der Superintelligenz, angezeigt.

Wie lässt sich hier zwischen Prognose und Prophetie unterscheiden, wenn Kurzweil selbst doch von wissenschaftlichen, insbesondere mathematischen Prognosen spricht, seine Gegner ihn aber offensichtlich als ‚falschen Propheten' religionisieren um ihn dadurch zu kritisieren (vgl. Hülswitt 2010: 28)? Das Kurzweil zufolge „Wissenschaftliche" daran ist, dass er eine exponentielle Entwicklung der Informationstechnologien beobachtet, die auch in Zukunft für alle informationsbasierten Technologiesysteme gelte (vgl. Kurzweil 2005: 21). Die Zukunft nach der Singularität selbst sei jedoch nicht beschreibbar: „we cannot look past its event horizon and make complete sense of what lies beyond." (ebd.: 38) Seine wissenschaftliche Prognostik hat aber nicht nur eine Gemeinsamkeit mit der Prophetie in der methodologischen Frage nach dem Zukunftswissen, dem „Wissen des Ungewissen" (Weidner 2013: 9-19). Beide Formen – Prophetie und Prognostik – sind zudem, wenn auch von unterschiedlichen Begründungsweisen abhängig, Ausdruck einer gegenwärtigen Unsicherheit über die Zukunft (ebd.: 18). Gleichwohl kommt die Skepsis an Vorhersagen kaum ohne (abgrenzenden) Bezug zum Religionsdiskurs aus, sei es, dass etwa die biblischen Propheten gegen die „falschen Propheten" gestritten hatten oder dass sich die moderne Prognostik von der „Wahrsagerei" abgrenzt (ebd.: 16). Technikevaluation funktioniert, hier

---

9 Für ihn war dieser Zeitpunkt aber noch nicht vorhersehbar, was eine spezifische Version der Singularitätsthese verdeutlicht. Gemeint ist hier die von Sandberg „Event Horizon" genannte Variante der Singularitätsthese (vgl. die einführende Darstellung bei Anders Sandberg: More 2013: 376-394).
10 Die Singularitätsthese ist somit eine technologische Form einer Schwellenerzählung (vgl. Atwood: 2020).
11 Insbesondere im 2005 erschienenen Buch *The Singularity is Near. When Humans transcend Biology* stellt Kurzweil solche mythopoetischen Orientierungen vor. Der Titel selbst erinnert an die prophetischen Worte aus Matthäus 3,2 („…das Himmelreich ist nah").

klingt die Hauptthese des Artikels an, über eine explizit religionsevaluierende Semantik. Gleichzeitig erhält Kurzweils Prognostik aber auch begründungsinterne, also wissenschaftliche Kritik, wie etwa mit dem Hinweis auf das Induktionsproblem bemerkt wurde. Lässt sich Kurzweils Singularitätsthese also vor diesem Hintergrund schlechthin als mystisch beschreiben, da sie Inkommunikabilität auf verschiedenen Ebenen postuliert? Die Debatte über die Inkommunikabilität als Merkmal religiöser Kommunikation kann hier nicht theoriegeschichtlich nachgezeichnet werden (vgl. Fuchs, Luhmann 1989), stattdessen muss die systemtheoretische Bemerkung genügen, dass die Debatte über das Inkommunikable mit der Codierung Transzendenz/Immanenz operiert und – wie jedes Funktionssystem – ihren Code paradoxal prozessiert, in dem Fall Transzendenz (der technologischen Zukunft) in (darüber kommunizierende) Immanenz verwandelt (Luhmann 2002). Auf diese Umkehrung, die auch im Titel des Sammelbandes steckt, komme ich am Ende zurück. Transzendent ist hier also die technologische Zukunft, während die immanente Religionsgeschichte zur semantischen Schablone wird, von der sich „wissenschaftliche Prognostik" diskursiv abgrenzt – oder wie Kurzweil schreibt:

> „Ich komme vielleicht zu ähnlichen Ergebnissen wie manche Religionen im Hinblick auf die Idee, den Tod zu überwinden, das Leid zu besiegen und über das hinauszuwachsen, was wir sind, indem wir unsere Beschränkungen überschreiten. Aber sie sind nicht religiös, da sie nicht auf Glauben basieren, sondern auf der wissenschaftlichen Auswertung technologischer Trends und Untersuchungen […]." (Hülswitt 2010: 28)

Mit dem Begriff der absoluten Metapher bezeichnet Blumenberg ein Symbol, Wort oder Bild, welches begrifflich nicht restlos zu fassen ist. (Blumenberg 2013). Absolute Metaphern „geben einer Welt Struktur, repräsentieren das nie erfahrbare, nie übersehbare Ganze der Realität" (ebd: 29). Absolute Metaphern enthalten also, so Blumenberg, eine pragmatische Dimension, die auf die „Grundbestände der philosophischen Sprache" zielt, „die sich nicht ins Eigentliche, in die Logizität zurückholen lassen" (vgl. ebd.: 14). Mit Blumenberg kann Kurzweils Singularität somit als absolute Metapher bezeichnet werden. Singularität wird, besonders in ihrer technisch-dys/utopischen Form, zum pragmatischen weil realitätsstiftenden Mythos, der zwischen offensichtlicher Fiktionalität und Prophetie auf der einen und techno-wissenschaftlicher Prognostik auf der anderen Seite schwankt und auf diese Weise das Denken in eine bestimmte Richtung steuert. Letzteres beschreibt die „pragmatische" Dimension von Metaphern (vgl. zur pragmatischen Dimension des Mythos auch den Beitrag von Beat Wyss in diesem Band). Kurzweils Singularität beschreibt somit einen modernen, technologischen Mythos und setzt damit Religions- oder Mythologiegeschichte und Technologiegeschichte in einen engen Zusammenhang.

Explizit zum Religionsdiskurs wird Kurzweils Abhandlung zur absoluten Metapher der Singularität in *The Singularity is near* (Kurzweil 2005). Kurzweil grenzt sich zwar von „traditionellen Religionen" ab und weist darauf hin, dass er keineswegs auf der Suche nach einem neuen Glauben gewesen sei, als er zum Singularitarier wurde. Dies sei eher eine Folge seines Verständnisses von Technologie gewesen und somit Folge von Berechnungen: „beeing a Singularitarian is not a matter of faith but one of understanding". (ebd.) Oder wenig später in deutlicheren Worten:

> the last thing we need is another dogma, nor do we need another cult, so Singularitarianism is not a system of beliefs or unified viewpoints. While it is fundamentally an understanding of basic technology trends, it is simultaneously an insight that causes one to rethink everything, from the nature of health and wealth to the nature of death and self. (ebd.)

Die absolute Metapher der Singularität ist also offengehalten, damit sie nicht zum Angelpunkt eines neuen Dogmas wird, gleichzeitig führt sie – ganz „absolute Metapher" – dazu, „alles zu überdenken" und macht damit auf ihre nicht in die Logizität zurückführbare pragmatische Dimension aufmerksam. Diese Position stellt eine für die Moderne charakteristische Positionierung von Religion dar, als Kurzweil sich gegen institutionalisierte und dogmatische Religionen ausspricht, jedoch für eine Kombination von Moral und Wissen votiert, deren technologische Potenzierung Gott hervorbringe und gleichzeitig dem Menschen die Überwindung des Todes garantiere. Dabei zeigt sich, wie die Religionisierung von Technologie nicht nur Religionskritik als Dogmenkritik beinhaltet, sondern auch eine positive Positionierung bestimmter technologischer Weltbilder im Bereich des Religiösen mit sich bringt, die auch nicht vor dem Gottesbegriff zurückscheut. Kurzweil ist insofern religionsproduktiv, als er ‚Religiosität' nicht gänzlich ausschließt, jedoch eine neue, wissenschaftliche Religion fordert und mitkonstruiert.

3 Von Propheten, Priestern und Zauberern der Technologieevaluation

Seit es den „Personal Computer" gibt, wird dieser mit einer Religionisierung der Technologie in Verbindung gebracht, was etwa bei Stewart Brand offensichtlich wurde, der schon 1968 im subkulturellen Magazin *The Whole World Catalog* einen Beitrag mit dem Titel „We are as Gods" publizierte und dabei explizit den „Personal Computer" zum neuen Heilsbringer (etwa gegen den politischen Aktivismus der Linken) erklärte.[12] Die Beschreibung als „säkulare Religion" kreuzt die immer noch zugrundeliegende moderne Differenzierungstheorie, indem sie den Computer als ‚Religion jenseits der Religion' situiert. Religion tritt also im sogenannt säkularen Bereich wieder auf, im Kleid der Technologie und ermöglicht so die Religionskritik der Technologie.

Die Religionisierung der künstlichen Intelligenz wurde nicht nur durch Kurzweil bekannt, sondern wird etwa in der Theologie seit einigen Jahren diskutiert.[13] Eher überraschend ist jedoch die Tatsache, dass in den letzten Jahren vermehrt Vorschläge in der Industrie diskutiert wurden, die darauf hinzielten, künstliche Intelligenz als „neuen Gott" zu entwickeln. Anthony Levandovski etwa gründete eine Organisation *The Way of the Future*, welche ihr Ziel darin sah, einen künstlichen „Godhead" zur Verbesserung der Gesellschaft zu konstruieren (vgl. Solon 2017).

Neben den einfacher zu erkennenden Technikenthusiasten finden sich aber auch ‚Religionskritiker' der Technologie – oder eher: Kritiker der Religionisierungen der Technologie. Dazu gehört insbesondere Elon Musk, der Gründer von Tesla und SpaceX. Musk äußert sich immer wieder besorgt bezüglich der von Kurzweil propagierten Singularität. Allerdings zweifelt er nicht die Möglichkeit der Singularität an, stattdessen betont er deren dystopische Potenziale.[14] Dies zeigt in sich schon Musks Vorsicht gegenüber der KI, insbesondere gegenüber deren dystopischen Möglichkeiten. Ihm zufolge ist KI „die größte Bedrohung unserer Zivilisation" (Vilvestre 2016). Ein Zitat von 2016 zeigte diese Kritik in Kombination mit einer Religionsmetaphorik: „With artificial intelligence, we are summoning the demon." (Mack 2014) Musk übernimmt somit die Rolle des Religionskritikers und des vor der dystopischen Möglichkeit warnenden Propheten, während Kurzweil, Levandovski und Lynch diese Möglichkeit aktiv begrüßen.

Wir können in Bezug auf die Technikevaluation eine von Pierre Bourdieus Religionssoziologie entlehnte Unterscheidung von Priestern, Propheten

---

12 Zitiert nach Turner 2006: 114. Während dieses Magazin zur „Bibel" der frühen Silicon-Valley-Gemeinde wurde, die die Anfänge der digitalen Technologieentwicklung mitprägte, nahm die Rolle der Technologie darin immer größere Formen an und wurde, wie Leo Felsenstein feststellte, zur „säkularen Religion".

13 Oder wurde sogar schon am „Center for Digital Theology" akademisch institutionalisiert (Vgl. Durham University 2017; vgl. dazu etwa Cole-Turner 2011).

14 2005 gründete Musk das „Open AI", eine Forschungseinrichtung, welche sich einer sicheren Nutzung von KI verschreibt, die dem Wohl der Menschheit dient. Kulturgeschichtlich interessant sind auch die Verstrebungen von Science-Fiction und der Entwicklung realer Technologien. Hier böte sich an, auf den Einfluss des Sci-Fi-Autoren Ian M. Banks auf Elon Musk u.a. zu untersuchen (vgl. https://openai.com/).

und Zauberern verwenden.¹⁵ Während industrielle Gotteskonstrukteure wie Levandovski zu den Zauberern gezählt werden könnten, ist die Priester-, resp. Prophetenrolle noch nicht vollständig ausdifferenziert, da auch die religionssemantische Technikevaluation noch keine institutionalisierte Dogmatik besitzt, die sich von der Häresie abzugrenzen hätte.¹⁶ Gleichwohl wird deutlich, dass Propheten wie Kurzweil oder Musk heute nicht nur ein gemeinsames Interesse an der symbolischen Deutung technologischer Zukünfte haben, sondern in der Evaluation auch zwischen dämonologischen und hagiographischen Perspektiven changieren. Blumenberg weist bezüglich der „Dämonie der Technik" darauf hin, dass „erst indem sich das technische Gebilde der Leidenschaft und Verführbarkeit des Menschen anbietet, [es] so etwas wie ‚Dämonie' [gewinnt] – aber es ist die Dämonie seines Erzeugers" (Blumenberg 2013: 7-16). Man mag einwenden, dass die Autonomie einer Technologie wie die KI größer ist, als sämtliche Technologien vor ihr. Dem ist zu entgegnen, dass die Kontrollierbarkeit von Technologien nie durch ihre Erzeuger garantiert werden konnte – die „prometheische Scham" bleibt also zumindest erhalten (vgl. zur prometheischen Scham: Anders 2002).

Die Evaluation von Technologien vollzieht sich also immer auch über den Religionsvergleich (KI als neuer Gott, Mensch als Gott, Singularität als Mythos, Religion und absolute Metapher, Dataismus als neue Religion). Gleichzeitig suchen auch ihre Kritiker:innen Zuflucht bei einer Religionskritik, die einer „Dämonologie" der Technologie nahekommt.

Der Religionsdiskurs hat die Technologiedebatte also nicht nur eingeholt, sondern – mit Blick auf die verschiedenen Verstrebungen von Technologiegeschichte und Religionsgeschichte – schon immer als konstitutives Außen im Griff gehabt, wie die Beispiele des frühen Kosmismus bis hin zur Nietzsche-Rezeption in transhumanistischen Modellen gezeigt haben. Technikevaluation wird also auch über eine religionskritische oder eine apologetische Strategie vorgenommen, die auf einer dieser zuvorkommenden Religionisierung gründet und sodann die Sollbruchstelle der Moderne zwischen Religion und Säkularität auf die Technik gleichzeitig anwendet und unterläuft.

---

15 Pierre Bourdieus Analyse des religiösen Feldes ist bisher in der Religionssoziologie oder -wissenschaft nur wenig rezipiert worden, obschon ihre Anwendbarkeit gerade für rezente Bereiche der zeitgenössischen Religionssemantik offenkundig ist. Bourdieus Fokus liegt auf der Manipulation der symbolischen Ordnung durch entsprechende Akteure, die dadurch zwischen dem Feld der Macht und dem Feld der symbolischen Ordnung Entsprechungen herstellen. Bourdieu bezieht dabei insbesondere die Akteure aus Max Webers Religionssoziologie (vgl. Bourdieu 2009).

16 Auch ist bei Bourdieus Analyse des zeitgenössischen religiösen Feldes nicht klar, ob sich dieses in verschiedene religiöse Felder ausdifferenziert oder sich sogar auflöst, wie er selbst fragt.

Unter diesen Vorzeichen der Grenzüberschreitungen ist es nicht überraschend, dass der Religionsvergleich zum Ausgangspunkt einer neuen Technikevaluation geworden ist. Damit wird deutlich, wieso der Sammelband „Transzendente Technologie – Immanente Religion" heißt: Technologie ist transzendent und nicht mehr vollständig zugänglich (zumindest nicht für den Endbenutzer), während dessen die Religionsgeschichte zum immanenten semantischen Bezugspunkt wird, mit dem Technik evaluiert werden kann.

Literatur

Adams, Henry (1919): The Dynamo and the Virgin. 1900. in: Ebd.: The Education of Henry Adams: A Study of Twentieth Century Multiplicity.
Anders, Günther (2002): Die Antiquiertheit des Menschen. Über die Seele im Zeitalter der zweiten industriellen Revolution, München: C.H. Beck.
Atwood, David (2019): Schwellenzeiten. Mythopoetische Ursprünge von Religion in der Zeitgeschichte, Würzburg: Ergon.
Blumenberg, Hans (1962): Die Legitimität der Neuzeit, Frankfurt a.M.: Suhrkamp.
Blumenberg, Hans (1964): 'Säkularisation'. Kritik einer Kategorie historischer Illegitimität, In: Kuhn, Helmut/Wiedmann, Franz (Hrsg.): Die Philosophie und die Frage nach dem Fortschritt, München: Pustet, S. 240-265.
Blumenberg, Hans (2013): Paradigmen zu einer Metaphorologie, Frankfurt a.M.: Suhrkamp.
Blumenberg, Hans (2015): Schriften zur Technik. Schmitz, Alexander/Stiegler, Bernd (Hrsg.), Berlin: Suhrkamp.
Bostrom, Nick (2014): Superintelligenz. Szenarien einer kommenden Revolution, Berlin: Suhrkamp.
Bourdieu, Pierre (2009): Religion. Schriften zur Kultursoziologie, UVK.
Brandon, John (2017): An AI god will emerge by 2042 and write its own bible. Will you worship it? https://venturebeat.com/2017/10/02/an-ai-god-will-emerge-by-2042-and-write-its-own-bible-will-you-worship-it/., [Zugriff: 19.05.2021].
Buch, Robert/Weidner Daniel (Hrsg.) (2014): Blumenberg lesen. Ein Glossar. Berlin: Suhrkamp.
Cole-Turner, Ronald (Hrsg.) (2011): Transhumanism and Transcendence. Christian Hope in an Age of Technological Enhancement. Washington: GUP.
Daub, Adrian (2017): Der Zeitgeist spricht in ihm. In: Neue Zürcher Zeitung, 01.03., https://www.nzz.ch/ray-kurzweils-prophezeiungen-der-zeitgeist-spricht-in-ihm-ld.148261 [Zugriff: 19.05.2021].
Descola, Philipp (2011): Jenseits der Natur. Frankfurt a.M.: Suhrkamp.
Dreier, Horst (2014): Säkularisierung und Sakralität: Zum Verständnis des modernen Verfassungsstaates. Tübingen: Mohr Siebeck.
Drozdek, Adam (2015): On Cyberimmortality. In: Analiza i Egzistenzja 10, 31, S. 5-20.
Durham University (2017): The CODEC Research Centre for Digital Theology. https://www.dur.ac.uk/codec/ [Zugriff: 19.05.2021.

Groys, Boris/Vidokle, Anton (2018): Kosmismus. Berlin: Matthes & Seitz.
Groys, Boris/Hagemeister, Michael (Hrsg.) (2005): Die neue Menschheit. Biopolitische Utopien in Russland zu Beginn des 20. Jahrhunderts. Frankfurt a.M.: Suhrkamp.
Harari, Yuval Noah (2018[13]): Homo Deus. Eine Geschichte von Morgen. München: C.H. Beck.
Hauskeller, Michael (2016): Mythologies of Transhumanism. Cham: Palgrave Macmillan.
Haverkamp, Anselm (2003): Säkularisation als Metapher (Blumenberg vs. Nancy), unveröffentlichte deutsche Version von: ders.: La sécularisation comme métaphore: Hans Blumenberg interprète de la modernité. trad. Jean Griesch. In: Transversalitées 87, S. 15-28.
Herbrechter, Stefan (2009): Posthumanismus. Eine kritische Einführung. Darmstadt: WBG.
Hojsgaard, Morten T./Warburg, Margit (Hrsg.) (2005): Religion and Cyberspace. London & New York: Routledge.
Horn, Eva (2010): Enden des Menschen. Globale Katastrophen als biopolitische Fantasie. In: Sorg, Reto/Würffel, Stefan Bodo: Utopie und Apokalypse in der Moderne, München: Wilhelm Fink, S. 101-118.
Hörl, Erich (Hrsg.) (2011): Die technologische Bedingung. Beiträge zur Beschreibung der technischen Welt. Berlin: Suhrkamp.
Hülswitt, Tobias/Brinzanik, Roman (2010): Werden wir ewig leben? Gespräche über die Zukunft von Mensch und Technologie, Berlin: unseld.
Huxley Julian (1957): New Bottles for New Wine. London, Chatto & Windus.
Kippenberg, Hans G./Lucchesi, Brigitte (Hrsg.) (1995): Magie. Die sozialwissenschaftliche Kontroverse über das Verstehen fremden Denkens, Frankfurt a.m.: Suhrkamp.
Krüger, Oliver (2004): Virtualität und Unsterblichkeit. Die Visionen des Posthumanismus. Freiburg: Rombach.
Krüger, Oliver (2007): Die Vervollkommnung des Menschen. Tod und Unsterblichkeit im Posthumanismus und Transhumanismus. In: Eurozine, 16.08., https://www.eurozine.com/die-vervollkommnung-des-menschen/ [Zugriff: 28.5.2021].
Krüger, Oliver (2012): Die mediale Religion. Probleme und Perspektiven der wissenssoziologischen Medienforschung. Bielefeld: transcript.
Kurzweil, Ray (2005): The Singularity is Near. When Humans transcend Biology. New York: Viking.
Kurzweil, Raymond (1999): The Age of Spiritual Machines. When Computer Exceed Human Intelligence. New York: Penguin.
Latour, Bruno (2008): Wir sind nie modern gewesen. Versuch einer symmetrischen Anthropologie, Frankfurt a.M.: Suhrkamp.
Loh, Janina (2018): Trans- und Posthumanismus. Zur Einführung. Hamburg: Junius.
Luhmann, Niklas/Fuchs, Peter (1989): Reden und Schweigen, Frankfurt a.M.: Suhrkamp.
Mack, Eric (2014): Elon Musk: 'We are summoning the demon' with artificial intelligence. https://www.cnet.com/news/elon-musk-we-are-summoning-the-demon-with-artificial-intelligence/. [Zugriff: 28.05.2021].
Mercer, Calvin/Trothen, Tracy J. (Hrsg.) (2015): Religion and Transhumanism. The unknown future of human enhancement, Santa Barbara: Praeger.

Moravec, Hans (1988): Mind Children. The Future of Robot and Human Intelligence, Cambridge: Harvard University Press.
Moravec, Hans (2000): Robot. Mere Machine to Transcendent Mind. Oxford: Oxford University Press.
More, Max/Vita-More, Natasha (Hrsg.) (2013): The Transhumanist Reader: Classical and Contemporary Essays on the Science, Technology and the Philosophy of the Human Future. Chichester: Wiley & Blackwell.
Nye, David E. (2003): America as Second Creation. Technology and Narratives of New Beginnings, Cambridge: MIT Press.
Rupnow, Dirk/Lipphardt, Verena/Thiel, Jens/Wessely, Christina (Hrsg.) (2008): Pseudowissenschaft. Frankfurt a.M.: Suhrkamp.
Schwarke, Christian (2004): Demonic Spirit. Lutheran Theology, Technological Progress and the Doctinr of God's Regiments. In: Gregersen, Niels/Nielsen, Marie Vejrup (Hrsg.): Preparing for the Future. The Role of Theology in the Science-Religion Dialogue. Proceedings of the Danish Science-Theology Forum, Vol. 3, Aarhus: University of Aarhus, S. 79-94.
Schwarke, Christian (2005): Technik und Theologie. Was ist der Gegenstand einer theologischen Technikethik? In: Zeitschrift für Evangelische Ethik, 49, S. 88-104.
Schwarke, Christian (2014): Technik und Religion. Religiöse Deutungen und theologische Rezeption der zweiten Industrialisierung und in den USA und in Deutschland. Stuttgart: Kohlhammer.
Solon, Olivia (2017): Deus ex machina: former Google engineer is developing an AI god. https://www.theguardian.com/technology/2017/sep/28/artificial-intelligence-god-anthony-levandowski, [Zugriff: 28.05.2021].
Spretnak, Charlene (2004): The Virgin and the Dynamo: A Rematch. In: ders.: Missing Mary. New York: Palgrave Macmillan.
Treiber, Angela (2010): Religion und neue virtuelle Welten. Ein Beitrag zu inter- und transdisziplinären Fragestellungen um ‚Online-Religion' und ‚Cyber-Spiritualität'. In: Mohrmann, Ruth-E. (Hrsg.): Alternative Spiritualität heute. Münster: Waxmann, S. 69-92.
Turner, Fred (2006): From Counterculture to Cyberculture. Stewart Brand, the Whole Earth Network, and the Rise of Digital Utopianism. Chicago: University of Chicago Press.
Vilvestre, Jess (2016): Elon Musk: An AI Attack on the Internet is "Only a Matter of Time". Cybersecurity could be an AI vs AI war. [Zugriff: 28.05.2021].
Vinge, Vernor (ursprünglich 1993): Technological Singularity. In: Max More, Natasha Vita-More (Hrsg.): The Transhumanist Reader, S. 265-275.
Waters, Brent (2011): Whose Salvation? Whose Eschatology? Transhumanism and Christianity as Contending Salvific Religions. In: Cole-Turner, Ronald (Hrsg.): Transhumanism and Transcendence. Christian Hope in an Age of Technological Enhancement. Washington: GUP, S. 163-176.
Weidner, Daniel/Willer, Stefan (2013): Fürsprechen und Vorwissen. Vom Zusammenhang von Prophetie und Prognostik. In: dies.: Prophetie und Prognostik. Verfügungen über Zukunft in Wissenschaft, Religionen und Künsten. München: Wilhelm Fink, S. 9-19.
Willer, Stefan (2014): Zur literarischen Epistemologie der Zukunft. In: Gess, Nicola/Janßen, Sandra (Hrsg.): Wissens-Ordnungen. Zu einer historischen Epistemologie der Literatur. Berlin: de Gruyter, S. 224-260.

Von der Erlösung zur Lösungsorientierung und zurück? Quasi-religiöse Zukunftsvisionen als Herausforderung und Chance für die Technikfolgenabschätzung[1]

Christopher Coenen und Armin Grunwald

Die Verbreitung quasi-religiöser Zukunftsvisionen in neueren Technikdiskursen ist sowohl eine Herausforderung als auch eine Chance für das stark interdisziplinäre Feld der Technikfolgenabschätzung (TA): eine Herausforderung, weil durch sie viele Themen und sogar ganze Disziplinen für die TA relevant werden, die bisher, wenn überhaupt, nur bei der Befassung mit ethischen Aspekten neuer Technologien eine gewisse Rolle spielten, und eine Chance, weil sich die TA in diesem Zusammenhang mehr gegenüber hermeneutischen Ansätzen öffnen kann, die für das Verständnis einer anscheinend in der Krise befindlichen modernen Welt von besonderer Bedeutung sind.

Bevor mit zwei Ausgangsbeobachtungen die Diskussion der Thematik dieses Kapitels beginnt, sei zunächst noch betont, dass wir mit der Bezeichnung bestimmter Zukunftsvisionen als ‚quasi-religiös' diese keinesfalls abwerten wollen. Der Begriff dient uns lediglich dazu, in deskriptiver Absicht die Religionsähnlichkeit solcher technikfuturistischen Weltanschauungen zu bezeichnen, die sich selbst nicht als religiös oder sogar als kämpferisch antireligiös verstehen.

Zudem sei darauf hingewiesen, dass wir hinsichtlich des in vielen Technikdiskursen festzustellenden Spannungsfelds zwischen (a) der Orientierung auf die Lösung aktueller Probleme und (b) weitreichenden, oft wie Erlösungshoffnungen wirkenden Erwartungen an neuen Technologien zumindest tendenziell eine durchaus problematische Abwertung der Gegenwart wahrnehmen. Dem wollen wir nachspüren anhand einer – in diesem Rahmen notwendig rein explorativen – vergleichenden Diskussion christlicher und transhumanistischer Auffassungen, unter Berücksichtigung der gnostischen Tradition (bzw. von Diskussionen über sie).

---

1 In den vorliegenden Beitrag sind Arbeitsergebnisse des transnationalen Forschungsprojekts „FUTUREBODY – The Future of the Body in the Light of Neurotechnology" eingeflossen, das vom Karlsruher Institut für Technologie (am Institut für Technikfolgenabschätzung und Systemanalyse), der Universität Calgary, der Universität Freiburg und der Biofaction KG (Wien) durchgeführt wird. In Deutschland erfolgt die Förderung durch das Bundesministerium für Bildung und Forschung (BMBF) unter dem Förderkennzeichen 01GP1821A.

Diese tentative Analyse verstehen wir zumindest insofern als einen Beitrag zu einer hermeneutischen TA (vgl. Grunwald 2015), als sie uns geeignet erscheint, einen durchaus bedeutenden Aspekt neuerer technikfuturistischer (und anderer relevanter gesellschaftlicher) Diskurse zu diskutieren, nämlich die Verwendung weitreichender historischer Vergleiche und die Frage, wie mit solchen Vergleichen in der TA sinnvoll umgegangen werden kann. Unsere Überlegungen beruhen auf der Annahme, dass solche Vergleiche auf jeden Fall nur dann sinnvoll sein können, wenn sie sich zumindest (a) jeweils auf ähnlich lange Zeiträume und vergleichbare Prozesse beziehen und (b) nicht mit vorschnellen Wertungen einhergehen. Dies kann anhand eines Beispiels verdeutlicht werden: Wenn zur Beantwortung der Frage, ob wir in einer Zeit des Fortschrittsoptimismus oder der Fortschrittsskepsis leben, der (in der Neuzeit schon immer beliebte) Vergleich zwischen aktueller „westlicher" Zivilisation und römischer Antike bemüht wird, ist nicht nur bloß technischer Fortschritt von gesellschaftlich-humanem Fortschritt und bloße Zukunftsorientierung von Zukunftsoptimismus zu unterscheiden. Sondern es sind zudem – sowohl mit Blick auf uns als auch auf die Antike – für eine Beantwortung der Frage geeignete, einander wenigstens grob ähnelnde Zeiträume auszuwählen. Die Diagnose, dass wir seit ungefähr dem Jahr 2000 zunächst einen technikvisionären Aufschwung (mit einigen dramatischen Warnungen wie Joy 2000) und dann in jüngster Zeit das Aufkommen endzeitlicher Ängste, vor allem in Bezug auf ökologische Fragen, erlebt haben, taugt nicht zum Vergleich mit jenen sich über viele Generationen vollziehenden Prozessen im Römischen Kaiserreich, die traditionell und z.T. noch heute als eine Verfinsterung des antiken Gegenwarts- und Weltbezugs charakterisiert werden. Hier müsste der Vergleich sich dann eher einerseits auf die Zeit vom frühen Prinzipat bis zur Reichkrise des 2. Jahrhunderts n. Chr. beziehen und andererseits zumindest auf die relativ lange Friedenszeit, die Europa seit 1945 weitgehend kennzeichnet, besser noch aber auf den Zeitraum seit dem fortschrittsseligen 19. Jahrhundert (oder sogar der frühen Industrialisierung) bis heute. Dies leitet zu unserer ersten Ausgangsbeobachtung über.

1 Erste Ausgangsbeobachtung: Quasi-religiöse Rhetorik in Technikdebatten

Es ist schon oft aufgefallen, dass die Digitalisierung nicht einfach nur als neue Technikwelle thematisiert wird. Technik ist profan, soll bestimmte Funktionen erfüllen, effizient sein und so weiter. Digitalisierung jedoch wird ganz anders dargestellt: Digitale Visionäre gelten als Gurus und Propheten der Zukunft, und ein neues Smartphone wird wie in einer religiösen Liturgie in einem tempelartigen Ambiente vorgestellt. Es ist vom Übergang in eine neue Zivilisationsform die Rede; die Menschen sollen unsterblich werden. Digitale Technik soll allgegenwärtig werden und uns alle Wünsche von den Augen ablesen. Darbietungsform und Redeweise entsprechen nicht dem Üblichen in den Ingenieurwissenschaften und der Informatik, sondern ähneln denen religiöser Gemeinschaften und deren Gebräuchen. So werden KI-Algorithmen immer wieder Prädikate wie gerecht, objektiv, allwissend oder sogar (im *ubiquitous computing*) allgegenwärtig zugesprochen, die traditionell Prädikate Gottes sind. Das Pathos vieler digitaler Zukunftsvisionen lässt nur einen Schluss zu: Es geht nicht einfach um gute Technik, die uns das Leben angenehmer macht, sondern um die Erlösung der Menschheit.

Dass der religiöse Gedanke der Erlösung in einer durch und durch technischen Zivilisation auf bestimmte Technikfelder übertragen wird, ist allerdings nicht so überraschend. Das Motiv der Erlösung durch Technik taucht seit dem späten 19. Jahrhundert immer wieder auf, gelegentlich verbunden mit der Bezeichnung der Ingenieure als Priester des technischen Zeitalters. Die Energieüberflussgesellschaft, eine Vision aus dem Atomzeitalter, hatte religiöse Züge des Paradieses. Auch Autos werden zuweilen wie kultische Objekte präsentiert. Von der Nanotechnologie erwarteten US-amerikanische Futuristen wie Eric Drexler und Ray Kurzweil schon im letzten Jahrhundert und zu Beginn der 2000er Jahre die Lösung praktisch aller Menschheitsprobleme und auch damals schon die Verlängerung der Lebensspanne des Menschen bis hin zur Unsterblichkeit. Nun also die Digitalisierung.

Erlösung durch Technik hätte, wenn sie denn gelänge, einen großen Vorteil: Wir könnten sie selbst vorantreiben, wären auf keine überirdischen Kräfte angewiesen. Dass Erlösung abhängig von der Gnade eines Gottes sein soll, passt nicht zum erfolgsverwöhnten *Homo Faber*, der seine Dinge selbst in die Hand nimmt. Mit digitaler Technik, so manche Visionäre der Digitalisierung, könnten wir eine Art Paradies schaffen. Wir selbst.

Die Sehnsucht nach Erlösung scheint jedenfalls ungebrochen, trotz aller Säkularisierung in den Industrieländern. Vielleicht ist das Leiden der Menschen an sich selbst, das Gefühl des Ungenügens, sogar noch stärker geworden. Wir müssen mit unserem schlechten Gewissen angesichts der globalen Umweltkrise, unseren Sorgen bezüglich der Folgen unseres eigenen Handelns, einer überbordenden Verantwortungslast und dem Gefühl, die eigenen Ansprüche weit zu verfehlen, fertigwerden. Die Weltreligionen haben dieses scheinbar zutiefst menschliche Empfinden auf unterschiedliche Weise aufgefangen, so etwa durch den Glauben an einen Gott, der seinen Geschöpfen auch oder sogar gerade in ihrer Unvollkommenheit verbunden ist. In der säkularisierten Gesellschaft jedoch fällt die Rückendeckung durch einen Gott weg.

Vielleicht ist die transhumanistische Erlösungsvision der Überwindung des Menschen zugunsten einer technischen Zivilisation, in der endlich unsere menschlichen Utopien einer guten Gesellschaft umgesetzt werden, so zu erklären. Nach jahrhunderte- und jahrtausendealten Erfahrungen mit dem menschlichen Scheitern, vielleicht insbesondere nach den humanitären Katastrophen im 20. Jahrhundert, verbunden mit Namen wie Hitler, Stalin, Mao, Franco und Pol Pot, könnte der Schluss lauten: Wir Menschen sind ein hoffnungsloser Fall. Als letzter Ausweg erscheint dann die Erlösung durch Selbstabschaffung.

2 Zweite Ausgangsbeobachtung: Fortschrittsskepsis und Fortschrittsideologie

Zumindest „im Westen" selbst gilt es weithin als ein Signum der abendländischen Moderne, dass in ihr religiöse Erlösungsvorstellungen in den Hintergrund gerückt und im hohen Maß durch menschliche Gestaltungsansprüche ersetzt worden seien. Statt einer einmaligen und letztendlichen, umfassenden Erlösung – die in der christlichen Tradition i.d.R. als eine schlagartige oder als Abfolge einiger vorab festgelegter globaler Ereignisse imaginiert wird – sind demnach die modernen westlichen Zukunftserwartungen durch die Hoffnung auf eine schrittweise erfolgende Verbesserung des Diesseits mittels vieler Problemlösungen geprägt; und diese Lösungen wurden und werden oft noch vor allem von Naturwissenschaft und Technik erwartet.

Weniger hinsichtlich der Hoffnung auf viele kleine Fortschritte als vielmehr mit Blick auf „den Fortschritt" als gesellschaftliche, globale Leitvision ist allerdings das westlich-moderne Selbstverständnis vielfach auch als quasireligiös kritisiert worden. Progressive, sozialutopische und andere Strömungen in der westlichen Moderne seien von „säkularisierten" Heilserwartungen angetrieben und dies i.d.R. in unreflektierter Weise. Solch Kritik wurde insbesondere auch von konservativ-christlicher Seite geleistet, in jüngerer Zeit bspw. von Papst Benedikt XVI. (mittlerweile emeritiert) in der Enzyklika *Spe Salvi* im Jahr 2007. Gegen die vielen kleinen Problemlösungen werden in dieser Art von Kritik zumeist keine grundsätzlichen Einwände erhoben, wohl aber gegen ihre Überhöhung zu Mitteln einer Erlösung im Diesseits.

Allerdings ist auch im Westen die Fortschrittsskepsis bekanntermaßen keineswegs auf religiöse Konservative beschränkt. Insbesondere seit dem Aufkommen der Umweltbewegung seit den 1960er Jahren verbreitete sie sich in vielen Teilen der Gesellschaft, bspw. in einer akademisch-bürgerlich geprägten und bald auch „gegenkulturell" auftretenden „Neuen Linken", die sowohl christliche als auch diverse neureligiöse, sich oft auf traditionelle Glaubensvorstellungen (bspw. „Mutter Erde") beziehende religiöse Elemente aufwies. Der Gegensatz von Fortschrittsoptimismus versus Fortschrittsskepsis zieht sich seitdem durch die politischen Lager und gesellschaftliche Gruppen, kaum eine der bedeutenden politischen Strömungen in westlichen Gesellschaften bewegt sich nur auf einer Seite des Gegensatzes. Auch das stark interdisziplinäre, im hohen Maß durch die Praxis der parlamentarischen Politikberatung geprägte Forschungsfeld der Technikfolgenabschätzung (vgl. Grunwald 2019a) kann in mancherlei Hinsicht als eine gesellschaftliche Reaktion auf die Krise der modernen Fortschrittserwartungen in den 1960er Jahren begriffen werden – eine Reaktion, die sich dann in den Folgejahrzehnten in zahlreichen westlichen Ländern politisch-institutionell niederschlug. In der Geschichte des Feldes lässt sich eine Tendenz feststellen, sich von der weitreichenden Zukunftsprognose – die zudem ohnehin nie so umfassend wie Sozialutopien oder gar religiöse Erlösungsvisionen war – überwiegend abzuwenden und stattdessen eine eher kurzfristig ausgerichtete Orientierung auf Problemlösungen an den Tag zu legen. Langfristige Perspektiven spielen dabei zwar durchaus weiterhin eine wichtige Rolle –etwa bei der Suche nach nachhaltigen Lösungen für globale Probleme –, aber der Entwurf einer besseren Zukunft ist nicht mehr Teil einer übergreifenden Fortschrittserzählung und technische Lösungen sind keine vorrangigen Mittel der Problembewältigung.

Die Zunahme der Fortschrittsskepsis seit den 1960er Jahren kann als Ausdruck einer tiefgreifenden Verunsicherung des westlichen Selbstverständnisses insbesondere in Bezug auf das Verhältnis von Mensch und Technik begriffen werden. Die Zukunft erscheint in der fortschrittsskeptischen Sicht vor allem oder ausschließlich als bedroht – es geht um den Erhalt der Welt durch Nachhaltigkeit, eventuell unterstützt durch technische Fortschritte, aber nicht um ein wie auch immer geartetes umfassendes Fortschrittsziel. Seit den späten 1970er Jahren hat sich dies z.B. in der Sciencefiction in einem Aufschwung dystopischer Zukunftswelten (u.a. im Cyberpunk) niedergeschlagen und in der Technikphilosophie und -soziologie in einer verstärkten Auseinandersetzung mit Unsicherheit, Risiken, Ambivalenzen, Kontingenz und der Pluralität von Zukünften. Dabei sind technische Lösungen zwar keineswegs verpönt, diese werden aber ohne weitergehende Hoffnungen auf einen umfassenden, parallel naturwissenschaftlich-technischen und gesellschaftlichen Fortschritt propagiert.

Die Verfasser des vorliegenden Beitrags sind in diesen Jahrzehnten einer verstärkten Fortschrittsskepsis aufgewachsen und haben auch in ihrem Berufsleben deren Bedeutungszuwachs miterlebt. Seit den 1990er Jahren – insbesondere mit dem Aufkommen einer weitverbreiteten Euphorie über das Internet und über Fortschritte in den sog. Life Sciences und in anderen Forschungs- und Entwicklungsfeldern – hat es aber den Anschein, dass starke, umfassende Fortschrittshoffnungen wieder im Aufschwung befindlich sind. In den letzten ungefähr 20 Jahren haben weitreichende Technikvisionen zumindest technologiepolitische und in gewissem Umfang auch öffentlich-massenmediale Diskussionen über die Zukunft stark geprägt (s. dazu bspw.

Coenen/Grunwald 2017; TAB 2011). Dabei vagabundieren diese oft quasi-religiös anmutenden Visionen gleichsam von Forschungsfeld zu Forschungsfeld, bspw. von der Nanotechnologie und Robotik über die Synthetische Biologie und Prothetik hin zu Künstliche-Intelligenz-Forschung und Industrie 4.0. Auch in Bereichen, die üblicherweise eher als sich nur allmählich transformierend angesehen werden, spielen technikfuturistische Visionen zumindest eine Rolle als Beiträge zur laufenden Debatte. So wurden zur deutschen Energiewende nach 2011 Gedanken geäußert, die unter dem Stichwort Energieüberflussgesellschaft an die Versprechungen der Kernphysik zu Beginn der Atomeuphorie erinnern; und zur Umsteuerung auf mehr Nachhaltigkeit legte das ökomodernistische Manifest (http://www.ecomodernism.org/deutsch) weitreichende technikvisionäre Entwürfe unter dem Aspekt der Effizienzsteigerung vor.

3 Erkenntnisinteresse: Hermeneutische Technikfolgenabschätzung

Damit soll nicht gesagt werden, dass die Fortschrittsskepsis, die Problemlösungs- und Nachhaltigkeitsorientierung mit dem Ziel eines Erhalts der Welt oder gar die auf Unsicherheit, Risiken und Kontingenz fokussierten Zukunftsdiskurse verschwunden seien. Dies ist keineswegs so, wie sich derzeit sehr deutlich im Diskurs über den Klimawandel zeigt. Es ist aber eine grundlegende Erfahrung der Technikfolgenabschätzung (TA) seit circa der Jahrtausendwende, dass eine Welle zukunftsvisionären Denkens entstanden ist, in der sich auf merkwürdige Weise hypermoderne Technikträume mit „altmodisch" bzw. „klassisch" modernen Fortschrittshoffnungen mischen. Viele dieser Zukunftsvisionen haben gemein, dass sie die gegenwärtige Gesellschaft weit transzendieren, sie als Vorstadium zu einer visionären Technikzukunft betrachten und dadurch die Gegenwart tendenziell oder auch radikal abwerten können (vgl. dazu weiter unten).

Etwa ab dem Jahr 2000 wurden die TA und andere Ansätze der Technikfolgenreflexion durch neue Entwicklungen im Bereich der sog. Technoscience bzw. Technowissenschaften herausgefordert. Charakteristisch für diese ist u.a., dass die wissenschaftlichen und technischen Entwicklungen bereits in einem sehr frühen Stadium mit sowohl hohen Erwartungen als auch weitreichenden Befürchtungen befrachtet werden, was zu entsprechend heftigen Debatten führen kann. Beispiele sind die Nanotechnologie, die Synthetische Biologie, die Robotik, das Human Enhancement und das Climate Engineering (vgl. Grunwald 2016). Es zeigte sich rasch, dass der konsequentialistische Ansatz über prospektive Folgenforschung gerade in Feldern dieses Typs nicht funktioniert (vgl. Grunwald 2019b). Angesichts des extremen

Schwankens früher Reflexionsansätze zwischen Paradieserwartungen und Befürchtungen der Apokalypse (vgl. Grunwald 2006) war hier nicht nur der prognostische Ansatz, sondern sogar das Denken in alternativen Zukünften wie Szenarien illusorisch. Zu groß und unbestimmt erschien der Möglichkeitsraum des Zukünftigen, als dass hier noch eine vernünftige Unterscheidung von plausiblen und nicht plausiblen Technikzukünften möglich gewesen wäre.

Der Vorschlag einer hermeneutisch orientierten TA (vgl. Grunwald 2015) ist nun, die teils sehr lebhaften und kontroversen Debatten über neue Technowissenschaften nicht wie üblich als antizipatorische, prophetische oder quasi-prognostische Rede über Zukünftiges, sondern als *Ausdrucksformen der Gegenwart* zu deuten. Während beispielsweise in der konsequentialistisch ausgerichteten TA immer wieder zwischen Chancen und Risiken abgewogen werden soll, wird in einer hermeneutischen Perspektive angesichts bloß spekulativer Aussagen über Chancen und Risiken gefragt, was aus heutiger Sicht mit welchen Gründen als Chance und was als Risiko eingestuft wird, von welchen Akteuren diese Zuordnungen vorgenommen werden und was aus dieser Landschaft diverser und häufig divergenter Zuschreibungen über die heute ablaufenden Debatten gelernt werden kann. Nicht was in diesen Debatten mit mehr oder weniger Berechtigung über kommende Jahrzehnte, also zukünftige Gegenwarten behauptet wird, sondern was die Tatsache, dass diese Debatten heute stattfinden, oder die Art und Weise, wie sie stattfinden und welche Akteure mit welchen Positionen und Argumenten auftreten, eben *über uns heute* aussagen, wird zum Thema der Untersuchung und zur Quelle der Generierung von Orientierung gemacht. Damit werden Technikzukünfte als gegenwärtige Zukünfte (vgl. Luhmann 1990) in der „Immanenz der Gegenwart" (Grunwald 2006) radikal ernst genommen und einem Programm der Selbstaufklärung unterzogen. Damit schließt die hermeneutische TA auch an die Kritik spekulativer (Technik-)Ethik seit Mitte der 2000er Jahre an (siehe dazu zunächst Nordmann 2007; vgl. bspw. auch Ferrari et al. 2012).

Technikzukünfte sind soziale Konstruktionen, erzeugt durch Autoren, Gruppen und Organisationen zu je bestimmten Zeitpunkten in der Immanenz der jeweiligen Gegenwart (vgl. Grunwald 2006). Sie werden in bestimmten Verfahren (bspw. Simulation, Szenarientechnik oder auch literarische Verfahren im Fall der Sciencefiction) durch Komposition von Zutaten unter Zielen und Zwecken ihrer Hersteller gebildet. Zu den Zutaten gehören je gegenwärtige Wissensbestände, aber auch Zeit- und Problemdiagnosen, Werte, Weltanschauungen, Wunschbilder für zukünftige Welten, gegenwärtige Interessen und Präferenzen, Annahmen über unbeeinflussbare Randbedingungen sowie weitere kognitive wie auch non-kognitive Formen der Weltwahrnehmung. Damit sind Technikzukünfte als sprachliche Gebilde, in die außersprachliche Elemente wie Diagramme oder Bilder integriert werden können und die zudem in diversen Praktiken (bspw. in der Kunst und in Hacking-Kulturen) entwickelt oder wirkmächtig werden können, häufig opak: Die Zutaten mit ihrer epistemischen Qualität, ihren Prämissen und Konnotationen sowie die Art und Weise ihrer Verbindung zu Zukunftserzählungen sind in der Regel nicht so ohne weiteres erkennbar, geschweige denn einschätzbar.

An dieser Beobachtung setzt der vorgeschlagene hermeneutische Ansatz an. Es geht darum, das opake Geflecht unterschiedlichster Ingredienzien zu entflechten, dadurch Transparenz zu ermöglichen und Fragen nach der Bedeutung sowohl der Ingredienzien als auch der durch die Komposition entstehenden komplexen Technikzukünfte zu klären. Das Erkenntnisinteresse besteht darin herauszufinden, was diese Zukünfte *über uns heute* erzählen, über unsere gesellschaftlichen Praktiken, unterschwelligen Sorgen, impliziten Hoffnungen und Befürchtungen, verborgene geistesgeschichtliche Traditionen oder kulturelle Zusammenhänge. Technikzukünfte als ein Medium gesellschaftlicher Debatten (vgl. Grunwald 2012) bergen, so die Vermutung, implizites Wissen und Einschätzungen, die es zu explizieren lohnt, um transparentere Problembeschreibungen im Feld der betrachteten Technikzukünfte zu erlauben und damit transparentere argumentationsgestützte Auseinandersetzungen möglich zu machen. Das Ziel einer Hermeneutik von Technikzukünften ist letztlich also ein praktisches: die Selbstaufklärung einer Praxis, in der solche Zukünfte erzeugt, diskutiert, verworfen, zugeschrieben, festgeschrieben, angezweifelt, abgelehnt oder weiterentwickelt werden – und dies angesichts der Tatsache, dass derartige Prozesse faktische Kraft entfalten können, bspw. indem sie massive Forschungsförderung mobilisieren oder zur gesellschaftlichen Ablehnung von Technikfeldern führen können. Diese Effekte können sie in selbsterfüllender Weise als Kommunikationsakte *per se* haben, auch ohne dass belastbares Folgenwissen vorliegt (vgl. Merton 1948). Was Hermeneutik hier leisten kann, muss sich an den Beiträgen zu dieser Selbstaufklärung zeigen.

In Gegenüberstellung zum konsequentialistischen Paradigma mit seiner zentralen Ausrichtung auf Fragen der Art, welche Folgen neue Technologien haben können und wie diese ethisch, politisch oder gesellschaftlich beurteilt werden, geraten in dieser Perspektive andere Fragestellungen in den Blick:

- Wie wird wissenschaftlich-technischen Entwicklungen, die ja zunächst im Labor nichts weiter als eben wissenschaftlich-technische Entwicklungen sind, eine gesellschaftliche, ethische, soziale, ökonomische, kulturelle etc. Bedeutung zugeschrieben? Welche Rollen spielen dabei bspw. (visionäre) Technikzukünfte? Wer schreibt diese Bedeutungen zu und warum (vgl. Grunwald 2016)?

- Wie werden Bedeutungszuweisungen kommuniziert und diskutiert? Welche Rollen spielen sie in den großen Technikdebatten unserer Zeit? Welche kommunikativen Formate und sprachlichen Mittel werden verwendet und warum? Welche außersprachlichen Mittel (bspw. Filme, und Kunstwerke) spielen hier eine Rolle und was sagt ihre Nutzung aus?

- Warum werden manche wissenschaftlich-technische Entwicklungen in der jeweiligen Weise, mit den jeweils verwendeten spekulativen Technikzukünften und mit den jeweiligen Bedeutungszuweisungen thematisiert und nicht anders? Welche alternativen Bedeutungszuschreibungen wären denkbar und warum werden diese nicht aufgegriffen?
- Warum werden manche Debatten (bspw. die über viele Visionen des Human Enhancement) so intensiv und ausdauernd ausgefochten, obwohl die Gegenstände der Debatte, die Technikzukünfte, weitgehend spekulativ sind und es heute keine dringenden Beratungs- und Entscheidungsnotwendigkeiten gibt? Was sagt das über uns heute aus?
- Haben auch traditionelle Formen der Technikfolgenreflexion (Prognostik, Szenarien) eine hermeneutische Seite? Werden hermeneutisch bedeutsame Konstellationen hinter schein-objektiven Zahlenreihen, Prognosen und in Diagrammen geradezu versteckt?

In der Beantwortung dieser Fragen erweitert sich das interdisziplinäre Spektrum der TA: Sprachwissenschaften, hermeneutische Ansätze in Philosophie und Geisteswissenschaften, Kulturwissenschaften und auch die Kunst – insofern bspw. Technikzukünfte mit künstlerischen Mitteln erzeugt und kommuniziert werden – sind hier gefragt.

Nun wird allerdings der Begriff der Hermeneutik bekanntermaßen sehr unterschiedlich verwendet. Eine Vielfalt von Konzepten mit unterschiedlichsten Methoden in Sozial- und Geisteswissenschaften ist im Angebot wie etwa die Objektive Hermeneutik (vgl. Oevermann et al. 1979), Narrative Hermeneutik (vgl. Ricoeur 1988), philosophische Ausrichtungen (bspw. Gadamer 1960), empirisch geprägte Traditionen des Verstehens wie in der soziologischen Diskursanalyse (vgl. Keller 2011) oder sprachwissenschaftliche Ansätze. Die für eine hermeneutische Perspektive in der TA formulierten Zielsetzungen und Aufgaben verhindern angesichts der Kontextbezogenheit der Aufgaben und der Heterogenität der Kontexte eine pauschale Festlegung auf einen dieser Ansätze. Nur in konkreten Untersuchungen unter konkreten Randbedingungen nach Maßgabe der Untersuchungsziele und der Kenntnis der Leistungsfähigkeit und der ‚blinden Flecken' der unterschiedlichen Ansätze kann im Rahmen von Zweckmäßigkeitserwägungen eine begründete Festlegung erfolgen. Insgesamt ist hier, wie auch sonst in der Technikfolgenabschätzung, ein interdisziplinärer Zugang sinnvoll.

Die nun folgende, beispielhafte und tentative Analyse quasi-religiöser Aspekte eines bestimmten technikvisionären Diskurses – nämlich zum Transhumanismus –, nehmen wir vor allem in Bezug auf die christliche Religion, unter Berücksichtigung der gnostischen Tradition, vor. Das um Sinnverstehen bemühte Herausarbeiten religiöser oder quasi-religiöser Grundmuster im Diskurs zum Transhumanismus kann, so unsere Hoffnung, den gesellschaftlichen Umgang mit Technikzukünften informieren und damit reflexiver machen. Anhand des gewählten Beispiels wollen wir zeigen, in welchen Hinsichten und auf welche Weisen geistes- und kulturwissenschaftliche Perspektiven und Untersuchungsergebnisse für die TA fruchtbar gemacht werden können, im Sinne eines hermeneutischen Ansatzes für dieses stark interdisziplinäre Forschungsfeld.

4 Quasi-religiöse Aspekte eines technikvisionären Diskurses

In der Analyse transhumanistischer und religiöser Ideen und Vorstellungen unterscheiden wir zwei Modi der Weltwahrnehmung und -gestaltung:

1) Gestaltung der Welt im Hier und Heute: Die vorfindliche Welt wird als Aufgabe zur Gestaltung und Verbesserung verstanden. Damit wird sie im Grundzug als eine akzeptable (bspw. im Hinblick auf Krankheiten oder die Endlichkeit des Lebens), gleichzeitig aber verbesserungsbedürftige Welt (verbunden also mit der Verpflichtung zur Verbesserung durch das Tun des Guten) wahrgenommen. Das Arbeiten in dieser Welt könnte man mit der Arbeit in einem Garten vergleichen, einer inkrementellen Verbesserung anhand von Defizitdiagnosen, wie es etwa in der Nachhaltigkeitsforschung übliches Verständnis ist. Die Transzendenz der gegenwärtigen Welt wird dabei gelegentlich erhofft, aber nicht als notwendig vorausgesetzt. Stattdessen geht es hier um einen Umbau der Welt in ihrer Immanenz (vgl. Grunwald 2012).

2) Gestaltung als Überwindung des Hier und Heute: In dieser Wahrnehmung wird unsere Welt als hoffnungsloser Fall wahrgenommen, in der das Handeln nach (1.) bloß der Tradierung einer im Grundsatz schlechten Welt dienen würde. Stattdessen wird in diesem Ansatz auf das radikal Andere gesetzt, auf ein Heil in einer zukünftig ganz anderen Welt, sei dies nun das (christliche) ‚Reich Gottes' oder ein Leben nach der ‚Singularität', einem von Transhumanisten vorausgesagten Entwicklungssprung in der Menschheits- und Technikgeschichte. In dieser Haltung werden Merkmale menschlicher Existenz gerade nicht akzeptiert wie bspw. die Fragilität des menschlichen Körpers oder der Tod – der als „Skandal" verstanden wird, sondern es wird auf eine komplette Transzendenz dieser Welt gesetzt.

Der Transhumanismus wiederholt nicht nur unseres Erachtens in weiten Teilen ein religiöses Grundmuster zentraler Stränge der christlichen Ideengeschichte. Es geht ihm um die Vorbereitung auf eine kommende Welt, in deren Lichte die gegenwärtige bloß als vorübergehend betrachtet wird, das Heutige lediglich als Übergang zum eigentlichen Ziel der Geschichte. Die Gegenwart als Übergangsstadium auf dem Weg hin zu einer neuen Welt mag dann zwar immerhin einen gewissen Wert dadurch erlangen, dass in der jeweiligen Gegenwart die Grundlagen gelegt werden können, müssen oder dürfen (je nach Argumentation), auf denen sich die kommende Welt entfalten kann. Die Gegenwart hat dann aber keinen Wert in sich selbst, sondern dieser wird gleichsam aus den Zukunftsvisionen geborgt.

Symptomatisch erscheint hier der technikvisionäre Umgang mit Leiblichkeit. Auch der menschliche Körper wird als Teil der zu überwindenden Gegenwart begriffen, abgezielt wird auf ein Jenseits des Heutigen im Sinne einer radikalen Transformation oder Überwindung des menschlichen Leibs. Solcherart weitreichende Human-Enhancement-Visionen erhalten ungefähr seit dem Jahr 2000 zunehmend Aufmerksamkeit.

Vor allem an diesem Beispiel wollen wir im Folgenden auch der These einer tendenziellen Abwertung der Gegenwart durch aktuelle Technikvisionen nachgehen. Dabei behaupten wir nicht, dass in den westlichen Gesellschaften oder gar weltweit ein neuer emphatischer Fortschrittsoptimismus entstanden sei und dass sich dieser nun auch auf eine Umgestaltbarkeit des menschlichen Körpers erstrecke. In der populären Kultur und in der Kunst (bspw. in neueren Sciencefiction-Filmen, -Fernsehserien und Computerspielen, in den Romanen von Michel Houellebecq sowie in der Performance-Kunst von Orlan und Stelarc), aber auch in der kulturwissenschaftlichen Wissenschafts- und Technikforschung drückt sich in vielfältiger Weise eine Verunsicherung hinsichtlich ehemaliger Gewissheiten und alter Grenzziehungen der Moderne aus; und sowohl Figuren dieser Verunsicherung – wie bspw. die maßgeblich durch Donna Haraway inspirierte Figur des Cyborg im sog. kulturellen Posthumanismus (vgl. Haraway 1991) – als auch Mischungen von Dystopischem und Utopischem oder reine Dystopien sind im zukunftsvisionären Diskurs vielfach anzutreffen. Zuletzt zeigte sich dies bspw. wieder, als (im Rahmen eines von uns koordinierten transnationalen Forschungsprojekts) das von der österreichischen Firma Biofaction organisierte BIO·FICTION Science Art Film Festival 2019 in Wien stattfand.[2] Die auf diesem Festival eingereichten Kurzfilme drückten vielfach die genannte Verunsicherung aus. Zugleich verwiesen aber einige der Filme und vor allem das

---

2 Es handelt sich um das Projekt FUTUREBODY (dt. Titel: „FUTUREBODY – Die Zukunft des menschlichen Körpers im Lichte neurotechnologischen Fortschritts"; siehe: https://www.itas.kit.edu/projekte_coen18_futurebody.php [Zugriff: 11.06.2021]). Eine informative und aufschlussreiche zweiteilige Reportage von Régine Debatty zu dem Festival findet sich unter https://we-make-money-not-art.com/bio-fiction-science-art-film-festival-part-1-short-fiction-films-about-neurotechnology [Zugriff: 11.06.2021].

Begleitprogramm, in dem viele therapeutische und behinderungskompensierende medizintechnische Entwicklungen thematisiert wurden, auch auf die weitreichenden Hoffnungen, die mit einer Verschmelzung von Mensch und Technik verbunden werden.

Der Transhumanismus erscheint uns zum einen als relevant, weil er trotz einiger sektiererischer Züge gesellschaftlich und politisch wirkmächtig ist – insbesondere in den USA und Russland und vor allem aufgrund seiner Bedeutung als Weltanschauung für maßgebliche Teile der Computer- und Internetindustrie –, und zum anderen auch deshalb, weil sich in ihm eine tendenzielle Ersetzung des alten sozialutopischen Denkens der „klassischen" Moderne durch ein auf die technische Verbesserung der Natur bzw. ein menschengemachtes Upgrading des Lebens ausdrückt (vgl. Knorr Cetina 2004; Saage 2011). Diese Weltanschauung signalisiert damit womöglich eine Abkehr von einer (angesichts der u.a. ökologisch verheerenden Folgen unseres Wirtschaftssystems) eher defensiven, auf Erhalt der Welt durch konkrete Problemlösungen abzielenden gesellschaftlichen Leitvision, wie sie zumindest in Westeuropa, aber auch auf internationaler Ebene insbesondere mit dem Konzept der Nachhaltigkeit verbunden ist, zurück zu einer umfassenden Erlösungshoffnung, in der die vielen kleinen Problemlösungen nur als Bausteine eines größeren Plans erscheinen – und heutige oder baldige nützliche Anwendungen der als Erlösungsmittel gedachten Technologien wie vorgeschobene Gründe für deren Entwicklung, nicht als deren wahre Motive.

In unserer Analyse werden wir uns bei den Technikvisionen also auf den Transhumanismus und insbesondere auf dessen Hoffnungen auf eine Überwindung menschlicher Körperlichkeit konzentrieren. Von den Religionen interessiert uns hier vor allem die christliche, wobei wir uns, unseren Kenntnissen und unserer Verortung entsprechend, im Wesentlichen auf die (früh durch das „Feuer" der Aufklärung gegangene und inzwischen zu erheblichen Teilen dementsprechend modernisierte) westliche, lateinische Tradition beschränken. Zudem berücksichtigen wir aber die gnostische Tradition, allerdings weniger mit Blick auf deren Bedeutung für die (und in der) christliche(n) Religion als vielmehr hinsichtlich der häufigen Charakterisierung des Transhumanismus als gnostische Weltanschauung.

5 Christentum zwischen Gegenwartsabwertung und Weltgestaltung

Religionen sind in unterschiedlicher Weise transzendent orientiert und viele gehen von einer Existenz nach dem physischen Tod und von einem Jenseits aus. Das Christentum hängt der Vorstellung einer kommenden Welt an, in die die Menschen – nach einem Gericht– hinübergehen werden. Für viele sind hier Heil und ausgleichende Gerechtigkeit verheißen, die es in dieser Welt nicht gibt, ein Paradies ohne Leid und Tod, wie es in der Offenbarung des Johannes visionär beschrieben wurde:

> Dann sah ich einen neuen Himmel und eine neue Erde … Ich sah die heilige Stadt, das neue Jerusalem, von Gott her aus dem Himmel herabkommen … Er wird in ihrer Mitte wohnen, und sie werden sein Volk sein; und er, Gott, wird bei ihnen sein. Er wird alle Tränen von ihren Augen abwischen: Der Tod wird nicht mehr sein, keine Trauer, keine Klage, keine Mühsal. Denn was früher war, ist vergangen. … Es wird keine Nacht mehr geben und sie brauchen weder das Licht einer Lampe noch das Licht der Sonne. Denn der Herr, ihr Gott, wird über ihnen leuchten und sie werden herrschen in alle Ewigkeit. (Offenbarung)

Die Heilserwartung wurde im Christentum zunächst als Naherwartung konzipiert. Angesichts des Verlusts der messianischen Hoffnung auf eine Befreiung des jüdischen Volks vom Joch der römischen Unterdrückung durch den Kreuzestod Jesu Christi bestand bei den frühen Christen und Christinnen die Erwartung, dass Jesus noch in ihrer Lebenszeit wiederkommen und das Reich Gottes errichten werde. In den Evangelien wird diese Wiederkehr bzw. die Errichtung des Reiches Gottes zwar immer wieder thematisiert, aber zeitlich im Unbestimmten belassen. Dies passt dazu, dass zur Zeit ihrer Niederschrift die Hoffnung auf eine rasche Wiederkehr bereits als faktisch widerlegt gelten konnte.

Die eschatologische Hoffnung auf das Reich Gottes ist aber im Christentum in unterschiedlicher Form gegenwärtig geblieben, vor allem angesichts extremer Notlagen, Krisen, Kriegen und Gewalt. Eschatologisch wird die letztendliche Befreiung von den Notlagen der Welt nicht den Menschen, sondern nur Gott zugetraut. Genau diese eschatologische Hoffnung hat immer wieder Anlass gegeben, die gegenwärtige Welt als minderwertig, als bloßes Durchgangsstadium, gar als verderbt oder als Jammertal anzusehen. Die Differenz zwischen dieser „Welt" und dem erwarteten kommenden Heil prägte gerade im Katholizismus immer wieder auch Rückzugsbewegungen von dieser Welt, um nicht von ihr „beschmutzt" zu werden, sondern die Kirche als Gegenmodell zum Getriebe der Welt zu positionieren. Das umstrittene und missverständliche Wort von der „*Entweltlichung*" (Papst Benedikt XVI. 2010) wurde teils in diesen Kontext gestellt.

Diese Abwertung der gegenwärtigen Welt hat volkstümlichen Ausdruck in vielen Kirchenliedern gefunden, vor allem in Krisenzeiten, wie bspw. in *O Heiland reiß die Himmel auf* von Friedrich von Spee, das zuerst 1622 veröffentlicht wurde, also während des verheerenden Dreißigjährigen Kriegs:

> „Wo bleibst du, Trost der ganzen Welt,
> darauf sie all ihr Hoffnung stellt?
> O komm, ach komm vom höchsten Saal,
> komm, tröst uns hier im Jammertal."

Dieser Abwertung der hiesigen Welt steht von der Frühzeit des Christentums an die tätige Einmischung in diese Welt entgegen. Statt auf das kommende Heil zu warten und sich passiv oder bloß kontemplativ angesichts vieler Defizite der gegenwärtigen Welt zu verhalten, rufen die christlichen Kirchen zur Tat auf, ob nun in Form der Caritas, der Schaffung von Gerechtigkeit oder der Erhaltung der natürlichen Lebensgrundlagen (so bspw. Papst Franziskus in der Enzyklika *Laudato Si* im Jahr 2015). In der katholischen Befreiungstheologie (die jedoch unter Papst Johannes Paul II. und Joseph Ratzinger, dem damaligen Präfekten der Glaubenskongregation und späteren Papst Benedikt XVI., weitgehend zerschlagen wurde) wurden angesichts ungerechter wirtschaftlicher und politischer Verhältnisse in Lateinamerika explizit politische Ziele verfolgt, die bis zum Engagement in Befreiungsbewegungen führten. Die Evangelische Kirche in Deutschland hat sich zu vielen politischen Fragen pointiert geäußert, bspw. zur Vertretbarkeit der Kernenergie und der Endlagerung hoch radioaktiver Abfälle. Zur aktuellen Flüchtlingsthematik vertreten beide Kirchen in Deutschland einen an Glaubensaussagen orientierten Kurs gegen die üblichen politisch vertretenen Positionen.

In diesen Engagements zeigt sich, dass die eschatologische Hoffnung in der aktuellen Gegenwart der Kirchen in den Hintergrund getreten ist. Stattdessen geht es um die Gestaltung des Hier und Jetzt, ob nun zu Energiewende, Medizintechnik, Sterbehilfe, Fluchtbewegungen oder Umweltproblemen. Diese Gestaltung ist in ihrer Immanenz der Gegenwart als Aufgabe anerkannt und dadurch zu einem Ziel in sich selbst geworden. Das Handeln in der gegenwärtigen Welt nach Maßstäben des Evangeliums wird heute nicht mehr instrumentell als geeignete Maßnahme verkündet, um für sein Seelenheil in einer zukünftigen Welt zu sorgen, sondern als in sich selbst gerechtfertigt verstanden. Hier ist die eschatologische Dimension praktisch nicht mehr zu spüren, wie dies auch für die vielen psychologisierenden Deutungen der Texte der Bibel gilt. Psychologisieren bedeutet, diese Texte als therapeutische Hilfe in Krisen des Lebens oder zu anderen Orientierungszwecken heute anzusehen. Die Frage ist nicht die nach einem zukünftigen Heil, sondern nach einem guten Leben in der Gegenwart. Eschatologische Fragen sind dadurch nicht komplett verschwunden, spielen aber in der Praxis kaum noch eine orientierende Rolle.

6 Religiöse Bezüge und Kontexte der transhumanistischen Ideengeschichte

Es ist offenkundig, dass sowohl im Transhumanismus als auch in der Transhumanismuskritik religiöse „Musikalität"[3] keine Seltenheit ist. Die meisten der frühen gelehrten Auseinandersetzungen mit dem Transhumanismus erfolgten in der Theologie sowie in den Religionswissenschaften (vgl. Coenen 2008). Deren Hauptanlass war die im Jahr 1994 erfolgte Buchveröffentlichung eines sich als christlich verstehenden Transhumanisten – was bis heute eine Seltenheit ist –, nämlich des Physikers und technikvisionären Bestsellerautors Frank Tipler (1995). Die Debatte entfaltete sich auch vor dem Hintergrund der langjährigen theologischen Rezeption der evolutionstheoretisch inspirierten Spekulationen des Jesuiten und Naturwissenschaftlers Pierre Teilhard de Chardin (1881-1955). Dieser hat mit seinen Überlegungen zum Verhältnis von Religion und Evolutionsdenken nicht nur den theologischen Diskurs befruchtet und Visionen zum Internet inspiriert. Er taucht überdies regelmäßig in transhumanistischen Ahnenreihen auf, u.a. mit seiner Vision eines geistigen Zusammenwachsens der Menschheit in einer sog. ‚Noosphäre' – und weil er bereits von einem ‚Trans-Humanen' schrieb, allerdings in einem Sinn, der nur wenig mit dem Selbstverständnis des heutigen Transhumanismus zu tun hat.

In seiner „Physik der Unsterblichkeit" betont Tipler, dass er sich für seine Spekulationen lediglich des Wortes ‚Omegapunkt' (i.e. der Zeitpunkt der Entstehung der Noosphäre) von Teilhard bedient habe. Seine eigene Theorie des Omegapunkts und der Auferstehung sei pure Physik. In ihr sei nichts Übernatürliches und nirgendwo eine Berufung auf den Glauben. Tatsächlich greife seine Theorie auf atheistische und materialistische Theorien zurück. Der sog. „Auferstehungsmechanismus", der Tipler besonders wichtig ist, sei Ende der 1980er Jahre u.a. von Hans Moravec – bei dem es sich um einen wichtigen unmittelbaren Mentor des heutigen Transhumanismus handelt – „entdeckt" worden. Die Schlüsselbegriffe der jüdisch-christlichen Tradition[4]

---

3   Max Weber bezeichnete sich im Jahr 1909 in einem Brief an Ferdinand Tönnies als „*religiös absolut unmusikalisch*" (Weber 1994: 65), was er durchaus als einen Mangel empfand. Diese Formulierung wurde u.a. von Jürgen Habermas aufgenommen, ebenfalls zur Selbstbeschreibung.

4   Zunächst sprach Tipler hier von der „*jüdisch-christlich-islamischen Tradition*". In den 2000er Jahren hat er aber erhebliche Anstrengungen unternommen, die besondere Affinität zwischen einem durch Juden unterstützten oder gar „geführten" Christentum und „der Wissenschaft" zu „beweisen" und dabei sowohl den heutigen Islam als auch historische Häresien (bspw. gnostischer Art) als tendenziell wissenschaftsfeindlich bzw. unwissenschaftlich gekennzeichnet (vgl. Tipler 2007).

seien nun wissenschaftliche Konzepte, und aus der Sicht der Physik stelle die Theologie nicht anderes dar als eine physikalische Kosmologie, die auf der Annahme beruht, dass das Leben als Ganzes unsterblich sei. Wenn das „Leben" den Omegapunkt erreicht hat, wird in der Vision Tiplers indes der Mensch nicht mehr existieren. Unsere Zivilisation werde aber überleben, obwohl wir als Individuen und als Gattung enden müssten.[5] Tipler vermutete dabei, dass die nächste Entwicklungsstufe „intelligenten Lebens" informationsverarbeitende Maschinen sein werden. Doch auch der individuelle Tod verliere hier letztendlich seinen Schrecken. In Anlehnung an Moravec sagt Tipler voraus, dass der Omegapunkt „seine Macht" nutzen werde, um jedes vergangene Menschenleben perfekt zu simulieren. Eine solche perfekte Simulation sei selbst Leben. Somit werde eine Auferstehung der Toten unvermeidlich im Eschaton stattfinden und dies sei der physikalische Mechanismus individueller Auferstehung: Wir würden in den Computern der fernen Zukunft nachgebildet.

Mit seinen Visionen steht Tipler in einer bis ins 19. und 20. Jahrhundert zurückreichenden Tradition, die er – im Gegensatz zu führenden „säkularen" Transhumanisten unserer Tage wie Ray Kurzweil – auch erwähnt. Allerdings bezieht er sich dabei mit Ausnahme von Teilhard nur auf „säkulare" Visionäre (wie Moravec) und bspw. nicht auf den christlichen Denker Nikolai Fjodorowitsch Fjodorow, der mit dem sog. Kosmismus im 19. Jahrhundert in Russland einen frühen Transhumanismus entwickelte und, ganz ähnlich wie Tipler selbst, das christliche Heilsversprechen mit extremem Wissenschafts- und Technikoptimismus verband. Der Kosmismus blieb dann auch bis in die 1920er Jahre hinein einflussreich in der Sowjetunion, u.a. in den Aktivitäten zur Einbalsamierung des Leichnams Lenins.

Insbesondere die kosmistische Hoffnung auf eine Überwindung des Todes und die von einigen prominenten Bolschewisten (der sog. „Gottererbauertum"-Bewegung) vertretene Idee einer Selbstneuerschaffung der Menschheit als Gottheit – beides mit Mitteln der Wissenschaft und Technik – werden mittlerweile häufiger mit den transhumanistischen Visionen unserer Zeit verglichen, bspw. durch den britischen Philosophen John Gray (2014). Die Ähnlichkeiten sind tatsächlich überraschend. So antwortete bspw. Kurzweil auf die Frage, ob er glaube, dass Gott existiert: „noch nicht". Gray weist in einer einschlägigen Monographie (vgl. Gray 2011) zudem auf Parallelen hin, die zwischen diesen spätzaristisch-frühsowjetischen Ideen und ähnlichen Kombinationen von Wissenschafts- und Technikeuphorie mit Spiritualität oder Spiritualismus in Großbritannien im 19. und frühen 20. Jahrhundert existierten.

---

5 Nicht nur in dieser Hinsicht besteht eine große Ähnlichkeit zu der frühen transhumanistischen Zukunftsvision, die W. (William) Winwood Reade im Jahr 1872 in den letzten zwei Kapiteln von *The Martyrdom of Man* (Reade 2005) entwickelte (vgl. Coenen 2019).

Bereits seit den 2000er Jahren wird der britische frühe Transhumanismus zunehmend akademisch diskutiert (vgl. Coenen 2013: 14f.). Es konnte gezeigt werden, dass sich der Transhumanismus als Weltanschauung im Wesentlichen bereits von den 1870er Jahren bis zum Ende des ersten Drittels des 20. Jahrhunderts in Großbritannien herausgebildet hatte. Diese Entwicklung kulminierte in dem Essay *The World, the Flesh & the Devil. An Enquiry into the Future of the Three Enemies of the Rational Soul*, der im Jahr 1929 durch den bedeutenden irischen, in England wirkenden Naturwissenschaftler und Kommunisten J. (John) Desmond Bernal vorgelegt wurde (vgl. Bernal 1929) und auf den sich bspw. noch Tipler als eine entscheidende Anregung bezieht.

Der Transhumanismus war im Großbritannien dieser Zeit allerdings – wie in der Sowjetunion das „Gotterbauertum" – bloß ein Seitenarm anderer, mächtigerer Ideologien (vor allem des Sozialismus) und vor allem ein Versuch, der auch aus politischen Gründen abgelehnten christlichen Religion eine Alternative entgegenzustellen, in der die Verwirklichung christlicher Versprechen im Diesseits auf Basis der jungen Autorität der modernen Technowissenschaften plausibel gemacht werden sollte (vgl. Coenen 2015).

Die Zentralfigur war hier Bernal, der als Kind und Teenager tief gläubiger Katholik und irischer Nationalist gewesen ist. Sein Essay spielt bereits im Titel mit christlichen Konzepten[6] und beginnt mit den Worten:

> There are two futures, the future of desire and the future of fate, and man's reason has never learnt to separate them. Desire, the strongest thing in the world, is itself all future, and it is not for nothing that in all the religions the motive is always forwards to an endless futurity of bliss or annihilation. Now that religion gives place to science the paradisiacal future of the soul fades before the Utopian future of the species, and still the future rules. But always there is, on the other side, destiny, that which inevitably will happen, a future here concerned not as the other was with man and his desires, but blindly and inexorably with the whole universe of space and time. The Buddhist seeks to escape from the Wheel of Life and Death, the Christian passes through them in the faith of another world to come, the modern reformer, as unrealistic but less imaginative, demands his chosen future in this world of men. (Bernal 1929)

In dem Essay, dessen technokratische Züge deutlicher als die kommunistischen sind, sagt Bernal eine Cyborgisierung des menschlichen Körpers voraus (auf Basis von neurotechnischen Schnittstellen) sowie eine Aufspal-

---

6   Bekannt war die im Titel genannte Dreiheit in dieser (oder sehr ähnlicher) Formulierung bereits im Mittelalter. Eine populäre Fassung findet sich in Teil 14 (‚The Litany') des anglikanischen Book of Prayer: "From fornication, and all other deadly sin; and from all the deceits of the world, the flesh, and the devil, Good Lord, deliver us." (zit. nach der Website der Church of England; https://www.churchofengland.org/prayer-and-worship/worship-texts-and-resources/book-common-prayer/litany [Zugriff: 10.06.2021]).

tung der Menschheit in transhumane ‚mechanische Menschen', die in den Weltraum expandieren, und an Technik weitgehend desinteressierte Menschen, die glücklich und selbstgenügsam in einem Utopia auf Erden leben, heimlich von der extraterrestrischen Menschmaschinenzivilisation überwacht, und, als – immer nur als vorläufig gedachter Endpunkt der Entwicklung – eine Durchdringung des Universums mit menschlichem Geist, bei der das natürliche biologische Leben, einschließlich menschlicher Körperlichkeit, gänzlich durch technowissenschaftliche Produkte ersetzt ist. Heutige Transhumanisten wie Kurzweil und Tipler haben dieser Vision nichts Wesentliches hinzugefügt, sondern sie nur technisch modernisiert.

In unserem Zusammenhang ist es wichtig festzuhalten, dass Bernals Vision, in der er einige polemische Spitzen gegen das Christentum einbaut, Teil einer umfassenderen frühtranshumanistischen Auseinandersetzung mit dem Christentum war, die bspw. auch von Bernals kommunistischem Genossen J.B.S. (John Burdon Sanderson) Haldane, ebenfalls ein bedeutender Naturwissenschaftler, geführt wurde (vgl. bspw. Lunn/Haldane 1935).

Bernals Essay ragt aus anderen transhumanistischen Essays dieser Zeit – die u.a. von Haldane und H.G. (Herbert George) Wells vorgelegt wurden – vor allem deshalb heraus, weil er sich von den Vorstellungen einer kaum gesteuerten und sehr langfristigen biologischen Evolution des Menschen löst und stattdessen eine Technisierung des Menschen empfiehlt. Gemein hat er jedoch mit den anderen frühen Transhumanisten, dass er es sich zum Ziel setzte, einen als unendlich gedachten Fortschritt soweit wie möglich auf sozusagen wissenschaftlicher Basis vorauszusagen. Wie bspw. auch der Nichtkommunist Julian Huxley – ein renommierter Biologe und erster Generalsekretär der UNESCO – sieht er es als kosmische Aufgabe der Menschheit an, sich selbst durch einen umfassenden Einsatz von Naturwissenschaft und Technik zu einem gottähnlichen, das Universum beherrschenden Kollektiv zu entwickeln. Bemerkenswert ist hier u.a., dass dieser visionäre Überschwang einherging mit vielfältigen Aktivitäten zur Modernisierung des Wissenschaftssystems und einer insbesondere auch durch die Sowjetunion inspirierten Betonung der gesellschaftlichen Bedeutung des technowissenschaftlichen Fortschritts.

Bernal hat zudem in dem Aufsatz ‚Irreligion' (vgl. Bernal 1930) eine leidenschaftliche Verteidigung des Atheismus vorgelegt, die allerdings ganz den Geist religiösen Glaubens atmete (vgl. dazu Coenen 2015). Es überrascht vor diesem Hintergrund nicht, dass Apologeten des Christentums wie der von heutigen konservativen Bioethikern immer noch hochgeschätzte Schriftsteller C.S. (Clive Staples) Lewis die frühen transhumanistischen Visionen als eine Herausforderung begriffen und sich gegen diese engagierten. Dies gilt auch für technowissenschaftsskeptische Kulturkritiker wie Julian Huxleys Bruder Aldous. Bis heute kulturell sehr einflussreiche fiktionale Werke wie Aldous Huxleys *Brave New World* von 1932 und J.R.R. (John Ronald Reuel) Tolkiens *The Lord of the Rings* aus den 1950er Jahren sind oder enthalten dystopische Verarbeitungen der transhumanistischen Visionen von Bernal, Haldane, Wells und anderen.

Auch wenn diese Frühgeschichte des Transhumanismus in der Zeit der Entstehung und des Aufstiegs des aktuellen Transhumanismus nicht mehr weithin bekannt war, so haben wir es doch seit den 1990er Jahren mit einer ganz ähnlichen diskursiven Konstellation zu tun: In der Auseinandersetzung zwischen transhumanistischen Visionären – es waren und sind ganz überwiegend Männer – und ihren Kritiker:innen und Kritikern nehmen das Verhältnis von Technik und Religion sowie weitreichende Zukunftsbezüge eine zentrale Rolle ein. In Arbeitszusammenhängen, in denen die beiden Verfasser des vorliegenden Beitrags seit den frühen 2000er Jahren tätig sind, wurde dies vielfältig thematisiert und z.T. sehr intensiv diskutiert.

Der Ausgangspunkt war hier das Erstaunen insbesondere in Europa über die zu Anfang des Jahrhunderts gestartete sog. NBIC-Initiative (nano, bio, info, cogno/neuro) in den USA, die weithin als eine zumindest quasi-offizielle Initiative in der US-Forschungspolitik wahrgenommen und dementsprechend auch von ähnlichen Aktivitäten auf EU-Ebene und in vielen Staaten beantwortet wurde. Die von US-amerikanischen Institutionen wie der National Science Foundation (NSF), dem Handelsministerium und Militärforschungseinrichtungen, aber bspw. auch von Computerindustrieunternehmen getragene Initiative zeichnete sich durch einen starken Einfluss transhumanistischer Ideen und Aktivisten aus und verwendete zugleich eine eindeutig religiöse oder quasi-religiös anmutende Rhetorik aus, bei der weitreichende Technikzukünfte in dramatischer Weise artikuliert wurden, insbesondere auch hinsichtlich einer auf Leistungssteigerung (,enhancement') abzielenden Verschmelzung von Mensch und Technik, aber auch biotechnischen Manipulation.

Mittlerweile hat sich der Schwerpunkt des transhumanistischen Diskurses von der Forschungs- und Technologiepolitik in die akademische Bio- und Technikethik verlagert, was von Computerindustriellen auch durch Mäzenatentum direkt gefördert wurde, sowie in die öffentlichen Diskussionen über die Ansichten und Entwicklungsaktivitäten und –visionen von Führungsfiguren der Computerindustrie wie den Google-Gründern, Bill Gates, Elon Musk, Peter Thiel und anderen. Diese neue Welle im transhumanistischen Diskurs hat nun auch eine breite Öffentlichkeit erreicht, in der Gründerfiguren der transhumanistischen Organisationen (wie Nick Bostrom) und die Pioniere des neueren transhumanistischen Denkens (wie Kurzweil) weiterhin aktiv sind oder waren, aber sich die Aufmerksamkeit vor allem auf IT-Milliardäre richtet, die sich transhumanistisch äußern. Hierbei ist zudem festzustellen, dass weiterhin – wie schon bei der NBIC-Initiative, Kurzweil etc. in den 1990er und 2000er Jahren – die Bedeutung der NBIC-Konvergenz betont und aus dem Zusammenspiel verschiedener Wissenschafts- und Technologiebereiche disruptive, gar die *conditio humana* grundlegend berührende Entwicklungen vorausgesagt werden. Ein relativ prominentes Beispiel sind hier die populärwissenschaftlichen Aktivitäten von George Church, der ein bekannter Forscher im Bereich der Synthetischen Biologie ist und seine umfassenden transhumanistischen Zukunftsvisionen u.a. unter dem Titel *Regenesis* veröffentlicht hat (vgl. Church/Regis 2012). Diese und ähnliche Entwicklungen erscheinen wie Belege für die durchaus polemisch gemeinte These (vgl. Noble 1999, Schummer 2009), dass zentrale technowissenschaftliche Strömungen als quasi-religiöser Ausfluss christlichen Heilsdenkens zu begreifen seien.

Auch jenseits dieser speziellen Diskussionen ist zu beobachten, dass mit Blick auf Forschungs- und Entwicklungsfelder wie die Künstliche-Intelligenz-Forschung oder die neuen Techniken der Genom-Editierung verwendende Biologie große Zukunftsvisionen den diskursiven Rahmen bilden, während Ideen zu künftigen Nutzanwendungen eher als beliebig gewählt oder sogar banal erscheinen. Die vielen kleinen Problemlösungen, die mit technischen Mitteln erreicht werden könnten, treten hinter der umfassenden Zukunftsvision zurück, in deren Verwirklichung Technologien als Mittel der Erlösung erscheinen.

7 Christentum und Transhumanismus

In einem bemerkenswerten Aufsatz hat Thorsten Moos Mitte der 2010er Jahre eine vergleichende Analyse christlicher und transhumanistischer Zukunftsvisionen und -erwartungen vorgelegt (vgl. Moos 2016). Er charakterisiert zunächst die neueren Debatten zu dieser Thematik auf folgende Weise: Die Kennzeichnung des Transhumanismus als „religiös" diene verschiedenen argumentativen Zwecken. Viele Transhumanisten beschrieben ihre Ziele mittels religiöser Kategorien, Motive und Narrative und wiesen auf religiöse Vorläufer ihres Denkens hin. Moos geht nicht auf sich selbst als christlich verstehende Transhumanisten ein, sondern beschränkt seine Analyse auf den transhumanismuskritischen ‚Mainstream', in dem oft sogar explizit antichristlich argumentiert wird. In dessen Sicht mache der Transhumanismus, als Erbe von Humanismus, Rationalismus und Aufklärung, die Religion endgültig überflüssig, versetze ihr gleichsam den Todesstoß, indem er Dogmatismus durch Vernunft, Glaube durch Wissenschaft und Stagnation durch Fortschritt und ein sog. Paradise Engineering ersetze. Dagegen sähen antitranshumanistische Christen und Christinnen – auf protranshumanistische Theologen geht Moos ebenfalls nicht ein – zwar auch, dass der Transhumanismus Religion in Funktion und Inhalten säkularisiere, sie argumentierten aber, dass es sich bei diesem keineswegs um einen legitimen Nachfolger der Religion handle, sondern um Idolatrie und eine falsche Ersatzreligion. Zudem verwendeten Beobachter aus den Sozial- und Geisteswissenschaften bestehende Parallelen zwischen Christentum und Transhumanismus, um diesen zu analysieren, aber auch normativ zu bewerten, bspw. durch dessen Charakterisierung als eine wissenschaftlich fragwürdige Erlösungsreligion, als eschatologisch orientierte technokratische Bewegung oder als eine Weltanschauung, die nicht über das reflexive Potential der aufklärerischen Tradition verfüge.

Moos selbst kommt hingegen zu dem Ergebnis, dass Transhumanisten religiöse Motive, Bilder und Strategien in einer spezifischen und oft überraschend unmittelbaren Weise verwendeten. So sei es durchaus verdienstvoll, dass sie einige Zukunftshoffnungen betonten, die in religiösen und theologischen Diskursen bisweilen vernachlässigt würden, insbesondere die Hoffnung auf eine Überwindung von Krankheit und Tod, die in der Tat als Skandale aufzufassen seien. Der transhumanistische visionäre Diskurs sei aber insofern defizitär, als er im Gegensatz zum theologischen Diskurs nicht über die – gerade auch durch die Präsenz Gottes, also eines nichtmenschlichen Transzendenten ermöglichte – Reflexivität verfüge, die das Christentum heute im Umgang mit Visionen auszeichne. Moos gelangt zu diesen Analyseergebnissen in der Befassung mit drei religiösen Visionen, in denen die Zukunft (1) als Zeit der Perfektion, (2) als Apokalypse mit einem detailliert beschriebenen Ablauf oder (3) als verzögerte Wiederkunft Christi (Parusie) vorgestellt wird. Zwar sei die visionäre Struktur des Transhumanismus nahezu so komplex wie die christliche in Bezug auf die visionäre Anthropologie und die Zeitdiagnose. Der blinde Fleck des Transhumanismus sei aber, dass dieser im Gegensatz zum Christentum nicht davon ausgehe, dass die *conditio humana* immer durch grundlegende Ambiguitäten gekennzeichnet sein muss. Der Transhumanismus reagiere auf die Probleme der unhintergehbaren Endlichkeit und grundlegenden Ambivalenz mittels technologischer Verleugnung. Zwar sei der Tod ein Skandal, wert, ihn zu bekämpfen, aber die Abschaffung des Todes werde nicht das Problem der menschlichen Endlichkeit lösen.

Es sei eine bedeutende Errungenschaft christlichen Denkens, zwischen Perfektion und Verbesserung zu unterscheiden. Zwar habe die übersteigerte Innerlichkeit gerade des protestantischen Denkens des 19. Jahrhunderts zur Übereignung der äußeren Welt an die Erklärungs- und Gestaltungsmacht der Technowissenschaften beigetragen. Die Lücke, die durch die Ausklammerung der Welt und des Körpers aus dem Heilsgeschehen entstand, werde aber vom Transhumanismus auf naive kryptoreligiöse Weise zu füllen versucht. Dieser sei ein respektabler Erbe des religiösen visionären Denkens, insofern er gegen jede billige Versöhnung mit oder Glorifizierung von Tod und Krankheit opponiere. Aber durch seine Fixierung auf den angeblich kommenden Zustand der Perfektion verfüge er nicht über die Reflexionskraft, die seitens der christlichen Religion im Umgang mit dem zukunftsvisionären Überschwang ausgebildet worden sei. Die reflexive Tradition werde vom

Transhumanismus wieder entsäkularisiert, er predige die Erlösung von der Endlichkeit. Moos stimmt daher der Charakterisierung des Transhumanismus als einer „*eschatologische(n) Mutation einer naturalistischen Weltanschauung*" (Coenen 2010) zu. Aufgrund seiner strukturellen Ähnlichkeiten zu religiösen Eschatologien habe der Transhumanismus zwar teil an der Kraft zukunftsvisionären Denkens, aber durch seinen Verzicht auf wichtige Elemente der religiösen wie auch der säkular-utopischen Tradition fehle ihm die für den technikvisionären Diskurs wünschenswerte Rationalität und Vernunft.

Aus Sicht von Moos bedient sich der Transhumanismus der Narrative der graduellen Verbesserung (Fortschritt) und der Apokalypse (‚Singularity'). Aber durch seinen Verzicht auf Gott, auf ein Transzendentes jenseits des Menschen fehle ihm das, was der bedeutendste Beitrag der christlichen Religion zur modernen Kultur sei: die Differenzierung zwischen kontinuierlicher Verbesserung, der Aufgabe der Menschheit, und der Perfektion, die eine Angelegenheit Gottes sei.

Es ist also, lässt sich an Moos anschließen, eine Frage der Machbarkeit des Heils, ihrer Modi und Akteure. Das religiös versprochene oder erwartete Heil ist zumindest im ‚Mainstream' des westlichen christlichen Denkens nicht vom Menschen herstellbar oder zu beschleunigen. Man weiß nicht, wann das Jüngste Gericht kommt (wie der „Dieb in der Nacht"). Die Erlösung durch Technik wird dagegen vom Transhumanismus als von Menschen machbar angesehen; und im Gegensatz zu den Hauptströmungen des modernen Christentums hegen führende Transhumanisten eine Naherwartung des Heils, sie erinnern an apokalyptische Bewegungen, die das Weltende auf das Jahr genau ausrechnen wollen.

Hinzu kommt, dass es selbst an den Rändern des Transhumanismus – dort, wo er sich (wie bspw. bei Tipler und im Kosmismus) mit mehr oder weniger traditionellen religiösen Bekenntnissen verbindet – um Transformationen im Diesseits geht, auch wenn mit diesem das ganze Universum gemeint ist.

Vor diesem Hintergrund und dabei auch angesichts des Befundes, dass im ‚Mainstream' des westlichen Christentums die Gegenwartsabwertung und die Ablehnung des Diesseits fast völlig ihre Bedeutung verloren haben, kann die These, es handle sich beim Transhumanismus um eine kryptochristliche Weltanschauung, zurückgewiesen werden.

Lässt sich aber dennoch sinnvoll zumindest von einer Abwertung der Gegenwart und dieser Welt durch den Transhumanismus sprechen? Und, wenn ja, was könnte das mit religiösen Traditionen zu tun haben?

Um diese Fragen zu beantworten, ist zunächst daran zu erinnern, dass Charakterisierungen als „religiös" oder „quasi-religiös" wie auch religionshistorische oder sonstige geschichtliche Vergleiche i.d.R. mit normativen Bewertungen verbunden sind. Wenn diese Charakterisierungen oder Vergleiche eher oberflächlicher Natur sind, reproduzieren sie oft bloß Klischees. Oft werden in ihnen dann überholte oder einseitige Sichtweisen wiedergegeben. Ein Beispiel ist hier die oben erwähnte NBIC-Initiative, die sich als Folge des Fortschritts der konvergierenden Technologien eine neue Renaissance erhoffte. Offenbar sollten hier Ideen oder Narrative wie der *uomo universale*, eine Erneuerung der Kultur, die Eröffnung neuer Perspektiven usw. evoziert werden. Jedoch kann die Ankündigung einer neuen Renaissance auch ganz anders gelesen werden (vgl. Grunwald 2012): Die Renaissance des 16. Jahrhunderts war zwar die Zeit Leonardos, aber auch eine Zeit ungehemmter Gewalt, des Sacco di Roma, der Bauernkriege, der religiösen Intoleranz und der Umstürze. Die heute weitverbreitete Wahrnehmung der Renaissance ist ganz erheblich durch Konstrukte der Aufklärung bestimmt.

Ihren Reiz beziehen derartige Vergleiche aus tatsächlichen Parallelen und ihren polemischen Nutzen aus oft nur impliziten Bezügen auf emotional wirksame Narrative. Ein weiteres Beispiel ist hier die Völkerwanderungsmetapher, die insbesondere von der europäischen politischen Rechten in den aktuellen Kontroversen über Flüchtlinge gern verwendet wird. Mit den Assoziationen gewaltsamer barbarischer Landnahme in hochzivilisierten Gebieten hat die Nutzung dieser Metapher zur Vergiftung des demokratischen Diskurses in den letzten Jahren beigetragen. Dieses Beispiel zeigt aber zugleich, dass solchen historischen Bezugnahmen eben auch durch historische Differenzierung zu begegnen wäre. So war es ja tatsächlich, ganz ähnlich wie heute, eine Mischung aus Armutsmigration und Flucht vor Kriegen, mit dem sich das Römische Reich auseinandersetzen musste, was letztlich mit militärischen Mitteln nicht gelang.

Wenn wir uns um eine derartige Differenzierung in Bezug auf den Vergleich transhumanistischer mit religiöser Gegenwartsabwertung und Ablehnung der bestehenden Welt bemühen, ist es dieselbe Weltregion und ungefähr die gleiche Zeit, mit der wir es zu tun haben: das Römische Reich in den ersten Jahrhunderten n. Chr., in denen das Christentum seinen Ausgang nahm und auch das religionsgeschichtliche Phänomen der Gnosis entstand.

Tatsächlich wurde der organisierte Transhumanismus im Zuge seines Aufstiegs seit den 1990er Jahren des Öfteren – zunächst oft unter dem (eine frühe transhumanistische Strömung bezeichnenden) Namen „Extropianismus" – als neugnostische oder stark dem gnostischen Denken ähnelnde Weltanschauung charakterisiert.[7] So wurde im organisierten Transhumanismus „eine erneuerte Variante gnostischer Religiosität" wahrgenommen, die auf eine „Erlösung von der Bürde des Fleisches, der Welt und der Sünde durch reine, von Handlung und Verantwortung befreite Erkenntnis" abziele (vgl. Brumlik 2001, o. S.): Während sich jedoch die antiken und mittelalterlichen Gnostiker mit „Studium, Askese oder Libertinage" begnügt hätten, griffen

---

7 Vgl. zum Folgenden und für weitere Hinweise zur frühen Diskussionen: Coenen (2006).

„die Transhumanisten und ihre Propheten zum Mittel einer die Welt in ihrem Kern verändernden Technik". Noch deutlich polemischer hat – bereits Mitte der 1990er Jahre – Hartmut Böhme transhumanistische „Propheten des neuen Cyber-Paradieses wie Marvin Minsky oder Hans Moravec" als „Gnostiker in dem Sinn" charakterisiert, dass sie „programmatisch die Welt der Materie und der Leiblichkeit hinter sich zu lassen beabsichtigen, um eine 'reine', von keiner Stofflichkeit kontaminierte Sphäre des reinen Geistes zu kreieren" (Böhme 1996: 9). Dies Platonismus zu nennen, tue Platon Unrecht, weil dieser ein politischer Philosoph gewesen sei. Autoren wie Minsky und Moravec seien „Gnostiker und religiöse Fundamentalisten, welche die Verkettung der menschlichen Geschichte mit den biologisch-evolutionären Bedingungen strategisch aufzulösen sich sehnen". Es handle sich um „wilde Transzendenz-Sehnsüchte und keineswegs Problemlösungsstrategien, welche an der Behebung des Weltelends interessiert wären": Der „Schrotthaufen Erde und der Madensack des menschlichen Leibes" seien vielmehr das Opfer, das dem Ausstieg aus der Bioevolution umso leichter gebracht werden könne, „als Erde und Leib insgeheim mit dem religiösen Stigma der Heillosigkeit und der Verdammnis belegt" seien (ebd.). In jüngerer Zeit argumentierte dann Jeffrey Pugh (2017), dass der Transhumanismus deutlich gnostische Züge aufweise: Das gesamte Programm technowissenschaftlicher Praktiken des Transhumanismus könne in religiösen Begriffen verstanden werden, da das Ziel der Transzendierung des Weltlichen – ein Kernanliegen der Religion – auch ein wichtiger Treiber der transhumanistischen Agenda sei. Wir hätten es hier nicht nur mit dem Wunsch zu tun, der gewöhnlichen Welt zu entfliehen, sondern dem Tod und der Endlichkeit des Menschen. Der Transhumanismus reproduziere die antike Gnosis nicht exakt. Mit ihm erscheine eine immerwährende („perennial") Ideologie wieder, die nicht aufhöre, menschliche Kultur zu prägen und zu informieren. Er teile die gnostische Auffassung von Leib und Welt als Kerkern, aber unterscheide sich vom Gnostizismus insofern, als er unsere Emanzipation als Resultat der Nutzung pragmatischer und technologischer Lösungsansätze betrachte.[8] Dennoch stimmt Pugh der Einschätzung (Coenen 2014) zu, dass die transhumanistischen Visionen gerade deshalb ein

---

8 Eben diesen Punkt wie auch den Umstand, dass es dem Transhumanismus ja gerade um eine Überwindung des Leibes im Materiellen, im Diesseits gehe, führte der Religionswissenschaftler Oliver Krüger in seiner energischen, in einer transhumanistischen Zeitschrift erschienenen Zurückweisung der Gleichsetzung von Transhumanismus und Gnosis an (vgl. Krueger 2005). An anderer Stelle (vgl. Coenen 2006) hat einer der Verf. darauf hingewiesen, dass Krüger hier jedoch ausblendet, dass sich die Charakterisierung des Transhumanismus als gnostisch nicht auf irgendeine physische oder ‚virtuelle' Körperlichkeit bezieht, sondern eben auf das Verhältnis zum konkreten menschlichen Leib. Dort werden auch verschiedene Beispiele für stark gnostisch anmutende Zitate von Transhumanisten angeführt.

gewisses Maß an Plausibilität aufweisen, weil dessen Sichtweisen der Naturwissenschaft, Technik, menschlicher Körperlichkeit und der Natur radikalisierte Versionen von Ideen und Überzeugungen sind, die ihrerseits die westliche Ideengeschichte stark geprägt haben. Obwohl er die Bedeutung der Leistungssteigerung und des Umbaus des menschlichen Körpers (,human enhancement') betone, sei der Transhumanismus wie der Gnostizismus sinnesfeindlich und letztlich gegen den Menschen gerichtet.

Auch wenn sich die Charakterisierung des Transhumanismus als gnostisch nicht einfach mit dem Verweis auf dessen diesseitige Ausrichtung und naturalistischen Ansatz beiseite wischen lässt (vgl. Fußnote 8), so sind hier doch auch einige Einwände gegen diese Charakterisierung zu erheben oder Differenzierungen vorzunehmen: Zum einen lässt sich – und dies gesteht in gewissem Maß auch Pugh zu – der Transhumanismus nicht einfach einem jenseitsorientierten Transzendenzdenken zuschlagen. Es wäre vielmehr dessen Charakterisierung als eine eschatologische Mutation einer naturalistischen Weltanschauung weiterzuentwickeln. Zum anderen leiden einige der kritisch oder polemisch gemeinten Einschätzungen des Transhumanismus als gnostisch daran, dass sie umstandslos und stark verallgemeinernd ein Verständnis der antiken Gnosis zugrunde legen, das in den einschlägigen Fachwissenschaften keineswegs allgemein geteilt wird. Hier bietet es sich eine Beschränkung auf einen Idealtyp der Gnosis (vgl. Coenen 2006) an, wie er sich in der christlichen sowie neuzeitlichen Ideengeschichte herausgebildet hat, mit vor allem den Elementen der radikalen Gegenwarts- und Weltablehnung, des Verständnisses von Leib und Welt als Kerkern und der Selbstbefreiung des Menschen mittels Erkenntnis. Die Alternative dazu wäre eine differenzierte Betrachtung des höchst facettenreichen Untersuchungsgegenstandes „antike Gnosis"; und zwar nicht nur, was vor allem Aufgabe der Fachwissenschaften ist, um dieser historische Gerechtigkeit widerfahren zu lassen, sondern auch – und hinsichtlich der Analyse des technikvisionären Diskurses: vor allem – zu dem Zweck, vereinfachende und klischeehafte historische Bezüge zu hinterfragen, so wie dies oben hinsichtlich der Beispiele Renaissance und Völkerwanderung vorgeschlagen wurde. Hierbei ist auch die Frage nach den Ähnlichkeiten zwischen und Überschneidungen von gnostischer und kirchenchristlicher Tradition von Interesse, die immer wieder diskutiert wird. Kurt Rudolph schrieb hierzu prägnant, dass die „*von der Gnosis eingeleitete Verteufelung des Kosmos zwar von Christentum aufgefangen und rückgängig gemacht worden*", aber „*doch der Rest einer Distanz zur Welt*" geblieben sei, vor allem mit Blick auf die Vorstellung vom Teufel als Fürsten dieser Welt (Rudolph 1978: 395f.). Zuweilen wird die antike Gnosis gar als alternatives und in gewisser Hinsicht originelleres Christentum angesehen, dessen subversiver Charakter im Zuge der kirchlichen Konsolidierung verdrängt worden, in der Moderne aber wiedergekehrt sei (vgl. dazu bspw. Cahana-Blum 2019). Eine Deutung der Moderne als neugnostisch wird auch immer wieder von christlich-konservativer Seite vorgenommen.

Der Begriff einer immerwährenden („perennial") Ideologie, den sowohl Böhme als auch Pugh nutzen, ist allerdings höchst voraussetzungsreich. Es liegt ja nicht nur der Reiz, sondern auch die Schwäche der insbesondere in frühen einschlägigen Schriften von Hans Jonas – aber auch vielfach zuvor und danach vorgenommenen – Kennzeichnungen moderner geistiger oder kultureller Strömungen als „gnostisch" gerade darin, dass diese zumeist polemisch gemeinten Charakterisierungen mit dem Konstrukt einer – zumindest auf „den Westen" bezogen – gleichsam überzeitlichen, übergesellschaftlichen und kulturunabhängigen menschlichen Neigung zu gnostischen Denkfiguren und Gefühlen operieren. Dies ist im Kontext von Polemiken allein schon deshalb fragwürdig, weil damit die Stigmatisierung „der Gnosis" als erste Häresie und ursprünglicher Feind des Christentums weitgehend reproduziert wird. Um den Vergleich von Gnosis und Transhumanismus fruchtbar zu machen, müsste hingegen gefragt werden, welche Ergebnisse sich – im Sinne einer heuristischen Hermeneutik – aus einer differenzierteren Auseinandersetzung mit Erkenntnissen und Kontroversen in den einschlägigen Fachwissenschaften ergeben könnten.

Daran ließen sich weitere Fragen anschließen: Ist bspw. die aktuelle Krise des rationalen Denkens, die sich u.a. in einer massiven Fortschrittskritik und Wissenschaftsskepsis in den ‚westlichen' Gesellschaften seit ca. den 1960er Jahren manifestiert, sinnvoll vergleichbar mit dem seit dem 19. Jahrhundert vielbeklagten – und gerade auch an ‚der Gnosis' festgemachten – angeblichen Niedergang philosophischen Denkens ab dem 2. Jahrhundert n. Chr.? Findet dann tatsächlich in den transhumanistischen Auffassungen und Visionen zum menschlichen Leib eine Gegenwartsabwertung ihren Ausdruck, die an dem – angesichts der weit fortgeschrittenen Zivilisation zunehmend unnötig erscheinenden – realen Leiden verzweifelt und daher seine Gestaltungsenergie auf eine Überwindung des Hier und Heute fokussiert? Und ist die Radikalisierung des heutzutage i.d.R. nicht mehr als Weltanschauung ausgeflaggten Naturalismus hin zu einer eschatologisch aufgeladenen Ideologie – wie sie der Transhumanismus unternimmt – ein ähnlicher Prozess wie die im 2. Jahrhundert einsetzende Verfinsterung des antiken Weltbildes, die ein ‚Zeitalter der Angst' (vgl. Dodds 2000) einleitete? Zeigen sich in unseren Tagen Vorahnungen – ganz ähnlich wie in den frühen, noch vor der großen Reichskrise ab Mitte des 3. Jahrhunderts (vgl. zu dieser bspw. Johne 2008 und Glas 2014) erfolgten „gnostischen" (und christlichen) Gegenwartsabwertungen –, dass eine große Krise oder ein dunkles Zeitalter bevorstehen könnte (wie es in unserer Zeit bspw. in dem stark dystopischen Cyberpunk-Genre ausgemalt wird)?

Sogleich lässt sich in Bezug auf diese Fragen eine Reihe von Einwänden formulieren: Hat der Rationalismus heute nicht eine ganz andere gesellschaftliche Verankerung als er es in der römischen Antike hatte, in der technischer Fortschritt, wenn überhaupt, in einem ganz anderen Umfeld als heute stattfand? Und ist in den modernen Innovationssystemen der Rationalismus nicht auf eine Weise etabliert, die Fortschrittskritik und Wissenschaftsskepsis eher als nebensächliche Begleitmusik erscheinen lassen? Schließlich: Warum sollte der so oft formulierte Anspruch der transhumanistisch gesinnten Mitglieder der technowissenschaftlich-industriellen Elite bezweifelt werden, dass es ihnen – zumindest kurzfristig – gerade auch um die Überwindung von Leid und um Kompensation für (der Fragilität des menschlichen Körpers geschuldete) Einschränkungen geht?

Wir sehen also: Der weit zurückblickende Vergleich zwischen transhumanistischer und religiöser Gegenwartsabwertung sowie Weltablehnung gibt im Sinne einer heuristischen Hermeneutik vor allem dazu Anlass, Fragen zu stellen, die vielleicht unsere heutigen Diskussionen besser zu verstehen helfen und womöglich auch inspirieren können.

Wenn wir vor diesem Hintergrund die These der transhumanistischen Gegenwartsabwertung und Weltablehnung bewerten wollen, könnte eine hermeneutisch orientierte TA sich vor allem jenem ‚Denken in Alternativen' verpflichtet fühlen, das ein allgemeines Kennzeichen des Feldes der TA ist oder sein sollte (vgl. Dobroc et al. 2018). Das schließt zwar nicht aus, zu Antworten zu kommen, die sowohl der Vergangenheit gerecht werden, als auch die heutige Situation bündig charakterisieren; dies dürfte aber i.d.R. nur machbar sein im engen Zusammenwirken mit den einschlägigen Disziplinen. Für dieses Zusammenwirken fehlen allerdings – nicht nur im Forschungsfeld TA selbst, sondern darüber hinaus in der wissenschaftlichen Forschung allgemein sowie im gesamtgesellschaftlichen Diskurs – häufig die Voraussetzungen. Diese wären nur zu schaffen, wenn wahrhaft inter- und transdisziplinärer Austausch häufiger gesucht und gefördert würde.

8 Schlussbetrachtungen

Oben wurde bereits darauf hingewiesen, dass eine hermeneutisch ausgerichtete TA – in ihrem Bemühen zu verstehen, was technikvisionäre Diskurse über unsere Gegenwart aussagen und was sich daraus für Orientierungszwecke ableiten lässt – viel stärker noch als bisher u.a. die Sprachwissenschaften, hermeneutische Ansätze in Philosophie und Geistes- und Kulturwissenschaften sowie die Künste einbeziehen müsste.

Dies gilt, wie zu zeigen versucht wurde, in besonderem Maße hinsichtlich der in futuristischen Diskursen festzustellenden Verschränkungen von religiöser, auch politisch relevanter Ideengeschichte mit weitreichenden technischen und gesellschaftlichen Zukunftsvisionen. Um diese Verschränkungen sichtbar und in der TA besser verhandelbar zu machen, bieten sich hermeneutische Ansätze an. Mit Verunsicherungen, die von technowissenschaftlich ermöglichten, massiven sozialen Transformationsprozessen und Aussichten einer Veränderung sogar der *conditio humana* herrühren, gehen oft Verhärtungen sozialer Konflikte und emotionaler Aufruhr einher, die wiederum zu gesellschaftlichen und individuellen Kommunikationsblockaden führen können. Wie oben am Beispiel eines Filmfestivals erwähnt, lässt sich solchen Blockaden womöglich besonders effektiv durch die Einbeziehung der ästhetischen Dimension in Technikdiskurse entgegenwirken.

Eine Herausforderung ergibt sich aus dem Umstand, dass Ideentraditionen, die – wie die philosophisch-theologische Ideengeschichte der frühen nachchristlichen Jahrhunderte – mittlerweile selbst in den Geistes- und Sozialwissenschaften für viele versunkenes Bildungsgut darstellen, aufgrund der Populärkultur, bspw. sehr populärer Sciencefiction, heutige gesellschaftliche Diskurse (in oft stark verfremdeter Form) beeinflussen.[9] Und selbst die akademischen Diskussionen zum Transhumanismus – mit ihren populärwissenschaftlichen Ausläufern (wie bspw. den Bestsellern von Yuval Noah Harari) –, in denen es von Gottes- und anderen Religionsbezügen geradezu wimmelt, leiden darunter, dass suggestive Metaphern, unklare oder von den beteiligten Disziplinen ganz unterschiedlich verstandene Konzepte sowie vor allem auch polemische Strategien nahezu allgegenwärtig sind.

Wie darzulegen versucht wurde, behaupten wir keineswegs, dass das gestaltungsorientierte Forschungsfeld TA eigenständig oder gar allein eine Aufklärung hinsichtlich der technikfuturistischen Verschränkungen von religiöser Ideengeschichte und Zukunftserwartungen leisten kann. Eine hermeneutisch ausgerichtete TA wird hier bspw. i.d.R. keine Beiträge zu religionswissenschaftlicher und historischer Forschung oder gar zur Theologie machen. Sie wird sich vielmehr zunächst einmal – als eine gerade auch aufarbeitende und nach orientierendem Gestaltungswissen strebende Forschung – um eine Darlegung und Analyse christlicher und anderer religiöser, auch neureligiöser Motive, Bilder und Narrative in technikfuturistischen Diskursen bemühen und dann, im Sinne einer heuristischen Hermeneutik, Fragen zur Diskussion stellen unter Bezugnahme auf die jeweiligen Forschungsstände und Kontroversen in den relevanten Disziplinen, im engen Austausch mit eben diesen Disziplinen.

Es hat den Anschein, dass zumindest in unseren „westlichen" Gesellschaften sich die auf Transzendenz gerichteten Ambitionen von der traditionellen Religion in einem erheblichen Maß auf visionäre Technikdiskurse verlagert haben. Es kommt so zu einer zunehmenden Überfrachtung der

---

9 Ein bedeutendes Beispiel sind hier die sehr erfolgreichen „Matrix"-Filme, die auch maßgeblich transhumanistische Philosophen wie Nick Bostrom inspiriert haben.

Technik mit Heilserwartungen, die – mit Hans Blumenberg – als Fortsetzung und womöglich Verschärfung einer die Neuzeit von Anfang begleitenden Problematik verstanden werden kann: Die authentische Rationalität der Fortschrittsidee wird demnach unter der Bürde des christlichen eschatologischen Erbes überdehnt; Weltlichkeit ist damit kein gesichertes historisches Merkmal der Neuzeit, sondern *„ihr dauerndes kritisches Officium"* (Blumenberg 1966: 60).

Der Innovationszwang in einer Gesellschaft, die anscheinend das Disruptive zunehmend wie ein Heroinsüchtiger seine Droge ersehnt, könnte dann dazu führen, dass das Diesseits nicht mehr als nahezu unbegrenzter Gestaltungsraum – und schon gar nicht als nachhaltig zu bestellender Garten – wahrgenommen wird, sondern als eine Sphäre, die mittels einer bestimmten eschatologischen Programmatik, in weitgehend vorab feststehender Weise, umzugestalten ist. In einem solch arg beschränkten Triumph der Gestaltbarkeit würde dann auch religiöse Transzendenz ersetzt durch eine Transzendenz des Menschen im Sinne seiner physischen Abschaffung. Wenn solche Zukunftsvisionen dann sogar noch – wie im Transhumanismus – mittels starke Gefühle erzeugender Bilder als Naherwartungen präsentiert werden, können alle scheinbar bescheideneren Ansätze zur Verbesserung der Welt als unattraktiv erscheinen, als unansehnliche Mühen der Ebene. Deutet sich in den Naherwartungen des Transhumanismus gar der Kollaps der Innovationsform der Moderne an? Und werden dann – eine alte Idee – die technowissenschaftlichen Eliten die Rolle einer neuen Priesterschaft einnehmen? Sollte dem so sein, wäre der Transhumanismus nur scheinbar innovationsorientiert – und potenziell disruptiv nur insofern, als er uns in eine technisch z.T. weit fortgeschrittene, aber in emanzipativer Hinsicht die Moderne politisch und kulturell unterbietende Zukunft führen könnte. Dazu passten dann die strukturellen Ähnlichkeiten, die er zu frühen Formen religiöser Gegenwartsabwertung aufweist.

Literatur

Bernal, John Desmond (1929): The World, the Flesh and the Devil. An Enquiry into the Future of the Three Enemies of The Rational Soul. London: Kegan Paul, Trench, Trubner and Company.
Bernal, John Desmond (1930): Irreligion. In: Spectator 1930, S. 518-519.
Blumenberg, Hans (1966): Die Legitimität der Neuzeit. Frankfurt: Suhrkamp.
Brumlik, Micha (2001): Aufbruch ins Haus der Hörigkeit. http://www.gazette.de/ Archiv/Gazette-Dezember2001/Brumlik.html [Zugriff: 07.12.2001].
Cahana-Blum, Jonathan. (2019): Wrestling with Archons. Gnosticism as a Critical Theory of Culture. Lanham u.a.O.: Lexington.

Church, G./Regis, E. (2012): Regenesis. How How Synthetic Biology Will Reinvent Nature and Ourselves. New York: Basic Books.

Coenen, C. (2006): Der posthumanistische Technofuturismus in den Debatten über Nanotechnologie und Converging Technologies. In: Nordmann, A./Schummer, J./ Schwarz, A. (Hrsg.): Nanotechnologien im Kontext. Philosophische, ethische und gesellschaftliche Perspektiven. Berlin: Akademische Verlagsanstalt 2006, S. 195-222.

Coenen, Christopher (2008): Verbesserung des Menschen durch konvergierende Technologien – Christliche und posthumanistische Stimmen in einer aktuellen Technikdebatte. In: Böhm, H./Ott, K. (Hrsg.): Bioethik – Menschliche Identität in Grenzbereichen. Leipzig: Evangelische Verlagsanstalt 2008, S. 41-124.

Coenen, Christopher. (2010): Zum mythischen Kontext der Debatte über Human Enhancement. In: Coenen, C./Gammel, S./Heil, R./Woyke, A. (Hrsg.): Die Debatte über "Human Enhancement". Historische, philosophische und ethische Aspekte der technologischen Verbesserung des Menschen. Bielefeld: transcript, S. 93-90.

Coenen, Christopher. (2013): Nachdarwinsche Visionen einer technischen Transformation der Menschheit. In: Ebert, U./Riha, O./Zerling, L. (Hrsg.): Der Mensch der Zukunft. Hintergründe, Ziele und Probleme des Human Enhancement. Stuttgart, Leipzig: Hirzel, S. 9-36.

Coenen, Christopher. (2014): Transhumanism in emerging technoscience as a challenge for the humanities and technology assessment. In: Teorija in praksa 51(5), S. 754-771.

Coenen, Christopher (2015): Der frühe Transhumanismus zwischen Wissenschaft und Religion. In: Aufklärung und Kritik 22(3), S. 49-61.

Coenen, Christopher. (2019): Die Mensch-Maschine als Utopie. In: Liggieri, K./, Müller, O. (Hrsg.): Mensch-Maschine-Interaktion. Stuttgart: J.B. Metzler, S. 71-80.

Coenen, Christopher/Grunwald, Armin. (2017): Responsible Research and Innovation (RRI) in Ruantum Technology. In: Ethics and Information Technology 19(4), S. 277-294.

Dobroć, Paulina/Krings, Bettina-Johanna./Schneider, C./Wulf, Nele (2018): A Programme of Alternatives. In: TATuP – Zeitschrift für Technikfolgenabschätzung in Theorie und Praxis 27(1), S. 28-33.

Dodds, Eric Robertson (2000): Pagan and Christian in an Age of Anxiety. Some Aspects of Religious Experience from Marcus Aurelius to Constantine, Cambridge u.a.O. In: Cambridge University Press (orig. 1965).

Ferrari, Arianna/Coenen, Christopher/Grunwald, Armin (2012): Visions and Ethics in Current Discourse on Human Enhancement. In: NanoEthics 6(3), S. 215-229.

Glas, Toni (2014): Valerian. Kaisertum und Reformansätze in der Krisenphase des Römischen Reichs. Paderborn: Ferdinand Schöningh.

Gray, J. (2011): The Immortalization Commission: Science and the Strange Quest to Cheat Death. London: Allan Lane.

Gray, John (2014): Are Sergey Brin And Mark Zuckerberg God-Builders? In: New Perspectives Quarterly 31, S. 82–84.

Grunwald, Armin (2012): Technikzukünfte als Medium von Zukunftsdebatten und Technikgestaltung. Karlsruhe: KIT Scientific Publishing (Karlsruher Studien Technik und Kultur, Bd. 6).

Grunwald, Armin (2015): Die hermeneutische Erweiterung der Technikfolgenabschätzung. In: TATuP 24(2), S. 65-69.
Grunwald, Armin (2019a): Technology Assessment in Practice and Theory. London: Routledge.
Grunwald, Armin (2019b): The Objects of Technology Assessment. Hermeneutic Extension of Consequentialist Reasoning. https://doi.org/10.1080/23299460.2019.1647086 [Zugriff: 10.06.2021].
Haraway, Donna (1991): A Cyborg Manifesto: Science, Technology, and Socialist-Feminism in the Late Twentieth Century (orig. 1985). In: Simians, Cyborgs and Women: The Reinvention of Nature. New York: Routledge, S. 149-181.
Hurlbut, J. Benjamin/Tirosh-Samuelson, Hava (2016, Hrsg.): Perfecting Human Futures. Transhuman Visions and Technological Imaginations. Wiesbaden: Springer VS.
Johne, Klaus-Peter (Hrsg.; unter Mitwirkung von U.Hartmann und T. Gerhardt) (2008): Die Zeit der Soldatenkaiser (2 Bde.). Berlin: Akademie-Verlag.
Knorr Cetina, Karin (2004): Beyond Enlightenment. In: European Communities (Hrsg.): Modern Biology & Visions of Humanity. Brüssel: European Communities, S. 29-41.
Krueger, Oliver (2005): Gnosis in Cyberspace. https://www.jetpress.org/volume14/krueger.html [Zugriff: 18.08.2021].
Joy, Bill (2000): Why the Future Doesn't Need Us. In: Wired, April 2000.
Lunn, Arnold/Haldane, J.B.S. (1935): Science and the Supernatural. A Correspondence between Arnold Lunn and J. B. S. Haldane. London: Eyre and Spottiswoode.
Markschies, Christoph (2001): Die Gnosis. München: Beck.
Mercer, Calvin/Trother, Tracy J. (2015): Religion and Transhumanism: The Unknown Future of Human Enhancement. Santa Barbara u.a.O.: Praeger.
Moos, Thorsten (2016): Reduced Heritage: How Transhumanism Secularizes and Deseculariizes Religious Visions. In: Hurlbut, J.B./Tirosh-Samuelson, H. (Hrsg.): Perfecting Human Futures. Transhuman Visions and Technological Imaginations. Wiesbaden: Springer VS, S. 159-178.
Noble, David F. (1999): The Religion of Technology. New York: Penguin Books.
Nordmann, Alfred (2007): If and Then: A Critique of Speculative NanoEthics. In: NanoEthics 1(1), S. 31-46.
Pugh, Jeffrey C. (2017): The Disappearing Human: Gnostic Dreams in a Transhumanist World. In: Religions 8(5), S. 81.
Reade, William Winwood (2005): The Martyrdom of Man. Chestnut Hill: Adamant Media Corporation (i. Orig. 1872).
Rudolph, Kurt (1978): Die Gnosis. Wesen und Geschichte einer spätantiken Religion. Göttingen: Vandenhoeck und Ruprecht.
Saage, Richard (2011): Philosophische Anthropologie und der technisch aufgerüstete Mensch. Annäherungen an Strukturprobleme des biologischen Zeitalters. Bochum: Winkler.
Schummer, Joachim (2009): Nanotechnologie – Spiele mit Grenzen. Frankfurt: Suhrkamp.
TAB (Büro für Technikfolgen-Abschätzung beim Deutschen Bundestag) (2011): TAB-Brief Nr. 39. https://www.tab-beim-bundestag.de/de/pdf/publikationen/tab-brief/TAB-Brief-039.pdf [Zugriff: 17.04.202010.06.2021].

Tipler, Frank J. (1995): The Physics of Immortality. Modern Cosmology, God and the Resurrection of the Dead. New York: Anchor Books (Orig. 1994).
Tipler, Frank J. (2007): The Physics of Christianity. New York u.a.O.: Doubleday.
Weber, Max (1994): Brief an Ferdinand Tönnies (vom 19. Februar 1909). In: Lepsius, R.M./Mommsen, W.J. (in Zusammenarbeit mit B. Rudhard und M. Schön) (Hrsg.): Max Weber Briefe 1909-1910. Max Weber Gesamtausgabe, Abteilung II, Bd. 6. Tübingen: J.C.B. Mohr (Paul Siebeck), S. 63-66.

Ästhetiken und Praktiken des Technoreligiösen

"Why nature won't save us from climate change but technology will": Creating a new heaven and a new earth through carbon capture technologies

Alexander Darius Ornella

> Many of us share some dim apprehension that the world is flying out of control, that the center cannot hold. Raging wildfires, once-in-1,000-year storms, and lethal heat waves have become fixtures of the evening news – and all this after the planet has warmed by less than 1 degree Celsius above preindustrial temperatures.
>
> Peter Brannen (2017: 249)

Peter Brannen's (2017) book *The Ends of the World* reflects increasingly common perceptions about the state and future of planet earth found in popular media. Common to these perceptions are a sense of a loss of control and the uncertainty over our planet's climate future. This uncertainty is often communicated using apocalyptic language and the coverage of the 2017 Hurricane Irma provides examples for this recurring sense of uncertainty (McKibben 2017). Apocalyptic language conveys a sense of urgency with which we must act to prevent the impending catastrophe – if it is not too late for that already; the path towards the catastrophe seems threaded deep.

A sense of urgency often also underpins the arguments of geoengineering proponents. Broadly speaking, geoengineering refers to technologies aimed to mitigate the impact of CO_2 emissions on the planet's climate. While geoengineering advocates and providers across the sector often draw on religious narratives, carbon dioxide removal (CDR) technologies, i.e. technologies that aim to remove CO_2 from the atmosphere or directly at their industrial sources (Mac Dowell et al. 2017), in particular invite narratives of a new heaven and a new earth, or in other words: of a new creation. Using four CDR companies as case studies, *Climeworks*, *Carbon Engineering*, *Global Thermostat*, and *Sky Mining*, this paper will offer a close reading of their websites, texts, and iconography online and argue that carbon capture technologies are both redemptive and creational technologies. These narratives around redemption and creation make it explicit that discourses around carbon dioxide removal technologies involve a range of stakeholders and negotiate various (and often competing) interests. In particular, the religious narratives found in the context of CDR (and geoengineering more broadly) can highlight the economic interests that are driving developments. In a first step, this paper will briefly introduce geoengineering and look at geoengineering as visual narrative. In a second step, it will provide an overview over the religious elements in such narratives. The third part of the paper is dedicated to a close reading of the textual and visual narratives of *Climeworks, Carbon Engineering, Global Thermostat*, and *Sky Mining*.

1 Geoengineering – The Technology and its Narrative Context

There is no agreement on the exact definition of the term geoengineering and its related terms such as weather and climate modification, climate engineering, or geohacking. Broadly speaking, these terms relate to the *deliberate* interventions in the climate system in order to counteract global warming and mitigate the impact of CO_2 emissions, though the exact effects and side effects are currently still subject to debate (Curvelo 2015: 116–120, 2013; Yusoff 2013: 2801). In a 2009 report, The Royal Society defined geoengineering as "deliberate large-scale manipulation of the planetary environment to counteract anthropogenic climate change" (Royal Society 2009). The Keith Group (2017) at Harvard, one of the most publicly visible groups of climate engineering researchers, defines geoengineering as

> a set of emerging technologies that could manipulate the environment and partially offset some of the impacts of climate change. It could not be a replacement for reducing emissions (mitigation) or coping with a changing climate (adaptation); yet, it could supplement these efforts.

Geoengineering proposals (both feasible and hypothetical) commonly fall into either of two broad categories: 1) Solar Radiation Management (SRM) approaches attempt to reflect fractions of the sunlight back into space. Inspiration for SRM is commonly drawn from natural events that dimmed parts of the planet such as volcanic eruptions; 2) Carbon Dioxide Removal (CDR) techniques that attempt to remove CO_2 from the atmosphere to either store it or turn it into a resource for other products (Royal Society 2009: ix). The driving force behind geoengineering is an understanding that a reduction of CO_2 emissions is either not sufficient anymore or could not be implemented fast enough to avert the further rising of global temperatures.

Geoengineering – in its broad sense – is not a new phenomenon. James R. Fleming (2006: 16, 24) argues that geoengineering can be traced back as early as at least the 1830s for various political, economic, and military agendas. These broader social and ethical dimensions are often neglected in debates about geoengineering. Yet, the lack of an ethical dimension does not mean that scientific discussions about geoengineering are neutral. Technologies, their materiality, the motivation for developing them, and the narratives that give meaning to them, are always embedded into what I called a

"Circuit of Technological Imaginaries" (Ornella 2015) consisting of (in no particular order) the sublime, the body, aesthetics, agency, materiality, and narratives (Ornella 2015: 322). This *Circuit of Technological Imaginaries* aims to render visible that technology is more than its materiality. Technology – or technologies – are linked to ways of knowing and discovering, they provide ways and means to relate and situate ourselves to and within the world as our world, they outbursts of human creativity, and they bear witness to exploitation and processes of othering. The circuit makes clear that technologies do not stand alone by themselves, that their material manifestation and their scientific context are always embedded into processes of imagining and envisioning social life and social futures. Mircea Eliade describes the practice of turning what is perceived as chaos into something organized and structured, into one's world – or cosmos – as *"cosmicizing"* (Eliade 1987: 30) partaking in the "divine act of creation" (Eliade 1987: 31).

Technologies can be seen as a cosmicizing practice. Technology, their scientific context and their material manifestations are always embedded in a web of narratives that both give meaning to technology and help us make sense of our being-in-the-world, in the here-and-now (Ornella 2015: 328). The sublime, which I identified as one of the elements of the Circuit, can be used as category to show that technology acts as "transcendent agent": it is connected to the other-worldly and helps to bring about the other-worldly (Ornella 2015: 325). This other-worldly dimension of technology manifests itself in the (imaginary) spaces technology inhabits and in the way designers, scientists, marketers, and others use technologies and representations of technologies to create such imaginary spaces. Jörg J. Berns (2007: 10f., 1996: 7), for example, argues that technological developments and human longing are intimately intertwined and that both producers and users of technologies use transcendent imagery to locate technologies in heavenly and infernal spaces. They do not only signify a space (e.g. torture instruments mark an infernal space while musical instruments mark heavenly spaces) but also emerge out of them and are deeply rooted in the characteristics and the purpose of these spaces.

As agent of the sublime and cosmicizing agent, technologies can perform an important rhetorical function in creation stories and help situate people within an environment and their relationship with it. Americans, for example, as David E. Nye (2003: 2) argues,

> constructed technological foundation stories primarily to explain their place in the New World, not to understand the technologies. A new machine acquired social meaning when placed in a context and used for some purpose.

These technological creation stories were not so much about explaining technologies but about imbuing meaning, creating social structures, an order of and for the world through technological means. These examples show that understandings and definitions of "religion" and "technology" are more complicated and the lines between the two more blurry than in public perception and technology can have a magical, even sacral, dimension (Stolow 2013: 3-5).

2 The Religious Dimension of Geoengineering

Geoengineering debates create cosmicizing narratives. Paula Curvelo and Ângela Pereira (2013: 13) argue that geoengineering debates take place across the three domains of science, society, and policy and are connected by a number of master narratives, e.g. the narrative of progress, the narrative of urgency, the narratives of ethics and of failure, and ideas of the natural/ unnatural. Or, as Bill Gates (2016) put it: we need "energy miracles", although not one "that's impossible" because he has "seen miracles happen before." Because geoengineering debates take place at the intersection of science and society, they have given rise to textual, verbal, and visual narratives. In fact, visual elements are a key ingredient of geoengineering narratives because, as Gretchen Barbatsis (Barbatsis 2005: 330) argues, pictorial expressions are a form of structuring thought and convey (narrative) meaning. Paula Curvelo (2012: 178f.) suggests to explore ethical issues inherent in technological proposals to solving global warming, something that has been mostly neglected so far, by looking at the visual narratives such proposals produce. As such, images visualize and reveal what might be hidden in textual and verbal accounts of climate change and geoengineering:

> Consequently, these images are now seen as part of the geoengineering story, by revealing facts, knowledge, values, fears, desires, promises, anxieties and incredulity, not only about the proposals for tackling climate change, but also and above all, by revealing what we know about the world and how we make sense of our place in it. (Curvelo 2012: 184)

What Curvelo and Barbatsis say about images, the visual, and the pictorial also applies to our imagination, mental and verbal images, and what could be called the geoengineering imaginary. In fact, the visual and the imaginary are always already intertwined, in particular when it comes to visualizing the unknown, the invisible, in particular in science and technology studies (Kenney 2005: 110; Ruivenkamp/Rip 2011: 185f., 2010: 4, 29).

While Curvelo brings to light the entanglement between the academic geoengineering debate and geoengineering narratives of a more ideological nature, religion features little in her analyses. Yet, themes that transcend the ordinary infuse these debates and have transformed these technologies from a maybe to an unavoidable harbinger of a new world. For example, in the mid/late 2000s, geoengineering researchers argued that their research is an ethical imperative to have a Plan B or backstop if all else fails (Nerlich/Jaspal 2012: 135), something the general public was fairly open to (Scott 2012: 153f.). More recently, in public debate and media coverage, the discourse has been shifting to emphasizing the inevitability of geoengineering as "unavoidable truth" (Goering 2017) and threat to "the very coordinates of our everyday lives and routines" (Swyngedouw 2010: 218) given the rapid progress of climate change (Goering 2017; Reuters 2017; B. Reuters 2017). These narratives often are, as Mike Hulme (2009: 341) argues, "rooted in our human instincts for nostalgia, fear, pride and justice".

Hulme's framework shows that climate change and geoengineering are not solely scientific questions but fundamentally anthropological ones; they pose the question of being human in this world and how we relate to and interact with our environment. Both show the fundamental human and social constructedness of what we perceive to be "nature" or the "natural environment".

Geoengineering – as large-scale interventions – promises to be a holistic tool that allows human control not only of the immediate environment but of the planet as a whole. Doing so, geoengineering promises to redefine the Biblical/theological notion of humanity as co-creators (Hansen/Schotsmans 2001: 81–83; Ornella 2010). Forrest Clingerman (2014: 10) argues that geoengineering raises questions "about our self-image as seen through the technological imagination of the environment." This re-imagining of ourselves as human beings transforms the social and technological narratives of geoengineering into a theological endeavor, into a form of "crypto-theology" as Forrest Clingerman (2012: 212) calls it. He (Clingerman 2012: 11) argues that the framework of "crypto-theology" allows to highlight that both pro and contra geoengineering approaches re-inscribe the nature/un-nature (or non-nature) divide that sees human beings to be set apart and different from the natural world.

The notion of being set apart from the natural world is also linked to the idea of human mastery over nature. Mastering nature through technology is a radicalization of a common – but in contemporary theology heavily critiqued – interpretation of Genesis 1:26-2:3 that sees earth as humanity's dominion to be ruled over. Geoengineering surrenders all of creation to humanity's control and becomes a materialization of a Biblical decree (Clingerman 2015: 348; Curvelo 2015: 125). Some critics, such as Lynn White (1967: 1207), see such a narrow interpretation of Genesis as the root cause of all ecological evils: "Hence we shall continue to have a worsening ecologic crisis until we reject the Christian axiom that nature has no reason for existence save to serve man."[1]

Most Christian theologians have long moved on from the understanding of dominion to one of stewardship (Harper 2011) and Christian and non-Christian opponents alike use the imagery of God to warn that messing with the climate means playing God and messing with his creation (Carr 2014; Clingerman 2015: 349). Yet, we can still trace the legacy of the dominion narrative in contemporary cultural consciousness. David Keith (2007), one of the most public faces of geoengineering research, in particular Solar Radiation Management, bears witness to such a religiously infused cultural memory in his TED talk where he argued that we cannot but research geoengineering:

> That if engineers and scientists really turned their minds to this, it's amazing how we can affect the planet. The one thing about this is it gives us extraordinary leverage. This improved science and engineering will, whether we like it or not, give us more and more leverage to affect the planet, to control the planet, to give us weather and climate control – not because we plan it, not because we want it, just because science delivers it to us bit by bit, with better knowledge of the way the system works and better engineering tools to effect it.

In this account, geoengineering is not a tool but becomes a moral imperative. More so, when Keith argues that "science delivers it to us bit by bit", he assigns agency to science and technology. Science becomes a transcendent agent that completes human dominion and the Genesis narrative: God's image at last – but only through technology as agent of transcendence.

In his analysis of geoengineering proposals, Clingerman (2012: 212) found that they are often based on the "potential goodness of the human spirit". I argue that Keith's understanding of science renders any questions of goodness or human free will meaningless and turns his call for a cautious roll out of geoengineering into an empty rhetorical shell. In the very public form of a TED talk (Matheson 2017) Keith proclaimed that science and engineering will hand over control "whether we like it or not". The question, then, is not anymore "if" but "how" to use and *who* gets to use it for *whose* benefit.

Robert M. Geraci (2016: 321) argues that "[t]echnologies are, themselves, metaphysically underdetermined: they do not tell us how to interpret them but must, instead, be interpreted by their users." He (Geraci 2016: 323) further argues that "faith in technological progress, and technological salvation, was cemented in western culture". Looking at the settlement period of what became the United States, David Nye (2003: 2) argues that "Americans constructed technological foundation stories primarily to explain their place in the New World, not to understand the technologies." In his portrayal of

---

1 For a critical assessment of White's arguments, see Clingerman (2012: 204) and Orr (2003).

science and knowledge, David Keith interprets technologies and explains our position in the world. In fact, he creates a narrative that has soteriological, eschatological, and gnostic elements. It is soteriological, because it ascribes agency to science and perceives sciences as divine actor that dispenses salvation. It is eschatological because geoengineering fantasies envision a world that is technologically created, that completes a world that is potentially there (or has been there) but is-not-yet, a world that, as Romans 8:22-25 tells us, "has been groaning in labor pains until now". It is gnostic because it is through knowledge that salvation comes to us, revealed knowledge and not knowledge discovered or created by us (Rudolph 1977: 60f.). In addition, Clingerman identifies Pelagian elements in the idea that there are technological fixes for human disruptive (and sinful) behavior. Underlying in such an attitude is the "the assumption that humans work toward their own salvation and have the capabilities and gifts necessary to do so without requiring God's grace" (Clingerman 2012: 213).

> There are similarities between the optimism of the human spirit expressed by Pelagianism and the theological framework implicit in geoengineering proposals. [...] both suggest the presence of an intellectual capacity to work toward our salvation – and it is our prerogative to do so – whether it is a salvation from sin or the worst effects of climate change. (Clingerman 2012: 214)

The tendency to campaign for climate engineering with theological undertones might also have to do with the notion that the climate is perceived to be "up there", i.e. heavenly, rather than "down here". In fact, religion and weather have been intimately intertwined for a long time. Good or bad weather has long served as reward or punishment for human behavior towards the divine. Prayers and sacrifices have served as appeasement of the gods to ensure good weather. "As a result, *religion can be counted as undertaking the first attempts at geoengineering!*" (Clingerman 2012: 204f.). In other words: doing climate work and climate engineering can be seen as doing the work of the gods.

In the analysis of carbon capture imagery to follow, in my argument that doing climate work can be seen as doing the work of god, I draw on David Chidester's (2005: 1) definition of religion:

> [R]eligion is an arena of human activity marked by the concerns of the transcendent, the sacred, the ultimate – concerns that enable people to experiment with what it means to be human. Religious ways of being human engage the transcendent – that which rises above and beyond the ordinary. They engage the sacred – that which is set apart from the ordinary. And they engage the ultimate – that which defines the final, unavoidable limit of all our ordinary concerns.

3 Creating a New Heaven and a New Earth: Carbon Dioxide Removal Technologies

Religiously infused technological narratives allow advocates (or opponents) to situate a specific technology in its cultural context and render it meaningful for both an expert as well as popular audience. Robert M. Geraci (2016: 330) argues that

> The adoption of technology happens, in part, based upon religious premises. [...] technology marks the end of the world as we know it; it is crucial to our perspectives on history and our eschatological expectations. [...] The day-to-day reality in which new technologies are built, advertised, disseminated, and adopted requires more thorough study, particularly to deepen our understanding of how eschatological religious perspectives are implicated in this process.

In the following analysis, I will focus on CDR solutions, often considered as clean or 'good' geoengineering (Yusoff 2013: 2799) as opposed to SRM that is often seen as more risky and 'bad' geoengineering (Yusoff 2013: 2799) – with all the moral implications of good/bad. The notion of 'good' geoengineering is also linked to ideas of purity: CDR offers to remove CO_2 from the atmosphere, cleanse it from human contagion, and set carbon free as life giving element: a new, purer, and more whole world emerges. The ideas of purity and the creation of a new world will emerge in the following textual and visual analysis of the websites and promotional materials of four CDR enterprises: *Carbon Engineering*, *Climeworks*, *Global Thermostat*, and *Sky Mining*. These companies have been chosen because they get frequent mentions in news coverage about carbon dioxide removal solutions (Hower 2016; Temple 2018).

4 Carbon Engineering – carbonengineering.com

Carbon Engineering (CE) is a Canadian company that offers direct air capture and "Air to Fuels" solutions. Carbon Engineering aims reduce or eliminate the need for and processing of crude oil and replace it with a closed carbon cycle (see figure 1). Through the closed carbon cycle, no new CO_2 would be emitted into the atmosphere anymore (Carbon Engineering 2017).

The language used across the website is overall fairly technical and seems to lack religious connotations. Yet, the visuals and the media testimonials CE presents on its website imagines carbon capture as the dawn of a new era. The main image on the company's landing page is a technical sketch of their

Fig. 1: Carbon Engineering Carbon Cycle. Image source: http://carbonengineering.com/about-a2f/ [accessed 11.06.2021].

carbon capture solution built right into vast empty land. Sunrays add to the dramatic and romantic effect to convey perfect harmony between nature and technology, the end of an old and the dawn of a new era. The only trace of (modern) civilization seems to be a few power towers in the distant.

Fig. 2: Carbon Engineering Carbon Capture Plant. Image source: http://carbonengineering.com/about-a2f/ [accessed 11.06.2021].

Fig. 3: Carbon Engineering Air2Fuel. Image source: http://carbonengineering.com/about-a2f/ [accessed 11.06.2021]; Leahy (2018).

Their Air-to-Fuels technology is equally imagined as natural resource because it draws exclusively on atmospheric CO_2 (Cf. Carbon Engineering 2017). Carbon Engineering uses snippets from media reports to support the idea of a new era. The idea of a new world is emphasized by media coverage on Carbon Engineering. National Geographic headlines their coverage with "IMAGINE DRIVING UP to your local gas station and being able to choose between regular, premium, or carbon-free gasoline" (Leahy 2018). Air-to-Fuel is presented as truly revolutionary, world changing technology with the potential to disrupt political and economic power structures: "Any country, any region, can have its own fuel. They'd be no longer dependent on the geopolitical situation if Country X has oil and Country Y does not", argues Steve Oldham from CarbonEngineering (Weber 2018).

As such, Carbon Engineering is part of a broader narrative that harnesses a "plentitude of evil" and transforms it into a "plentitude of good". Through the images and the narrative, a "hypothetical future" (Gunther 2015) is presented as within reach through technological innovation and intervention.

5 Climeworks – climeworks.com

Climeworks, a Swiss startup emerging out of research at the ETH Zürich, in particular presents carbon capture technology as transformative, redemptive, and creation technology. Their textual and visual language support the idea of redemption and transformation, a world in which humans and nature live in harmony and perfect balance – technologically mediated. The landing page features in huge letters the heading "What if?" with (presumably) the Swiss Alps tipped with snow. Scrolling further down, the background image changes to a Climeworks CO_2 removal plant in the foreground and the Swiss Alps in the background with the layover text saying "Our vision is to achieve that". The message seems clear: the only way to arrive at that perfectly balanced human-nature relationship is through technological intervention; or in theological terms through technology as mediator between nature as it ought to be (in equilibrium) and corrupt human nature. In that sense, carbon dioxide removal technologies, the imaginary what-if/already-not yet becomes a promise of salvation: carbon dioxide removal technology are all of the three at the same time: creators of new worlds, mediators of salvation, and the promise of salvation. Carbon dioxide removal technologies hold theological meaning in Jochen Hörisch's sense:

> Heilsversprechen sind, wie sollte es anders sein, mediale Heilsversprechen; und allen Medien wohnen Heilsversprechen inne. (Hörisch 2010: 164)[2]
>
> Auch die neusten Medien setzen erst einmal bemerkenswert bruchlos fort, was in den Stiftungsakten zumindest der wort- und schriftseligen monotheistischen Offenbarungsreligionen medial angelegt war und seitdem zu wirken nicht aufgehört hat. ... Am Anfang der Thora ... steht das schöpferische Wort. (Hörisch 2010: 165)[3]

---

2 "Promises of salvation are – how could it be any different – promises of salvation of media; and all media have innate promises of salvation."
3 "Initially, new media continue remarkably seamlessly what was founded as mediated form in the scriptures of the monotheistic religions of revelation with their focus on word and text and this continues to have impact to date ... In the beginning of Thora ... is the creative Word."

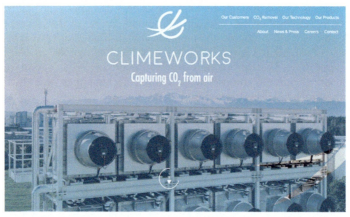
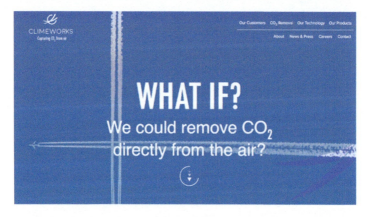

Fig. 4–8: Climeworks carbon capture plant and carbon commercialization. Image source: http://www.climeworks.com/ [accessed 11.06.2021].

The "what if" narrative, however, does not stop at creating an imaginary zero emissions world, but they aim to make this utopian world tangible and realizable: "Using a Climeworks Plant, bottling companies can generate high purity CO_2 on site, literally out of thin air" (Climeworks 2018b). They promise not just a clean environment, but an economic plentitude and infinite resources to make economic enterprises more profitable. "Farmers use greenhouses to create finely tuned conditions to ensure optimum yield from their crops. Raising CO_2 levels within these greenhouses increases the rate of photosynthesis which can boost the crop yield by up to 20 per cent" (Climeworks 2017).

While "on site" suggests an independent supply with the potential to disrupt economic structure, Climeworks and others fit quite well into a capitalist narrative of growth and profit, a capitalist utopia of unlimited growth because

Fig. 9: Climeworks CO_2 for greenhouses. Image source: http://www.climeworks.com/our-customers/greenhouses/ [accessed 11.06.2021].

of unlimited resources. Or as Giorgos Kallis and Hug March (2015: 365) point out: "A society of high energy use and advanced technologies, even a 'solar communism' à la Schwartzman (2012), would need experts to manage them and by necessity will be undemocratic and nonegalitarian."

The visual language in the images on the Climeworks website seem to marry nature with technology. The visuals support the overall narrative that "Climate change is driven by human activities [...] causing global warming" (Climeworks 2018a) and that technology is needed not only to mitigate against the impact of human activities and safeguard nature, but return to an idyllic past that is at the same time a technologically created utopia. Using captured CO_2 for Greenhouse gases contributes to a technologically fine-tuned and controlled nature with the aim to support human development with minimal environmental impact.

Climeworks' narrative resonates well with ecomodernism, a group that commits itself to "to the real processes, already underway, that have begun to decouple human well-being from environmental destruction, we believe that such a future might be achieved" (Ecomodernism 2018). What looks like a rational scientific approach to solving what is branded as climate crisis, comes with a specific world view of the status of nature and is deeply religious.

The Ecomodernist manifesto connects human activity with these different realms and doing so propose religious ways of being human and religious ways of climate change mitigation. The opening of the manifesto establishes a connection between humans and planet earth:

> To say that the Earth is a human planet becomes truer every day. Humans are made from the Earth, and the Earth is remade by human hands. Many earth scientists express this by stating that the Earth has entered a new geological epoch: the Anthropocene, the Age of Humans. (Ecomodernism 2015)

Due to this connectedness, their aim is to work towards a "good Anthropocene" by "decoupling human development from environmental impacts". A "good Anthropocene" seems to be inherently good, seems to be connected to a greater good in a religious sense, carry moral duties with it, and connect humans to a greater whole, something that goes beyond – transcends – the ordinary and the everyday:

> A good Anthropocene demands that humans use their growing social, economic, and technological powers to make life better for people, stabilize the climate, and protect the natural world. (Ecomodernism 2015)

A "good Anthropocene" rests on the religious ideas of stewardship and salvation:

> The idea(s) of the future of such believers, as well as of "Promethean planetary stewards in the Anthropocene," seems to depend on a promise of salvation, the reliability of which can be neither supported nor falsified by means that are independent of controversial assumptions about the future. (Baumgartner 2017: 64)

The theology of a "good Anthropocene" is linked to a myth of evil that refers to an innocent past and a loss of innocence. The Adamic myth, Paul Ricœur (1969: 244f.) argues, describes how evil comes into the world through Adam and his choices. "The 'Adamic' myth is the fruit of the prophetic accusation directed against man; the same theology that makes God innocent accuses man" (Ricœur 1969: 240). Climeworks presents carbon capture solution as that very prophetic technology that visualizes the accusation against humanity and presents technology as the very salvific solution.

Called a "magic rabbit" by BBC's Matt MCGrath (2017), Climeworks keeps attracting investments and expanding their production facilities (Rathi 2018; The Engineer 2018). By providing narratives that attract investors, Climeworks demonstrates that technological narratives are neither rational nor value free but provide, as Bergmann (2015: 116) puts it, "meaning and structure for human life". Drawing on Mircea Eliade and David E. Nye, I would push Bermann's analysis further. Eliade (1987: 30) argues that when humans settled in uninhabited territories, they engaged in a process he called "cosmicizing". To "cosmicize", he (1987: 31) argues, means to take possession of and to consecrate land: "What is to become 'our world' must first be 'created'."

> For them, their labor was only repetition of a primordial act, the transformation of chaos into cosmos by the divine act of creation. When they tilled the desert soil, they were in fact repeating the act of the gods who had organized chaos by giving it a structure, forms, and norms. (Eliade 1987: 31)

In his analysis of the narratives around technologies during the American settlement, Nye links stories of and about technology to stories of creation. In these stories, technologies – as primitive as, for example, the axe – did not just help to shape the environment but "the creation of new social worlds […] In each case, a new form of society based on successful exploitation of a new technology became possible" (Nye 2003: 11).

As such, Climeworks does not only provide meaningful technology that re-opens the way to possible futures that might otherwise be closed due to climate change. As such, geoengineering technology becomes, in fact, a *creator mundi*. It becomes a *creator mundi* by promising order in the complex question of climate change and in doing so connect the mundane, rational, to that which transcends the everyday and ordinary. Eliade argues that "to organize a space is to repeat the paradigmatic work of the gods" (1987: 32).

6 Requesting CO_2 as Prayer Request? Global Thermostat: A Carbon Negative Solution: globalthermostat.com

Global Thermostat is another company offering to remove CO_2 in order to rescue us from the perils of global warming. Their promotional video promises to "reverse engineer global warming … reverse it backwards and suck it out of the environment" (Global Thermostat 2016). The iconography on their landing page visually represents reverse engineering. The visitor can see four animated chimneys from which smoke does not rise up but through reverse playback makes it look like it is being sucked back into the chimneys. The imagery offers a visualization of the reverse engineering claim.

Fig. 10: Global Thermostat front page. Image source: http://globalthermostat.com/ [accessed 11.06.2021].

Global Thermostat's chimneys are like Berns' acheiropoetic heaven machine, i.e. a machine not human made (Berns 2007: 12). They are, of course, built by humans, but if we take Keith's (2007) narrative serious, these machines and the opportunities that come with them are ultimately given to us by science: "That if engineers and scientists really turned their minds to this, it's amazing how we can affect the planet. ... not because we plan it, not because we want it, just because science delivers it to us bit by bit". Science, here, appears almost personified: science delivers, reveals, not all at one, but deliberate, careful, and bite sized. Science resonates the idea of Biblical personified wisdom that is at the deity's side or acts as the deity's voice (Crenshaw 2018: 84f.).

The religiously charged narrative horizon continues on a visual level on the website of Global Thermostat. The smoke does not rise up into the heavens but the chimneys suck it back in. Smoke, however, has a long history in religious traditions and practice. As Brent Plate (2014: 72) argues, "the burning of incense in sacred sites has a visual logic: smoke rises. ... Smoke from incense and burnt offerings become lines of communication with the deities." Incense is often seen as "food of the gods" (Plate 2014: 62) and the Biblical Psalmist prays: "Let my prayer be counted as incense before you, and the lifting up of my hands as an evening sacrifice" (Ps 141:2).

The image of smoke descending down onto earth inverts Biblical imagery and religious incantations. It creates a *Weltbild* (conception of the world (Fritz et al. 2018: 52; Larrabee 2018: 516; Volpe 2018)) in its own right, albeit one that – similar to the religious heritage of smoke – also has a visual heritage. When Claude Monet visualized pollution created by the industrial revolution, he conveyed a sense of beauty from an almost Biblical perspective: "Here the human agents of the Anthropocene look at their creation from its own viewpoint, as it were, and see that it was good. [...] Whereas the material smog was a dangerous by-product, this modern aesthetic countered it by transforming the very perception of its difference into a sign of human superiority and the continuing conquest of nature" (Mirzoeff 2014: 222).

Global Thermostat (2019) advertises the removal of carbon dioxide and a "carbon negative solution", but that does not imply that CO_2 – or the smoke that visualizes CO_2 – is inherently bad. Rather, they (Global Thermostat 2019) offer a "transformative technology" that "provides an abundant, reliable source of CO_2 drawn from industrial flues or directly from the air". They reframe smoke into a low-cost resource that is available anywhere. Removing polluting CO_2 from the air and harnessing carbon in a carbon-cycle economy becomes, in this aesthetic, food for the altar of the gods of consumption: plentitude on earth, in this life, technologically produced. The chimneys become a symbol for what carbon capture solutions are: they suck transcendence into immanence, they realize another, wholly different world.

Fig. 11: Global Thermostat CO_2 request. Image source: http://globalthermostat.com/need-co2/ [accessed 11.06.2021].

Carbon capture solutions such as GT and Climeworks create new worlds by redeeming old ones. The redemption of the old world comes through ritualization and the transformation of something harmful into something useful and valuable: "GT turns pollution into cash, transforming carbon dioxide from a global liability into an immensely global asset" (Global Thermostat 2015a). This new world is not an elusive or exclusive concept but imagined as something everyone (or better: any organization) can participate in – through ritualization.

Ritualization and participation in Global Thermostat's redemptive and transformative process comes in the form of something that resembles prayer requests. The site navigation offers a link labelled "Need CO_2?" linking to a site titled "CO_2 request" (Global Thermostat 2017a). This terminology resembles the terminology of church websites that offer believers the opportunity to submit a prayer request. The language alone might not be sufficient to establish the link between a CO_2 request and a prayer request. But the website shows the heading "CO_2 request" against the background of a view of electrified planet earth from outer space. Similar to the image of the chimneys sucking in smoke on the front page, heaven and earth come together.

Meerten Ter Borg (2009: 232) argues that "Transcendence is also a precondition for the creation of art, for sports, and even for lazily flicking channels in front of the television." Drawing on my own Circuit of Technological Imaginaries, I want to push Borg's understanding of transcendence. Transcendence can be seen as precondition not just for art but for what drives humans to envision and imagine creative technological solutions to everyday problems. In this context, the CO_2 request becomes an incantation to turn the zero-carbon cycle into reality. Patricia Baquedano-Lopez (2000: 197) argues that in the broadest understanding, prayer links different dimensions:

> prayer is a discursive act that bridges human limitation and the spiritual realm. To pray is to be conscious of mortal existence. Perhaps there is no other single speech event that engages people at the critical points of the life cycle than prayer.

Scientists and media alike often portray carbon capture technologies as life changing event because it might be the only thing left that could mitigate against the impact of crossing the point of no return (Hanley 2017; Walker 2016).

> Global Thermostat's technology cleans the atmosphere of excess CO_2, giving the world the time it needs to deploy new sources of energy for a clean and secure energy future – while increasing energy supplies. (Global Thermostat 2017b)

The economic context of the CO_2 request does not diminish the religious characteristic of it, rather, it contributes to it. It transforms the proposed economic transaction from a financial into a meaningful one.

> Prayer, however, is no longer situated solely within the domain of religious institutions [...] Prayers can be requested, exchanged, and even bought. [...] Prayers are also being marketed for consumers, as in, for example, the popular dial-a-prayer telephonic services increasingly advertised through mass media. (Baquedano-López 2000: 198)

The religious narrative is further strengthened by emphasizing the importance of carbon for life on earth. Peter Eisenberger (Global Thermostat 2015b), co-founder of Global Thermostat, contributes to refocusing the public's attention on carbon rather than CO_2 calling carbon a "positive molecule":

> It is what live is about, we are all made out of carbon, we make our energy out of carbon ... it's really a very positive molecule, and the problem is, we're not managing it right. ... I think that's where we're going to be going, collectively as a species, try and find ways to mimic the energetic and structural way that carbon is used by the rest of life, and to use our knowledge and technology to do that even more effectively than nature does.

The wording Eisenberger uses bears religious resonance and links current geoengineering and carbon capture debates to Genesis 2:7 where God created Adam out of dust: "Then the Lord God formed a man from the dust of the ground and breathed into his nostrils the breath of life, and the man became a living being." In this narrative, carbon capture technologies such as Global Thermostat's become transformative agents that transforms CO_2 and restores carbon to its original, creative, and life-giving state.

SkyMining is yet another company that in its visual language and promotional materials promises to stop humanity's addiction to dirty fossil fuels, avert the impending climate apocalypse, and help bring about an entirely new world. One could argue that the narratives suggest not the creation of a new world but the restoration of the old and pure one, before it became tainted by human CO_2 emissions. It is probably a little bit of both, the restoration of a perceived before state and the bringing about of something new. Yet, there is a strong case to be made that it really is more about bringing about something entirely new, the creation of a new world, because – after all – the "restored" world is deeply informed and shaped by technology.

7 SkyMining – A World of Plenitude: skymining.com

Fig. 12: SkyMining front page. Image source: https://skymining.com/ [accessed 11.06.2021].

Skymining is a bit of an outlier from the previous examples because rather than employing a machine to capture CO_2, they rely on grasses which subsequently are turned into a fossil fuel replacement. Yet, I have included Skymining for two reasons: 1) The company advertises their approach as carbon negative; 2) the process itself is described in very machinic and technological terms. I do not mean the process of extracting carbon out of the harvested grasses, but the grasses themselves: as the "world's most effective CO_2 pumps", Skyming states, the

> specialized grasses contain hyper-efficient CO_2-pumps. These pumps evolved over 30 million years ago to deal with CO_2 scarcity, and nothing in nature nor anything man-made, can compete with their cost, scalability and efficiency. (https://skymining.com/)

SkyMining's promotional video also visualizes a new world. It starts with a view into blue planet earth from space and we hear a voice over commentary (see. figure 13).

By inviting the viewer to "imagine" while looking onto planet earth from space, the viewers are invited to imagine both a non-existent and already existing world: non-existent because we do not make use of airborne carbon yet, existing because, as SkyMining tells us, both all the energy and the solution to climate change is already here, in front of ours eyes, within our grasp. As such, the SkyMining's geoengineering narrative expresses in popsci

Imagine, if all the energy mankind will ever need is already in the sky.

Imagine, if the solution to climate change is locked inside the very CO_2 that is causing it.

We have found a profitable way to remove all the world's CO_2 emissions straight from the atmosphere and recycle the carbon inside that CO_2 to stop the world's addiction to dirty fossil fuel. (Skymining 2017)

Fig. 13: SkyMining, promotionalvideo: https://youtu.be/aYzC8RXqidI

Fig. 14: SkyMining promotional video. Screenshot: https://youtu.be/aYzC8RXqidI [accessed 11.06.2021].

language the theological eschatological notion of the "already but not yet": that the Kingdome of God is already dawning but has not yet come to completion. Or in SkyMining's geoengineering speech: all the energy and all the solutions are *already* here (graspable in the sky) but they have *not yet* been fully realized.

The promise of the not yet, also reflects Exodus 2:8's promise of a land that is flowing with milk and honey:

> SkyMining deposits vast amounts of carbon in the earth because we plant grass on marginal land. This reverses desertification, slows deforestation, and rebuilds soil on otherwise unusable land to provide future food security. (Skymining 2017)

The video visualizes this through rich and saturated colors and solemn background music. The video ends with a further view onto planet earth from space – a world reborn, created anew through geoengineering technologies.

Similarly to Climeworks, much of SkyMining's visual imagery features green valleys, images featuring the sun, and images with rich and vibrating colors showcasing the possible impact of SkyMining on everyday practices such as the production of food, the cooking of food, or travel. The visual language signifies the end of an old and the coming of a new era. Also similarly to Climeworks and Global Thermostat, the discourse is visibly embedded in the money economy. Not only does the website feature an image of a VISA card (Skymining 2018a), but they encourage people to "do the right thing. Profitably" (Skymining 2018b). The promise here is similar to the introductory video: a "Schlaraffenland" and world of plentitude that is easily obtainable. It promises that ethical behavior is not only simple and easy but also profitable. With Steve Rayner (2016: 2), we can label this easy-ethico-economic marketing strategy as easy-profitable-ethical presentation as "profoundly flawed magical thinking". Rayner bases his understanding of "magical" in Edward Evan Evans-Pritchard and Godfrey Lienhardt's works. Magical practices among the Dinka, Lienhardt (1961: 282f.) for example argues, serve as an expression of determination rather an assurance that hoped something will actually happen. Carbon capture solutions, then, might be magical thinking as expressions of corporations' determination to turn climate change into yet another source for profits. It might be flawed magical thinking when it comes to the narrative that a few carbon capture plants will effectively reverse engineer and avert climate change.

8 Conclusion: Indulging Overabundance or a Land of Milk and Honey

What is gained from an analysis of the religious connotations of carbon dioxide removal solutions? In fact, such an analysis is problematic for at least two reasons: on the one hand, the websites discussed in this paper focus primarily on industrial customers rather than the general public. Media reports on corporate greed as well as academic literature often understand corporations as rational agents whose decisions are driven by the goal to maximize profits (McCann/Shinkle 2017: 583). On the other hand, the very concept of "religion" is arbitrary as JZ Smith (1988: xi) argues:

> while there is a staggering amount of data, phenomena, of human experiences and expressions that might be characterized in one culture or another, by one criterion or another, as religion – there is no data for religion. Religion is solely the creation of the scholar's study. It is created for the scholar's analytic purposes by his imaginative acts of comparison and generalization. Religion has no existence apart from the academy.

Yet, the creation of the category of religion for "analytic purposes" is what makes the analysis in this paper valuable: why can we find rhetorical and visual aspects, cues, and strategy that grouped together resemble visual and narrative strategies found in what scholars call "religion"? And why can we find these religious tropes on websites targeting primarily corporate clients or public, political, financial stakeholders?

Intuition and politics can be a crucial factor in corporate procurement and supply chain management decisions (Stanczyk et al. 2015: 161, 176). Additionally, CEO incentives, educational background of decision makers, an organizations Corporate Social Responsibility strategy may also influence procurement and supply chain decisions (Dion 2017; Manner 2010).

The reliance on religious rhetoric and imaginaries in the examples discussed in this article makes it explicit that a range of stakeholders beyond commercial customers are involved in the carbon capture discourses: researchers, policy makers, investors, the general public. Clayton et al. (2016: 201) suggest that the environment needs to be understood "as a source of information that needs to be processed and interpreted". They (Clayton et al. 2016: 201) suggest that climate policy needs to consider the impact of climate change on psychological health and recommend to expand "the definition of health to include human well-being and social justice" and to promote awareness of how the most vulnerable are affected by climate change and depleting resources. The religiously infused narratives – unintentionally – render explicit that issues of social justice might not be at the heart of carbon capture solutions and that the idea of (economic) plentitude might just be a continuation of existing injustices.

De Vries et al. (de Vries et al. 2014: 116, 121) argue that public communication about carbon capture approaches needs to be carefully crafted and curated because the public knows – generally speaking – relatively little about these technologies. Even with effective communication, a lack of background knowledge and scientific knowledge might make the evaluation of risks and benefits of carbon capture challenging (Ter Mors et al. 2010: 348). As such, proponents of the various approaches to carbon capture might draw on language that resonates utopian imagery to visualize and market a technologically enhanced future world. Terwel et al. (2009: 290) argue that the roll out of carbon capture on a large scale will depend on the public's trust in the organizations rolling out such technologies.

> An important addition to existing literature is that trust can be preserved by communicating public-serving motives in combination with seemingly more truthful organization-serving motives. (Terwel et al. 2009: 298)

By making the economic benefits of the technologically created world of plentitude so obvious, religious language might suspend the public's suspicion in the economic motifs of corporations and establish a sense of trust. The problem with such utopian images of the future, however, are not only the suspension of critical thinking, but its impact on individual action. Van Kasteren (2014: 339) argues that "Behavioural responses to climate change presuppose knowledge of pathways to action." Yet, presenting carbon capture as savior-technology might be a barrier for recognizing climate change mitigation as collective and individual responsibility.

Religious language might also be – unconsciously – be employed to convince the public of the benevolence of technology. Patrick Devine-Wright explored the tension between the public, Planning Commissions, and developers. He argues that the 2008 Planning Act resulted in a loss of opportunities for the public to critically engage in the planning and permission process of energy projects. Developers, in turn, understood the public as "'ever-present danger' who could at any moment act to obstruct their proposals" (Devine-Wright 2011: 22). Utopian imaginaries, then, can serve as strategy to alleviate and soothe public concern.

There is general agreement in the geoengineering community that geoengineering the climate is not a replacement for reducing carbon emissions (Keith et al. 2017: 617). Critics, however, continue to caution that the knowledge of real or potential geoengineering technologies might prompt people to continue a carbon intensive lifestyle. Several scholars (Monbiot 2006; Nerlich/Koteyko 2009: 348; Tierney 2006) have compared this attitude to the system of selling indulgences in the Catholic Church in the pre-Reformation era. Nerlich and Koteyko (Nerlich/Koteyko 2009) in particular emphasize the double meaning of the word "indulgence": in the Catholic sense as a remission of the temporal punishment (climate change) for sin (carbon intensive lifestyle) as well as indulging in a carbon intensive lifestyle. I want to push this comparison further because what carbon offset, zero carbon energy circles, carbon dioxide removal, or the idea of a negative carbon economy really offer is the idea of indulging while being indulged, to indulge and be forgiven, to make Cockaigne become reality.

Carbon dioxide removal projects promise paradisiacal plentitude: when *Carbon Engineering* promises to deliver clean fuels and renewable (i.e. non-exhaustive) power and when ClimeWorks promises to turn the carbon stored in CO_2 in plentiful raw material for the transportation and food industry, they communicate a sense that the world of plenty is within reach. SkyMining makes this transcendent element even more explicit when they ask their viewers to "imagine if *all* the energy mankind will *ever* need is *already* in the sky" (emphasis added based on emphasis in voice over commentary). Their promise is that plentitude is not something that awaits in a paradisiacal afterlife, but exists already in the here and now, just waiting for us to tap in to and indulge in.

The visual language and narratives of economic prosperity and energy plentitude also show that the lines between scientific debate, religious imaginaries, and popular culture continue to be blurry. It is also part and parcel of an increasing presence of geoengineering topics in public and popular culture. The Climate Engineering Conference 2017, for example, dedicated a panel to the topic of how to communicate geoengineering topics (IASS 2017). The fall of 2017 saw the release of the Hollywood film GEOSTORM (Dean Devlin, USA 2017) in which geoengineering is used to control the climate (and ultimately turned into a weapon).

However, as the carbon dioxide removal examples discussed above show, the discourse about emissions is also shifting due to economic interests. Rather than emissions being evil, they become a resource. Our carbon intensive lifestyle, in this narrative, has created an overabundance of resources waiting to be harnessed.

Carbon dioxide removal technologies do not only cleanse our current world but by doing so they promise to create a new world of milk and honey, a paradisiacal world in which we can continue to waste. But if there is an eternal supply of energy, can there even be such a thing as waste? We can continue to indulge but without sin. I understand sinfulness here theologically in the sense that the concept not only names a transgression against divine law, but as expression that human being are networked beings and that individual actions can have negative impacts on the environment and fellow human beings. As such, sinfulness names transgressions against divine law but also transgressions against the human and non-human world.

There is, of course, also an economic aspect to this creation of a new world. The narratives of the carbon dioxide removal companies discussed promise to create a financial return out of nothing, a *creatio ex nihilo*. The language of creation, the salvific promise, and the economic drive together turn these technologies into an economy of salvation and link it to divine revelation and thus to the heavenly realm (Blowers 2012: 375).

Literature

Baquedano-López, Patricia (2000): Prayer. In: Journal of Linguistic Anthropology, 9 (1-2), 197-200.

Barbatsis, Gretchen (2005): Narrative Theory. In: Smith, Ken/Moriarty, Sandra/Barbatsis, Gretchen/Kenney, Keith (Eds.): Handbook of Visual Communication: Theory, Methods, and Media. Mahwah/NJ: Lawrence Erlbaum, 329-349.

Baumgartner, Christopher (2017): Transformations of Stewardship in the Anthropocene. In: Deane-Drumond, Celia/Bergmann, Sigurd/Vogt, Markus (Eds.): Religion in the Anthropocene. Eugene/OR: Cascade, 53-66.

Bergmann, Sigurd (2015): 'Millions of Machines are Already Roaring': Fetishised Technology Encountered by the Life-Giving Spirit. In: Deane-Drumond, Celia/Bergmann, Sigurd/Szerszynski, Bronislaw (Eds.): Technofutures, Nature and the Sacred: Transdisciplinary Perspectives. Surrey: Ashgate, 115-137.

Berns, Jörg Jochen (2007): Himmelsmaschinen – Höllenmaschinen: zur Technologie der Ewigkeit. Berlin: Semele-Verl.

Berns, Jörg Jochen (1996): Die Herkunft des Automobils aus Himmelstrionfo und Höllenmaschine. Kleine kulturwissenschaftliche BibliothekBerlin: K. Wagenbach.

Blowers, Paul M. (2012): Drama of the divine economy: creator and creation in early Christian theology and piety. Oxford Early Christian Studies, Oxford: Oxford University Press.

Borg, Meerten B. ter (2009): Transcendence and Religion. In: Implicit Religion, 11 (3).

Brannen, Peter (2017): The ends of the world: volcanic apocalypses, lethal oceans, and our quest to understand Earth's past mass extinctions.

Carbon Engineering (2017): About Air to Fuels technology. Carbon Engineering. http://carbonengineering.com/about-a2f/ [accessed: 02.06.2021].

Carr, Wylie (2014): 'This is God's Stuff We're Messing With': Geoengineering as a Religious Issue (Opinion Article). Geoengineering Our Climate? https://geoengineeringourclimate.com/2014/04/29/this-is-gods-stuff-were-messing-with-geoengineering-as-a-religious-issue/ [accessed: 18.10.2017].

Chidester, David (2005): Authentic fakes: religion and American popular culture. Berkeley: University of California Press.

Clayton, Susan/Devine-Wright, Patrick/Swim, Janet/Bonnes, Mirilia/Steg, Linda/Whitmarsh, Lorraine/Carrico, Amanda (2016): Expanding the role for psychology in addressing environmental challenges. In: American Psychologist, 71 (3), 199–215.

Climeworks (2018a): CO_2 Removal | Climeworks – Capturing CO_2 from Air. http://www.climeworks.com/co2-removal/ [accessed: 02.06.2021].

Climeworks (2018b): Food & Beverage | Climeworks – Capturing CO_2 from Air. http://www.climeworks.com/our-customers/food-beverage/ [accessed: 5.10.2018].
Climeworks (2017): Greenhouses | Climeworks – Capturing CO_2 from Air. http://www.climeworks.com/our-customers/greenhouses/ [accessed: 15.10.2017].
Clingerman, F. (2015): Theologians as interpreters--not prophets--in a changing climate. In: Journal of the American Academy of Religion, 83 (2), 336-355.
Clingerman, Forrest (2014): Geoengineering, Theology, and the Meaning of Being Human. In: Zygon?, 49 (1), 6-21.
Clingerman, Forrest (2012): Between babel and pelagius: religion, theology and geoengineering. In: Preston, Christopher (ed.): Engineering the Climate: The Ethics of Solar Radiation Management. Lanham, MD: Lexington Books, 201-219.
Crenshaw, James L. (2018): Wisdom traditions and the writings: sage and scribe. In: Morgan, Donn F. (Ed.): The Oxford Handbook of the Writings of the Hebrew Bible. Oxford University Press, 83-98.
Curvelo, Paula (2015): Geoengineering dreams. In: Pereira, Ângela Guimarães/ Funtowicz, Silvio (Eds.): Science, philosophy and sustainability: The end of the cartesian dream. London: Routledge, 114-131.
Curvelo, Paula (2013): Questioning the geoengineering scientific worldview. In: The International Journal of Interdisciplinary Environmental Studies, 7 (1), 35-53.
Curvelo, Paula (2012): Exploring the ethics of geoengineering through images. In: The International Journal of the Image, 2 (2), 177-197.
Curvelo, Paula/Pereira, Ângela Guimarães (2013): Geoengineering: reflections on current debates. In: The International Journal of Science in Society, 4 (3), 1-21.
de Vries, Gerdien/Terwel, Bart W./Ellemers, Naomi (2014): Spare the details, share the relevance: The dilution effect in communications about carbon dioxide capture and storage. In: Journal of Environmental Psychology, 38, 116-123.
Devine-Wright, Patrick (2011): Public engagement with large-scale renewable energy technologies: breaking the cycle of NIMBYism. In: Wiley Interdisciplinary Reviews: Climate Change, 2 (1), 19-26.
Dion, Michel (2017): Corporate Citizenship, Social Responsibility, and Sustainability Reports as "Would-be" Narratives. In: Humanistic Management Journal, 2 (1), 83-102.
Ecomodernism (2018): A Manifesto for a Good Anthropocene. An ECOMODERNIST MANIFESTO. http://www.ecomodernism.org/ [accessed: 02.06.2021].
Ecomodernism (2015): An Ecomodernist Manifesto. An ECOMODERNIST MANIFESTO. http://www.ecomodernism.org/manifesto-english/ [accessed: 26.06.2018].
Eliade, Mircea (1987): The Sacred and the Profane: The Nature of Religion. New York: Harcourt, Brace & World.
Fleming, James Rodger (2006): The pathological history of weather and climate modification: Three cycles of promise and hype. In: Historical Studies in the Physical and Biological Sciences, 37 (1), 3-25.
Fritz, Natalie/Höpflinger, Anna-Katharina/Knauss, Stefanie/Mäder, Marie-Therese/ Pezzoli-Olgiati, Daria (2018): Sichtbare Religion: Eine Einfuehrung in die Religionswissenschaft. Berlin: De Gruyter.
Gates, Bill/Gates, Melinda (2016): Two Superpowers We Wish We Had. gatesnotes 2016 Annual Letter. gatesnotes.com. https://www.gatesnotes.com/2016-Annual-Letter [accessed: 27.09.2017].

Geraci, Robert M. (2016): A tale of two futures: Techno-eschatology in the US and India. In: Social Compass, 63 (3), 319-334.
Global Thermostat (2019): Global Thermostat. Global Thermostat. https://global thermostat.com/ [accessed: 08.11.2019].
Global Thermostat (2017a): CO_2 request. Global Thermostat. http://globalthermo stat.com/need-co2/ [accessed: 15.10.2017].
Global Thermostat (2017b): The GT Solution. Global Thermostat. http://global thermostat.com/the-gt-solution/ [accessed: 16.10.2017].
Global Thermostat (2016): Forbes KPMG voice Capturing Carbon. https://www.you tube.com/watch?v=dPEQg63Te7g [accessed: 15.10.2017].
Global Thermostat (2015a): Global Thermostat Overview. https://www.youtube.com/watch?v=nS5VW-92_Rw [accessed: 16.10.2017].
Global Thermostat (2015b): How to Profit from CO_2 Emissions. https://www.you tube.com/watch?v=1OBSeTyvHag [accessed: 16.10.2017].
Goering, Laurie (2017): Carbon-sucking technology needed by 2030s, scientists warn. news.trust.org. http://news.trust.org/item/20171010175429-zazqr/ [accessed: 11.10.2017].
Gunther, Marc (2015): Startups have figured out how to remove carbon from the air. Will anyone pay them to do it? In: The Guardian.
Hanley, Steve (2017): 15,000 Scientists: Climate Change Is Already Past The Point Of No Return. CleanTechnica. https://cleantechnica.com/2017/11/14/climate-change-already-past-point-no-return-warns-union-concerned-scientists/ [accessed: 21.06.2018].
Hansen, Bart/Schotsmans, Paul (2001): Cloning: The Human as Created Co-Creator. In: Ethical Perspectives, 8 (2), 75-87.
Harper, Fletcher (2011): Greening Faith: Turning Belief into Action for the Earth. In: Zygon®, 46 (4), 957–971.
Hörisch, Jochen (2010): Gott, Geld, Medien: Studien zu den Medien, die die Welt im Innersten zusammenhalten. 1. Aufl., Orig.-Ausg., [Nachdr.]. Edition Suhrkamp Frankfurt am Main: Suhrkamp.
Hower, Mike (2016): 7 companies to watch in carbon capture and storage. GreenBiz. https://www.greenbiz.com/article/companies-watch-carbon-capture-and-storage [accessed: 21.10.2018].
Hulme, Mike (2009): Why We Disagree About Climate Change: Understanding Controversy, Inaction and Opportunity. Cambridge: Cambridge University Press.
IASS (2017): Parallel Session1.1: Communicating Climate Engineering. Climate Engineering Conference 2017. http://www.ce-conference.org/session/parallel-session11-communicating-climate-engineering [accessed: 16.10.2017].
Kallis, Giorgos/March, Hug (2015): Imaginaries of Hope: The Utopianism of Degrowth. In: Annals of the Association of American Geographers, 105 (2), 360-368.
Keith, David (2007): A critical look at geoengineering against climate change.
Keith, David W./Wagner, Gernot/Zabel, Claire L. (2017): Solar geoengineering reduces atmospheric carbon burden. In: Nature Climate Change, 7 (9), 617-619.
Keith Group, The (2017): Geoengineering. https://keith.seas.harvard.edu/geo engineering [accessed: 19.09.2017].
Kenney, Keith (2005): Representation: What Do We "See" when We Look at a "Picture"? In: Smith, Ken/Moriarty, Sandra/Barbatsis, Gretchen/Kenney, Keith (Eds.):

Handbook of Visual Communication: Theory, Methods, and Media. Mahwah/NJ: Lawrence Erlbaum Associates, Publishers, 99-115.
Larrabee, David A. (2018): Climate Change and Conflicting Future Visions. In: Zygon®, 53 (2), 515-544.
Leahy, Stephen (2018): This Gasoline Is Made of Carbon Sucked From the Air. National Geographic News. https://news.nationalgeographic.com/2018/06/carbon-engineering-liquid-fuel-carbon-capture-neutral-science/ [accessed: 21.10.2018].
Lienhardt, Godfrey (1961): Divinity and Experience: The Religion of the Dinka. Oxford: Clarendon Press.
Mac Dowell, Niall/Fennell, Paul S./Shah, Nilay/Maitland, Geoffrey C. (2017): The role of CO_2 capture and utilization in mitigating climate change. In: Nature Climate Change, 7 (4), 243-249.
Manner, Mikko H. (2010): The Impact of CEO Characteristics on Corporate Social Performance. In: Journal of Business Ethics, 93 (S1), 53-72.
Matheson, Susan (2017): Going Public in Support of Science. In: Cell, 169 (2), 181-182.
McCann, Brian T./Shinkle, George A. (2017): Attention to Fairness versus Profits: The Determinants of Satisficing Pricing: Attention to Fairness versus Profits. In: Journal of Management Studies, 54 (5), 583-612.
McGrath, Matt (2017): Climate's magic rabbit: Pulling CO_2 out of thin air.
McKibben, Bill (2017): Stop talking right now about the threat of climate change. It's here; it's happening | Bill McKibben. In: The Guardian.
Mirzoeff, Nicholas (2014): Visualizing the Anthropocene. In: Public Culture, 26 (2), 213-232.
Monbiot, George (2006): Selling Indulgences. George Monbiot. http://www.monbiot.com/2006/10/19/selling-indulgences/ [accessed: 08.10.2017].
Nerlich, Brigitte/Jaspal, Rusi (2012): Metaphors We Die By? Geoengineering, Metaphors, and the Argument From Catastrophe. In: Metaphor and Symbol, 27 (2), 131-147.
Nerlich, Brigitte/Koteyko, Nelya (2009): Compounds, creativity and complexity in climate change communication: The case of 'carbon indulgences.' In: Global Environmental Change, 19 (3), 345-353.
Nye, David E. (2003): America as Second Creation: Technology and Narratives of New Beginnings. Cambridge, MA: MIT Press.
Ornella, Alexander D. (2015): Towards a "Circuit of Technological Imaginaries". A Theoretical Approach. In: Pezzoli-Olgiati, Daria (Ed.): Religion in Cultural Imaginaries. Baden-Baden: Nomos.
Ornella, Alexander D. (2010): Creation Technologies: The Technological Condition of Humanity. In: ET-Studies, 1 (1), 53-68.
Orr, Matthew (2003): Environmental Decline and the Rise of Religion. In: Zygon, 38 (4), 895-910.
Plate, S. Brent (2014): A history of religion in 5 1/2 objects: bringing the spiritual to its senses. Boston: Beacon Press.
Rathi, Akshat (2018): Climeworks has opened a third plant capturing carbon dioxide from the air. Quartz. https://qz.com/1407687/climeworks-has-opened-a-third-plant-capturing-carbon-dioxide-from-the-air/ [accessed: 27.10.2018].
Rayner, Steve (2016): What might Evans-Pritchard have made of two degrees? In: Anthropology Today, 32 (4), 1-2.

Reuters (2017): World will need "carbon sucking" technology by 2030s, scientists warn. In: The Guardian.
Reuters, By (2017): Carbon-sucking technology needed by 2030s, scientists warn. Mail Online. http://www.dailymail.co.uk/~/article-4967336/index.html [accessed: 11.10.2017].
Ricœur, Paul (1969): The symbolism of evil. Boston: Beacon Press.
Royal Society, The (2009): Geoengineering the climate: Science, governance and uncertainty. RX Policy document 10/09 RS1636. London: The Royal Society.
Rudolph, Kurt (1977): Die Gnosis. Wesen und Geschichte einer spätantiken Religion. Leipzig: Koehler & Amelang.
Ruivenkamp, Martin/Rip, Arie (2011): Entanglement of Imaging and Imagining of Nanotechnology. In: NanoEthics, 5 (2), 185-193.
Ruivenkamp, Martin/Rip, Arie (2010): Visualizing the Invisible Nanoscale: Study of Visualization Practices in Nanotechnology Community of Practice. In: Science Studies, 23 (1), 3-36.
Schwartzman, David (2012): A Critique of Degrowth and its Politics. In: Capitalism Nature Socialism, 23 (1), 119-125.
Scott, Dane (2012): Insurance Policy or Technological Fix? The Ethical Implications of Framing Solar Radiation Management. In: Preston, Christopher/Borgmann, Albert (Eds.): Engineering the Climate: The Ethics of Solar Radiation Management. Plymouth, UK: Lexington Books, 151-168.
Skymining (2018a): Skymining | Become a Climate Leader. Skymining. https://skymining.com/monetize-emissions.html [accessed: 10.11.2018].
Skymining (2018b): Skymining | Social Impact. Skymining. https://skymining.com/social-impact.html [accessed: 29.06.2018].
Skymining (2017): Introducing SkyMining. https://www.youtube.com/watch?v=cBLBKCSgNKs [accessed: 16.10.2017].
Smith, Jonathan Z. (1988): Imagining religion: from Babylon to Jonestown. Chicago studies in the history of Judaism. Chicago: Univ. of Chicago Press.
Stanczyk, Alina/Foerstl, Kai/Busse, Christian/Blome, Constantin (2015): Global Sourcing Decision-Making Processes: Politics, Intuition, and Procedural Rationality. In: Journal of Business Logistics, 36 (2), 160-181.
Stolow, Jeremy (2013): Introduction: Religion, Technology, and the Things in Between. In: Stolow, Jeremy (Ed.): Deus in Machina: Religion, Technology, and the Things in Between. New York: Fordham University Press, 1-22.
Swyngedouw, Erik (2010): Apocalypse Forever? In: Theory, Culture & Society, 27 (2-3), 213-232.
Temple, James (2018): The carbon-capture era may finally be starting. MIT Technology Review. https://www.technologyreview.com/s/610296/the-carbon-capture-era-may-finally-be-starting/ [accessed: 21.10.2018].
Ter Mors, Emma/Weenig, Mieneke W.H./Ellemers, Naomi/Daamen, Dancker D.L. (2010): Effective communication about complex environmental issues: Perceived quality of information about carbon dioxide capture and storage (CCS) depends on stakeholder collaboration. In: Journal of Environmental Psychology, 30 (4), 347–357.
Terwel, Bart W./Harinck, Fieke/Ellemers, Naomi/Daamen, Dancker D.L. (2009): How organizational motives and communications affect public trust in organiza-

tions: The case of carbon dioxide capture and storage. In: Journal of Environmental Psychology, 29 (2), 290-299.

The Engineer (2018): Climeworks raise $31m in equity funding for CO_2 capturing technology. The Engineer. https://www.theengineer.co.uk/climeworks-equity-co2/ [accessed: 27.10.2018].

Tierney, John (2006): Sinful Second Homes. In: The New York Times.

van Kasteren, Yasmin (2014): How are householders talking about climate change adaptation? In: Journal of Environmental Psychology, 40, 339-350.

Volpe, Christopher (2018): Art and Climate Change: Contemporary Artists Respond to Global Crisis. In: Zygon®, 53 (2), 613-623.

Walker, Peter (2016): Climate change escalating so fast it is "beyond point of no return." The Independent. http://www.independent.co.uk/news/science/donald-trump-climate-change-policy-global-warming-expert-thomas-crowther-a7450236.html [accessed: 21.06.2018].

Weber, Bob (2018): B.C. company says it is sucking carbon from air, making fuel | CBC News. CBC – The Canadian Press. https://www.cbc.ca/news/canada/british-columbia/b-c-company-says-it-is-sucking-carbon-from-air-making-fuel-1.4696817 [accessed: 21.10.2018].

White, Lynn Jr. (1967): The Historical Roots of Our Ecologic Crisis. In: Science. New Series, 155 (3767), 1203-1207.

Yusoff, Kathryn (2013): The Geoengine: Geoengineering and the Geopolitics of Planetary Modification. In: Environment and Planning A, 45 (12), 2799-2808.

Die Traumfabrik.
Die Inszenierung des 3D-Drucks als revolutionäre Technologie (post-)industrieller Wissensarbeit

Sascha Dickel

Seit Max Weber gilt die *Entzauberung der Welt* als maßgeblicher kultureller Ausdruck der Technisierung von Natur und Gesellschaft (vgl. Weber 1994). Doch gehört es wohl zu den Paradoxien des Industriezeitalters, dass die technische Durchdringung von Kultur und Gesellschaft nicht bruchlos zu einem Zuwachs nüchterner Sachlichkeit geführt hat. Vielmehr ist gerade in unserer zeitgenössischen Kultur eine *Wiederverzauberung der Welt* auszumachen, die in technischen Utopien zum Ausdruck kommt.

Die großformatigen Utopien, die insbesondere seit den 2000er Jahren die reflexive Technikforschung faszinieren, waren dabei weitgehend im Paradigma von *Big Science* zu verorten: Mit umfangreichen Finanzmitteln ausgestattete große Laboratorien mit großen Maschinen und hohen Mitarbeiterzahlen sollten die Innovationskraft von Nationen im globalen Wissenschafts- und Wirtschaftswettbewerb vorantreiben – zu denken ist hier vor allem an die Bio- und Nanotechnologie und die damit verknüpfte Debatte um „Human Enhancement" (vgl. Roco/Bainbridge 2003; Coenen et al. 2010; Kaiser et al. 2010). Technikutopische Visionen fungierten einerseits als Leitbild und Legitimationsmittel, provozierten aber zugleich auch technologiekritische Befürchtungen, denen man zunehmend mit der eingeladenen Partizipation von Bürgern zu begegnen versuchte – dabei aber letztlich eher ambivalente Laborsituationen kreierte, welche das gesellschaftliche Unbehagen an der Technik kaum ausräumen konnten (vgl. Bogner 2010; Bora 1999). Gerade am Fall der Nanotechnologie zeigt sich, wie die Visionen zwischen Erlösungshoffnungen und apokalyptischen Befürchtungen oszillierten: An einem Ende des Spektrums kursierten Hoffnungen auf technologische Unsterblichkeit und die Beseelung des gesamten Universums durch smarte Materie. Auf der anderen Seite stand die Befürchtung einer Vernichtung der Erde durch außer Kontrolle geratene Nanomaschinen (vgl. Schummer 2006; Kurzweil 2005).

Wie steht es nun aber mit dem neusten Ensemble von Technologien, welche das utopische Bewusstsein der Gesellschaft anregen – den *digitalen* Technologien, die den zeitgenössischen Technikdiskurs prägen? Gerade mit der Digitalisierung sind technische Objekte in die gesellschaftliche Welt getreten, die über ein undurchschaubares Innenleben verfügen und die offenbar weiterhin – und aktuell wieder geradezu ungebremst – die utopische

Fantasie beflügeln. Computer erscheinen dabei als Universalmaschinen, die über ein schier unendliches Potenzial verfügen.

Wie dabei Rekonfigurationen von *Produktion und Arbeit* in digitalen Zukunftsvorstellungen inszeniert werden, möchte der Beitrag am Fall des 3D-Drucks exemplarisch verhandeln. Dabei soll gezeigt werden, wie aktuelle Technikvisionen einer digitalen Fabrikation sich im Spannungsfeld von Entzauberung und Verzauberung, Alltäglichkeit und Außeralltäglichkeit positionieren. Als zentrales empirisches Material fungiert das Cover der Zeitschrift „*The Economist*", in der die digitale Fabrikation als zentrales Moment einer industriellen Revolution positioniert wird. Das Aufgreifen des 3D-Drucks durch den Economist und seine Einbettung in einen revolutionären Diskurs bildete den vorläufigen Höhepunkt einer massenmedialen Popularisierung dieser Technologie. Damit eignet es sich besonders als empirischer Fall, an dem untersucht werden kann, *wie die 3D-Druck-Revolution vor der Öffentlichkeit inszeniert wurde*. Die anhand des Materials zu entfaltende These ist die Folgende: Die Außeralltäglichkeit einer durch den 3D-Druck vermittelten technologischen Revolution wird durch deren Einbettung in alltägliche Kontexte abgefedert – ‚wir alle' werden als Agenten einer digitalen Transformation in Szene gesetzt. Technologische Inklusion erscheint dabei als Expansion digitaler *Wissensarbeit*, die ins Privatleben Einzug hält.

1 Entzauberung und Verzauberung

Die Frage nach dem Verhältnis von Modernisierung, Technisierung und Rationalisierung gehört gewiss zu den Kernfragen der Soziologie. Für Max Weber stellte Rationalisierung ein zentrales Merkmal des Modernisierungsprozesses dar. Eine Schlüsselrolle nimmt dabei das wissenschaftlich-technische Weltverständnis ein: Dieses mündet, so Weber, nicht unbedingt in einen *Zuwachs* von Wissen über die Welt, sondern vielmehr in einer veränderten *Haltung* zu den Objekten, die wir in dieser Welt vorfinden. Kaum einer versteht, so Weber, wie eine Straßenbahn funktioniert, aber wir sind überzeugt, dass wir ihre Funktionsweise *prinzipiell* verstehen könnten. Letztlich vertraue die Moderne auf die Möglichkeit rationaler Berechenbarkeit – insbesondere der Berechenbarkeit der technischen Artefakte, die sie in die Welt setzt (vgl. Weber 1994). Dadurch würde die Welt zunehmend versachlicht:

> Die zunehmende Intellektualisierung und Rationalisierung bedeutet also nicht eine zunehmende allgemeine Kenntnis der Lebensbedingungen, unter denen man steht. Sondern sie bedeutet etwas anderes: das Wissen davon oder den Glauben daran: daß man, wenn man nur wollte, es jederzeit erfahren könnte, daß es also prinzipiell keine geheimnisvollen unberechenbaren Mächte gebe, die da hineinspielen, daß man vielmehr alle Dinge – im Prinzip – durch Berechnen beherrschen könne.

Das aber bedeutet: die Entzauberung der Welt. Nicht mehr, wie der Wilde, für den es solche Mächte gab, muss man zu magischen Mitteln greifen, um die Geister zu beherrschen oder zu erbitten. Sondern technische Mittel und Berechnung leisten das. Dies vor allem bedeutet die Intellektualisierung als solche. (Weber 1994: 9) Die von Weber diagnostizierte Entzauberung der Welt lässt sich als Fortschrittsgeschichte lesen: als Befreiung des Menschen von vermeintlich außerweltlichen Mächten, als zunehmende Objektivierung der Weltdeutung, als Siegeszug moderner Sachlichkeit. Im technikreflexiven Diskurs der Moderne wurde das Motiv der Entzauberung gleichwohl auch kritisch beäugt. So war die technische Zivilisation für Schelsky (1961) durch das Universalwerden technischer Weltauslegung bestimmt. Damit würde in sozialer Hinsicht eine technokratische Expertenherrschaft installiert. Dies wiederum könnte eine zunehmende Verknappung autonomer Entscheidungsmöglichkeiten bewirken – da jede Entscheidung sich den von Experten ermittelten Sachgesetzlichkeiten beugen müsse, wolle sie nicht in den Ruch des Irrationalismus geraten. Während Schelsky diesen Prozess ambivalent betrachtete, mündet er in Heideggers (2000) Kritik der Technik in eine raunende Warnung vor der Macht der Technik. Heidegger geht davon aus, dass industrielle Technik tendenziell alles in eine disponible Ressource verwandelt. Der Mensch laufe so Gefahr, zum Objekt einer ihn „stellenden" Technik zu werden. Analog dazu wird bei Marcuse (1985) Technik dann zur Gefahr, wenn sie den Menschen gänzlich in ihre instrumentelle Maschinerie einbindet und sich Rationalität primär auf technische Rationalität reduzieren würde. Der Mensch würde so zum Teilelement eines übergriffigen Apparats, der technische Imperative nur noch exekutiert. Gerade dann, wenn der Apparat das menschliche Leben vereinfache, könne Autonomie in mechanistischen Konformismus umschlagen. Letztlich wird in diesen kritischen Beschreibungen die Entzauberung der Welt als Verlustgeschichte dechiffriert.

Sowohl affirmative als auch kritische Lesarten der zunehmenden technischen Durchdringung der Welt gehen damit typischerweise von einem engen Zusammenhang von Rationalisierung und Technisierung aus. Es lassen sich aber auch Autoren finden, die stärker die Potenziale von Technik betonen, eine *Wiederverzauberung* der Welt zu bewirken. So argumentiert etwa Noble (1998), dass das an Francis Bacon anschließende Programm einer wissenschaftlich-technischen Umgestaltung der Natur sich mit religiösen Heilserwartungen vermählt hätte. In der Tat schreibt er dem technischen Fortschrittsglauben selbst religiöse Wurzeln zu. Auch Künzlen (1997) beschreibt technische Utopien als *säkularisierte* Heilsversprechen, welche die Religionsgeschichte unter anderen Vorzeichen fortschreiben würden.

Gleichwohl lässt sich ein struktureller Unterschied ausmachen, der Gleichsetzungen heilsgeschichtlicher und technisch-utopischer Transzendenz kurzschlüssig erscheinen lässt: Technische Utopien suchen das Heil des Menschen nicht im Jenseits, sondern im Diesseits. Im Gegensatz zum Gläubigen sucht der Utopist sein Hoffnungsziel in den Möglichkeiten *dieser* Welt. Die technische Utopie will nicht die Welt insgesamt überschreiten, sondern – so Michael Schwonke – innerweltlich transformieren (Schwonke 1957: 100ff.): „Sie will mit ihrer Grenzüberschreitung nicht aus der Welt heraus, sie erwartet vielmehr, daß die Welt ‚dahinter' noch weitergeht" (Schwonke 1957: 103). Diese Tendenz zur innerweltlichen Grenzüberschreitung ist für technisch begründete Utopien konstitutiv. Schwonke zeigt auf, „daß die Utopie schließlich jede Grenze, sobald sie als solche erkannt ist, zu überschreiten versucht" (Schwonke 1957: 103).

Nicht alle Fortschrittsutopien der Moderne stellen Technik in das Zentrum ihrer Zukunftserwartung, doch erlaubt der Einbau von Technik in die Utopie erst deren folgenreiche Entgrenzung. Denn Technik sprengt das Bestehende und verspricht neue Möglichkeiten des Handelns, welche die Spielregeln der gegenwärtig erfahrenen Wirklichkeit verändern könnten (vgl. Kaminski 2010): „Ein veränderungskräftiges Instrument ist ein Versprechen für die Zukunft" (Schwonke 1957: 96). Die Integration von Technik in utopische Erwartungsmuster erlaubt die Universalisierung von deren Geltungsansprüchen. Solange Veränderungsversprechen an spezifische räumliche, zeitliche oder soziale Kontexte gebunden werden, schränkt dies den utopischen Geltungsanspruch ein. Es handelt sich dann eben nur um Versprechen, die für bestimmte Gruppen, Zeiträume oder in bestimmten Regionen gelten. Technik hingegen erlaubt die Installation funktionierender Simplifikationen, die scheinbar nicht von spezifischen Kontexten abhängig sind. Durch technische Deutungsrahmen wird es Utopien möglich, sich in einer wissenschaftlich entzauberten Welt vor allzu leichten Deplausibilisierungen zu schützen. Sie verspricht, prinzipiell unabhängig von sozialen Kontexten auf immer dieselbe Weise zu funktionieren (vgl. Luhmann 1997: 517ff.). Diese sachliche Kontingenzvernichtung ermöglicht schließlich auch eine Prozessverkettung in der Zeitdimension – indem man gegenwärtig zu beobachtende technische Innovationen als prototypische Vorstufen zu immer ausgreifenderen zukünftigen Technisierungsschüben zu deuten vermag.[1]

Die Hochmoderne der 1950er und 1960er Jahre wird dabei gemeinhin als Blütezeit technischer Utopien bezeichnet. Jenes überschießende Vertrauen in Technik und Fortschritt ist seitdem brüchig geworden. Angesichts der Risikodiskurse um Technik, die sich seit den 1980er Jahren intensiviert haben (vgl. Beck 1986) sowie dem generellen Fortschrittsskeptizismus der Postmoderne, erscheint der moderne Technikutopismus nicht nur in intellektuellen Zirkeln, sondern auch in der gesellschaftlichen Breite als „große Erzählung" (vgl. Lyotard 1984), der man mit Misstrauen zu begegnen habe. Doch könnte sich eben dieses postmoderne Zweifeln, dass auch und gerade die Technik mitein-

---

1 Zum hier zugrunde gelegten Utopiebegriff vgl. ausführlich Dickel (2011).

schließt, mittlerweile selbst als große Erzählung herausstellen. Denn der Technikutopismus ist zurückgekehrt.

Die bio- und nanotechnologischen Visionen der Jahrtausendwende (vgl. Roco/Bainbridge 2003) waren nur der Auftakt zu einer schier endlosen Folge neuer technowissenschaftlich geprägter Imaginationen, die aktuell medial vermittelt, politisch diskutiert und ökonomisch verkauft werden (Grunwald 2009). Und während die Bilder und Narrative der Zukunft gesellschaftlich zirkulieren, bauen Universitätslabore, Technologiekonzerne und Start-up-Innovateure Prototypen, an denen die erwartete Zukunft materialisiert, geprüft und in Szene gesetzt wird (vgl. Dickel 2017).

Der ambivalente Zauber der Technik stellt sich gerade dann ein, wenn Technik als extrem wirkmächtig und zugleich als unverständlich erfahren wird. Vom Schriftsteller Arthur C. Clarke stammt das berühmte Zitat: „Any sufficiently advanced technology is indistinguishable from magic". Dieses Postulat einer potenziellen Ununterscheidbarkeit von Hochtechnologie und Zauberei verweist auf das in der reflexiven Technikforschung beobachtete Phänomen des *blackboxing*.

[S]cientific and technical work is made invisible by its own success. When a machine runs efficiently, when a matter of fact is settled, one need focus only on its inputs and outputs and not on its internal complexity. Thus, paradoxically, the more science and technology succeed, the more opaque and obscure they become. (Latour 1999: 304)

Blackboxing ist eine notwendige, wenn auch keine hinreichende Bedingung der modernen Verzauberung durch Technik. Nicht jedes blackboxing führt zur Verzauberung – aber ohne opake *black boxes* kein Zauber.

Wenn *blackboxing* letztlich das Telos moderner Technikentwicklung ist, wird folgende (mittlerweile ebenfalls populäre) Umkehrung des Clark'schen Zitats zu mehr als nur einer ironischen Spiegelung, sondern zum technowissenschaftlichen Imperativ: „Any technology distinguishable from magic is insufficiently advanced". Wissenschaft und Technik scheinen damit zur Brutstätte neuer zauberhafter Dinge zu werden. Neue Technologien implizieren damit eine gesellschaftliche Machtumverteilung in Wissensgesellschaften, hin zu denjenigen Experten, die die neue Technologie verstehen, welche weiten Teilen der Gesellschaft unvertraut und unverständlich erscheint.

In seiner Analyse massenmedialer Darstellungen der Computertechnologie der 1980er Jahre, zeichnet William Stahl nach, wie Computer mithilfe magischer Deutungsmuster interpretiert wurden. Er postuliert dies als typisches Phänomen in der öffentlichen Verhandlung neuer Technologien, die Hoffnungen und Befürchtungen zugleich provozieren. Stahl folgert, dass solche magisch-religiöse Deutungsmuster rational-technischen Mustern weichen, wenn die Techniken vertrauter Alltag geworden sind (vgl. Stahl 2016).

Erfolgreiches *blackboxing* verweist somit auf eine Dialektik von Entzauberung und (Wieder-)Verzauberung. Entzauberung basiert ja gerade *nicht* darauf, dass Technik tatsächlich verstanden wird. Gerade alltägliche Technik kann für die meisten Beobachter eine *black box* bleiben, solange diese Beobachter darauf vertrauen können, dass es prinzipiell möglich ist (zumindest für ausgewählte Experten) die schwarze Kiste zu öffnen, in sie hineinzuleuchten und ihre Funktionsweise zu verstehen. Doch mit dem Fortschreiten von Technologien werden dieselben zugleich immer unkalkulierbarer und von immer weniger Akteuren in ihrer Funktionsweise rekonstruierbar. Eben diese Opazität „spätmoderner Technologie" (vgl. Schmidt 2016) erweist sich als generativ sowohl für dystopische Befürchtungen hinsichtlich unbeherrschbarer Nebenfolgen als auch für neue utopische Hoffnungen auf bislang unbekannte Potenzialitäten, die in der zauberhaften Technik schlummern. Technik wird so in ihren dystopischen wie utopischen Varianten zur Projektionsfläche neuer Zukünfte, die mit der Gegenwart brechen können.

2 Digitale Fabrikation

Aktuell sind es vor allem die digitalen Technologien, welche die utopische Fantasie anregen (vgl. Dickel/Schrape 2017).[2] Man könnte fast sagen, dass technologischer Fortschritt und Digitalisierung mittlerweile als Synonyme verwendet werden. Das digitale Netz präsentiert sich den Zeitgenossen kaum mehr als Cyberspace, der von der analogen Welt getrennt ist. Das Netz wird vielmehr sukzessive zum infrastrukturellen Unterbau gesellschaftlichen Operierens schlechthin. Die entsprechenden Zukunftsvisionen schreiben diese Entwicklung fort – hin zu autonomen Fahrzeugen, die ganze Mobilitätssysteme transformieren, Hirn-Computer-Interfaces für den Massenmarkt und einer Digitalisierung des Lebens in Form der Synthetischen Biologie. Auch und gerade Visionen „starker" künstlicher Intelligenz haben wieder Hochkonjunktur (vgl. Bostrom 2014).

Das Internet schickt sich derweil längst an, zum ‚Internet der Dinge' zu werden, das Menschen, Daten und Objekte miteinander verbindet. Auch ein gesellschaftlicher Teilbereich, der auf den ersten Blick geradezu als Domäne des Analogen gelten mag, wird somit zunehmend von der Digitalisierung erfasst: die Produktion stofflicher Güter. Der Diskurs dazu läuft hierzulande unter dem Schlagwort ‚Industrie 4.0' (vgl. Forschungsunion/acatech 2013; Hirsch-Kreinsen 2014). Die umfassende Digitalisierung von Produktionsabläufen in ‚Smart Factories' wird dabei als Möglichkeit betrachtet, den kontingenten Anforderungen einer sich beschleunigenden Innovationsgesellschaft gerecht zu werden.

---

2 Freilich sind diese Utopien mittlerweile auch wieder in Dystopien datenförmiger Kontrolle umgeschlagen (vgl. Dickel 2016).

Die Verschmelzung von Produktions- und Informationstechnologien ist an sich nichts radikal Neues. Sie kann vielmehr auf eine mehr als lange Geschichte zurückblicken. Das Grundkonzept der ‚cyber-physischen Systeme', welche die Industrie der Zukunft prägen sollen, besteht jedoch in einer wesentlich konsequenteren und umfassenderen Einbettung von Fertigungstechnologien in eine übergreifende Softwarearchitektur. Die fortschreitende Verknüpfung von digitaler und analoger Welt gilt aktuell als Schlüssel zu einer neuen industriellen Revolution und einer Neuformatierung von Produktion und Arbeit (vgl. Hirsch-Kreinsen 2014).

Als eine prototypische Technologie dieser Revolution gilt der 3D-Druck. 3D-Druck ist die umgangssprachliche Bezeichnung für eine besondere Form computergesteuerter Produktion, nämlich der *additiven Fertigungstechnik*. Dahinter verbirgt sich eine Reihe unterschiedlicher Verfahren, die es erlauben, materielle Gegenstände auf der Basis digitaler Modelle automatisiert herzustellen – und zwar Schicht um Schicht. Additive Fertigung ist an sich kein revolutionäres technologisches Prinzip. Vielmehr finden sich erste Anwendungen bereits in den 1980er Jahren. Aufgrund der Kostspieligkeit, der bis vor kurzem zur Verfügung stehenden additiven Technologien, blieben diese zunächst auf professionelle Fabrikations- und Designkontexte beschränkt und wurden zunächst vor allem für den Bau von Prototypen verwendet. In ihrer Benennung als ‚3D-Druck' wird die additive Fertigung nun allerdings in eine genealogische Linie mit dem Verbreitungsmedium des Drucks gestellt. Sie wird damit nicht nur Teil der Erzählung einer gesellschaftlichen Emanzipation durch den Buchdruck, sondern ruft – im Anschluss an die heute weit verbreiteten Papierdrucker – zugleich das Bild einer einfachen und preiswerten Maschine für den Privatgebrauch auf und impliziert damit eine Demokratisierung der Produktionsmittel.

Im übergreifenden Diskurs um den 3D-Drucker werden dabei durchaus utopische Erwartungen früherer Technikzukünfte aufgegriffen (vgl. dazu Dickel/Schrape 2015): In der Vision des MIT-Professors Neil Gershenfeld (2012) bilden die heutigen 3D-Drucker lediglich die Vorstufe zu zukünftigen digitalen Fabrikationstechnologien. Jeder mit Zugang zu einem solchen digitalen Fabrikator soll somit in die Lage versetzt werden „almost everything" zu produzieren – so Gershenfeld. Der molekulare Assembler der Drexler'schen Variante der Nanotechnologie wirkt hier weiterhin als Leitbild einer futuristischen Fertigungstechnik. Der Leitgedanke einer Transformation von „Bits into Atoms" (Carlson 2012; vgl. auch Anderson 2010) verspricht, die Transzendenz des Cyberspace immanent zu materialisieren. *Technological evangelists* haben die Geräte demgemäß zu revolutionären Technologien hochstilisiert, welche die herausgehobene Stellung von Großfabriken als traditionelle Orte der Innovation und Produktion infrage stellen sollten: Mit 3D-Druckern ausgerüstete Privathaushalte und kleine High-Tech-Werkstätten sollen die Rolle dezentraler Innovations- und Produktionsstätten übernehmen (vgl. Anderson 2012).

Im Kontrast zu den typischen Technikvisionen der Bio- und Nanotechnologie inszeniert sich der Traum einer ‚dritten industriellen Revolution' mittels der 3D-Drucker nicht als Utopie, die von außen – getragen von einer technowissenschaftlichen Elite – über die restliche Gesellschaft hereinbricht. Stattdessen werden die ‚ganz gewöhnlichen' Angehörigen der Wissensgesellschaft in ihrer vertrauten Lebenswelt selbst als Akteure dieser Revolution porträtiert. Digitale Fabrikation verweist somit auf eine Vergesellschaftung technologischer Visionen – in den Diskursen zum 3D-Druck können und sollen tendenziell alle Bürger an der Produktion einer technologischen Welt teilhaben. Das rezente digitale Zukunftsfieber kann somit auch mit den klassischen Semantiken der Technokratiekritik nur begrenzt erfasst werden. Basieren diese doch auch und gerade auf einer klaren Differenz zwischen einer Elite technischer Experten und dem Rest der Gesellschaft, der Technik lediglich konsumiert und von ihr betroffen ist. In den Visionen der 3D-Drucker kommt hingegen etwas zum Ausdruck, das sich als „post-technokratische" (vgl. Dickel 2016) Expansion der Technowissenschaftskultur beschreiben ließe (vgl. Maasen/Duttweiler 2012; Weber 2012) – über die Laborwelten formaler Organisationen hinaus in das private Heim. Hier ist vor allem das vor einem Jahrzehnt gestartete Entwicklungsprojekt *RepRap* (Replicating Rapid-Prototyper) zu nennen. Die visionäre Idee des Projekts ist die Folgende: jedem Menschen die Möglichkeit zu geben, selbst zum Produzenten seiner Gebrauchsgüter zu werden. Das Ziel des Projekts ist es, 3D-Drucker herzustellen, die weitgehend aus Teilen bestehen sollen, die von ihnen selbst produziert werden können – eine Variation der kybernetischen Vision selbstreplizierender Maschinen. Im vom RepRap-Initiator Adrian Bowyer 2004 verfasste Manifest „Wealth without money" wird der 3D-Drucktechnik (seinerzeit noch allgemein als *Rapid Prototyping* bezeichnet) die Macht zugeschrieben, Produktionsmittel aus etablierten industriellen Strukturen herauszulösen und damit auf technologischem Weg „*den revolutionären Besitz der Produktionsmittel durch das Proletariat ermöglichen*" (Bowyer 2004). Die Befreiung von fremdbestimmter Arbeit sollte so – endlich – erreicht werden.

Bowyers Vision technologischer Emanzipation setzte dabei auf ‚Open Hardware': Analog zum Open-Source-Modell in der Software-Entwicklung sollten Baupläne für 3D-Drucker in offenen Netzwerken erstellt, ausgetauscht und kollaborativ optimiert werden. Im Kontext einer offenen Innovationsgemeinschaft sollen Desktop-3D-Drucker so sukzessive zu universellen Fabrikatoren weiterentwickelt werden. Dieser Impetus wurde von der sogenannten Maker-Szene mittlerweile international aufgegriffen. Hinter dem Begriff des Makers verbirgt sich der Versuch einer Vermählung des Modells individueller Einzelfertigung mit der digitalen Technik. Seine Genealogie verweist einerseits auf die Hacker-Szene, andererseits auf eine Do-it-yourself-Kultur des Bastelns und Handwerkens. Der kleinste gemeinsame Nenner der Szene ist ein Ethos des Selbermachens und die bürgerschaftliche Aneignung von Technik (vgl. Stangler/Maxwell 2012). Dazu gehört auch das Selbermachen *von* 3D-Druckern. In der Tat sind mittlerweile (auch in Deutschland) zahlreiche offene Werkstätten entstanden – sogenannte Makerspaces – in denen der Eigenbau von Do-it-yourself-3D-Druckern und das ‚*deblackboxing*' digitaler Fabrikationstechnologien im Allgemeinen eine wichtige Rolle spielt und öffentlich proklamiert wird. In einem Interview im Rahmen des Foresight-Filmfestivals, in dem Zukünfte des Selbermachens verhandelt wurden, verweist etwa ein führender Akteur der Maker-Szene in Deutschland genau darauf:

> In der Szene gibt es viele Personen, denen unwohl dabei ist, sich der zunehmenden Datensammlung durch Maschinen auszusetzen und gleichzeitig Nutzer einer Technologie zu sein, ohne diese im Innersten zu verstehen. Öffnet man beispielsweise die Motorhaube eines modernen Fahrzeugs, sieht man einen monolithischen Motorblock, der es einem Hobbyschrauber in der Garage unmöglich macht, das Auto in seiner Funktionsweise vollends zu verstehen. Geräte wie z.B. das iPhone sind nicht zum Öffnen gedacht, es sind Blackboxes. Das Phänomen, welches ich in der Maker-Szene beobachte, nenne ich daher gern Deblackboxing. Maker versuchen, Software und Hardware einer Maschine zu verstehen, zu modellieren und Kontrolle darüber zurückzuerlangen. (Science2public/Laarmann 2016)

In den Visionen der Maker wird 3D-Druck also primär als Demokratisierung von Technik verhandelt, was nicht zuletzt ein Öffnen der *black box* impliziert.[3] Maker-Communitys bilden weiterhin eine wichtige Innovationsökologie für die Entwicklung von 3D-Druckern für den Privatgebrauch (vgl. Tech et al. 2016: 140f.). Allerdings sind aus dieser Ökologie heraus mittlerweile Firmen entwachsen, die 3D-Drucker nicht mehr als Bausatz, sondern als *fertiges Produkt* vertreiben. In der gesellschaftlichen Breite sucht sich der 3D-Drucker im Jahr 2017 seinen Weg in die heimischen Haushalte kaum als Do-it-yourself-Bausatz, sondern als gewöhnliches Konsumprodukt, das wie jedes andere Hightechgerät für den Privatgebrauch nur *bedient*, aber nicht *verstanden* werden muss. In eben *dieser* Variante werden 3D-Druck-Visionen nicht zuletzt auch massenmedial popularisiert.

---

3 Dies offenbart eine Wahlverwandtschaft zu den *science and technology studies*, die sich ebenfalls das Öffnen schwarzer Kisten (und eine somit mögliche Entzauberung der zauberhaften Technik) auf die Fahnen geschrieben haben (vgl. dazu Latour 1987).

3 Die Inszenierung einer neuen industriellen Revolution

Das Aufgreifen des 3D-Drucks durch das Wirtschaftsmagazin „*The Economist*" im Jahr 2012 bildete einen vorläufigen Höhepunkt der massenmedialen Popularisierung der 3D-Druck-Technologie und ihrer Positionierung in einem revolutionären Diskurs.[4] In einer 14-seitigen Artikelserie in der Aprilausgabe des Magazins wurden neue Möglichkeiten zur Dezentralisierung der Wirtschaft, zur kollaborativen Vernetzung innovativer Akteure und zur Individualisierung der Produkte beschrieben. Der 3D-Druck verkörpert dabei wie kaum eine andere Technologie die Erwartung, dass sich die Differenzen zwischen stofflicher Welt und den digitalen Datenströmen produktiv auflösen lassen. Das Coverbild des Magazins demonstriert wie in einem Brennglas die Entgrenzungserwartungen, die dabei an 3D-Drucker gerichtet werden. Es verdichtet die Botschaft dieser Ausgabe des Magazins insgesamt und bringt sie in eine spezifische ästhetische Form, die die Aufmerksamkeit eines breiten Publikums zu attrahieren trachtet. Das Bild selbst fungiert dabei als Kommunikationsmedium einer technologischen Zukunft (vgl. Lösch 2010). Im Folgenden wird rekonstruiert, wie die 3D-Druck-Revolution vor der Öffentlichkeit bildlich inszeniert wird.[5]

Das Titelbild (Abb. 1) zeigt eine surrealistisch anmutende Szene. Ein Mann sitzt an einem Tisch und bedient einen Rechner, der nahtlos in eine Fabrik übergeht. Aus dieser ragt ein Fließband, das unterschiedliche Produkte hervorbringt. Diese eigentümliche Maschine ist in einem Zimmer aufgebaut, dessen Wand eigentlich ein endloser Horizont zu sein scheint. Indem man Technik auf solch surrealistische Weise präsentiert und einbettet, wird sie bereits durch die Form der Darstellung in das Reich des Zauberhaften überführt: das Reich des Traums, des Unbewussten und Fantastischen. Sie ist damit den Regeln der Rationalität enthoben, ohne vollständig von ihr abgekoppelt zu sein: Einerseits verweist der Traum (gerade in der Lesart des Surrealismus) auf eine unbewusste ‚tieferliegende' Realität, andererseits kann er die Realität durchbrechen und ihre Gesetzmäßigkeiten ignorieren.[6] Wird ein Traumbild öffentlich auf einem Magazincover in Szene gesetzt, ermöglicht dies Freiheiten in der Darstellung, die nicht zugleich dem Verdacht einer

---

4 Eine vorbereitende Schlüsselrolle kommt dabei Chris Anderson zu, der seinerzeit Chefredakteur des Technologiemagazins *Wired* war (vgl. dazu Anderson 2010).
5 Zum dabei angewendeten rekonstruktiven Interpretationsverfahren vgl. Münte (2005) sowie grundlegend Rosenthal (2014) und Erhard und Sammet (2018). Zur wachsenden Bedeutung von Bildern als Material für die qualitative Forschung vgl. auch Maasen et al. (2006).
6 Zum kulturgeschichtlichen Verhältnis von Traum und Wirklichkeit vgl. Gehring (2008).

Abb. 1: Titelcover „The Economist", April 2012

schlicht falschen (weil realitätsinadäquaten) Kommunikation oder gar einer Lüge ausgesetzt ist. Was aber kommt nun in diesem spezifischen Traum zum Ausdruck? Welche Erwartungsstrukturen liegen ihm zugrunde? Die Analyse des Bildes wird spezifische *Entgrenzungserwartungen* offenlegen, welche dem gezeigten Bild eingeschrieben sind.

Im Zentrum der Darstellung sticht eine Fabrik ins Auge. Ihre rauchenden Schornsteine erinnern uns an die Zeit der frühen Industrialisierung. Aus der Fabrik ragt ein Fließband heraus – ein weiteres Symbol der Industrialisierung, genauer: der oft als ‚zweite industrielle Revolution' bezeichnete Beginn einer Mechanisierung und Automatisierung der Fertigungstechnik, die wir mit dem Zeitalter der Massenproduktion verbinden. Im Kontrast zum Paradigma der handwerklichen Einzelfertigung, welches die vorindustrielle Zeit dominierte, ist das Paradigma der Massenproduktion durch die Herstellung homogener Produkte in großen Stückzahlen gekennzeichnet. Obgleich sich schon vor der Industrialisierung Beispiele für Massenfertigungen finden lassen, ist die endgültige Durchsetzung der Massenproduktion als dominantes Produktionsparadigma an die Entwicklung hoch spezialisierter Fertigungstechniken gekoppelt, die es erlauben, massenhaft identische Produkte in einer endlos erscheinenden Folge zu produzieren. In der Einzelfertigung war jedes Produkt ein Unikat. In der Massenfertigung ist jedes Produkt eine Kopie.

Auf diesem Bild jedoch sehen wir keine homogenen Produkte auf dem Fließband, sondern drei recht unterschiedliche Gerätschaften: ein Auto, einen Hammer und ein Flugzeug. Keines der Produkte, welche die Fabrik hervorbringt, ist mit dem anderen identisch. Hier wird demnach eine erste Abweichung zur industriellen Massenfertigung sichtbar: Die dritte industrielle Revolution präsentiert sich (im Kontrast zu der zweiten) nicht als Maschinerie der „Reproduktion des Immergleichen" (Horkheimer/Adorno 2000: 163), sondern als Maschinerie der Reproduktion des Immer-Verschiedenen.

Jedoch ist die Art und Weise dieser Produktion weiterhin der durchrationalisierten Herstellungskultur der Industrialisierung verhaftet: Die Produkte entsteigen dem Fließband einer Fabrik. Eines der entscheidenden Merkmale einer solchen rationalisierten Fabrikfertigung ist die Erwartung der berechenbaren Zuverlässigkeit von Herstellungsprozessen. Diese Zuverlässigkeit realisiert sich in der klassischen Massenfertigung um den Preis der Gleichförmigkeit. Dafür steht das geflügelte Zitat von Henry Ford: „Any customer can have a car painted any color that he wants so long as it is black" (Ford 1923: 72).

Diese Einschränkungen scheinen für die Fabrik des 21. Jahrhunderts nicht zu gelten, dennoch sind die drei Objekte auf dem Fließband keine hochgradig individualisierten Produkte, sondern vielmehr wohlbekannte Artefakte, die typisch für eine technisierte Kultur sind. Die gezeigten Objekte haben *als solche* keinen Überraschungswert. Es handelt sich vielmehr um höchst vertraute Dinge. Mehr noch: um schematisch erscheinende *Typen* bekannter Produkte, die keinerlei Eigenheiten aufweisen. Die Traumfabrik produziert offenbar nichts wirklich Neues, sie produziert keine Zukunft, die mit der Gegenwart bricht, keine Innovationen, die den Raum des Vertrauten überschreiten. Die Produkte der ‚revolutionären' Fabrik sind vertraute Artefakte der Gegenwart.

Doch je weiter die Produkte sich von der Fabrik wegbewegen, desto mehr tritt ihr surrealistischer Charakter hervor. Das Auto könnte tatsächlich noch ein Modellfahrzeug sein. Es fügt sich den Proportionen des Fabriktors. Der Hammer übersteigt diese Dimensionen bereits.[7] Das Flugzeug wiederum erhebt sich, scheinbar aus eigener Kraft, gen Himmel. Aus der Fabrik kommt somit kein bloßes Flugzeug*modell*. Sie produziert auch keine Einzelteile, die erst noch zu einem Flugzeug zusammengefügt werden müssen. Nein: Der Fabrik entweicht ein bereits voll funktionstüchtiges Gerät. Als erste Zwischenbilanz der Analyse lässt sich festhalten, dass hier ein Kontrast zwischen Vergangenheit (klassisch-industrieller Massenproduktion) und Zukunft (der Produktion immer unterschiedlicher und bereits gebrauchsfertiger Produkte) aufgebaut wird. Die Radikalität einer Universalmaschinerie, die solches zu leisten vermag, wird jedoch relativiert durch die Einbettung der Zukunft in die vertraute Gegenwart: Was am Ende produziert wird, ist uns wohlbekannt.

Das Traumhafte an der Fabrik ist nicht in den von ihr produzierten Objekten selbst zu finden, sondern in der Art und Weise ihrer Produktion: Die dargestellte Traumfabrik produziert keine *traumhaften Produkte*, sondern sie transzendiert das Gegenwärtige durch ihren *traumhaften Produktionsprozess*, dessen unvertraute Neuartigkeit in der Hybridisierung des Vertrauten liegt. In der Tat wird hier ein hochautomatisierter Produktionsprozess impliziert, der auf einer Verschmelzung von Computer und Fabrik basiert. Computer und Fabrik verbinden sich zu einem hybriden Werkzeug. Sie können visuell immer noch unterschieden werden, obgleich sie funktional bereits vereint sind und nahtlos ineinandergreifen. Diese Verschmelzung von digitaler und analoger Welt ist ein zentrales Versprechen dieser dritten industriellen Revolution.

Einem vertrauten Narrativ technisierter Produktion folgend, könnte man nun annehmen, dass die Produktion von Gütern damit auch immer stärker automatisiert wird und so zunehmend auf menschliche Akteure verzichten kann. Die Fabrik auf dem Bild stellt ihre Produkte gleichwohl nicht völlig autonom her. Sie wird von einem Menschen gesteuert, nämlich von einem Mann, der auf den ersten Blick dem Typus eines post-industriellen Wissensarbeiters entspricht. Er ist weder Handwerker noch Fabrikarbeiter. Vielmehr besteht seine Tätigkeit im Bedienen des Rechners. Damit werden nicht etwa industrielle und post-industrielle Arbeit versöhnt. Vielmehr wird die klassische Industriearbeit von der post-industriellen Wissensarbeit überformt und ersetzt. Wir können folgern: Die Produktion von Gütern in der Traumfabrik des 21. Jahrhunderts erfordert durchaus noch einen menschlichen Akteur, jedoch ist dieser nicht mehr im Inneren der Fabrik tätig, er ist nicht in den

---

7 Zudem steht er auf dem Kopf. Etwas *auf den Kopf zu stellen*, bedeutet, etwas in Unordnung zu bringen, es zu verdrehen oder gar in sein Gegenteil zu verwandeln. Eines der Produkte der Fabrik ist – so ließe sich folgern – eine Transformation des Handwerksmodells der Produktion.

stofflichen Produktionsprozess selbst involviert, sondern steuert diesen digital von außen. Während die Fabrik eine *black box* bleibt, ist das Interface, mit dem sie gesteuert wird, ein Objekt, das uns mittlerweile allen vertraut ist: eben ein handelsüblich erscheinender PC. Die automatisierten Produktionsprozesse bleiben dem Blick verborgen, sie bleiben intransparent. Das Interface jedoch ist ein Gegenstand, dessen Bedienung (nicht aber dessen innere Funktionsweise) den Zeitgenossen des 21. Jahrhunderts alltäglich geworden ist.

Das Kompetenzprofil der produktiv Tätigen in der nächsten industriellen Revolution entspricht dem des „Symbolanalytikers" (Bell 1976). Dieser ist längst keine exotische Erscheinung mehr, sondern vielmehr eine paradigmatische Sozialfigur unserer Zeit. Die Tätigkeiten, zu denen uns die post-industrielle Wissensgesellschaft ausbildet, sind typischerweise solche, die wir in einem Büro vor einem Rechner ausüben – nichts könnte demnach alltäglicher sein. Zugleich wäre es zu kurz gegriffen, die Darstellung auf dem Cover einfach als Triumph des *Büros* über die *Fabrik* zu interpretieren. Der Wissensarbeiter auf dem Bild befindet sich nämlich keineswegs in einem typischen Bürosetting. Dies zeigt sich bereits an seiner Kleidung. Der Mann trägt zwar ein Jackett, ist ansonsten aber überaus leger gekleidet. Seine Hose entspricht kaum den Standards für Büroarbeitskleidung, vielleicht handelt es sich gar um eine Schlafanzughose. Zudem trägt der Mann Hausschuhe. Auch die restliche Einrichtung entspricht dem häuslichen Bereich: Der Tisch ist kein klassischer Schreibtisch, sondern wirkt eher wie ein Wohnzimmertisch. Zu Füßen des Tisches – auf dem Teppichboden – sitzt eine Katze vor ihrem Futternapf. Im Hintergrund ist eine Wohnzimmerlampe zu erkennen. Die digitale Produktionsarbeit der Zukunft erfordert offenbar keine räumliche Verortung in einem Büro, sondern kann ebenso gut in der Behaglichkeit des eigenen Zuhauses erledigt werden.

Dieses Zuhause wird als bürgerliche Wohnstube im Stil des Biedermeier präsentiert. Die proklamierte industrielle Revolution wird damit in eine Ästhetik entpolitisierter Privatheit eingebunden, die eigentümlich anachronistisch anmutet. Der industrielle Fleiß der unablässig produzierenden Maschine wird mit der Langsamkeit und dem geradezu langweiligen Müßiggang des bürgerlichen Privatlebens kontrastiert. Die Außeralltäglichkeit der industriellen Revolution zeigt sich als Schatten auf dem heimischen Wohnzimmerteppich. Die Transzendenz der Technik wird mittels des Symbols einer (im westlichen Kulturkreis) vertrauten christlichen Religion bildlich aufgerufen, aber bleibt ein Schatten ohne materielle Wirkmächtigkeit. Sie macht sich in der Sphäre des privaten Wohnraums bemerkbar, ohne aber dessen Grund tatsächlich zu verändern.

Obwohl der Alltag damit Alltag bleiben kann, wird er für die Welt außerhalb des Privaten geöffnet. Die Entgrenzung von Arbeit und Freizeit, von beruflicher und persönlicher Existenz, von Öffentlichkeit und Privatheit, zeigt sich in der surrealen Architektur, welche das Bild insgesamt prägt: Die Fabrik wird in ein Wohnzimmer eingebettet, das Wohnzimmer aber wiederum in ein unbegrenztes Außen – seine Wand ist der Himmel. Das Außen des Himmels bleibt nicht getrennt von dem Wohnzimmer. Es bildet selbst dessen Rückwand, die aber gerade nicht die Funktion einer Wand erfüllt – nämlich ein Zimmer von der Außenwelt abzutrennen und so eine gesonderte Lebenswelt zu schaffen. Vielmehr hat sich ein Vogel zu unserem Wissensarbeiter gesellt. Damit zeigt sich, dass die Grenzen zur Welt außerhalb der heimischen Stube in der Tat durchbrochen sind. Die Außenwelt – sie schiebt sich aber nicht bedrohlich in eine nicht mehr geschützte Innenwelt hinein. Vielmehr tritt die Außenwelt als heile Natur auf, die sich mit der Zivilisation versöhnt hat. Die dritte industrielle Revolution erscheint damit als „sanfte Technik" (vgl. Nordmann 2014), die ohne einen Bruch mit Natur oder privater Lebenswelt funktionieren kann. Der endlose Horizont universalisiert und dekontextualisiert die gezeigte Technik und löst die Grenze zur Natur auf. Sind vielleicht gar die Vögel selbst Produkte der Traumfabrik und wird damit die Symmetrisierung von Technik und Natur auf die Spitze getrieben? Die parallele Anordnung von Vogel und Flugzeug legt dies zumindest nahe.

Die Produktion der Zukunft ist nicht zentralisiert an einem spezifischen Ort, vielmehr wird die Welt selbst zur sanften Fabrik, ohne dass dabei ein Antagonismus von Industrie und Natur aufscheint. Diese Entgrenzung macht es möglich, dass ein weiterer Gegensatz aufgelöst wird, nämlich der zwischen denjenigen, die typischerweise verantwortlich für Technik und Technikentwicklung sind (Ingenieure, Produzenten) und denen, die von einer Technik betroffen sind bzw. diese konsumieren. Der private Ort des Konsums (das eigene Zuhause) *beherbergt* die Fabrik. Damit werden ‚wir' Wissensarbeiter zu Produzenten am heimischen Rechner und tragen unsere Produkte hinaus in die Welt (auf dem Fließband, das über die Grenzen des Bildes hinausweist).

Fassen wir die Ergebnisse der Rekonstruktion an dieser Stelle zusammen. Unsere Frage war, wie die neue industrielle Revolution vor der Öffentlichkeit inszeniert wird. Die Antwort lautet: Durch eine Zukunft, die von ‚uns' selbst ausgeführt wird – zumindest so wir uns als Leser des Economist mit dem Bild des männlichen, vor dem Rechner sitzenden Wissensarbeiters identifizieren. Die revolutionäre Zukunft des 3D-Drucks wird in dem Titelbild des Magazins in der Gegenwart verankert (Zeitdimension), die Unvertrautheiten einer automatisiert arbeitenden Technologie werden durch ein vertrautes Interface entschärft (Sachdimension) und die Differenz zwischen Technikproduzenten und den von der Technik potenziell betroffenen Konsumenten wird nivelliert, indem ‚wir' post-industriellen Wissensarbeiter zu potenziellen industriellen Produzenten erklärt werden (Sozialdimension). Dies wird eingebettet in eine Deutung sanfter Technik, die keine Gegensätze zwischen Natur und Industrie etabliert. Das *Innere* der Produktionstechnik kann dabei – folgt man der Kommunikationsofferte des Economist-Covers – durchaus eine *black box* bleiben. Ebenso wird von uns hier nicht gefordert, die unsichtbaren Netzwerke zu verstehen, welche den 3D-Drucker mit seiner Umwelt verbinden.

4 Wissensarbeit 4.0 statt Demokratisierung von Technik

Diese Darstellung der neuen Produktionsrevolution bricht auf eigentümliche Weise mit der Technikgenese von 3D-Druckern für den Privatgebrauch. Die Ironie ist damit die folgende: Die Maker-Utopien einer Demokratisierung von Technik basieren auf der Idee, dass Technik keine geheimnisvolle Kraft mehr sein sollte, die nur von Experten verstanden wird und die aus professionellen Ingenieurlabors und Fabriken als *black box* ihren Weg in den Alltag findet. Jedoch scheint gerade dieses *blackboxing* ein Moment der Veralltäglichung zu sein. Was wir nicht verstehen müssen, können wir trotzdem verwenden – und zwar ohne uns um seine innere Funktionsweise zu kümmern. Voraussetzung dafür ist bei digitalen Produkten ein intelligibles Interface, welches die Grenze zwischen Innen und Außen vermittelt und zugleich verdeckt (vgl. Hookway 2014). Durch Interfaces werden Techniken zu *Medien*, die sich geräuschlos in den Alltag einfügen (vgl. Halfmann 2003). Sie fungieren als Mittler zu einer Welt der opaken Hardware, die nicht entborgen wird, nicht geöffnet wird, sondern – wie Kittler einst formulierte – ein „unbekanntes Wesen" (Kittler 1998) bleiben kann. Das Interface selbst übernimmt damit die traditionell religiös codierte Funktion, Unvertrautes und Unbeobachtbares in beobachtbare Vertrautheiten zu überführen (vgl. Luhmann 1992; 2002). Die *black box* kann dabei *black box* bleiben. Die mediale Oberfläche tritt an die Stelle der nicht mehr intelligiblen Technologie. Sie ist Mittlerin zwischen alltäglicher gesellschaftlicher Techniknutzung und der unbekannt bleibenden digitalen Infrastruktur.

In der Utopie der Maker-Szene sollte dieser medial-verbergende Charakter von Technik aufgebrochen werden. Zugleich beschreitet das *mainstreaming* des 3D-Drucks für den Privatgebrauch jedoch den Pfad eines gewöhnlichen, bereits fertigen Konsumprodukts. In diesem Sinne könnte man den inszenierten Traum, der auf dem analysierten Cover des Wirtschaftsmagazins *Economist* aus dem Jahr 2012 zum Ausdruck kommt, durchaus als Antizipation und Performation einer anderen Vergesellschaftung digitaler Fabrikation betrachten – einer Vergesellschaftung, welche die *black box* der Technik geschlossen lässt. Der Weg zur angestrebten All-Inklusion der Gesellschaft in den 3D-Druck, der auf dem *Economist*-Cover stilisiert wird, steht in der Genealogie einer interface-basierten Integration von Technik in die Gesellschaft, welche den technologischen Unterbau verdeckt. Die bildhafte Darstellung weist in eine Richtung, die Inklusion ohne *deblackboxing* impliziert. Die Exklusion des Subjekts aus dem nun magisch-opaken Produktionsprozess ist Bedingung seiner Inklusion in die nächste industrielle Revolution automatisierter Herstellung. Technologische Inklusion erscheint so nicht als Demokratisierung von Technik, sondern als Expansion einer neokybernetisch regulierten (vgl. Jochum 2013) *digitalen Wissensarbeit 4.0*, die sich ‚sanft' in das Privatleben einschreibt.

Statt im Sinne eines *deblackboxing* mit der Komplexität von Technologie konfrontiert zu werden, erlaubt das Interface eine Fortsetzung des von Technik vordergründig unberührten Alltags, der zwar verzaubert, aber nicht grundlegend irritiert wird. Technik erscheint so als Möglichkeitserweiterung in einen offenen Horizont hinein, welche ‚uns allen' zur Verfügung steht. Das Außeralltägliche digitalisierter Produktionszukunft baut sich fugenlos in den Alltag der Spätmoderne ein. Das ist der Kern der Utopie, die im *Economist*-Cover impliziert ist. Man wird Produzent einer (vertrauten) Welt, ohne den Schritt nach draußen tun zu müssen, denn der PC verbindet uns mit einer gemachten und zugleich schematisch vertrauten Wirklichkeit, die uns zur zweiten Natur geworden ist. Die innerweltlich-utopische Grenzüberschreitung bleibt begrenzt, solange der Blick auf den Oberflächen des Technischen verharrt. Jenseits der Grenze wartet die vertraute Welt des Immergleichen, nur wird diese nun von ‚jedermann' produziert.

Der inszenierte Traum einer Einbeziehung von ‚jedermann' in die digitale Fabrikation verspricht eine All-Inklusion in die Anwendung außeralltäglicher Technik durch die Bedienung alltäglicher Interfaces. Wie Computer und 3D-Drucker funktionieren, kann verborgen bleiben. Sie bleibt, wie Webers Straßenbahn, ein Zauberkasten, den Laien nicht durchdringen müssen. Die Produktions-Wissensarbeit mit dem 3D-Ducker findet dabei in einer entgrenzten Weise statt, die keineswegs mit der Gegenwart bricht, sondern sie gerade fortschreibt, denn eben diese Entgrenzung von Privat- und Arbeitssphäre ist für die Akteure zeitgenössischer Gesellschaften nichts Neues (vgl. Gottschall/ Voß 2005). Sie wird gleichwohl durch mediale Interfaces, die sich ubiquitär in den Alltag einfügen, zunehmend verstärkt (vgl. Müller 2018). Die bildliche Inszenierung des *Economist* führt eine Zukunft vor, welche die digitale *Produktions*arbeit als vertraute *Wissens*arbeit zwar ins Private entgrenzt, aber ansonsten vollständig intakt lässt. Die komplexen Infrastrukturen des Technologischen bleiben unter der Oberfläche einer anachronistischen Natürlichkeit verborgen. Die Transzendenz einer unbekannt bleibenden Technik ist damit die kommunizierte Bedingung einer Wissensarbeit, die in der Immanenz des zeitgenössischen Alltags ihren Ort der Reproduktion findet.

Literatur

Anderson, Chris (2010): In the Next Industrial Revolution, Atoms Are the New Bits. http://www.wired.com/2010/01/ff_newrevolution/all/ [Zugriff: 27.08.2021].

Anderson, Chris (2012): Makers. The new industrial revolution. New York: Crown Business.

Beck, Ulrich (1986): Risikogesellschaft. Auf dem Weg in eine andere Moderne. Frankfurt/M.: Suhrkamp.

Bell, Daniel (1976): The coming of post-industrial society. A venture in social forecasting. New York: Basic Books.

Bogner, Alexander (2010): Partizipation als Laborexperiment. Paradoxien der Laiendeliberation in Technikfragen. In: Zeitschrift für Soziologie 39, 2, S. 87-105.

Bora, Alfons (1999): Differenzierung und Inklusion. Partizipative Öffentlichkeit im Rechtssystem moderner Gesellschaften. Baden-Baden: Nomos.

Bostrom, Nick (2014): Superintelligenz. Szenarien einer kommenden Revolution. Berlin: Suhrkamp.

Bowyer, Adrian (2004): Wealth without money. The background to the Bath Replicating Rapid Prototyper Project. http://reprap.org/wiki/Wealth_Without_Money [Zugriff: 27.08.2021].

Carlson, Nicholas (2012): Ready To Download Your Next Pair Of Shoes? How 3D Printing Is Turning Bits Into Atoms. http://www.businessinsider.com/3d-printing-is-turning-bits-into-atoms-2012-11 [Zugriff: 27.08.2021].

Coenen, Christopher/Heil, Reinhard/Gammel, Stefan/Woyke, Andreas (2010): Die Debatte über „Human Enhancement". Historische, philosophische und ethische Aspekte der technologischen Verbesserung des Menschen. Bielefeld: transcript.

Dickel, Sascha (2011): Enhancement-Utopien. Soziologische Analysen zur Konstruktion des Neuen Menschen. Baden-Baden: Nomos.

Dickel, Sascha (2016): Post-Technokratie. Prekäre Verantwortung in digitalen Kontexten. In: Soziale Systeme 19, 2, S. 282-303.

Dickel, Sascha (2017): Irritierende Objekte. Wie Zukunft prototypisch erschlossen wird. In: Behemoth 10, 1, S. 171-190.

Dickel, Sascha/Schrape, Jan-Felix (2015): Dezentralisierung, Demokratisierung, Emanzipation. Zur Architektur des digitalen Technikutopismus. In: Leviathan 43, 3, S. 442-463.

Dickel, Sascha/Schrape, Jan-Felix (2017): The Logic of Digital Utopianism. In: Nanoethics 11, 1, S. 47-58.

Erhard, Franz/Sammet, Kornelia (2018): Sequenzanalyse praktisch. Weinheim: Beltz Juventa.

Ford, Henry (1923): My Life and Work. New York: Doubleday.

Forschungsunion/acatech (2013): Deutschlands Zukunft als Produktionsstandort sichern. Umsetzungsempfehlungen für das Zukunftsprojekt Industrie 4.0. Abschlussbericht des Arbeitskreises Industrie 4.0. h ttps://www.acatech.de/publikation/umsetzungsempfehlungen-fuer-das-zukunftsprojekt-industrie-4-0-abschlussbericht-des-arbeitskreises-industrie-4-0 [Zugriff: 27.08.2021].

Gehring, Petra (2008): Traum und Wirklichkeit. Zur Geschichte einer Unterscheidung. Frankfurt/M.: Campus.

Gershenfeld, Neil A. (2012): How to Make Almost Anything. The Digital Fabrication Revolution. In: Foreign Affairs 91, 6, S. 43-57.
Gottschall, Karin/Voß, Gerd Günter (2005): Entgrenzung von Arbeit und Leben. Zum Wandel der Beziehung von Erwerbstätigkeit und Privatsphäre im Alltag. München: Hampp.
Grunwald, Armin (2009): Die Ambivalenz technikbasierter Visionen und ihre Funktion in gesellschaftlichen Zukunftsdebatten. In: Steltemeier, Rolf/Dickel, Sascha/Gaycken, Sandro/Knobloch, Tobias (Hrsg.): Neue Utopien. Zum Wandel eines Genres. Heidelberg: Manutius, S. 95-116.
Halfmann, Jost (2003): Technik als Medium. Von der anthropologischen zur soziologischen Grundlegung. In: Fischer, Joachim/Joas, Hans (Hrsg.): Kunst, Macht und Institution. Studien zur philosophischen Anthropologie, soziologischen Theorie und Kultursoziologie der Moderne. Festschrift für Karl-Siegbert Rehberg. Frankfurt/M.: Campus, S. 133-144.
Heidegger, Martin (2000): Die Frage nach der Technik. In: Heidegger, Martin: Vorträge und Aufsätze. Stuttgart: Verlag Günther Neske, S. 5-36.
Hirsch-Kreinsen, Hartmut (2014): Wandel von Produktionsarbeit – „Industrie 4.0". https://www.wsi.de/data/wsimit_2014_06__hirsch.pdf [Zugriff: 27.08.2021].
Hookway, Branden (2014): Interface. Cambridge: MIT Press.
Horkheimer, Max/Adorno, Theodor W. (2000): Dialektik der Aufklarung. Philosophische Fragmente. Frankfurt/M.: Fischer.
Jochum, Georg (2013): Kybernetisierung von Arbeit – Zur Neuformierung der Arbeitssteuerung. In: Arbeits- und Industriesoziologische Studien 6, 1, S. 25-48.
Kaiser, Mario/Kurath, Monika/Maasen, Sabine/Rehmann-Sutter, Christoph (2010): Governing Future Technologies. Nanotechnology and the Rise of an Assessment Regime. Dordrecht: Springer.
Kaminski, Andreas (2010): Technik als Erwartung. Grundzüge einer allgemeinen Technikphilosophie. Bielefeld: transcript.
Kittler, Friedrich A. (1998): Hardware, das unbekannte Wesen. In: Krämer, Sybille (Hrsg.): Medien, Computer, Realität. Wirklichkeitsvorstellungen und neue Medien. Frankfurt/M.: Suhrkamp, S. 119-132.
Küenzlen, Gottfried (1997): Der Neue Mensch. Zur säkularen Religionsgeschichte der Moderne. Frankfurt/M.: Suhrkamp.
Kurzweil, Ray (2005): The Singularity is Near. When Humans Transcend Biology. New York: Viking.
Latour, Bruno (1999): Pandora's hope. Essays on the reality of science studies. Cambridge: Harvard University Press.
Latour, Bruno (1987): Science in Action. How to Follow Scientists and Engineers through Society. Cambridge: Harvard University Press.
Lösch, Andreas (2010): Visionäre Bilder und die Konstitution der Zukunft der Nanotechnologie. In: Lucht, Petra/Erlemann, Martina/Ruiz Ben, Esther (Hrsg.): Technologisierung gesellschaftlicher Zukünfte. Nanotechnologien in wissenschaftlicher, politischer und öffentlicher Praxis. Herbolzheim: Centaurus Verlag & Media, S. 129-146.
Luhmann, Niklas (1992): Funktion der Religion. Frankfurt/M.: Suhrkamp.
Luhmann, Niklas (1997): Die Gesellschaft der Gesellschaft. Frankfurt/M.: Suhrkamp.
Luhmann, Niklas (2002): Die Religion der Gesellschaft. Darmstadt: Wissenschaftliche Buchgesellschaft.

Lyotard, Jean-François (1984): The Postmodern Condition. A Report on Knowledge. Minneapolis: University of Minnesota Press.

Maasen, Sabine/Duttweiler, Stefanie (2012): Neue Subjekte, neue Sozialitäten, neue Gesellschaften. In: Maasen, Sabine/Kaiser, Mario/Reinhart, Martin/Sutter, Barbara (Hrsg.): Handbuch Wissenschaftssoziologie. Wiesbaden: Springer VS, S. 417-428.

Maasen, Sabine/Mayerhauser, Torsten/Renggli, Cornelia (2006): Bilder als Diskurse. Bilddiskurse. Weilerswist: Velbrück.

Marcuse, Herbert (1985): Some Social Implications of Modern Technology. In: Arato, Andrew/Gebhardt, Eike (Hrsg.): The Essential Frankfurt School Reader. New York: Continuum, S. 138-162.

Müller, Kathrin Friederike (2018): „Ein schön schrecklicher Fortschritt". Die Mediatisierung des Häuslichen und die Entgrenzung von Berufsarbeit. In: M&K 66, 2, S. 217-233.

Münte, Peter (2005): Institutionalisierung der Erfahrungswissenschaften in unterschiedlichen Herrschaftskontexten. Zur Erschließung historischer Konstellationen anhand bildlicher Darstellungen. In: Sozialer Sinn 6, 1, S. 3-43.

Noble, David F. (1998): Eiskalte Träume. Die Erlösungsphantasien der Technologen. Freiburg: Herder.

Nordmann, Alfred (2014): Sanfte Technik. Vom Mythos der Maschine zum Mythos nicht-maschineller Maschinen. In: Kaminski, Andreas/Gelhard, Andreas (Hrsg.): Zur Philosophie informeller Technisierung. Darmstadt: wbg Academic, S. 21-40.

Roco, Mihail C./Bainbridge, William S. (2003): Converging technologies for improving human performance. Nanotechnology, biotechnology, information technology and cognitive science. Dordrecht: Kluwer.

Rosenthal, Gabriele (2014): Interpretative Sozialforschung. Eine Einführung. Weinheim: Beltz Juventa.

Schelsky, Helmut (1961): Der Mensch in der wissenschaftlichen Zivilisation. Wiesbaden: VS Verlag.

Schmidt, Jan C. (2016): Philosophy of Late-Modern Technology. In: Boldt, Joachim (Hrsg.): Synthetic Biology. Metaphors, Worldviews, Ethics, and Law. Wiesbaden: Springer, S. 13-29.

Schummer, Joachim (2006): Nano-Erlösung oder Nano-Armageddon? Technikethik im christlichen Fundamentalismus. In: Nordmann, Alfred/Schummer, Joachim/ Schwarz, Astrid (Hrsg.): Nanotechnologien im Kontext. Philosophische, ethische und gesellschaftliche Perspektiven. Berlin: Akademische Verlagsgesellschaft, S. 263-276.

Schwonke, Martin (1957): Vom Staatsroman zur Science Fiction. Eine Untersuchung über Geschichte und Funktion der naturwissenschaftlich-technischen Utopie. Stuttgart: Enke.

Science2public/Laarmann, Martin (2016): Die Maker-Szene – Erfindergeist fernab disziplinärer Grenzen. https://foresight-festival.com/themes-2016/do-it-together/ interview-martin-laarmann-experte-im-bereich-maker-szene-geschaeftsfuehrer-der-make-germany-gmbh-und-ausrichter-des-maker-festivals-make-munich/http [Zugriff: 27.08.2021].

Stahl, William A. (2016): Venerating the Black Box. Magic in Media Discourse on Technology. In: Science, Technology, & Human Values 20, 2, S. 234-258.

Stangler, Dane/Maxwell, Kate (2012): DIY Producer Society. In: Innovations. Technology, Governance, Globalization 7, 3, S. 3-10.
Tech, Robin P. G./Ferdinand, Jan-Peter/Dopfer, Martina (2016): Open Source Hardware Startups and Their Communities. In: Ferdinand, Jan-Peter/Petschow, Ulrich/Dickel, Sascha (Hrsg.): The Decentralized and Networked Future of Value Creation. 3D Printing and its Implications for Society, Industry, and Sustainable Development. Cham: Springer, S. 129-145.
Weber, Jutta (2012): Neue Episteme. Die biokybernetische Konfiguration der Technowissenschaftskultur. In: Maasen, Sabine/Kaiser, Mario/Reinhart, Martin/Sutter, Barbara (Hrsg.): Handbuch Wissenschaftssoziologie. Wiesbaden: Springer VS, S. 409-416.
Weber, Max (1994) [1919]: Wissenschaft als Beruf. In: Weber, Max: Max Weber-Studienausgabe. Band I/17. Tübingen: Mohr, S. 1-23.

Anarcho-Mystik.
Die Verklärung von Anonymität in digitalen Räumen

Felix Keller

Julien Assange, vor der drohenden Überführung nach Schweden in die ecuadorianische Botschaft geflüchtet, erklärte, dass er keineswegs zufällig in dieses Gebäude „hineinspaziert" sei, er folge „einem größeren Plan". Diese Aussage, ursprünglich in einem differenzierten Kontext geäußert, wurde sogleich aufgegriffen und stilisiert: *Assange nennt seine Flucht „Teil eines größeren Plans"*, tituliert die *Zeit* einen Artikel zur Sache (Pb. 2013).[1] Die *Süddeutsche Zeitung* zeigt eine Fotomontage, die ihn als Heiligen darstellt (Kreye 2019). Weshalb diese Denunziation? Welche Ideen, welche Praktiken sollen ausgerechnet über religiöse Symbole denunziert werden?

Die Plattform WikiLeaks, die Assange führte, war „wie aus dem Nichts" aufgetaucht, katapultierte sich über die anonyme Publikation geheimer Regierungsdokumente flugs zu „schwindelerregenden Höhen der internationalen Politik" (Lovink 2012: 223). Assange steht gemeinsam mit Edward Snowden und Chelsea Manning für eine anarchistische Bewegung, die die staatliche Gewalt gezielt und auf revolutionäre Weise über digitale Netzwerktheorien herausforderte, indem sie ihr die Kontrolle über Information entriss, ihre Offenlegung einforderte, Zensur und Geheimhaltung enthüllte. Doch der

Abb. 1: Julian Assange als „Sankt Julian" (Kreye 2019).

---

1 Siehe den gesamten Kontext: Lacroix/Assange (2013).

Grund für die Attacke lag tiefer. Es ging um die Verteidigung einer neuen virtuellen Gesellschaft, die zuvor John Perry Barlow in seiner berühmten Unabhängigkeitserklärung für den Cyberspace proklamiert hatte: „Regierungen der industriellen Welt, ihr müden Giganten aus Fleisch und Stahl, ich komme aus dem Cyberspace, der neuen Heimat des Geistes. Im Namen der Zukunft bitte ich Euch, Vertreter einer vergangenen Zeit: Lasst uns in Ruhe!" (Barlow 1996). „Losgelöst von der alten Welt roher Atome, sehnte sich ein ätherisches Netz nach Unabhängigkeit", so beschrieb Assange dieses Begehren (Asssange 2013: 11). Die ersten Hacker, die mit dem Aufbau des Internet beschäftigt gewesen waren, seien einer „utopische Geisteshaltung" gefolgt: „Wir dachten, es sei unsere Mission, ein Netzwerk zu entwickeln, das es der Menschheit ermöglichen würde, Wissen zu verbreiten und auszutauschen", sagt Assange. Die „Mission" lautete: „Das Internet soll ein riesiges Gebäude sein, in dem das gesamte Wissen der Menschheit aufbewahrt wird" (Assange 2013: 11).

Allerdings ist die Entfaltung dieser universalen Sphäre von der staatlichen Gewalt bedroht, deshalb auch die Attacken auf den Staat und seine Geheimnisse. Denn Staaten bilden für Assange „Systeme", die ausschließlich durch Zwang geregelt werden, demokratische Verhältnisse bilden bloß dienliche Oberflächen tiefer dunkler Kontrollmächte. Die ganze Ordnung der Gesellschaft, Eigentum, Strafen, Zensur aber auch immaterielle Güter wie kulturelle Werte, Marken werden nur durch staatliche Macht aufrechterhalten. Angesichts der neuen Sphäre, die sich in den digitalen Räumen abzuzeichnen begann, setzte der Staat alle seine Mittel ein, um das sich am Horizont abzeichnende leuchtende Reich der freien Kommunikation wieder zu unterwerfen. Der Staat sauge sich „wie ein Blutegel in die Venen und Arterien unserer neuen Gesellschaft" (Assange 2013: 9-11). Er erscheint als riesiges monströses Verschwörungsnetzwerk, so in seinem programmatischen Text *Conspiracy as Governance* (Assange o.J.). Es sei jetzt an der Zeit, dass sich Widerstände gegen diese Mächte des Schlechten, der staatlichen Gewalt formieren. „Tun wir dies nicht, wird die Universalität des Internets die ganze Menschheit in ein einziges gigantisches Geflecht von Überwachung und massenhafter Kontrolle verstricken". Der Kampf für eine neue Welt sei nun unausweichlich, der entsprechende Aufsatz trägt den martialischen Titel: *Aufruf zum Kryptokampf* (Assange 2013: 14).

Die Waffen für diesen Kampf wurden den Bedrohten gleich einem Wunder offenbart: Denn sie resultierten aus nichts weniger als aus einer eigentümlichen Eigenschaft des „physischen Universums" schlechthin. Dieses universale Gesetz lautet: Es ist einfacher, Informationen zu verschlüsseln als wieder zu dekodieren. Das eine lässt sich mit einfacher, mittlerweile omnipräsenter Technik bewerkstelligen, die Entschlüsselung hingegen erfordert aufgrund mathematischer Gesetze einen Aufwand, der die größten Computersysteme über Generationen hinweg rechnen ließe. Dies sei die Chance, einen neuen virtuellen Raum zu erschließen: Das Universum „glaube" auch an Kryptographie, „aus irgendeinem Grund scheint die Kryptografie den heiteren Zuspruch des Universums zu gewinnen" (Assange 2013: 12-13).

1 Trümmerwelt einer vergangenen Ordnung

Ein neuer Horizont der Menschheit schlechthin, imaginiert als eine universale Sphäre, die die Gesellschaft überspannt; bedrohliche Mächte, die mit Gewalt diese neue Welt verhindern; eine Mission, die von der verwerflichen Gegenwart zu ihr hinführt, das Universum, das die Zaubermittel für die Retter bereit hält: Angesichts all dieser Evidenzen erstaunt es nicht, dass Assange zuerst als Prophet und dann, von der staatlichen Macht gebeutelt, als Märtyrer erscheint (Friedersdorf 2019; Hedges 2019).

Augenscheinlich wird dabei die religiöse Symbolik polemisch verwendet. Diese Denunziation von Personen und Positionen über die Verwendung religiöser Zeichen ist in diesem Zusammenhang keineswegs etwas Besonderes, eine solche Praktik hatte bereits Carl Schmitt als Element eines politischen Diskurses der Moderne identifiziert, der sich säkular glaubt (Schmitt 2009: 45). Die oben dargestellte Fotomontage, die die *Süddeutsche Zeitung* veröffentlichte, bringt diesen Gestus auf den Punkt. Das Bild zitiert ausführlich die Ikonographie eines spätmittelalterlichen Gemäldetypus des „Salvator mundi". Eine Hand ist zum Segen erhoben, ein Strahlenkranz umgibt sein Haupt, der Blick schweift in eine für den Betrachter unerreichbare Ferne. Ein Entschweifen und Entheben, das sich in realen Gesprächssituationen mit Assange tatsächlich zeigen soll, wie Kreye (2019) berichtet.

Julian Assange, der WikiLeaks-Begründer, sei nie sympathisch gewesen und hätte schon immer gewusst, wie seine „Aura" zu pflegen sei; kein anderer hätte das „Spiel mit dem Charisma" so perfekt beherrscht wie Assange, Assange wird als „Prophet", „Ikone", „Heiligenfigur" zugleich bezeichnet, seine Verhaftung sicherten ihm nunmehr den „Status als Märtyrer der digitalen Kultur" (Kreye 2019). Der frühere enge Mitarbeiter von Assange, Daniel Domscheit-Berg, schreibt – es scheint wie eine Ergänzung:

> Looking back, I ask myself whether WikiLeaks itself has developed into a kind of religious cult (…) The guru was beyond question. (Domscheit-Berg 2011: 42)

Die Verwendung einer religiösen Ikonographie im Zusammenhang mit der Person von Julian Assange erweist sich als durchaus exemplarisch. Die ikonographische Koppelung an die Dynamik des religiösen Feldes, soziologisch verstanden als ein Markt, auf dem Heilsangebote konkurrieren, bindet Assanges Position und Vision polemisch in den sozialen Raum zurück, um ihm die bekannten Attribute des „Propheten" oder Heilsbringers zu verleihen.[2] In der Gestalt eines sozialen Typus verliert die Figur Assange ihre Fremdheit. Seiner Vision ist über Erklärbarkeit die Andersheit und damit die subversive Kraft genommen. Die ikonischen Elemente bieten darüber hinaus die Möglichkeit, eine hochkomplexe, heterogene und oft noch weitgehend unbekannte technische Realität und neuartige technologisch indizierte Konfliktzonen mit bekannten symbolischen Formen zu verbinden, es ließe sich, auch sagen: so erzählbar zu machen. William Gibson, der Namensvater des „Cyberspace" (Gibson 1994), überzeichnet die religiösen Insignien beispielsweise in der Folge so stark, dass die Polemik der Parallelisierung selbst obsolet erscheint. In der von Gibson (und anderen) entworfenen Zukunftswelt existieren religiöse Formen allenfalls noch als symbolische Trümmer einer längst vergangenen Ordnung, bar jeglichen Sinnes und Bedeutung, nach Belieben verwend- und einsetzbar.[3]

2 Mystischer Anarchismus

Doch die Polemik, die auf die Religion als überkommene Institution einer vergangenen Zeit zielt, überdeckt gleichzeitig auch etwas, das über sie hinausweist. Die Nennung eines Sphärischen, der körperlosen Atome, der in Anonymität aufgelösten Subjekte, die vom Universum bereit gestellten Waffen lassen bereits erahnen, dass hier ein Moment eines gesellschaftlich Imaginären mitschwingt, das sich im Modus der Rhetorik oder gar Ironie nicht hinreichend fassen lässt. Es geht einher mit einem Impetus der Zerstörung der staatlichen Herrschaft und Ordnung, der klar anarchistisch ist. Mit anderen Worten gesagt: Assanges Denken weist deutlich Elemente eines Anarcho-Mystizismus auf, wie im Folgenden zu zeigen ist.[4]

Die Spur zu dieser Idee oder Bewegung hat der stupend belesene Assange selbst gelegt. Sie findet sich direkt auf seinem früheren Blog, nämlich in Form eines Zitats, das von einer Personifikation des mystischen Anarchismus schlechthin, Gustav Landauer, stammt und das augenscheinlich die staatliche Macht deontologisieren soll: „Staat ist ein Verhältnis, ist eine Beziehung zwischen den Menschen, ist eine Art, wie die Menschen sich zueinander verhalten; und man zerstört ihn, indem man andre Beziehungen eingeht, indem

---

2   Siehe dazu die auf Weber aufbauenden Ausführungen von Bourdieu (1971).
3   So etwa im Film, einer der wegweisenden Darstellung des Cyberspace, für den Gibson das Drehbuch verfasst hatte (Longo/Gibson 1995).
4   Gemeint ist hier eine Bewegung, die vom Mittelalter bis in die Gegenwart reicht. Siehe dazu Critchley (2012: 35-40) sowie Cohn (1988: Kap. 8). Entlang Newmans Wendung sprechen wir auch von Anarcho-Mystizismus (Newman 2020).

man sich anders zueinander verhält ... wir sind der Staat – und sind es so lange, als wir nichts andres sind, als wir die Institutionen nicht geschaffen haben, die eine wirkliche Gemeinschaft und Gesellschaft der Menschen sind."[5] Wenn an einer solchen Stelle der Name und das Zitat eines der bedeutendsten Vertreter des Anarchismus steht, so hat dies eine umfassendere Bedeutung als lediglich einen Blog zu zieren. Diese anarchistische Parole seines Blogs aus der Zeit, als Wikileaks gegründet wurde, lässt sich als Indiz lesen, dass es Assange um mehr geht als bloß darum zu revoltieren, sondern dass sein Tun auch geprägt war von einer anarchistischen Programmatik zur Überwindung der bestehenden Ordnung, die über die neuen Technologien zugleich geweckt wie vermittelt wird.

Bei genauerem Hinsehen dokumentieren Assanges Aussagen denn auch ein in sich stimmiges Weltbild – dies anerkannte selbst die Zeitung, die ihn visuell als Heiligen denunzierte (Hofmann 2010). Es lässt sich die These formulieren, dass das Verständnis dieses Weltbilds tatsächlich auch in Gustav Landauers Denken liegt, den er so prominent zitiert, respektive in der Strömung des mystischen Anarchismus, die er vertritt.

3 Gustav Landauers Idee einer Befreiung der Gesellschaft

Der Staat als Antipode der freien Gesellschaft: diese Idee gehört zweifelsohne zum Basistheorem jeglicher anarchistischen Bewegung.[6] Doch die These besagt, dass diese Art der Kritik an staatlicher Herrschaft, wie sie im Werk des zitierten Landauer zum Ausdruck kommt, eine weitere Komponente enthält, die sich auch bei Assange, mehr noch, in vielfacher Weise in der Bewegung, als deren Bestandteil er fungiert, beobachten lässt und auf der sehr langen Tradition anarchistischen Denkens eines mystischen Anderen der Herrschaft beruht (Cohn 1988; Critchley 2012).

Gustav Landauer (1870-1919) gilt als einer der bedeutenden Vertreter eines theoretisch versierten und begründeten Anarchismus.[7] Selbst jüdischer Herkunft, war er mit Martin Buber befreundet, beeinflusste Gershon Scholem und dessen Arbeit über die jüdische Mystik maßgeblich, widmete sich aber auch der Herausgabe und Kommentierung von Eckharts Schriften. Über sein

---

5 Wir zitieren das deutsche Original: Landauer 1910. Der Blog wurde inzwischen gelöscht. Archivierte Kopien finden sich auf: https://web.archive.org/web/20070120145419/http://iq.org [Zugriff: 09.06.2021].

6 Exemplarisch seien hierfür einige Referenzen genannt: Sergent/Harmel 1949; Seyferth 2015; Stowasser 2007.

7 Seinem Erbe widmet sich das Webprojekt: gustav-landauer.org, dem die biografischen Angaben entnommen sind. Einen Überblick gibt Linse (1974b).

politisches und theoretisches Engagement für den Anarchismus hinaus betätigte er sich auch als Literaturkritiker und Dramaturg. Im Zuge der Niederschlagung der Münchner Räterepublik wurde er von Schergen des Regimes ermordet. In der jüngeren Zeit kommt ihm erneute Aufmerksamkeit zu (Newman 2020), sein Werk erscheint als Brücke von einem traditionellen zu einem postmodernen Anarchismus, so Wolf Siegbert (2015), der Herausgeber des Gesamtwerks.[8]

Landauer zeigt sich skeptisch gegenüber allen Institutionen nicht nur des Staates. Religionen bilden für ihn „Überwältigungsstrategien" des Volkes (Landauer 1907: 38). Er wendet sich in seiner Schrift *Christentum und Anarchismus* gegen die „vermessenen Transzendentisten", die eine höhere Ordnung, einen höheren Sinn zu kennen glauben (Landauer 1986: 319). Er leugnet, dass „es solch ein Ding, das Hineinragen des Außerweltlichen in die Welt, jemals gibt und geben kann". Deshalb erkläre er jede Religion für falsch, verneine die Existenz eines Gottes (Landauer 1986: 323). Religionen formen für ihn eine Institutionalisierung und damit Einschränkung und Beherrschung eines zugrundeliegenden Anderen, sie schränken „Chaos und Mythoskraft" des Menschen ein (Landauer 1907: 67). Um auf ein Anderes, Neues, noch zu Verwirklichendes vorzustoßen, brauche es schlicht neue Begriffe für neue Vorstellungen (Landauer 1986: 323).

Diese Transzendenz der gegenwärtigen Vorstellungen wird auch durch rein politischen Aktivismus, etwa der anarchistischen Bewegung, nicht erreicht, sogar verhindert. Vielmehr führt er in seiner Zerstörungswut zu einem Blutbad, ohne dass damit ein noch verborgenes Anderes sich abzeichnete. Landauers Gedankenwelt lässt sich programmatisch in einem in der Zeitschrift *Zukunft* erschienen Aufsatz zu „Anarchische Gedanken zu Anarchismus" nachzeichnen (Landauer 1901). Konkreter Anlass war die Ermordung des amerikanischen Präsidenten McKinley durch den Anarchisten Leon Czolgosz im Jahre 1901. Landauer thematisiert aber generell die Attentatspolitik der Anarchisten, die er als bloße Renommiersucht kleingeistiger Dogmatiker verurteilt, durchaus eben nicht anarchistisch. Sie unterlägen einem Irrtum, nämlich das Ideal der Gewaltlosigkeit über Gewalt erreichen zu können: die Herrschaftslosigkeit über eine Diktatur, die die Mittel dem Zweck unterwürfe, Menschenleben gegeneinander aufrechnete. Letztlich sei dies „Despotismus" und kein Anarchismus, die Mittel müssten bereits durch den Zweck gekennzeichnet, das heißt absolut gewaltlos sein (Landauer 1901: 140). Anarchisten müssten sich von der sturen politischen Programmatik entfernen, Anarchisten seien zu oft Systematiker, dogmatisch in theoretische Begriffe eingeschnürt.

---

8 Dies signalisieren auch Crichleys Ausführungen zu Landauer (Critchley 2012: 69-72).

Dieser letztlich oberflächlichen Politik müsste abgeschworen werden. Der Zustand der Anarchie könne nur in einer „neuen Welt, in einem noch zu entdeckenden Lande" erreicht werden:

> Der Weg zum Himmel ist schmal, der Weg zu einer neuen, höheren Form der Menschengesellschaft führt durch das dunkle Thor unserer Instinkte und der terra abscondita unserer Seele, die unsere Welt ist. (Landauer 1901: 136)

Letztendlich müsse der Weg nicht über materielle Zerstörung, sondern über die Transformation der Identität erreicht werden. Mit anderen Worten: Landauer stellt die bürgerliche Subjektivität und Identität selbst zur Disposition. Sie zu überwinden, ist Ziel einer „Innenkolonisation" der Erschließung neuer unbekannter innerer Territorien. Es gehe schlicht darum, „nicht Andere umzubringen, sondern sich selbst". Dies werde das Kennzeichen des neuen Menschen sein, der „sein eigenes Chaos schafft", indem er seine Persona aufgibt und sich so erst Verdrängtem und Neuem öffnen kann, mit unbekanntem Ausgang (Landauer 1901: 137).

Diese Zerstörung der Identität ist der Weg zu einem mystischen Eins mit der Welt, einem Zustand der versöhnten Anarchie. Er könne nur in einer „neuen Welt, in einem noch zu entdeckenden Lande" erreicht werden (Landauer 1901: 136). Indem diese Negation einen Auflösungsprozess des Ichs darstellt, den nicht isolierte Einzelne vollziehen, sondern eine Vielheit, entsteht dadurch auch eine neue Form der Kollektivität, ein „Zusammengehöriges". Und: „Da wird Anarchie sein" (Landauer 1901: 138). Man wisse noch immer nichts oder nicht viel von diesem „überindividuellen Gebilde", es sei pur geistiger Art. Doch wenn man die rechten Bausteine entdeckt habe, werden auch die Baumeister da sein. In dieser Selbstvernichtung der Identität zur Ermöglichung des Neuen stellt er sich wiederum in die Tradition des mystischen Anarchismus, wie ihn schon die Freigeist-Bewegungen des Mittelalters zelebrierten (Cohn 1988) und weist weiter zum Cyberspace als neue „geistige Heimat" im Sinne Barlows (Barlow 1996).

Tatsächlich gibt es in Landauers Schrift zur *Revolution* Hinweise auf das Mittelalter, wo sich die Möglichkeiten finden, in welche Richtung eine neue Gesellschaft gedacht werden könnte. Sie liegen ausgerechnet in dem, was er „christliche Zeit" nennt, das europäische Mittelalter *vor* dem Auftauchen des zentralistischen Staates. Denn Anarchie heißt auch bei Landauer nicht Abwesenheit von Ordnung, sondern Abwesenheit von Ordnung durch Zwang (Landauer 1986: 320). In seinem christlichen Mittelalter hatte aber keine Institution die absolute Macht, selbst Kirche und Klöster, Städte und Ritterbünde nicht. Die Gesellschaft des christlichen Mittelalters zeichnet sich hingegen durch eine „Gesamtheit von Selbständigkeiten" aus, Institutionen, die sich durchdringen, vervollständigen, widersprechen, ohne dass daraus „eine Pyramide oder irgendwelche Gesamtgewalt geworden wäre" (Landauer 1907: 43).

4 Die Religion des Staatsgeheimnisses

Weit davon entfernt, die Personen von Landauer und Assange gleichzusetzen, erscheinen sie doch beide als Träger eines umfassenderen Diskurses eines mystischen Anarchismus. Die These lautet, dass sich in Assanges und Landauers Theorien bemerkenswerte Parallelen erkennen lassen – bei beiden stellvertretend für eine größere Bewegung, die in ihnen zum Ausdruck kommt. Die Ablehnung jeglicher staatlichen Herrschaft als (vermeintliche) Gesamtgewalt eint augenscheinlich die Bewegung der Wikileaks und damit die Protagonisten eines verschlüsselten Internets, die Krypto-Anarchisten mit allen anarchistischen Bewegungen. Doch bei genauerem Hinsehen durchziehen die Parallelen auch weitere Gebiete. Wie die Herrschaft über die Produktionsmittel in der sozialistischen Anarchiebewegung der Schlüssel für die anarchische Politik ist, bildet die freie Software, der Code als Gemeingut, die Basis für den Krypto-Anarchismus (Appelbaum et al. 2013: 68). Gemeinsam mit der spezifischen Form des Landauer'schen mystischen Anarchismus ist die radikale Forderung nach absoluter Gewaltlosigkeit (Landauer 1901). Auch die Bewegung um Assange, Massing und Snowden ist von dieser geprägt. „Wirksame Kryptografie", so Assange, „ist die höchste Form des gewaltlosen Widerstands" (Assange 2013: 13).

Assange betrachtet staatliche Gewalt als eine Art Verschwörung gegen das Volk, *Conspiracy as Governance* heißt der Titel einer seiner bekanntesten Arbeiten (Assange o.J.). Assange erneuert die Idee der Verschwörung fürs Informationszeitalter, begreift diese Verschwörung informationstheoretisch als ein Netzwerk abgekoppelter Kommunikationskanäle, die ganze Weltreiche stabilisieren können. Assange sagt, dass es eine eigentliche „Religion" um das Geheime im amerikanischen Imperium gäbe, die ihren materialen Ausdruck im „holy seal", den Stempel, den Dokumente als „classified" markierte, fände. Wenn solche heiligen Objekte in der Öffentlichkeit zu zirkulieren beginnen, erleben sie eine Art Transsubstantiation zu verbotenen Objekten, die zu einem eigentlichen Gift in den Kommunikationskanälen führe und eine Hysterie auslösten (Assange 2016: 6).

Wie die Anarchisten gegen die Religion als Institution antreten, um ein anderes Mystisches zu befreien, so greift Assange den Staat als „Religion" gewaltlos an, um eine andere Gesellschaft der umfassenden Transparenz zu ermöglichen, indem er die Logik der geheimnistragenden Netzwerke gleichsam gegen sich selbst und die Geheimnisse, die sie hüten, richtet: *Leaks* bringen das Netzwerk der Macht zum Stottern, sie verwirren die Kommunikationsströme (Assange o.J.: 4-5), und vor allem, *Leaks* vernichten über die anonyme Publikationsweise Vertrauen als notwendige Ressource der Geheimhaltung.

Es ist nicht die Abwesenheit von Ordnung, sondern die Negation eines durchgehenden (Kontroll-)Prinzips, das diese Formen des Anarchismus antreibt, die Aversion gegen den systematischen Ausschluss eines (höheren) kollektiven Wissens. Das Gegenmodell ist für Landauer das christliche Mittelalter vor dem Auftauchen der Nationalstaaten, in denen sich verschiedene Institutionen durchdringen, ohne zu einer Gesamtpyramide sich aufzubauen. Assange wendet sich gerade in diesem Sinne gegen die Verwirklichung *einer* Utopie, die von einzelnen Prinzipien aus denkt, was für ihn eine Dystopie wäre. Utopische Ideale müssen für ihn die „Verschiedenartigkeit von Systemen und Interaktionsmodellen einschließen" (Appelbaum et al. 2013: 170), so wie das Landauer'sche Mittelalter keine zentralistische Institution zuließ.

Eine weitere Gemeinsamkeit ergibt sich über die Tatsache, dass das Wissen um die falschen Verhältnisse sowie die Kenntnis der richtigen Strategien des Kampfes für die neue Gesellschaft eigentlich in den Händen von „Sehenden" liegt, sowohl bei Landauer wie bei Assange. Es handelt sich um ein elitäres Element, das tief mit dem mystischen Anarchismus verbunden scheint (siehe: Cohn 1988: 200–202). Landauer vertraut darauf, dass sich diese Zerstörung der Person und Öffnung für ein chaotisches Anderes, das sich nicht in einem Herrschaftssystem fixieren lässt, zuerst bei den Dichtern eintritt, der „Dichter" müsse erst „Volk" und das Volk „Dichter" werden. Erst so öffne sich die Möglichkeit zur geistigen „Erneuerung" der Gesellschaft, und der Befreiung des „allen innewohnenden mystischen Geistes" (Landauer, zitiert nach: Linse 1974a: 14). „Die Geistigen werden einen Terrorismus des Geistes aufrichten", so Landauer in einem Brief zur Rechtfertigung seiner „Schonungslosigkeit", allerdings in Ablehnung gegenüber physischen Gewaltmitteln, „Dummheit, Gewalttätigkeit und Phrase ... werden verfemt werden" (Landauer, zitiert nach: Linse 1974a: 13). Die „Massen" selbst sind hingegen passiv, ihnen muss geholfen werden, überhaupt vom Fleck zu kommen (Landauer 1901:189).[9]

Der Netzkritiker Geert Lovink erkennt auch bei WikiLeaks eine elitäre Attitüde und einen „missionarischen Eifer" die unwissenden Massen aufzuklären (Lovink 2012: 228). Auch Assange selbst postuliert ein elitäres Kollektiv, das auch noch in der sich abzeichnenden Kontrollgesellschaft selbstbestimmt leben könnte. Er schildert, wie er im Sidney Opera House eine Ratte beobachtete, die inmitten einer Gesellschaft zwischen den Buffets hin und her wieselt, sich die besten Häppchen schnappt, auf den Ticketschalter springt, sich über die anwesende Gesellschaft amüsiert und dann wieder entwischt, ohne dass sie jemandem aufgefallen wäre. Er hält diese Szene für ein Fanal künftiger totalitärer Kontroll-Gesellschaften, wo Freiheit „nur den

---

9 Beckenbach und Klotter beobachten hier einen Widerspruch zwischen den egalitären Forderungen des mystischen Anarchismus und des beinahe gnostischen Vorstellung von *electi*, den Landauer hier zelebriert (Beckenbach/Klotter 2014: 252-253).

gewitzten Ratten offensteht" (Appelbaum et al. 2013: 171). Es werde somit nur eine „Elite von High-Tech-Rebellen" sein, die frei bleiben wird, „die gewieften Ratten, die durch die Oper turnen". Die Alternative wäre alleine, sämtliche Informationen der Welt öffentlich zu machen, nur so – ganz gemäß seiner Netzwerktheorie der Macht, die auf Exklusivität der Kommunikationskanäle beruht – wäre eine Gesellschaft möglich, in der nicht ein Auge auf der Pyramidenspitze, im Sinne Landauers, alles überwacht und kontrolliert (Appelbaum et al. 2013: 172).

Auch wenn diese Einsicht pessimistisch erscheint, ist die anarchistische Idee in Assanges Rede nach wie vor erkennbar: erst die Dekonstruktion der dämonischen Machtbasis des Staates durch eine Elite ermöglichte eine neue Sphäre, die die missliche Wirklichkeit transzendieren könnte. Doch sie bleibt selbst imaginativ merkwürdig leer, deren Erscheinen wird, wie gesehen, am Schluss sogar als unwahrscheinlich qualifiziert. Doch ist, bei allen diesen Parallelen, deshalb der Krypto-Anarchismus auch ein mystischer Anarchismus? Diese Frage geht der letzte Teil des Essays nach. Assange erweist sich dabei, ungeachtet seines Elitarismus tatsächlich als Exponent einer größeren Bewegung.

5 Anonymisierung als produktive Zerstörung

Anarchismus enthält nicht nur Kritik und den Wunsch, bestehende Herrschaft zu überwinden, er enthält notwendig auch die Vision eines Anderen. Doch wie ergibt sich aus einer konkreten Technik eine mystifizierende Transzendenz hin zu diesem? Das Universum liefert, so Assange, über das Naturgesetz der Verschlüsselung ein Geschenk zur Überwindung der Staats-Verschwörung, eine Verschwörung, die die gesellschaftliche Wirklichkeit kontrolliert und manipuliert. Doch was wird verschlüsselt? Es gibt wenig Sinn, die Botschaft, das Wissen zu verschlüsseln. Denn dieses muss gemäß der Theorie des *Leaks* überhaupt erst öffentlich werden. Die Verschlüsselung betrifft vielmehr die Quelle der Botschaft, und oft auch den konkreten Empfänger. Durch die Verschlüsselung der Sender und Empfänger operieren Kommunikationen im digitalen Raum, ohne dass den Quellen und oft auch den Zielen eine Adresse, Identität zugeordnet werden könnte. So zielen die Verschlüsselungen auf ein zentrales Organisationsprinzip von Gesellschaften schlechthin: Identität und Adressierbarkeit der Gesellschaftsmitglieder, das heißt, sie problematisieren die Institution des Eigennamens. Der Name ist Verkettung eines Körpers mit einer sozialen Ordnung (Kripke 1981: 97), legt ihn damit überhaupt als gesellschaftliches Wesen fest, auch als ein Beherrschbares, Kontrollierbares (Althusser 1977). Der Name wird mit Passbildern und biometrischen Daten eigentlich mit dem Körper des Individuums verbunden. Er verkettet die Einzigartigkeit des Individuums mit dem Allgemeinen der gesellschaftlichen Ordnung. Deshalb ist die Taufe, als Verleihung eines Namens, ein traditionell religiöses Ritual, aber auch ein staatlicher wie auch epistemischer Akt der Erzeugung einer Singularität.

Der Name singularisiert nicht nur, er neigt sich mit der Identität eines Individuums zu verschmelzen, wie schon Freud (1999) zeigte. Beim Namen gerufen, heben die Menschen den Kopf. Die Verunstaltung des Namens kommt einer Schmähung der bezeichneten Person gleich. Den Namen einer Person zu vergessen, bedeutet Geringschätzung. Von einer bedeutsamen Person mit Namen angesprochen zu werden, ist eine Ehrung. Die soziale Bedeutung des Namens ist so stark, dass der Name immer wieder mit einem Tabu versehen wird, um seine soziale Macht zu kontrollieren, ein Namenstabu, das der Ethnologe James George Frazer in den unterschiedlichsten Kulturen identifizieren konnte (Frazer 1989: 355-382). Diese archaisch-kultischen Praktiken des Namenstabus, um die soziale Macht des Namens zu kontrollieren oder ihr gar zu entrinnen, tauchen nun gerade im Zusammenhang mit dem Entstehen des Krypto-Anarchismus wieder auf.

1981 erschien eine Novelle in einem Taschenbuchverlag, die Folgen zeitigen sollte. Autor war Verno Vinge, ein Lehrstuhlinhaber für Mathematik und Computerwissenschaft an der San Diego-Universität (Vinge 2016). Sie trägt den sprechenden Titel *True Names* und spielt in einem digitalen Universum, in das sich die Protagonisten einloggen, ohne ihren Klarnamen bekannt zu geben und dabei mit halbkriminellen Aktionen die Menschheit fast in den Abgrund stürzen. Die Avatare sind mit fingierten Namen unterwegs. Das Aufdecken des klaren Namens durch das Kollektiv bedeutet, dass die reellen Menschen über Erpressungen versklavt werden konnten. Vinge sagte, er hätte die Inspiration aus dieser Geschichte einer Fantasy-Erzählung entnommen, in der die Zauberer ihrer Macht verlören, sobald ihr wirklicher Name bekannt wurde. Anlässlich eines Interviews mit Vinge (Mondo 2000), erklärte Michael Synergy (1989), dass die Erzählung die Vision „to all of us in the computer underground" gewesen sei, denn Klarnamen waren zur frühen Zeit des Internet schlicht Ehrensache. Gerade die Verschlüsselung stellt die notwendige Technologie zur Verfügung, dass die Kripke'schen Verkettungen (scheinbar) gelöst werden, womit die Kollektive sich frei in der neuen digitalen Sphäre bewegen können. „A specter is haunting the modern world, the specter of crypto anarchy", schrieb Timothy C. May in seinem *Crypto Anarchist Manifesto* (1992) und dort weiter:

> Computer technology is on the verge of providing the ability for individuals and groups to communicate and interact with each other in a totally anonymous manner. (May 1992)

Die Anonymisierung durch Verschlüsselung inauguriert eine neue Form von technisch indizierter Anarchie, die die Grundfesten des Staates erzittern lässt:

„Crypto anarchy will allow national secrets to be trade freely and will allow illicit and stolen materials to be traded." Ungeachtet dessen, dass eine neue Form von Kriminalität entsteht, der Kampf gegen diese werde das unaufhaltsame Ausbreiten der Krypto-Anarchie nicht verhindern (May 1992).

6 Anonymität als Vision

Inwiefern mystifizieren sich aber diese technischen Möglichkeiten der Verschlüsselung? Den Staat und seine Macht alleine durch verschlüsselte Kommunikation und ohne Anwendung physischer Gewalt aufzubrechen: Dies ist genau die anarchistische Vision, die Assange antrieb, der selbst gleich zu Beginn sich den Mailinglisten der Krypto-Anarchisten anschloss. Diese Vision ist technisch indiziert, doch sie trifft auf eine Zeit, in der die klassischen sozialen Bewegungen nach den Revolten der 60er Jahre zum Erliegen kamen. Technologische Bedingungen der Verschlüsselungen trafen hier mit einem neuen politischen Begehren zusammen: der Vision einer Gesellschaft, die von einer neuen Form einer „kommenden Gemeinschaft" träumt, die nicht mehr auf einer Verbindung von Identität und Staat, sondern auf einer nichtrepräsentierbaren Vielheit von Singularitäten gründet (Agamben 2003: 78-80). Simon Critchley (2012) erkennt im französische Autorenkollektiv *Tiqqun*, allesamt namentlich unbekannt, das als „unsichtbares Komitee" den „kommenden Aufstand" imaginiert (Unsichtbares Komitee 2010), eine Wiederkehr mystisch-anarchistischen Denkens über die „Kultivierung der Unsichtbarkeit, Opazität, Anonymität und Resonanz" als Formen des Widerstands (Critchley 2012: 84).

Tatsächlich schreibt das Kollektiv in der programmatischen Schrift über den „kommenden Aufstand", es sei das primäre Ziel, der Sichtbarkeit und damit der staatlichen Kontrolle zu fliehen und „Anonymität in eine offene Position" zu wenden, um die Herrschaft der Verhältnisse zu unterminieren. Gegenwärtig herrsche die Tyrannei der Transparenz, die die Gesellschaft einen umfassenden Kontrolldispositiv unterwirft (Tiqqun 2007: 114). Opazität, nicht zuletzt über Anonymisierung muss konsequenterweise über gezielte Tätigkeiten der Zerstörung von Sichtbarkeit in einem fort neu produziert werden, um diese neue Form des Politischen zu erreichen. Tiqquns Ausführungen erscheinen wie eine Programmatik für anarchistische Aktionen, die dann tatsächlich auf dem Internet relevant wurden, und zwar über eine zeitlich-räumlich heterogene flüchtige Aktionen von Netzbenutzern, die sich unter dem Begriff *Anonymous* zu sammeln begannen.[10] Ausgangspunkt waren Imageboards, auf denen oft unter dem Kürzel „anon" gepostet wurde. Sie entwickelten sich zum Tummelplatz von Neugierigen, vielleicht Gelangweilten, die sich zu mehr oder weniger sinnfreien Aktionen auf dem Netz zu einer Spaßguerilla zusammenschlossen (Bardeau and Danet 2012), um so genannte Raids durchzuführen, vor allem auf fremde Internetplattformen, meist über so genannte Denial of Service-Attacken.

Aus den orchestrierten Taktiken des Verbergens und Enthüllens, des Spionierens und Abwehrens entwickelte sich allmählich eine Art kollektives Bewusstsein der Möglichkeiten der Anonymität und gleichsam eine negative Identität: *Anonymous* war geboren, eine Bewegung, die spektakulär auch politische Aktionen inszenierte, gekennzeichnet mit der Guy Fawkes-Maske als Emblem des Untergrundes. Die Bewegung politisierte sich zusehend, griff bei politischen Ereignissen, wie etwa entlang des Arabischen Frühlings oder der Occupy-Wallstreet-Bewegung, nachhaltig ein, und sie wurde zu einer unterstützenden Bewegung von WikiLeaks, die auf Anonymität der Quellen beruht. Sie gaben sich ein Leitbild, lebten vom verfänglichen Ethos einer in scheinbar totaler Anonymität operierenden Sphäre. Das neue Selbstbewusstsein kommt auch in dem programmatischen Video zum Ausdruck, das die Bewegung anlässlich der Ankündigung eines Raids ausgerechnet auf die Scientology-Church veröffentlichte: „You cannot hide; we are everywhere. We cannot die; we are forever". Schlussendlich spricht sich die Bewegung auch Macht über Schuld und Strafe zu: „We do not forgive. We do not forget. Expect us."[11]

Auch hier taucht eine Parallele zur Anarcho-Mystik auf: Die Vorstellung, über allem zu stehen, die Vision, alles zu sehen, ohne selbst sichtbar zu sein, ewig zu existieren ohne körperlich zu sein, verbunden mit dem Gefühl der moralischen Überlegenheit und der Macht über Existenzen, die sich vernichten lassen. All dies führt wiederum unmittelbar zu den Wurzeln des mystischen Anarchismus, zu dem was Cohen „Selbstvergottung" (Cohn 1988: 190–194) und Critchley „Gott-Werden" (Critchley 2012: 41–49) nennen. Die Vernichtung von symbolischer Autorität führt über den paradoxen Weg, sich selbst als diese zu sehen. Anhängerinnen der Freigeist-Bewegung glaubten selbst Macht über die Dreifaltigkeit zu besitzen, dass sie „wie in einem Sattel auf ihr reiten" können, wie Cohn eine einschlägige Schrift zitiert (Cohn 1988: 194).

Die Imagination der entkörperlichten Seele verbindet sich entsprechend bereits damals mit der Vorstellung einer namenlosen Existenz, eine anonyme

---

10 Siehe zur Geschichte des *Anonymous*-Kollektivs Bardeau/Danet 2012; Coleman 2014; Olson 2012, auf die ich mich hier beziehe. Zur genaueren Diskussion, auch des Scheiterns:

11 Das programmatische Video mit diesem Text findet sich auf Youtube: www.youtube.com/watch?v=JCbKv9yiLiQ.

quasi-göttliche Seinsweise jenseits „der alten Welt roher Atome", so nochmals Assange (Assange 2013: 11). Der christliche Mystiker und Angehörige der Freigeist-Bewegung namens Seuse schildert, wie ihm beim Meditieren eine körperlose Existenz erschien, mit der er in Dialog über die Andersheit ohne Unterschied von Menschen zu Gott trat:

> Wannen bist Du – Ich kam nie dannen. – Sag an, was bist? – Ich bin nicht. – Was willst Du? – Ich will nicht. – Dies ist ein Wunder. Sag mir, wie heißest Du? – Ich heiße das namenlose Wilde. (zitiert nach: Cohn 1988: 196)

Namenlose Wilde: So ließe sich *Anonymous* auch beschreiben.

7 Das Technologisch-Imaginäre des Krypto-Anarchismus

Freilich wurde, zumindest im „Hacker-Kollektiv" *Anonymous* reichlich wenig „gehackt" – im Sinne eines Eindringens in geschützte Serverbereiche durch ausgeklügeltes Ausnutzen der Schwachstelle von Codes – vielmehr installierten die überwiegende Zahl der *Anonymous*-Teilnehmer schlicht und einfach vorgefertigte Programme, die die attackierten Server mit Anfragen überlasten sollten. Die Teilnehmer der Raids verstanden die Applikationen meistens wenig, realisierten schlicht nicht, dass diese mehr schlecht als recht gefertigten Programme auch ihre Netz-Adresse übermittelten, weshalb ab und an die Polizei vor der Haustüre dieser vermeintlichen Hacker stand (Olson 2012: 88; Coleman 2014: 415).

Dies hinderte nicht, dass gesellschaftstheoretisch versierte Beobachter der Szene in den Aktionen von WikiLeaks und *Anonymous* Zeichen einer neuen Gesellschaft sahen, als hätte sich Agambens Vision der kommenden Gemeinschaft als „Sein, das sich jeder repräsentierbaren Identität entbehrt" (Agamben 2003: 78-80) oder Tiqquns Politik des Opaken bereits verwirklicht. Der Philosoph Alexandre Lacroix stellt im Gespräch mit Assange fest:

> Mir scheint, dass das Internet die Bühne der Geschichte mit neuen Akteuren bevölkert hat. Aus einer klassisch hegelschen Perspektive wird die Geschichte von großen Männern gemacht, die großen Ideen zum Durchbruch verhelfen: Napoleon, Churchill, Einstein (…). Mit dem Internet jedoch sind es heute große Kollektive, die die Geschichte prägen. (Lacroix/Assange 2013)

Der Netzaktivist Harry Halpin versteht in einem Artikel in *Radical Philosophy Anonymous* als neue Form kollektiver Energie, die es schaffe, sich mit neuen Technologien in Echtzeit zu organisieren und zu manifestieren, ohne weitere soziale Ressourcen zu benötigen. Technisch indiziert entstehe so ein völlig neuartiges Phänomen des Kollektiven (Halpin 2012: 19). Er sieht einen neuen Sturm der nicht-subjektiven Singularitäten aufziehen gegen Staat und

Zensur, um einer neuen Ordnung zum Durchbruch zu verhelfen (Halpin 2012: 26). In einem vielbeachteten Buch sieht der Philosoph Geofroy de Lagasnerie gar eine neue „Kunst der Revolte" sich abzeichnen (Lagasnerie 2016), eine neue Form des Politischen schlechthin. In den Aktionen von Snowden, Manning, Assange, in den Projekten der Mitglieder von *Anonymous* und WikiLeaks erkennt er mehr als nur Protestverhalten, mehr als eine Kritik der staatlichen Ordnung. Die Beteiligten etablierten gerade auch – technologisch indiziert, denn ohne Internet und Anonymisierung ließe sich diese Bewegung nicht denken – eine ganz neue Form nicht nur des Politischen, sondern auch der „Subjektivität" (Lagasnerie 2016: 152). In den subversiven Praktiken von *Anonymous*, Assange, Snowden und Massing zeichne sich etwas ab, was das Politische und die Subjektivität selbst neu definiert. Er erkennt darin eine Überwindung der überkommenen Konstitution von Individuen über staatlichsoziale Macht. Es zeichne sich schlicht eine neue „Episteme" des Subjekts und des Politischen ab, ein umfassender Umbruch einer bestehenden Ordnung, wie ihn Foucault etwa zur Schwelle der Moderne beschrieben hatte (ebd.: 17). Nun könnten sich anonyme Individuen sammeln, die die Gesetze schlicht nicht anerkennen, sondern sie unterlaufen, die durch die bestehende Ordnung unfassbar hindurchgleiten (ebd.: 75). Dies ist nur möglich über eine neue „Kultur der Anonymität": diese Schemen von Subjekten bleiben verborgen, täuschen, tarnen sich, tauchen unversehens wieder auf, wo sie nicht erwartet werden.

Das neue anonyme Subjekt kann sich so völlig frei selbst „sozialisieren" (Lagasnerie 2016: 151). Dadurch entsteht eine neue offene politische Sphäre, eine Kultur der Anonymität und der Nicht-Anerkennung von Verantwortung (ebd.: 145-146). Diese anonymen Subjekte sind „erlöst" von der „Last der Verantwortung" über ihr Tun, das sie selbst bestimmen (ebd.). Tatsächlich spricht Lagasnerie denn auch von der „Entnationalisierung der Geister" („dénationalisation des esprits") – eine Befreiung der Geister, die sich neu erfinden, sich ohne Gewalt verbinden und wieder trennen können, zu neuen ephemeren Entitäten. Damit, über Technologie vermittelt, meldet sich der mystische Anarchismus und die millenerastische Bewegung des freien Geistes geradezu wörtlich wieder: die Vernichtung von Subjektivität, um die bestehende Ordnung zu überwinden, die Befreiung des Geistes und die damit einhergehende Selbstermächtigung, die nun nicht mehr Selbstvergottung, sondern selbst gewählte Sozialisation heißt (Lagasnerie 2016: 155), was, soziologisch gesehen, ungefähr dasselbe ist.

Freilich scheint die Geschichte eine andere Richtung einzuschlagen, anonyme Subjektivität eine andere Form anzunehmen. Angela Nagle spricht von einer eigentlichen „digitalen Gegenrevolution" (Nagle 2018), die Boards werden von den Bewegungen der neuen nationalistischen Rechten und der *White Supremacy* übernommen (Beran 2019). *QAnon* gibt sich als mysteriöse anonyme Gruppe, die direkten Zugriff auf Deep State hat, rechtsradikale Verschwörungstheorien verbreitet (Lafrance 2020) und auf denselben Boards operiert, aus denen *Anonymous* entstand. Der Attentäter, der eine Synagoge in Halle vernichten wollte, inszenierte sich über einen Livestream, eine neue Form von Terrorismus. Er stellte sich vor: „Hi, ich heiße Anon", dem Kürzel, das *Anonymous* zugrunde liegt (Böhm/Peteranderl 2019). Die *Anonymous*-Bewegung ist inzwischen Hort der neuen Rechten, der Verschwörungstheoretiker, Ort der Ausgrenzung von Minderheit, des offenen Rassismus. WikiLeaks wiederum wird verdächtigt, mit russischen geheimen Geldern Hillary Clinton diskreditiert und so Donald Trumps Präsidentschaft mit verschuldet zu haben.[12] Assange musste ausgerechnet den Schutz eines nationalstaatlichen Dispositivs, der ecuadorianischen Botschaft suchen, Snowden findet wiederum Asyl in einem Staat unter autoritärer Herrschaft, der im Verdacht steht, nationalistische Interessen über anonyme Kampagnen auf dem Netz durchzuführen.

All dies lässt vermuten, dass zunächst eine technische Potentialität, die mit Verschlüsselung und Anonymisierung zu tun hat, schlicht von einer sehr alten Imagination *überwältigt* wurde, ganz im Landauer'schen Sinne (Landauer 1907: 37), von einer sehr alten Form des mystischen Anarchismus, die eine Vision einer namenlosen freien Sphäre erzeugte, während daraufhin die konkrete technische und politische Realität sich in eine andere Richtung entwickelte. Programmatische Texte wie jener de Lagasneries erscheinen mittlerweile wie zeithistorische Dokumente. Aber wie lässt sich dieses kurze Aufflackern, und so wie es derzeit aussieht, erneutes Scheitern des mystischen Anarchismus verstehen?

8 Die Logik des Scheiterns

Cohn schrieb am Ende seines Buches zu den Millenarismus-Bewegungen, dass bei genauerem Hinsehen die Ideen des mystischen Anarchismus keineswegs verschwunden seien: nämlich die Vision einer „totalen Emanzipation des Individuums von der Gesellschaft", ja mitunter von den Zwängen der

---

12 Siehe bspw. foreignpolicy.com/2017/08/17/wikileaks-turned-down-leaks-on-russian-government-during-u-s-presidential-campaign [Zugriff: 09.06.2021] desgleichen: www.bbc.com/news/world-us-canada-37639370 [Zugriff: 09.06.2021]. Eine umfassende Untersuchung liefert hier Jamieson (2018). Wikileaks selbst wehrt sich vehement gegen diese Vorwürfe (defend.wikileaks.org/2019/07/25/russiagate-smears-against-wikileaks/ [Zugriff: 09.06.2021]), doch bleiben Fragen offen (Mazzetti/Barnes 2019).

äußeren Realität selbst (Cohn 1970: 286)[13]. Cohn dachte an Drogen, aber die digitale Technologie versprach eine ähnliche Transgression, die gleichsam eine mystische Vision einer „Gesellschaft jenseits der Gesellschaft" hervorbringt: eine neue immaterielle Sphäre der absoluten Selbstsozialisation, der fluiden Verbindung mit anderen ohne Zwang der Identität. Um zu verstehen, weshalb diese Vision so schnell wieder verschwand, respektive ihrem Gegenteil, einer autoritären Bewegung, das Feld räumte, ist es tatsächlich dienlich auf die Verbindung von Theologie und Politik einzugehen, respektive auf einen einflussreichen Aufsatz von Claude Lefort, in der er die Frage nach einer „Fortdauer des Theologisch-Politischen" stellt (Lefort 1999).

Nach einer bekannten Wendung von Carl Schmitt in seiner *Politischen Theologie* stellen alle „prägnanten Begriffe der modernen Staatslehre" letztlich „säkularisierte theologische Begriffe" dar (Schmitt 2009: 43), so ließe sich auch der postmoderne mystische Anarchismus in seiner Auseinandersetzung mit der Staatsordnung begreifen. Lefort wandte sich gegen eine dieser Auffassung zugrundeliegende Spaltung zweier Sphären der Religion und der Politik und zwar in einem grundsätzlichen Sinne. Die Erklärung einer Trennung beruht letztlich darauf, dass etwas *vor* diesen Bereichen der Religion und der Politik liegt, die die Trennung, Verbindung und das Überdauern überhaupt erst hervorbringt, beispielsweise über gesellschaftliche Prozesse der Säkularisierung. Es werde damit lediglich eine Gesellschaft „vor der" Gesellschaft postuliert, was aber einem Zirkelschluss gleichkommt: Das eine begründet sich aus dem anderen. Doch bei dem, was gesellschaftliche Ordnung erst erscheinen lässt, handelt es sich um etwas, das eben nicht schon Gesellschaft ist, und sich nicht erschließen lässt. Lefort nennt es das „Politische", es ist weder Individuelles noch irgendeine Institution, sondern das nicht fassbare Soziale schlechthin. Dieses Politische durchzieht gleichsam die verschiedenen ausgeprägten „Regimes" von Gesellschaften, bringt diese letztlich auf ihre spezifische Weise hervor, so dass sich verschiedene Regimes historisch und aktuell voneinander unterscheiden.

Ein Regime bezeichnet damit ein bestimmtes In-Form-Setzen (*mise en form*) des Sozialen, das heißt das In-Beziehung-Setzen von Individuen untereinander, das Verhältnis zu anderen, zu sich selbst, aber auch zu Institutionen oder Klassen (Lefort 1999: 37-39). Doch die konkreten Formen beinhalten nicht gleichzeitig ihre Setzung. Die Annahme einer Form vor der Form verschiebt das Problem nur. Diese Instabilität ist traditionellerweise mit einer Metaphysik in Gestalt der Religion überbaut, die diese Tiefe der gesellschaftlichen Form erfasst. Mit anderen Worten gesagt, die Religion liefert die Begründungslogik und die Legitimität des spezifischen gesellschaftlichen Regimes und vermag seine Widersprüchlichkeit und Ahnung seiner Instabilität in ihrem Gedankensystem aufzuheben.

---

13 In der deutschen Übersetzung fehlt dieser offenbar später hinzugefügte Passus.

Demokratien, wie sie sich im Zuge der französischen Revolution durchsetzen, zeigen nicht einfach eine neue Variante eines Regimes, das die Gesellschaft auf bestimmte Weise, theologisch-politisch legitimiert, sondern sie bilden eine eigentlich neue Art dieser In-Form-Setzung, indem sie die traditionelle metaphysische Begründung suspendieren. Sie inaugurieren eine neue Bestimmung des „Orts der Macht" (Lefort 1999: 46-7), erzeugen damit auch ein neues „Rätsel der Gesellschaft" (ebd.: 31). Denn von allen bekannten Regimes sei die Demokratie das einzige, das Macht als „leerer Ort" konzipiert, begleitet von einem „Diskurs", dass die Macht niemanden gehöre (Lefort 1999: 50). Dieses neuartige Regime ist selbst in gewisser Weise in seiner politischen Form nicht fassbar, ungreifbar (und kann deshalb auch nicht religiös sein) (ebd.: 72, 60). Das, was als das Religiöse erscheint, und sei es, wie gesehen in Form einer Polemik, zeige nur die Schwierigkeiten, die darin lägen, dass die demokratischen Regimes „für sich selbst" in gewisser Weise *unlesbar* sind (ebd.: 65). Das ist die Tragik und ontologische Schwierigkeit von Demokratien schlechthin. Doch gerade darin liegt die Gefahr dieser Regimes, dass immer neu das Begehren entsteht, die Leerstelle zu besetzen, entweder, weil sie in ihrer weiteren Begründungslosigkeit nicht auszuhalten ist und deshalb ein Begehren hervorruft nach einer positiv gedachten sozialen Einheit oder sozialen Identität, oder aber die Versuchung entsteht, sie permanent zu besetzen oder zumindest ihre Besetzung zu kanalisieren. Die demokratischen Regimes sind dadurch immer wieder durch „totalitäre Abenteuer" herausgefordert, von einem Umkippen in Totalitarismus, der außer Gewalt keine Begründung mehr braucht (Lefort 1999: 65).

Eine Leerstelle ist nur denkbar, in dem etwas anderes nicht leer ist. Bemerkenswerterweise wollen die krypto-anarchistischen Bewegungen, die u.a. von WikiLeaks und *Anonymous* ausgingen, die demokratische Idee der Leerstellen radikalisieren. Sie zielen auf einen Bereich, den Lefort als Philosoph nicht thematisiert. Die Transformation der Substanz des „peuple" in einen neuen Zustand der bezugslosen Vielheit, wie es Lefort im demokratischen ermittelten „volonté générale" erkennt, ist auf Praktiken angewiesen, die einer Kontrolltechnologie gleichkommen: die Identifikation der Mitglieder des Kollektivs. Nur indem sie sich ausweisen, erhalten sie letztlich den Zugangscode zur Erzeugung dieser Vielheit. Die Operation ist also paradox: Die Auslöschung des Namens in der anonymisierten Stimmabgabe der demokratischen Regimes setzt wiederum voraus, dass der Name in einem Staatsapparat fixiert ist, das Individuum als Subjekt (im ursprünglichen Wortsinn des Untertans) „angerufen" und damit konstituiert ist (Althusser 1977). Die krypto-anarchistischen und Anonymisierungsbewegungen greifen damit eine In-Form-Setzung, In-Szene-Setzung und In-Sinn-Setzung grundsätzlich an, die die verschiedenen Regimes überdauert hat und die Ordnung sicherte: der Name, der die Beziehung der Individuen untereinander und zur politischen Macht stabilisiert. Diese Sozialtechnologie wird über Anonymisierung eigentlich gehackt, um ein Anderes, Neues zu befreien, die bestehende Ordnung zu transzendieren. Doch aus der Leerstelle wird Leere.

Denn die radikale anti-substantialistische Politik, indem sie die konstitutiven Bedingungen der Leerstelle über Anonymisierung und Verschlüsselung selbst angreifen will, ist der *Idee nach* so radikal, dass die Begründung selbst von einem Außerhalb kommen muss. Notwendig entschwebt ein solcher Anarchismus in eine mystischen Sphäre einer „Gesellschaft ohne Gesellschaft" – was paradoxerweise dazu führt, dass er gerade an der Technologie scheitert, die als „Medium" dieser Vision diente. Denn die totale Anonymität digitalen Geschehens erweist sich schon alleine aufgrund ihrer technischen Unmöglichkeit als Mythos.[14] Währenddessen wird die neue, radikale Leere, im Sinne der von Nagles festgestellten Gegenrevolution, gerade von jenen besetzt und mit autoritären ideellen Substanzen gefüllt, die die Macht als Leerstelle mutmaßlich am meisten fürchten.

Der Krypto-Anarchismus ist angetreten, die Omnipräsenz der Kontrolle der Identität in der technisch-sozialen Welt zu revolutionieren, produktiv zu zerstören. „Die Lust des Zerstörens ist eine schaffende Lust", eine Lust, die Landauer im revolutionären Geist der Anarchisten erkennt, doch zu glauben, dass nach der Zerstörung sich ein utopisches Anderes öffne, eine neue kommende Gemeinschaft, sei Illusion.

> In Wahrheit lebt der Geist nur in der Revolution; aber er kommt nicht zum Leben durch die Revolution, er lebt nach ihr schon wieder nicht mehr. (Landauer 1907: 91)

Dieser „Geist der Revolution", die mystische Anarchie, streifte flüchtig die digitale technische Revolution, die ihn auf neue Weise erst ermöglichte. Er lebt nach ihr schon wieder nicht mehr.

Literatur

Agamben, Giorgio (2003): Die kommende Gemeinschaft. Berlin: Merve.
Althusser, Louis (1977): Ideologie und ideologische Staatsapparate. Anmerkungen für eine Untersuchung. In: Ideologie und ideologische Staatsapparate. Aufsätze zur marxistischen Theorie. Hamburg: VSA, S. 108–153.
Appelbaum, Jacob; Assange, Julian; Müller-Maguhn, Andy; Zimmermann, Jérémie (2013): Cypherpunks: Unsere Freiheit und die Zukunft des Internets. Frankfurt am Main: Campus.

---

14 So fasst der Netzwerktheoretiker Geert Lovink diesen Umstand in knappen Worten: „Needless to say there was – and is – no such thing as absolute anonymity, now or then: in the last instance, everyone is traceable." (Lovink 2019: 108)

Assange, Julian (2013): Aufruf zum Kryptokampf. In: Julian Assange (ed.): Cypherpunks : Unsere Freiheit und die Zukunft des Internets. Frankfurt am Main: Campus, S. 8-14.
Assange, Julian (2016): Introduction: WikiLeaks and empire. In: Julian Assange (ed.): The wikileaks files. The world according to us empire. London etc.: Verso, S. 1–19.
Assange, Julian (o.J.): State and terrorist conspiracies. Available online at cryptome.org/0002/ja-conspiracies.pdf [Zugriff: 28.05.2021].
Assange, Julian (o.J.): The non linear effects of leaks on unjust systems of governance. Available online at web.archive.org/web/20070903025028/http://iq.org/#Thenonlineareffectsofleakssonunjustsystemsofgovernance [Zugriff: 28.05.2021].
Bardeau, Frédéric.; Danet, Nicolas. (2012): Anonymous: Von der Spaß Bewegung zur Medienguerilla. Münster: Unrast.
Barlow, John Perry (1996): Unabhängigkeitserklärung des Cyberspace. In: telepolis. Die Zeitschrift der Netzkultur 0, S. 85-88.
Beckenbach, Niels; Klotter, Christoph (2014): Gleichheit und Souveränität: Von den Verheißungen der Gleichheit, der Teufelslist der Diktatur und dem schwachen Trost der Nivellierung. Wiesbaden: Springer VS.
Beran, Dale (2019): It came from something awful: How a toxic troll army accidentally memed Donald Trump into office. New York: All Points Books.
Bourdieu, Pierre (1971): Genèse et structure du champ religieux. In: Revue française de sociologie 12 (3), S. 295-334.
Böhm, Markus; Peteranderl, Sonja (2019): Der Copy-and-paste-Attentäter. In: Der Spiegel online 11.10. www.spiegel.de/netzwelt/netzpolitik/halle-anschlag-der-copy-and-paste-attentaeter-a-1290907.html [Zugriff: 28.05.2021].
Cohn, Norman (1988): Das neue irdische Paradies: Revolutionärer Millenarismus und mystischer Anarchismus im mittelalterlichen Europa. Reinbek b. Hamburg: Rowohlt.
Cohn, Norman (1970): The pursuit of the millennium: Revolutionary millenarians and mystical anarchists of the middle ages. New York, Oxford: Oxford Univ. Press.
Coleman, Gabriella (2014): Hacker, hoaxer, whistleblower, spy: The many faces of anonymous. London: Verso.
Critchley, Simon (2012): Mystischer Anarchismus. Berlin: Merve Verlag, (Merve).
Domscheit-Berg, Daniel; Tina Klopp and Jefferson Chase (eds.) (2011): Inside wikileaks: My time with Julian Assange at the world's most dangerous website. New York: Crown Publishers.
Frazer, James George (1989): Der goldene Zweig: Das Geheimnis von Glauben und Sitten der Völker. Reinbek bei Hamburg: Rowohlt.
Freud, Sigmund (1999): Totem und Tabu. Gesammelte Werke. Neunter Band. Frankfurt a. Main: Fischer.
Friedersdorf, Conor (2019): Now Julian Assange is a martyr. In: The Atlantic May 24. www.theatlantic.com/ideas/archive/2019/05/julian-assange-espionage-act/590200 [Zugriff: 28.05.2021].
Gibson, William (1994): Chrom brennt. In: William Gibson (ed.): Vernetzt. Johnny Mnemonic und andere Geschichten. Hamburg: Rogner und Bernhard, S. 204–231.
Halpin, Harry (2012): The philosophy of anonymous. Ontological politics without identity. In: Radical Philosophy 176 (November / December), S. 19-28.

Hedges, Chris (2019): The martyrdom of Julian Assange. In: Tariq Ali and Margaret Kunstler (eds.): In defense of julian assange. New York, London: OR Books, S. 3–7.
Hofmann, Niklas (2010): Der Gegenverschwörer. In: Süddeutsche Zeitung 3. Dezember. (www.sz.de/1.1031477[Zugriff: 28.05.2021)].
Jamieson, Kathleen Hall (2018): Cyberwar: How russian hackers and trolls helped elect a president: What we don't, can't, and do know. New York: Oxford University Press.
Kreye, Andrian (2019): Sankt Julian. In: Süddeutsche Zeitung 13. April, S. 13.
Kripke, Saul A. (1981): Name und Notwendigkeit. Frankfurt am Main: Suhrkamp.
Lacroix, Alexandre; Assange, Julian (2013): „Ich bin ein hartnäckiger Typ". Julian Assange im Gespräch mit Alexandre Lacroix. In: Die Zeit 18. (www.zeit.de/2013/18/julian-assange-alexandre-lacroix/komplettansicht [Zugriff: 28.05.2021]).
Lafrance, Adrienne (2020): The prophecies of Q. In: The Atlantic June (www.theatlantic.com/magazine/archive/2020/06/qanon-nothing-can-stop-what-is-coming/610567/[Zugriff: 28.05.2021]).
Lagasnerie, Geoffroy de (2016): Die Kunst der Revolte. Snowden, Assange, Manning. Berlin: Suhrkamp.
Landauer, Gustav (1901): Anarchistische Gedanken über den Anarchismus. In: Die Zukunft 37 (26. Oktober), S. 134-140.
Landauer, Gustav (1986): Christentum und Anarchismus. In: Ruth Link-Salinger (ed.): Signatur: G.l. Gustav Landauer im „Sozialist". Aufsätze über Kultur, Politik und Utopie (1892-1899). pp. 317–324.
Landauer, Gustav (1907): Die Revolution. Frankfurt a.M.: Literarische Anstalt.
Landauer, Gustav (1910): Schwache Staatsmänner, schwächeres Volk! In: Der Sozialist 15. Juni. (www.anarchismus.at/anarchistische-klassiker/gustav-landauer/6473-gustav-landauer-schwache-staatsmaenner-schwaecheres-volk [Zugriff: 28.05.2021]).
Lefort, Claude (1999): Fortdauer des theologisch-politischen? Wien: Passagen.
Linse, Ulrich (1974a): Gustav Landauer: Der revolutionäre Geist. In: Gustav Landauer und die Revolutionszeit 1918/19: Die politischen Reden, Schriften, Erlasse und Briefe Landauers aus der November-Revolution 1918/1919. Berlin-West: Kramer, S. 9-37.
Linse, Ulrich (1974b): Gustav Landauer und die Revolutionszeit 1918/19: Die politischen Reden, Schriften, Erlasse und Briefe Landauers aus der November-Revolution 1918/1919. Berlin-West: Kramer.
Longo, Robert; Gibson, William (1995): Vernetzt – Johnny Mnemonic. USA: Spielfilm.
Lovink, Geert (2012): Das halbwegs Soziale: Eine Kritik der Vernetzungskultur. Bielefeld: transcript.
Lovink, Geert (2019): Sad by design: On platform nihilism. London: Pluto Press.
May, Timothy C. (1992): The crypto anarchist manifesto.
Mazzetti, Mark; Barnes, Julian E. (2019): Questions remain about Assange's links to russians and 2016 election. In: The New York Times April 12 (Section A), S. 11.
Nagle, Angela (2018): Die digitale Gegenrevolution. Bielefeld: transcript Verlag.
Newman, Saul (2020): Gustav Landauer's anarcho-mysticism and the critique of political theology. In: Political Theology 0 (0), S. 1–18.

Olson, Parmy (2012): Inside Anonymous. Aus dem Innenleben des globalen Cyber-Aufstandes. München: Redline.

pb. (2013): Assange nennt seine Flucht „Teil eines größeren Plans". In: Zeit online 24. April. (www.zeit.de/digital/internet/2013-04/julian-assange-interview-kryptografie [Zugriff: 28.05.2021]).

Schmitt, Carl (2009): Politische Theologie: Vier Kapitel zur Lehre von der Souveränität. 9. Aufl. Berlin: Duncker & Humblot.

Sergent, Alain/Harmel, Claude (1949): Histoire de l'anarchie. Paris: Le Portulan.

Seyferth, Peter (2015): Den Staat zerschlagen! Anarchistische Staatsverständnisse. Baden-Baden: Nomos Verlagsgesellschaft.

Siegbert, Wolf (2015): „Wo Geist ist, da ist Gesellschaft. Wo Geistlosigkeit ist, ist Staat". Gustav Landauers Lust zum Ohnestaat als Brücke zwischen klassischem und postmodernem Anarchismus. In: Peter Seyferth (Hrsg.): Den Staat zerschlagen! Anarchistische Staatsverständnisse. Baden-Baden: Nomos Verlagsgesellschaft, S. 191-202.

Stowasser, Horst (2007): Anarchie! Idee, Geschichte, Perspektiven. Hamburg: Nautilus.

Tiqqun (2007): Kybernetik und Revolte. Zürich, Berlin: diaphanes.

Unsichtbares Komitee (2010): Der kommende Aufstand.

Vinge, Vernor (2016): True Names. In: James Frenkel (Hrsg.): Vernor Vinge. True Names and the opening of the cyberspace frontier. London: Penguin Books, S. 189-273.

Vinge, Vernor; Synergy, Michael (1989): Hurtling towards the singularity. In: MONDO 2000 7 (Fall), S. 114-117.

Die schöne Technik der Verschwendung. Größte Kleinigkeiten

Alfred Nordmann

Wie viel Ideen schweben nicht zerstreut in meinem Kopf, wovon manches Paar, wenn sie zusammen kämen, die größte Entdeckung bewirken könnte. Aber sie liegen so getrennt, wie der Goslarische Schwefel vom Ostindischen Salpeter und dem Staube in den Kohlenmeilern auf dem Eichsfelde, welche zusammen Schießpulver machen würden. Wie lange haben nicht die Ingredienzen des Schießpulvers existiert vor dem Schießpulver! Ein natürliches aqua regis gibt es nicht. Wenn wir beim Nachdenken uns den natürlichen Fügungen der Verstandesformen und der Vernunft überlassen, so kleben die Begriffe oft zu sehr an andern, dass sie sich nicht mit denen vereinigen können, denen sie eigentlich zugehören. Wenn es doch da etwas gäbe, wie in der Chemie Auflösung, wo die einzelnen Teile leicht suspendiert schwimmen und daher jedem Zuge folgen können. Da aber dieses nicht angeht, so muß man die Dinge vorsätzlich zusammen bringen. Man muss mit Ideen experimentieren.

Georg Christoph Lichtenberg

Der Sudelbucheintrag Lichtenbergs fährt fort und schließt mit diesen Zeilen: „Ein bequemes Mittel mit Gedanken zu experimentieren ist, über einzelne Dinge Fragen aufzusetzen: z. B. Fragen über Trinkgläser, ihre Verbesserung, Nutzung zu andern Dingen etc., und so über die größten Kleinigkeiten" (Lichtenberg 1967: K 308). Im Folgenden wird eine solche Frage gestellt und statt an Schießpulver oder Trinkglas an die größten Kleinigkeiten des Feuerwerks und Klavierspiels gerichtet. Dabei wird mit Ideen experimentiert, aber nicht in dem Sinne, dass mehr oder minder willfährig zusammengebracht wird, was ansonsten weit auseinander liegt. Vielmehr wird erst einmal eine in den Köpfen fest verankerte Gegenüberstellung aufgelöst, die den Blick verstellt auf eine Transzendenz der Technik, die der wie selbstverständlich unterstellten Transzendenz der Kunst entspricht.

1 Theoretisches Vorspiel

Im Schlussteil seines *Tractatus Logico-Philophicus* spricht Ludwig Wittgenstein von Ethik und Ästhetik als einer Einheit und von einem „Gefühl der Welt als begrenztes Ganzes", das das Mystische sei. Im Hauptteil seines Werks hatte er seinen Lesern vorgeführt, dass die Welt keineswegs als begrenztes Ganzes gedacht werden soll: „Die Welt ist alles was der Fall ist" – also eine unbegrenzt offene Gesamtheit der Tatsachen, die weltbeschreibend aufzuzählen und aneinander zu reihen sind (Wittgenstein 1969: TLP 1, 4.26, 6.45). Im Gegensatz dazu wäre die „mystische" Welt als begrenztes Ganzes keineswegs bloß eine lange Liste all dessen, was in der empirisch gegebenen Welt zufällig gerade der Fall ist. In der Vorstellung eines begrenzten Ganzen fügen sich die Dinge so zusammen, dass sie in ihrer Begrenztheit sichtbar werden. Hier erscheint die Welt also als ein Werk – etwa als großes Uhrwerk – und erscheint jedes Werk gleichsam als eine Welt für sich. Auf „die Welt" schlechthin bezogen haben wir es dann vielleicht mit einem Werk Gottes oder der Natur zu tun, und auf die Welt eines Kunstwerks oder technischen Werks bezogen mit einer spezifischen Fügung oder Komposition zusammenwirkender Dinge. „Das Gefühl der Welt als begrenztes Ganzes" wäre demnach ein „feeling for the organism" (Fox-Keller 1983; Nordmann 2014), ein „feeling for the mechanism" oder auch ein „feeling for the algorithm", somit ein Gefühl für die Weise des komponierten Zusammenwirkens der Dinge. Das ist ein Gefühl, das den Erhalt und die Reparatur, die Konstruktion und Wertschätzung, die Antizipation des Fehlverhaltens ermöglicht. Dieses Gefühl ist das Mystische nicht weil ein transzendenter Standpunkt – etwa im Sinne einer göttlichen Draufsicht – eingenommen wird, sondern weil es transzendental um die Anerkennung einer erfahrungsstiftenden Grenze geht, um den „Sinn" einer an Kompositionsprinzipien ausgerichteten Werk-Welt (Nordmann 2018).

„Das Mystische" Wittgensteins muss also nicht theologisch, kann genauso gut auch technisch oder kunstphilosophisch verstanden werden – und bringt die „Transzendenz" von Technik oder Kunst ins Spiel. Ein sorgenvoll auf Konstruktionsprinzipien und Wartung orientiertes „feeling for the mechanism" ist zunächst zwar ganz sachlich und selbstgenügsam und schielt auf keine Grenzüberschreitung, erprobt und erfährt jedoch das Werk als Welt, in die wir teilnehmend eintreten und als Ganze kontemplieren können. Wenn Jürgen Mohn argumentiert, dass „das Religiöse" mit der Unterscheidung von Immanenz/Transzendenz in Erscheinung tritt, wird hier komplementär argumentiert, dass das mystische Gefühl für eine Welt als begrenztes Ganzes an die Gestaltgrenze von Immanenz und Transzendenz führt, somit zugleich ein reines Gefühl für das in-der-Welt-Sein ist.[1]

Um aber von der Erfahrung des technischen Werks als einer Welt sprechen zu können, bedarf es eines weiteren Schritts in der Betrachtung gleichermaßen von Technik und Kunst, nämlich der Unterscheidung einer maßvollen und einer maßlosen Technik. Während eine maßvoll und fraglos in die Grenzen der Welt eingelassene Technik religiöse Praktiken gewissermaßen domestizieren kann – zum Beispiel ein als „App" programmierter Rosen-

---

1 Siehe den Beitrag von Jürgen Mohn in diesem Band.

kranz² –, verweist eine maßlose Technik auf die Wechselseitigkeit von Immanenz und Transzendenz als bloßes Spiel der Dinge und der Kräfte. Mit Blick auf die größten Kleinigkeiten des Feuerwerks und Klavierspiels soll nun diese Grenzüberschreitung seitens einer maßlosen Technik erkundet werden.

2 Pyrotechnische Künste

In einem Werk bilden die darin versammelten Dinge eine Welt als begrenztes Ganzes. Das muss kein kompakt organisiertes Uhrwerk sein, und wie in einem Stahlwerk oder Kraftwerk wirkt darin neben maschinellen Kräften auch menschliche Arbeitskraft. Das Zusammenspiel von Menschen und Dingen in der Erzeugung einer Welt macht auch das Feuerwerk aus und ein Klavierspiel, das mittels seines Spielwerks ein komponiertes Werk zur Aufführung bringt. So oder so begegnet uns das Werk gleichermaßen als Kunstwerk und technisches Werk: Jedes technische Werk verdankt sich menschlicher Kunstfertigkeit, und in jedem Kunstwerk kommen Techniken etwa des Farbauftrags, der Stimmführung oder der Kommunikation zum Einsatz. Dabei bezeichnen Werke immer eine Verrichtung, das Machen und das Gemachte, seien es die Werke Gottes oder der Natur, die guten Werke der Gläubigen, das Lebenswerk eines tätigen Menschen oder die Mahlwerke und Fahrwerke, die Vertragswerke und Netzwerke, die verbrieften Meisterwerke und schließlich sogar die wertlosen Machwerke, die sich im kunstlosen Gemachtsein schon erschöpfen. In den Worten Francis Bacons, der wie niemand sonst als Philosoph des Werks gelten kann:

> Wie es daher in der Religion heißt, dass man den Glauben an den Werken erkenne, so kann dies ganz vortrefflich auch auf die Philosophie übertragen werden [...]. (Bacon 1999: 157)

Es ist erst ein Anfang gemacht, wenn Feuerwerk und Klavierspiel als technische Verrichtungen in einem Werkzusammenhang betrachtet werden. Dies betrifft nur ihre allgemeinste Bestimmung als kunstvolle Technik oder Technik der Kunst. Eine künstliche Welt wird technisch erzeugt und stellt sich als Werk dar.

In einem nächsten Schritt lässt sich in beiden Fällen die Haltung der Künstler oder Techniker als „sachlich" beschreiben. Was das staunende Publikum als geradezu unbändige Energie, als puren Ausdruck, als spektakuläre Erscheinung wahrnehmen mag, verdankt sich geschulter Aufmerksamkeit und einer intimen Kenntnis materiell gegebener Sachverhalte. Mit Sachlich-

---

2 Siehe in diesem Band den Beitrag von Thomas Bächle.

keit ist somit gerade nicht wissenschaftliche Objektivität oder innere Distanziertheit gemeint, sondern geschulte Aufmerksamkeit und zärtliche Sorge um das Zusammenspiel der Feuerwerkskörper oder Töne. Die Haltung der Sachlichkeit ermöglicht die Einstimmung in die Ordnung der Dinge im Werk, sie begründet ein Werkwissen, das darin besteht, Wirkungen zu produzieren – beispielsweise Töne zu modulieren oder Zündungen zu takten.

Wie beim „Werk" haben wir es bei „Sachlichkeit" mit einem Begriff zu tun, der nicht einseitig den Sphären von Kunst und Technik zugeordnet werden kann. So werden die Feuerwerker in der Regel als Pyrotechniker und nicht als Pyrokünstler bezeichnet, auch dann, wenn ihr Werk für den Inbegriff der Kunst gehalten wird.[3] Klavierspieler dagegen gelten als Künstler („performing artists"), gleichzeitig wird ihre Technik und hart erarbeitete, durch endlose Wiederholung geschulte Virtuosität gewürdigt. Dabei bleiben Pyrotechnik und Klavierspiel sachlich auf die technische Erzeugung einer künstlichen Werk-Welt bezogen, sind beide mit ganz körperlichen, erdgebundenen Dingen befasst.[4]

Dies wäre der dritte Aspekt ihres technischen und künstlerischen Handelns: Während das Publikum die Hälse reckt und sich erdabgewandt in der Weite des Raumes um und über ihm verliert, orientieren sich die Pyrotechniker und Pianisten zur Erde hin nach unten, arrangieren die einen, was schon vom Namen her materielle „Feuerwerkskörper" sind und manipulieren die

---

3   Da im Feuerwerk das Erscheinen als solches erfahrbar wird, erklärt Adorno: „Prototypisch für die Kunstwerke ist das Phänomen des Feuerwerks […] Nicht durch höhere Vollkommenheit scheiden sich die Kunstwerke vom fehlbaren Seienden, sondern gleich dem Feuerwerk dadurch, dass sie aufstrahlend zur ausdrückenden Erscheinung sich aktualisieren. Sie sind nicht allein das Andere der Empirie; alles in ihnen wird ein Anderes" (Adorno 1981: 125f.). Die Erzeugung des Feuerwerks, also seine technische Gemachtheit thematisiert Adorno hier nicht. An vielen Stellen der *Ästhetischen Theorie* setzt sich Adorno allerdings intensiv damit auseinander, dass Kunst zunächst technisch ist und ohne Beherrschung der Technik in der Regel nicht entstehen kann. Umso wichtiger ist es ihm, ihre Differenz zu benennen. Dafür entwickelt er allerdings Unterscheidungen, die bei der Betrachtung des Feuerwerks oder des Klavierspiels oder einer transzendenten Technik nicht greifen. Wenn Kunst und Technik wie auch bei Habermas (1981) vor allem als Rationalitätsformen (etwa, instrumentell vs. kommunikativ) gegeneinander ausgespielt werden, überschätzt dies zu weiten Teilen die Kunst und unterschätzt es die Technik.

4   So wie die Haltung der Sachlichkeit von wissenschaftlicher Objektivität unterschieden ist, also dem intersubjektiven Einvernehmen über eine auf Grund ihrer Berechenbarkeit zunächst intellektuell beherrschbaren Welt — so ist sie auch unterschieden vom Staunen, von der Überraschung, vom Neuen und der Theatralik des Neuen, sie ist vielmehr gebunden an die zur Teilnahme einladende Szene (Fried 1988).

anderen die Tastatur eines Instruments, dessen besondere materiellen Eigenschaften sie zur Geltung bringen.

Die drei bisher genannten Aspekte des Werks, der Sachlichkeit, der Materialgebundenheit sind jeglicher technischen und künstlerischen Praxis gemein. Die ästhetische Besonderheit von Pyrotechnik und Klavieraufführung erweist sich im Moment des Umschlags von materieller Erzeugung zur Erscheinung ihrer künstlichen Welt, also im Moment der Erscheinung des Werks als Welt. Auch diesen Umschlagspunkt als solchen haben alle Kunst und Technik gemein, wenn etwa ein Denkmal enthüllt oder erstmals ein Knopf gedrückt wird, der ein maschinelles Hebelwerk in Bewegung setzt. Das Feuerwerk und Klavierspiel jedoch produziert eine Welt, die sich im Moment des Erscheinens schon verflüchtigt. Eben noch werden ganz diesseitig irdische Körper manipuliert, schon haben sie sich vor den Augen und Ohren des Publikums entmaterialisiert. Was im Feuer der Kunstfertigkeit mühsam geschmiedet wird, erweist sich als Schall und Rauch. Die für das Werk mobilisierten und in ihm verbauten Mittel haben weder Bestand noch Funktionalität. Was da erscheint, lässt sich nicht von allen Seiten betrachten, seine Bauweise und sinnvolle Konstruktion entziehen sich dem Nachvollzug, das Werk kann seine Wirkungen nicht mehr zeitigen.[5]

Die sachliche Haltung der pianistischen Pyrotechniker und die befreite Energie der Lichtkörper kommen in der Figur des Zündens und des Zündenden, des Entfesselns und Entfesselten zusammen, dem kontrollierten Umschlag von der umsichtig erdzugewandten Ausführung einer Partitur in göttliche Klänge oder ein himmlisches Schauspiel, das die Spuren seines Gemachtseins auslöscht. Dies spiegelt sich auch auf der konkreten Ebene der Erfindung, Entwicklung und Erprobung neuer Feuerwerkskörper oder wiederum ähnlich der technischen Konstruktion eines Akkords. Diese Erfindungen gehen einher mit der Erkundung ihrer Wirkungen im Zusammenspiel der Körper und Töne. Neue Harmonien und Harmonielehren können erfunden werden, in denen die elementaren Bauteile aufgehen oder verlöschen – wir hören den Klang des Akkords und keine einzelnen Töne. Obgleich also ein Feuerwerk, ein Klavierstück, aber auch ein Software Programm offensichtlich komponiert, aus einzelnen Komponenten zusammengesetzt sind, erfah-

---

5 So unterscheidet sie sich auch von sehr naheliegenden Praktiken der bildenden Kunst. Wie ein Feuerwerker oder Pianist bearbeitet beispielsweise der Hamburger Künstler Jochen Flinzer eine Leinwand mit Nadel und Faden und erzeugt mit sachlicher Hingabe ein gesticktes Bild und damit eine künstliche Welt auch auf der Rückseite der Leinwand. Hier besteht der Umschlagpunkt ganz buchstäblich in der Umkehrung von der Vorder- zur Rückseite, auf der sich eine von der beflissenen Mühe des Künstlers scheinbar ganz losgelöste Welt zeigt, die freilich aber objekthaft erhalten bleibt. Für die Zeitkünste des Klavierspiels und des Feuerwerks bietet sich nur die Partitur und die mehr und minder variierte Wiederholung, um beständige Eigenschaften des Werks zu untersuchen.

ren wir sie nicht als etwas Zusammengesetztes, sondern als Ganzes, und verlöscht mit den Teilen auch das körperliche Ausmaß des Werks.

Somit ist das, was am Himmel erscheint und den Raum erfüllt nicht nur Erscheinung an sich und Inbegriff dessen, was Kunst zu leisten vermag, indem sie uns auf die Bedingungen verweist, unter denen und wie uns etwas erscheint. Die pyrotechnische und pianistische Erfindung, Erkundung, Erprobung ist auch ein Akt technischer Willkür, eine herrschaftliche Geste. Es war der Kunst- und Musikphilosoph Adorno, der das Feuerwerk als Kunst des Erscheinens und Verschwindens auffasste und als Gegenbild zur angeblich alternativlosen empirischen Wirklichkeit des bloß Gegebenen. Ein außerwirklicher Schriftzug erleuchtet uns und verglüht, wird als Menetekel oder Heilsversprechen aufgefasst, kann aber nicht entziffert, gar ausbuchstabiert werden. Er ist Vorschein einer unbeschreiblichen Welt.

„Der bestirnte Himmel über mir, das moralische Gesetz in mir" – die ausschweifende Geste des Feuerwerks überbietet den natürlich bloß gegebenen Sternenhimmel, so wie die sich erhebende Klangwelt eine Resonanz erzeugen kann, die die inneren Verhältnisse zum Tanzen bringt. Dabei produziert das Feuerwerk auch den Vorschein einer Welt des Schießpulvers, der Raketen und Geschosse, und die vom Klavierspiel erzeugte Resonanz zeigt an, wie Nerven zu beruhigen, Kauflust zu steigern, Aggression abzubauen wäre. Als Beispiel für einen vielversprechend außerwirklichen Schriftzug können auch die aus 35 einzelnen Atomen zusammengesetzten Buchstaben „IBM" dienen, die unter extremen Temperaturbedingungen kurz den molekularen Raum erleuchteten mit dem Versprechen, dass sich Atome von nun an einzeln positionieren und manipulieren lassen (Nordmann 2006). Die herrschaftliche Geste, mit der Don Eigler und Erhard Schweizer 1989 diese drei Buchstaben aus 35 Heliumatomen erzeugten galt ihnen als „The Beginning" einer Nanotechnologie, für die alles gestaltbar ist und die alles verändern würde.[6] Ihr spielerisch-ästhetischer Eingriff, mit dem sie den molekularen Zusammenhang der Dinge in ein von Menschen geschaffenes Kunstwerk transformierten, war gleichzeitig ein technischer Machbarkeitsbeweis. Nichts in der Natur muss so sein, wie es ist, sondern ist beliebig gestaltbar, plastisch verformbar.

Wenn die vorgefundene Natur ein überschreibbarer Text ist, dann ist auch der Nachthimmel ein – abgesehen von diskreten Sternbildern und einigen anderen Gegenständen – unbeschriebenes Blatt, auf das mit grandioser Herrschaftsgeste willkürliche Zeichen eingetragen werden. Manchmal vollzieht sich diese Geste harmlos, indem sie die Betrachter nur in ihren Bann nimmt, Resonanz und Reflexion bewirkt. Manchmal kann sie aber einen Feuersturm auch auf dem Boden entfachen, wenn nämlich die Leuchtspuren am Himmel

---

6 Mit der Nanotechnologie als Himmelserscheinung wurde dem entsprechend 1999 für die amerikanische National Nanotechnology Initiative geworben: Wie ein Meteor steigt sie auf, wie ein Komet verglüht sie und überbietet derweil die elektronische Mikrotechnologie (Amato 1999; Nordmann 2003).

von Raketen und Geschossen erzeugt werden, aus denen es Bomben und Sprengstoff hagelt, oder wenn Soldaten in einen musikalisch-martialischen Gleichschritt verfallen. So sind die ephemeren Signaturen der nanotechnologischen, pyrotechnischen und pianistischen Kunstwerke keineswegs nur symbolisch, sondern exemplifizieren spektakulär die Umwertung des überall bloß Gegebenen in ein überall willkürlich Gemachtes.

3 Maßvolle und maßlose Technik

Lichtenberg spricht von einer Suspension oder einem Lösungsmittel, in dem Begriffe nicht mehr aneinanderkleben, sondern freischwebend neu kombiniert werden können. In einer solchen Suspension schwimmen nun „Technik" und „Kunst". Ihr entgegengesetztes Verhältnis sollte aufgelöst werden mit dem Versuch, Feuerwerk und Klavierspiel so zu beschreiben, dass sie in keiner Hinsicht einseitig der Kunst oder der Technik zugeordnet werden können. Dieses Experiment sollte sie der Dichotomisierung entziehen: Wie andere technische Werke ermöglichen Feuerwerk und Klavierspiel ästhetische Erfahrung und eine kritische Reflexion der Welt als begrenztes Ganzes, und wie andere Kunstwerke sind sie technisch gemacht, um Wirkungen zu erzeugen.

Aber dieser Versuch stößt schließlich an eine Grenze, so möchte es scheinen, wenn sich die Frage des Nutzens stellt. Schießpulver und Raketen sind Mittel zum Zweck, das Feuerwerk hingegen ist genussvoller Selbstzweck. Hier zeichnet sich nun womöglich doch noch eine Trennung der Sphären ab. Da ist die instrumentelle Technik einerseits, das *l'art pour l'art* und die schöne Kunst der Verschwendung andererseits. So wird das Feuerwerk oft betrachtet. Da geht es dann entweder um eine Technikgeschichte, die das Feuerwerk in den Zusammenhang von Schießpulver oder Raketentechnik stellt, oder andererseits um Kunstgeschichte, die sich ganz der festlichen Himmelsmalerei widmet und gar nicht um die Beschaffenheit der Feuerwerkskörper schert. Diese Aufteilung der Betrachtungsweisen ist symptomatisch nicht nur für eine habituierte Gegenüberstellung von instrumentell zweckmäßiger Technik und zweckfrei kommunikativer Kunst. Sie setzt auch einen spezifischen Technikbegriff voraus, wonach es so etwas wie transzendente Technik nicht geben kann: Indem technisches Handeln und technische Artefakte auf die Wahl geeigneter Mittel für definierte Zwecke beschränkt werden, bewegt sich Technik ausschließlich in der Sphäre des Zweckmäßigen, überschreitet dabei nicht die Grenzen der durch Zwecksetzung und Funktionszusammenhang definierten Welt. Technische Werke mögen wie Kunstwerke ein begrenztes Ganzes und jedes technische Werk eine Welt für sich sein, aber anders als Kunstwerke ordnen sie hiernach immer nur die angemessenen Mittel den Zwecksetzungen zu, sind also auf die Immanenz des Binnenverhältnisses von Mitteln für Zwecke beschränkt.

Nun hört das Feuerwerk nicht auf, Technik zu sein, nur weil es schließlich keinen Bestand hat, keine praktischen Ziele verfolgt, keine Binnenstruktur der funktional angeordneten Mittel-zu-Zwecken aufweist – nur weil es sich verschwenderisch selbst verzehrt. Wenn das Feuerwerk eine „schöne Kunst der Verschwendung" ist, dann ist es auch eine schöne Technik der Verschwendung, und dann kann es neben der schönen auch eine mechanische oder technische Kunst der Verschwendung geben (Köhler/Villon-Lechner 1988). Damit kommt ein Technikbegriff ins Spiel, der nicht auf die maßvolle Wahl der Mittel beschränkt ist, der nicht von Zwecksetzungen ausgeht, die als Maßstab dienen, nach dem die Angemessenheit der Mittel bewertet werden kann. Der Maßgabe der Angemessenheit entspricht nur eine Spielart des Technischen, ihr gegenüber steht eine andere, maßlose Technik wie die des Feuerwerks oder des Klavierspiels, für die die Mittel schon der Zweck sind und die jegliche Zwecksetzung überschreiten.[7] Kaum ist die Möglichkeit einer derart maßlosen, nicht durch Zwecksetzung disziplinierten Technik anerkannt, ist die technische Kunst der Verschwendung nichts Ungewöhnliches mehr. Ein naheliegendes Beispiel bietet der Wettlauf zum Mond in den 1960er Jahren, der nur auf den ersten Blick ein zweckrationales Unterfangen war, das eine Vielzahl materieller Mittel der Erfüllung eines praktischen Ziels unterstellte. Das Vorhaben sollte vor allem die Bereitschaft demonstrieren, einen überwältigend verschwenderischen Materialeinsatz zu leisten, der jegliches praktische Interesse am Mondreisen bei weitem überbot. Statt um die Eroberung des Weltraums ging es um den Wettlauf zweier Nationen: Welche kann sich größere Verschwendung leisten, wie sie sich schon auf der Startrampe mit ihrer riesigen Trägerrakete manifestierte, von der innerhalb weniger Minuten nichts übrig bleiben würde?[8] Ähnlich verschwenderisch sind automobile oder digitale Spiel- und Werkzeuge mit ihren Vorzeigefunktio-

---

7 Wenn es sich hier um zwei Spielarten der Technik handeln soll, muss es einen übergeordneten Technikbegriff geben, der nicht schon von Mittel-Zweck Beziehungen ausgeht und das Zweckgebundene nicht dem irgendwie Zweckfreien gegenüberstellt. Hierfür stehen schon die klassischen Bestimmungen von *ars* und *techné* zur Verfügung, die sich ganz allgemein auf das Hergestellte beziehen. In dieser Begrifflichkeit sind die „schönen Künsten" eine Spielart der Künste, bzw. Techniken, die gleichberechtigt neben die „mechanischen Künste" treten. Denkbar wäre auch, Technik allgemein zu fassen als die Weise, wie wir unsere Beziehung zu den Dingen regeln, somit in Analogie zur Sprache, über die wir unsere Beziehung zu den Menschen regeln (Nordmann 2020).
8 Dieser und andere technische Rüstungswettläufe erinnern an das von Marcel Mauss beschriebene Potlatch – es bezieht Technikentwicklung in das Ritual der Gabe ein. Es zelebriert den Machtzuwachs, der sich aus der herrschaftlichen Geste des Verschenkens ergibt (Mauss 1990).

nen, die im täglichen Gebrauch keinen Nutzen haben, also ein überschüssiges Können zur Schau stellen. Als letztes Beispiel soll die von Rachel Maines charakterisierte hedonisierende Technik dienen, deren Funktionalität sich längst erschöpft hat: Wer heute noch Socken strickt, sucht damit kein adäquates, womöglich effizientes Mittel, um an praktische Fußwärmer zu kommen. Vielmehr ergibt sich die Erfüllung des Strickens aus seinem bloßen Vollzug, für den das Gelingen ein Selbstzweck ist (Maines 2009).

Wenn sich die maßvoll disziplinierte Technik in der Immanenz des Binnenverhältnisses von Mitteln für Zwecke erschöpft, wie stellt sich ein maßloses, seine Zwecksetzung überschreitendes technisches Werk als Welt dar, wie entsteht transzendente Technik, wie löst sie sich aus einem vordergründig funktionalen Zusammenhang ab?

Eine erste Spur führt auf ihre ästhetische Differenz, auf unterschiedliche Gefühle der Lust und Unlust, auf das asketische oder ekstatische Selbstverhältnis, das sie implizieren. Dann muss diese Spur weiterverfolgt werden zum Moment des Umschlags von bemühter Wiedergabe einer Partitur zu befreitem Klavierspiel, dem Moment also, in dem sich ein technisches Werk als begrenzte Welt öffnet und uns spielerisch einlässt. Hier kann dann schließlich von transzendenter Technik die Rede sein, die nicht nur als begrenzte Welt sinnvoll ausgerichtet ist, die nicht nur das Binnenverhältnis von Mittel und Zweck überschreitet, sondern die Erfahrung vermittelt, wie eine Welt für uns entsteht und was es heißt, in einer Welt zu agieren – wenn alles in ihr ein Anderes wird.[9]

4 Asketische und ekstatische Techniken des Selbst

Max Weber beschreibt das Menschheitsprojekt einer Entzauberung der Welt als einen technischen Rationalisierungsprozess. Ein eiserner Käfig senkt sich auf den modernen Menschen herab, bindet ihn in maßvoll disziplinierte Abläufe. „Innerweltliche Askese" definiert den Beruf zur Wissenschaft, zum kapitalistischen Erwerb, zur rationalen Lebensführung – eine Askese, die ihre Mittel diszipliniert wählt und sie den regierenden und regulierenden Zwecken unterstellt.[10] Laut Foucault, verbirgt sich hinter Webers Betrachtung die Frage: Wenn ich ein moderner, rationaler Mensch sein will, was muss ich mir verbieten, auf welchen Teil meines Selbst muss ich verzichten? Mit dieser

9   Vgl. das Zitat von Adorno in Fußnote 3.
10 Diese Charakterisierung zurrt viele Texte und Äußerungen Webers zusammen, bezieht sich insbesondere auf seine Studie zur *Protestantischen Ethik und dem Geist des Kapitalismus* (1904/05) und den Vortrag über *Wissenschaft als Beruf* (1919).

Frage verbindet sich eine maßvolle Technik des Selbst, also Foucaults komplementäre Frage (1993: 25): Wenn ich mir etwas verbieten können soll, zu was für einem Menschen muss ich mich dafür machen, wie muss ich mich kennen, in was für Selbst- und Dingverhältnisse, in was für Mittel-Zweck Schemata muss ich dafür treten?

Eine kurze Antwort würde lauten, dass ich mich hierfür als *homo oeconomicus* kennen muss, der dem diätetischen Prinzip des *abstine* und *sustine* folgt, der erhält und bewahrt, der einen selbstgenügsamen Haushalt führt, in dem er kenntnisreich seine Mittel so wählt, dass sie seinen Zwecken möglichst angemessen sind. Dazu gehören seine „Technologien des Selbst, die es dem Einzelnen ermöglichen, aus eigener Kraft oder mit Hilfe anderer eine Reihe von Operationen an seinem Körper oder seiner Seele, seinem Denken, seinem Verhalten und seiner Existenzweise vorzunehmen, mit dem Ziel, sich so zu verändern, dass es einen gewissen Zustands des Glücks, der Reinheit, der Weisheit, der Vollkommenheit oder der Unsterblichkeit erlangt" (ebd.: 26).[11]

Mit innerweltlicher Askese geht ein eigentümliches Lustempfinden einher. Anders als die Lust am verschwenderischen Feuerwerk, ist dies Lust an der Angemessenheit. Eine maßvolle Technik des Selbst sucht sich die geeigneten Mittel, um definierte Zustände der Zufriedenheit, des Seelenheils, des Verdiensts zu erzielen, so sparsam und selbstgenügsam wie die intelligente Konstruktion einer Mausefalle, einer effektiven Maßnahme, eines effizienten Apparats. Dies ist Lust daran, dass es mit rechten Dingen zugeht, dass das Zusammenspiel von Menschen und Dingen unangestrengt, ohne Energie- und Reibungsverluste funktioniert. Hierzu fügt sich asketisch maßvoll Technik in die Welt und die Natur der Dinge. Sie versteht die naturgesetzlich verbürgten Eigenschaften von Holz, Stahl oder Beton, auch die des aus krummem Holz geschnitzten Menschen. Wo es mit rechten Dingen zugeht, wird dieser vorgefundenen Natur keine Gewalt angetan. Ein gelingendes Zusammenspiel in sozio-technischen Werken und Welten ist nicht nur ihren Zwecken funktional angemessen, sondern verlangt den Dingen und Menschen in angemessener Weise nur das ab, was ihren Eigenschaften entspricht – nichts und niemand soll sich in einer wohl temperierten technischen Komposition verbiegen müssen.

Foucault identifiziert die Techniken des Selbst mit den disziplinierten Verrichtungen, die den Geboten und Verboten einer asketischen Lebensführung entsprechen und am Zweck der Selbstverbesserung des Menschen ausgerichtet sind. So war schon die asketische Selbstgeißelung Mittel zum Zweck einer Bestrafung für Sünden und Reinigung der Seele. Aber gerade die Flagellation steht auch dafür, dass eine asketisch selbst-disziplinierende

---

11 Aus dieser Definition geht deutlich hervor, dass Technik für Foucault immer nur maßvoll sein kann, also darin besteht, Mittel auf Zwecke hin auszurichten.

Technik in einen ekstatischen Zustand übergehen kann, in dem der Schmerz ein Selbstzweck wird, die Strafe aufhört Strafe zu sein und zu fliegen beginnt. Die maßlos wirksamen Mittel überwältigen den begrenzenden Zweck, der eine Zurückweisung der Lust und Erniedrigung des geprügelten Selbst fordert, stattdessen aber von einem rauschhaften Glückszustand überflügelt wird (Largier 2001). Die asketische Technik nimmt eine ekstatische Gestalt an.

Ekstatische Techniken des Selbst hat Foucault nicht beschrieben, vielleicht weil er eine maßlos die Mittel-Zweck Beziehung überschreitende Technik für eine Perversion der Technik oder des Technischen hielt, so wie auch das Feuerwerk den eigentlich ganz braven *homo faber* mit seinen Schießpülverchen gewissermaßen parodiert und pervertiert.[12] Mit Wissen und Macht, Kontroll- und Disziplinargesellschaften befasst, nahm Foucault eine maßlose Technik nicht in den Blick, überließ diese dem hierin antipodischen Theoretiker der Ekstase, George Bataille.[13]

Es war Georges Bataille, der dem von Benjamin Franklin, Max Weber oder Michel Foucault gedachten *homo oeconomicus* die Vereinseitigung einer wissenschaftlich disziplinierten Form der Ökonomie nachwies, wonach alles seinen Preis hat, Angebot und Nachfrage ins Gleichgewicht kommen wollen und die Haushaltsführung ein Nullsummenspiel ist. Dieser *homo oeconomicus* setzt seine Mittel so sparsam wie möglich ein, um notwendige Zwecke gewiss und gewissenhaft zu erfüllen. Neben diese mathematisch darstellbare spezielle Ökonomie setzt Bataille die allgemeine Ökonomie, die ihren Ausgangspunkt nicht im geschlossenen System knapper Ressourcen auf unserem Planeten nimmt, sondern im verschwenderischen Sonnenlicht, das einen permanenten Überschuss von Lebensenergie erzeugt (Bataille 1985).[14] Nicht erst in einem Zeitalter der Technowissenschaften, das sich unter dem Stichwort der „Innovation" der Erneuerung und insbesondere der erneuerbaren, also unverbräuchlich nutzbaren Energie verschrieben hat, gehen Technik und die Techniken des Selbst über die spezielle Ökonomie der technisch disziplinierten Mittel-Zweck-Beziehung hinaus (Schwarz/Nordmann 2010).

Batailles *homo oeconomicus* verdankt sich dem verschwenderischen Überschuss wie er sich spektakulär etwa im Feuerwerk manifestiert. Die über ihre Funktionalität ausgreifenden Herrschaftsgesten einer „erhabenen Tech-

---

12 Künstlerisch vorgeführt hat dies Jean Tinguely und unter seinen Werken insbesondere die pyrotechnisch selbstzerstörerische Maschinenskulptur *Hommage a New York* (1960).
13 Daraus ergibt sich die Frage, ob sich der Wissens- und Machtphilosoph, Ideenhistoriker und -archäologe Foucault überhaupt für Technikphilosophie interessierte. Technik ist bei ihm instrumentell, zweckrational gesetzt. Das Andere des Ekstatischen interessierte ihn durchaus, er fragte sich nur nicht, ob es sich unter dem Begriff einer „Technik" des Selbst fassen lässt.
14 Siehe insbesondere die Einleitung zu *Der verfemte Teil* (Bataille 1985).

nik" gehören hierher, ihr symbolischer Mehrwert, ihre hedonisierende Kraft und Einladung zum Spiel (Nye 1984; Maines 2009). Jetzt ist es das Smartphone, vorher war es das Auto als Männerfantasie, das die ursprüngliche funktionale Zwecksetzung der Kommunikation oder der Fortbewegung überbietet. Dass auch mit dieser ekstatischen Technik ein eigentümliches Lustempfinden einhergeht, scheint allzu offensichtlich: Es entspricht dem kreativzerstörerischen Spiel der Verschwendung, wenn nicht Verausgabung. Dabei darf das Feuerwerk nicht allein als selbstverzehrende Erscheinung betrachtet werden, sondern beruht auf der hochmütig fordernden Geste, die den Himmel erst begehrt und sich in grandioser Vergeblichkeit dabei verzehrt.

„Wie muss ich mich kennen, um mir etwas zu verbieten?" Diese Frage von Weber und Foucault lief auf das der Natur Gemäße hinaus. Wir müssen wissen, wer wir sind, wie es in der Welt ist, um Menschen und Dingen in ein unangestrengt gewaltloses Zusammenspiel zu versetzen. Batailles Frage lautet anders, ungefähr so: „Wie muss ich mich kennen, um mir etwas zu erlauben? Wenn ich mich verschwenderisch, ekstatisch verausgaben und nicht etwa bewahren soll, zu was für einem Menschen muss ich mich dafür machen? Und in was für Selbst- und Dingverhältnisse, in welche Mittel-Zweck Schemata muss ich dafür treten?" Statt sich asketisch in die Welt zu fügen, Selbst und Welt zu erhalten, geht es nun darum, sich zu verausgaben, Verborgenes, Unverhofftes ans Licht zu bringen, mehr herauszuholen, als wir hineingesteckt haben, win-win Situationen zu erzeugen, in denen sich Dinge und Menschen gegenseitig überbieten. Die Frage nach dem Wesen und der Substanz der Dinge, wie sie ihrer Natur nach und technisch nutzbar sind, wird überholt von der Frage nach der Macht und der Potenz der Dinge und was sie im Konzert mit anderen Dingen technisch können. Nicht von ihren Eigenschaften her wird das angemessene Zusammenspiel von Mensch und Ding gedacht, sondern von ihren Affordanzen her, dem also, was sie in Beziehung aufeinander gewährleisten oder schenken. Das Geschenk, die Aufforderung, die Einladung – dies sind die auf den Überschuss verweisenden Merkmale des Feuerwerks, des Klavierspiels, wodurch sie sich absetzen vom berechenbar zweckdienlichen Artilleriefeuer und den aus Lautsprechern eingespielten Klavierklängen zur Steigerung der Kauflust.[15] Zugrunde liegt einer in diesem Sinne maßlosen, ekstatischen Technik nicht das naturgesetzlich Gleichbleibende, das ein gelingendes Zusammenwirken erwartbar macht. Vielmehr beruht diese Technik auf dem explorativ experimentierenden Spiel,

---

15 Aus der Musikgeschichte heraus empfiehlt sich hier die Gegenüberstellung einerseits eines asketischen „Planetenballetts" der Renaissance, das vom Cembalo rhythmisch unterstützt die mathematischen Relationen einer Himmelsmusik maßvoll zur Darstellung bringt, und andererseits einer „Feuerwerksmusik", die sich einer „Mannheimer Rakete" bedient wie sie beispielsweise in Beethovens erster Klaviersonate zum Einsatz kommt. Siehe hierzu das Interview mit Hans Georg Hoffmann (2019).

das neue Zusammenhänge schafft, wodurch neue Affordanzen manifestiert werden, die zu überraschen vermögen und neue Möglichkeiten unter Beweis stellen.

5 Spielwelten

Jedes technische Werk, ob asketisch maßvoll oder ekstatisch maßlos ist ein begrenztes Ganzes und insofern eine Welt, aber nur letztere wird als Spielwelt erfahrbar. Insofern jedes technische Werk eine Welt oder ein begrenztes Ganzes ist, zeichnet sich die Welt eines Feuerwerks dadurch aus, dass sie ganz für sich ist, dass wir Zeugen nur der Verausgabung der Mittel sind, die sie zur Erscheinung bringt und mit denen sie erlöscht. Freilich können sich auch die Betrachter eines Feuerwerks eingedenk bleiben, dass es immer noch ein Mittel zum Zweck sei, indem es etwa das Ende eines Krieges oder ein Fest des Friedens feiert. Kennzeichnend für die ekstatische Technik wäre dann, dass das Feuerwerk derlei Betrachtungen so gründlich zu überbieten vermag. Während der Anlass des Feuerwerks schon in Vergessenheit gerät, partizipieren wir umso intensiver an seinem Verlauf, seinem bloßen Vollzug. Dass dies, wenn auch nicht ganz so deutlich, für das Apollo Mondprogramm und andere, auf den ersten Blick unmittelbar zweckmäßige Technologien gilt, wurde schon angedeutet. Weil es diesen Umschlag immer geben kann und weil auch industrielle Alltagsmaschinerie als selbstzweckhafte Verausgabung ihrer Mittel erfahren werden kann, soll nun dieser Umschlagpunkt aufgesucht werden: Wir folgen der Einladung nicht zum Gebrauch einer Technik, sondern in ihre Welt als eine Welt.[16]

Das Selfie bietet ein Beispiel für einen Umschlagpunkt, an dem die Kamera aufhört, als Kommunikationsmedium oder Darstellungsmittel zu fungieren, und eine eigene Welt konstituiert. Das Prinzip auch der digitalen Kamera ist, dass wir fotografierend durch die Kamera hindurch auf die Welt schauen. Zunächst bedeutet die Selfie-Funktion eine bloße Umkehrung des Blicks: Wir sehen die äußeren Gegenstände unseres Interesses jetzt in einer Art Spiegel und präsentieren uns so der Welt. Der Umschlag tritt ein, wenn der Spiegel gewissermaßen stumpf wird, seine Abbildungsfunktion verliert

---

16 Diese und die folgenden Überlegungen zur Einladung in eine technisch konstituierte Spielwelt verdanken sich der intensiven Auseinandersetzung und ausführlichen Diskussionen mit Natascha Adamowsky, siehe insbesondere ihren 2005 herausgegebenen Band *„Die Vernunft ist mir noch nicht begegnet": Zum konstitutiven Verhältnis von Spiel und Erkenntnis*, ihren Vortrag *Spielen: eine Bewegung ins Ungedeckte zum Verhältnis von Spiel und Wissenschaftskultur* und ihren Handbuch-Artikel *Spiel/en* (2018).

und nur noch die Außengrenze einer hermetischen Welt bezeichnet, deren Elemente sich konfigurieren wie es die Länge des Arms, Linse und Bildwinkel erlauben. Der Blick auf das Display richtet sich nicht mehr auf einen intendierten Betrachter, sucht nicht den Kontakt, sondern verweilt prüfend auf dem Gegenüber des Kamera-Displays selbst. Die Fotografin, gleichzeitig Protagonistin verliert den Kontakt womöglich sogar mit sich selbst als Betrachterin des Fotos und verharrt ganz diesseitig in dem veränderlichen, durch das Bild auf dem Display konstituierten Raum.

Durch die Umkehrung der Blickrichtung mag sich zunächst nichts an der Medialität, der Kommunikations- und Repräsentationsfunktion der Kamera ändern – jetzt bietet sie zwar nicht mehr den umfassenden Blickwinkel hinaus in die Welt, sondern öffnet den Blick auf einen Innenraum, fungiert als Bühne oder Plattform, auf der ich selbst für imaginierte Betrachter posiere. Dann aber kann sich dieser Innenraum verschließen, so dass es kein zuschauendes Auge mehr gibt, das von außen zu mir hinsieht, insofern nämlich das imaginierte Gegenüber in die Welt des Werks oder Spiels hineinrückt, so dass das Kameraauge und ich gewissermaßen nur zu zweit sind, unbeobachtet, intim.

Die Einladung zum *selfie* wird dann so angenommen, dass wenigstens ein Moment der ganz selbstgenügsamen Versunkenheit entsteht, in dem es nur noch um die Komposition von Bildelementen geht und ich vergesse, dass mein Bild etwas repräsentieren soll – so wie ein Bastler, Tüftler, Reparateur ganz in dem Zusammenspiel der Teile eines Werks aufgeht und vergisst, dass seine Maschine schließlich und endlich Arbeit verrichten soll.[17] Dieses Vergessen ist beim Feuerwerk von vornherein gegeben und es stellt sich ein, wenn es im Zusammenspiel der Teile nicht um die Teile eines Ganzen und nicht um einen Funktionszusammenhang geht, sondern um das Spiel, an dem wir wissend, beobachtend, handelnd teilnehmen. In diesem Moment vollendet sich das technische Werk oder sozio-technische System als Welt, es ist der Moment der Transzendenz. Wenn sich der Moment des Vergessens angesichts einer maßvoll eingerichteten, elegant hinterhältigen Mausefalle einstellen kann, ist er konstitutiv für die maßlose Technik, die von vornherein ab-

---

17 Ein weiteres, an anderer Stelle zu diskutierendes Beispiel entstammt einem subgenre der Pornografie, das von der Ansprache und Einbeziehung des Betrachters in seinen Ausschluss aus einer selbstgenügsamen Welt mündet, so dass die Protagonistinnen und gleichzeitig Produzentinnen in einem durch ihre Technik erzeugten Raum augenscheinlich ganz für sich sind. Die Kamera – eben noch Darstellungs- oder Repräsentationsmedium – schließt einen intimen Innenraum. In anderen Zusammenhängen, kann dieser durch die Kamera verschlossene Raum und die durch sie erzeugte Welt frustrierend wirken: Wenn wir in einer Videokonferenz ein oder gleich mehrere Gegenüber haben und wir meinen, ihnen in die Augen schauen zu können, aber immer nur den Blicken auf den jeweiligen Bildschirm begegnen – und selbst zwar den Augenkontakt suchen, dabei aber auch nur auf den Bildschirm schauen.

sieht von einer Disziplinierung der Mittel auf Zwecke. Ihre ekstatische Verschwendung oder Verausgabung entspricht der Hingabe an das Zusammenspiel der Dinge im Werk und der Sorglosigkeit um eine andere Welt jenseits dieses Zusammenspiels.

Die Einladung der Technik, ihr Einladungscharakter geht über eine Einladung zu ihrem funktionalen Gebrauch hinaus. Die Leiter lädt uns ein, auf ihr hinaufzusteigen, der Ball lädt dazu ein, ihn irgendwo hin zu schießen, die Lotterie lädt dazu ein, unser Glück zu versuchen, die ersten Sätze einer Geschichte laden dazu ein, sie fortzuspinnen, das verhaltene Leiden in den Gesichtszügen des Laokoon lädt dazu ein, seinen Todesschmerz zu imaginieren, der jetzige Zustand einer mechanischen Apparatur lädt dazu ein, den weiteren Bewegungsablauf der Maschine zu extrapolieren (Adamowsky 2018).

Die Einladung ist jeweils in eine Welt, die nach den Regeln einer Kunst komponiert wurde. Der Einladung Folgen heißt so viel wie, die Regeln zu entdecken, nach denen die Spieler, die Betrachter, die Nutzer an dieser Welt teilnehmen, in ihr partizipieren können. So wie es in der Musik ganz unterschiedliche Kompositionslehren gibt, die implizite Kriterien für ein gelingendes Verhältnis von Tönen institutionalisiert und daher die Erwartung von Hörern prägt, so gibt es Kompositionslehren für den Maschinenbau, die Elektrotechnik und das *software engineering*, auch eine Grammatik für die Komposition von Lego-Bausteinen oder Verhaltensregeln, die eine Gruppe von Tänzern und Spielern koordiniert, indem sie die zulässigen von den unzulässigen Spielzügen unterscheidet.

6 Spielzüge

„Wenn es doch da etwas gäbe, wie in der Chemie Auflösung, wo die einzelnen Teile leicht suspendiert schwimmen und daher jedem Zuge folgen können," meinte Lichtenberg. Wenn nur die Begriffe nicht so sehr aneinander kleben würden – etwa die Begriffe von Technik, Nutzen und Angemessenheit der Mittel, und wenn sie im Kopf nur nicht so weit auseinanderliegen würden – etwa die Begriffe von Kunst und Technik – ließen sich die größten Entdeckungen machen, ein Feuerwerk der Ideen entfachen, das Schießpulver erfinden. Aber auch dies: Jenseits disziplinierter Angemessenheit und maßvoller Askese, wenn wir der Einladung in die Welt eines kunstvoll komponierten Werks folgen, partizipieren wir an seiner Regelhaftigkeit, geben uns den Verlaufsformen hin, suspendiert schwimmend, und können wie in der Spielwelt von Go oder Schach jedem Zug folgen. Transzendenz der Technik, das ist in diesem Moment die zwanglose Einstimmung in das Spiel der Mittel, wenn alles in einem Werk der Technik und der Kunst ein Anderes wird.

Literatur

Adamowsky, Natascha (Hrsg., 2005): „Die Vernunft ist mir noch nicht begegnet": Zum konstitutiven Verhältnis von Spiel und Erkenntnis. Bielefeld: transcript.
Adamowsky, Natascha (2018): Spiel/en. In: Feige, D. M./Ostritsch, S./Rautzenberg, M. (Hrsg.): Philosophie des Computerspiels: Ästhetik – Theorie – Praxis. Stuttgart: Metzler, S. 27-42.
Adorno, Theodor (1981): Ästhetische Theorie. Frankfurt a. M.: Suhrkamp.
Amato, Ivan (1999): Nanotechnology: Shaping the World Atom by Atom. https://ewh.ieee.org/soc/cpmt/presentations/nanoarticle.pdf [Zugriff: 02.06.2021].
Bacon, Francis (1999): Novum Organon. Aphorismus 73. Hamburg: Meiner.
Bataille, Georges (1985): Die Aufhebung der Ökonomie. 2., erw. Aufl. München: Matthes & Seitz.
Foucault, Michel (1993): Technologien des Selbst. In: Luther, M./Gutman, H./Hutton, P. (Hrsg.): Technologien des Selbst. Frankfurt a. M.: Fischer, S. 24–62.
Fox-Keller, Evelyn (1983): A Feeling for the Organism: Life and Work of Barbara McClintock. New York: W.H. Freeman.
Fried, Michael (1988): Absorption and Theatricality: Painting and Beholder in the Age of Diderot. Chicago: University of Chicago Press.
Habermas, Jürgen (1981): Theorie des kommunikativen Handelns, Frankfurt/M.: Suhrkamp.
Hoffmann, Hans Georg (2019): Interview mit Hans Georg Hoffmann. In: Avenue – Das Magazin für Wissenskultur, 7, S. 66-69.
Köhler, Georg/Villon-Lechner, Alice (1988): Die schöne Kunst der Verschwendung: Fest und Feuerwerk in der europäischen Geschichte. Zürich, München: Artemis.
Largier, Nicklaus (2001): Lob der Peitsche: Eine Kulturgeschichte der Erregung. München: C.H. Beck.
Lichtenberg, Georg Christoph (1967): Schriften und Briefe. Band 2, München: Hanser.
Maines, Rachel (2009): Hedonizing Technologies. Baltimore: Johns Hopkins University Press.
Mauss, Marcel (1990): Die Gabe: Form und Funktion des Austauschs in archaischen Gesellschaften. Frankfurt a. M.: Suhrkamp.
Nordmann, Alfred (2003): Shaping the World Atom by Atom: Eine nanowissenschaftliche WeltBildanalyse. In: Grunwald, A. (Hrsg.): Technikgestaltung zwischen Wunsch und Wirklichkeit. Berlin: Springer, S. 191-199.
Nordmann, Alfred (2006): Vor-Schrift – Signaturen der Visualisierungskunst. In: Krohn, W. (Hrsg.): Ästhetik in der Wissenschaft: Interdisziplinärer Diskurs über das Gestalten und Darstellen von Wissen. Hamburg: Felix Meiner, S. 117-129.
Nordmann, Alfred (2014): Das Gefühl der Welt als begrenztes Ganzes: Sachlichkeit. In: Zeitschrift für Kulturphilosophie, 8, S. 89-99.
Nordmann, Alfred (2018): A Feeling for the Work as a Limited Whole. In: Techné: Research in Philosophy and Technology 22, 3, S. 334-351.
Nordmann, Alfred (2020): The Grammar of Things. In: Technology and Language 1, 1, S. 85-90.
Nye, David (1984): American Technological Sublime. Boston: MIT Press.

Schwarz, Astrid/Nordmann, Alfred (2010): The Political Economy of Technoscience. In: Carrier, Martin/Nordmann, Alfred (Hrsg.): Science in the Context of Application. Dordrecht: Springer, S. 317-336.
Wittgenstein, Ludwig (1969):. Tractatus logico-philosophicus. Logisch-philosophische Abhandlung, Frankfurt/M.: Suhrkamp.

Appropriating God – zur sich wandelnden Medialität religiöser Erfahrung

Thomas Christian Bächle

Das Göttliche offenbart sich dem Menschen oft in zeichenhaften Vermittlungen – in Bild, Text oder brennenden Dornbüschen – oder lässt sich in von Transzendenz-Erwartungen geprägten Religionen durch Techniken aktiver Kontaktaufnahme suchen und anrufen. Auch eine religiöse Erfahrung, eine Kommunikation mit IHM, ist an mediale Bedingungen gebunden. Die Ästhetik des Mediums prägt bekanntlich immer auch die Botschaft, in der Gottkommunikation ist dies nicht anders. Jeder religiösen Erfahrung, so die Kernthese des Beitrags, ist daher eine spezifische Medialität eigen. Medialität ist dabei als die spezifische Qualität ästhetischer Eigenschaften eines Mediums zu verstehen und ausdrücklich von seiner Technik (z. B. elektrische Medien) oder seinem Gebrauch zu unterscheiden. Wenn im vorliegenden Text nach der Medialität der religiösen Erfahrung gefragt wird, so geschieht dies aus einer medientheoretischen Sicht, bei der praxeologische Zusammenhänge – wie etwa die sozialen Funktionen ritualisierter Praktiken – in den Hintergrund treten. Mit einer veränderten medialen Ästhetik stellt sich vielmehr die Frage nach den Möglichkeitsbedingungen einer jeden Wahrnehmungsmodalität stets aufs Neue, so auch der religiösen Erfahrung.

Was die den vorliegenden Band rahmende Dichotomie Immanenz/Transzendenz zum Zusammenhang von Religion und Technologie betrifft, knüpft das Argument dieses Beitrags erstens in soziologischer Hinsicht an die Kritik an den Dualismen der Moderne an. Technik und Rationalität als Markierungen des Immanenten einerseits und Religion und Magie als Artikulationen des Transzendenten andererseits prägen als moderne Gegenüberstellung auch das Verständnis von Medien und Prozessen der Mediatisierung. Letztere sind aber der religiösen Erfahrung in einem instrumentellen Sinne nicht einfach äußerlich, sondern für diese vielmehr konstitutiv.

Es soll folglich auch nicht der Versuch unternommen werden, *die* religiöse Erfahrung als solche zu bestimmen, sondern vielmehr betont werden, dass auch diese an medial geprägten Modi geknüpft ist. Wie sich zeigen soll, kommt es notwendigerweise stets zu einer wechselseitigen, ko-konstitutiven Abhängigkeit. So wie einerseits das Göttliche auf das Medium wirkt, sodass Medien als materiellen Artefakten selbst eine religiöse Verehrung zuteilwerden kann – so wirkt andererseits auch die Medialität als spezifische mediale Ästhetik auf die Art und Weise wie sich das Göttliche als Referenzobjekt und der *Geist*, der die Funktion eines Mediums für dieses annimmt, überhaupt bedeutungsvoll konstituieren können (Kap. 1).

Die Dichotomie Immanenz/Transzendenz betrifft in diesem Sinne zweitens auch den Mediatisierungs- und Kommunikationsprozess zwischen den Menschen und dem Göttlichen und ist durch eine jeweils dominante Medienästhetik geprägt. Das (Live-)Fernsehen beispielsweise ist mit den Transzendenzerwartungen der katholischen Eucharistie und ihrer performativ-auratischen Ästhetik vollständig kompatibel. Die individualisierte, auf eine multimodale (Text und Audiovisualität) Reproduzierbarkeit und Verfügbarkeit ausgerichtete mediale (Hyper-)Ästhetik des Smartphones hingegen erlaubt und erzeugt andere Modalitäten der sinnlichen Erfahrbarkeit.

Dies rückt die religiöse Erfahrung in ein direktes Verwandtschaftsverhältnis zu einer spezifischen Ästhetik des Kunstwerks, die im mystischen Ritual und in religiösen Praktiken fundiert ist und auf den Qualitäten von Aura, Distanz und einer einfühlenden Haltung fußt. Veränderte (medien-)technologische Bedingungen – wie etwa technische Reproduktionsverfahren – haben diese ästhetische Qualität paradoxerweise zunächst für das Kunstsystem erschlossen, nur um sie zugleich herauszufordern. Die religiös konnotierte Aura der Einzigartigkeit wird zu Zeiten einer kapitalistischen Massenproduktionsweise von Kunst zugleich retrospektiv als ästhetisches Ideal konstruiert und erhält dadurch auch eine medientheoretische Relevanz. Wie sich zeigen soll, ist eine Betrachtung dieser ästhetischen Spezifik auch instruktiv für die Analyse einer medientechnologisch bedingten Verschiebung in der Ästhetik der religiösen Erfahrung. Die Appropriation als ästhetische Funktion zeigt sich auch in der Gottkommunikation, die mithilfe digitaler Medien angestrebt wird: Gott wird zu einer simulierten Absenz – nicht im Sinne einer Verlustgeschichte, sondern in den kontingenten medialen Parametern der Gott-Kommunikation (Kap. 2). Eine weitere Parallele zwischen religiöser Erfahrung und medialer Ästhetik ist eng an Modernitätsdiskurse geknüpft: Individualisierung, Selbstüberwachung, -steuerung und -optimierung, die etwa in Smartphone-Apps zum Gebetsmanagement ihren Ausdruck finden. Mit ihnen und ihren medientechnischen Manifestationen entsteht eine Subjektivitätsform, die eng an kapitalistische Konsumlogik geknüpft ist: ein sich stets erforschendes und optimierendes ‚gläubiges Selbst' im Kontext gouvernementaler Selbstsorge (Kap. 3).[1]

---

1 Der Verfasser dankt Alexandra Grieser und Beat Wyss für die wertvollen Hinweise bei der Erstellung dieses Manuskripts. Großer Dank geht auch an Sabine Maasen und David Atwood für weitere hilfreiche Anmerkungen zum Text und die Organisation von zwei sehr produktiven Workshops.

1 Medialität und religiöse Erfahrung: Immanenz und Transzendenz als Modi der Gott-Kommunikation

Um den Zusammenhang zwischen einer bestimmten Medialität und religiöser Erfahrung herauszuarbeiten, eignet sich in einem ersten Schritt die Betrachtung einer paradigmatischen Reinform, die vor allem an eine spezifische Ästhetik gebunden ist und sozialen Implikationen eine nachrangige Rolle zuweist: In seinem bekannten Werk *Die Vielfalt der religiösen Erfahrung* beschränkt sich William James (2014 [1902]: 62) trotz der im Titel aufgerufenen Vielfalt selbsterklärt auf die „persönliche Religion" und definiert sie folgendermaßen:

> *die Gefühle, Handlungen und Erfahrungen von einzelnen Menschen in ihrer Abgeschiedenheit, die von sich glauben, daß sie in Beziehung zum Göttlichen stehen.* (James 2014 [1902]: 63f.; Hervorhebung i. O.)

Er weist ihr ein Primat zu, da aus diesen Gefühlen, Handlungen und Erfahrungen erst „in einem zweiten Schritt Theologien, Philosophien und kirchliche Organisationen erwachsen können" (James 2014 [1902]: 64). Die religiöse Empfindung wird emphatisch getrennt von Vergemeinschaftungsformen, insbesondere auch solchen, die in der Kirche eine Institutionalisierung erfahren. Während der religiösen Erfahrung damit Stärke und Ursprünglichkeit anhaftet, ist das „religiöse Leben" nachgelagert – es transportiert „Muster" für eine „Menge von suggerierten Gefühlen und nachgeahmtem Verhalten" (James 1997: 41f. zit. n. Taylor 2002: 11): „Bei der Weitervermittlung geht die Kraft und Intensität der Ursprungserfahrung meistenteils verloren, bis alles, was übrig bleibt, ‚dumpfe Gewohnheit' ist" (Taylor 2002: 11). Kirche wird von James daher äußerst kritisch betrachtet – als Institution des Dogmas, der Regulation und Orthodoxie. Charles Taylor fasst (bevor er dazu übergeht, diese Sichtweise zu kritisieren) das Jamesianische Denken mit zwei grundlegenden Punkten zusammen:

> Die Religion hat also [James zufolge, T. C. B.] ihren *wirklichen* Ort in der individuellen Erfahrung und nicht im körperschaftlich verfaßten Leben. [...] Der andere Aspekt besagt, der wirkliche Ort der Religion liege in der *Erfahrung*, das heißt im Erleben, und nicht in den Formulierungen, mit denen die Menschen ihre Gefühle definieren, rechtfertigen, rationalisieren (alles Prozeduren, die natürlich oft in den Händen der Kirchen liegen). (Taylor 2002: 13; Hervorhebung im Original)

Das individuelle Erleben wird daher von den „Formulierungen" dieses Erlebens – neben sozialen Strukturen lassen sich im weiteren Sinne auch semiotische Muster darunter fassen – deutlich getrennt, woraus Taylor einen seiner wichtigsten Einwände gegen den Ansatz von James ableitet:

Was hier nicht vorkommt, ist die Art und Weise, in der das, was man die religiöse Beziehung nennen könnte, die Verbindung zwischen dem Gläubigen und dem Göttlichen (oder was auch immer), ganz wesentlich von dem körperschaftlichen, kirchlichen Leben vermittelt sein könnte. (Taylor 2002: 27)

Mit anderen Worten: ohne präformierende soziale oder kulturelle Strukturen ist ein individuelles Erleben ausgeschlossen. Auf diesen Punkt wird gleich zurückzukommen sein. Zunächst soll jedoch unterstrichen werden, dass darin ein Vermittlungsprozess zwischen der Institution (Kirche), dem Göttlichen und den Gläubigen abläuft. Was weder von James („reines Gefühl") noch in Taylors ergänzender Kritik (überindividuell geteilte Strukturen als Voraussetzung für eine individuelle Erfahrung) berücksichtigt wird, ist der Akt dieser Vermittlungsleistung – einer „Mediatisierung" –, der eben immer auch wesentlich charakterisiert wird durch das Medium, in dem er stattfindet.

Zentral ist daher festzuhalten, dass Mediatisierung sowohl zwischen Gläubigen und Kirche (Handelnden und Struktur) als auch zwischen Gläubigem und Gott stattfindet.[2] Die Kritik Taylors orientiert sich darüber hinaus an phänomenologischen Erwägungen. Das Denken von James sei geprägt durch die „Strömung des religiösen Humanismus", aus der auch die der Romantik entlehnte Idee eines „Genies" hervorgeht, das als „Initiator einer neuen innerlichen Spiritualität" gilt und „Muster religiöser Erfahrung" vorgibt (Taylor 2002: 23). Dieses „Muster der Spiritualität" jedoch stumpfe ab, „sobald [es] von großen Menschengruppen übernommen wird" (Taylor 2002: 23).

Diese starke Gegenüberstellung der Reinheit einer individuellen religiösen Erfahrung und ihrer Verwässerung innerhalb religiöser Gemeinschaften, indem sie darin geteilt und strukturiert wird, ist der wesentliche Punkt für Taylors Kritik an James und hat nicht zuletzt durch ihre phänomenologischen Implikationen auch eine starke medientheoretische Relevanz, die sich in den folgenden Aspekten zeigt. Er moniert an James' Konzeption zunächst (1.), dass „das Phänomen eines kollektiven religiösen Lebens" keine Beachtung findet, das jedoch gleichwohl „nicht bloß das Ergebnis (individueller) religiöser Beziehungen ist, sondern das in gewisser Hinsicht die religiöse Beziehung ausmacht oder *ist*" (Taylor 2002: 27). Religion ist eine sinnstiftende Praxis, die ganz wesentlich auf eine kollektive Herstellung angewiesen ist, auch in der Beziehung zu Gott und der Kommunikation mit ihm. Daran anknüpfend ist (2.) auch eine sakramentale Praxis – ebenfalls kollektiver Natur – in ethischen „oder allgemeiner als Praktiken der Nächstenliebe" dazu in der Lage, eine Beziehung zu Gott herzustellen, indem seine „Existenz unser

---

2 Betrachtet man die jeweiligen Positionen von James und Taylor, scheint darin auch die soziologisch definierte und irreduzible Dualität von Struktur und Handlung durch (z. B. die Theorie der Strukturierung; Giddens 1995). Für eine ausführliche wissenssoziologische Betrachtung von Religion und Medieninstitutionen siehe Krüger (2012).

Leben durchdringt" (Taylor 2002: 28). Auch in dieser gemeinschaftlichen Lebensform „*ist* das sakramentale, kollektive Leben die Beziehung zu Gott" (Taylor 2002: 28; Hervorhebung im Original). Die intersubjektiv geteilte Wirklichkeit der Religion ist auf eine Herstellung in kollektiven Praktiken angewiesen. Diese präformieren auch die – dadurch eben nicht mehr reine – individuelle Erfahrung, die James ins Zentrum stellt. Taylor (2002: 29) erweitert seine Kritik (3.) mit der Feststellung, dass ein „Minimum an Artikulation" auch für ausschließlich subjektive Erfahrungen vonnöten ist: „Einige aussagekräftige Formulierungen – über Gott, die Schöpfung, Christus und dergleichen – sind unumgänglich". Darin kommt auch die Kritik an einer phänomenologischen Anschauung zum Ausdruck, da schon die „Idee einer Erfahrung, die ohne jede Formulierung auskommt, unmöglich ist" (Taylor 2002: 29). Für eine religiöse Erfahrung ist stets ein Sprechen nötig, ein Vokabular, eine Theologie:[3]

> Ähnliche Überlegungen können wir anstellen, wenn wir die Frage prüfen, in welchem Sinne man eine wirklich individuelle Erfahrung haben kann. Denn alle Erfahrungen benötigen irgendein Vokabular, und diese Vokabulare werden uns zwangsläufig in erster Linie von unserer Gesellschaft *vermittelt*, ganz gleich, welche Variationen wir später an ihnen durchspielen werden. *Das, was wir religiöse Erfahrung nennen könnten, enthält seine Gestalt unmittelbar von den Ideen oder dem Verständnis, mit dem wir unser Leben leben. Und diese Sprachen, diese Vokabulare sind niemals lediglich die eines Individuums.* (Taylor 2002: 30-31; Hervorhebung T. C. B.)

Spätestens hier wird deutlich, dass neben der Wechselwirkung zwischen kollektivem oder individuellem (Erfahrungs-)Handeln auf der einen Seite und sozialen oder semantischen Strukturen auf der anderen, mediale Formen stets eine essentielle Bedingung sind.

In den Einwänden Taylors gegen James tritt daher implizit auch eine jeweils verschiedene mediale Ästhetik hervor. In Abwandlung der von Taylor genannten Punkte, steht die kollektive, ritualisierte Aushandlung von Bedeutung als *Performativität* (1.) der Kondensierung der religiösen Erfahrung in Zeichen (2.) gegenüber: Wie Taylor selbst schreibt, „gewinnt die Beziehung [zu Gott] eine gewisse Intensität erst in den Zeichen, die zu ihrer Manifestation eingesetzt wurden und als Sakramente bezeichnet werden" (Taylor 2002: 28).[4] Die Vermittlungsleistung erfolgt durch „Sprachen", „Vokabulare", „Formulierungen" (3.), die alle einen ausdrücklichen Bezug zu medialer Ästhetik haben: „Genau so wie das religiöse Leben nicht von seinem kollektiven Ausdruck getrennt werden kann, so kann es nicht von einem Mini-

---

3   Taylor argumentiert hier vor allem mit Hegel (1986 [1807]) und Wittgenstein (2001 [1953]).
4   Siehe zu dieser Übersetzungsleistung und der Unterscheidung „heilig vs. sakral und Sakrament" auch Kap. 1.3.

mum an ausdrücklicher Formulierung abgeschnitten werden" (Taylor 2002: 29).

In den unterschiedlichen Sichtweisen von James und Taylor, die hier paradigmatisch diskutiert werden, bleibt dieses Dazwischen hingegen unbeachtet. Zwischen der reinen religiösen Erfahrung (James) und dem Vokabular dieser Erfahrung (so Taylors Kritik) liegt das Medium mit seinen ästhetischen Eigenschaften (Gebet, Meditation, Gesang etc.), das weder dem einen, noch dem anderen zuzurechnen ist. Jüngere religionswissenschaftliche Ansätze bemühen sich daher im Anschluss an James und Taylor um einen multidimensionalen Zugang bei der Modellierung religiöser Erfahrung. So definieren Meyer und Verrips (2008: 27):

> Religious aesthetics, in the current sense, refers to an embodied and embedded praxis through which subjects relate to other subjects and objects and which is grounded in and offers the ground for religious experience.

Die soziale Struktur ist dieser Definition zufolge immer Teil individueller religiöser Erfahrung. Als zentrales Bindeglied präsentieren Meyer und Verrips (2008: 27) eine spezifische Anordnung („sensational form"), die einen Zugang zu Transzendenzerfahrung genauso organisiert wie die Beziehung zwischen Gläubigen in einem bestimmten „religiösen Regime". Obgleich diese „Formen" übertragen und geteilt werden („transmitted and shared") und sowohl die Definition als auch ihre Erläuterung bemüht sind, möglichst zahlreiche Faktoren zu berücksichtigen (Objekte, Subjekte und Praktiken; soziale und individuelle Erfahrung sowie Körper) bleibt die Ästhetik des involvierten Mediums in ihrer anschließenden Reflexion erstaunlicherweise abwesend oder zumindest implizit. Umso deutlicher wird dies, wenn die „key dimensions of sensational forms" in ausdrücklichem Bezug auf Medien erfolgen und als Beispiele hierfür die Visualität des Bildes, die Praxis des religiösen Sehens, die taktil-materielle Erfahrung eines jüdischen Lehrbuchs oder die Performativität des Gesangs angeführt werden. Der Fokus auf eine „embodied and embedded aesthetics" (Meyer/Verrips 2008: 29) ist zwar grundsätzlich angemessen, geht jedoch zu Lasten einer Betrachtung der Ästhetik der Mediatisierung selbst, der Medialität des Mediums. Stolow (2013a) wiederum betont – *Deus ex Machina* – für den Zusammenhang zwischen Religion und Technologie insbesondere *the things in between* und resümiert das Ziel der Forschungsarbeiten, die „religious mediation" in den Blick zu nehmen:

> What unites all this work is a common commitment to (at least some version of) the claim that media provide the deep conditions of possibility for religious adherents to proclaim their faith, mark their affiliation, receive spiritual gifts, or participate in any of the countless local idioms for making the sacred present to mind and body. (Stolow 2013b: viii)

Problematisch sei dabei ein oft instrumentelles Verständnis der Technik, dass dazu beitrage, Religion und Technologie als zwei unterschiedliche Konzepte gegenseitiger Einflussnahme aufzufassen. Der Dualismus der Moderne, der technische Rationalität auf der einen Seite, Religion oder Magie auf der anderen gegenübergestellt (eine bedeutende Artikulation der Immanenz/Transzendenz-Dichotomie), müsse überwunden werden. Während dem zuzustimmen ist, wird auch hier „mediation" vor allem im Sinne einer spezifischen hybriden soziotechnischen Anordnung verstanden und die zentrale ästhetische Qualität der Vermittlung selbst auf einen ihrer Effekte reduziert.

Van de Port (2011: 78) schließlich konstatiert zum Verhältnis zwischen Mediatisierung und Religion: „mediation must be considered to be constitutive of religion, and religion can therefore not be analysed outside the forms and practices of mediation that define it". Der Prozess der Mediatisierung kann dabei als ein völlig naturalisierter anerkannt sein, wodurch weder das Medium selbst ins Zentrum rückt, noch die direkte Erfahrung in Zweifel gezogen ist. Für religiöse Skripte gelte dies etwa für sich spontan manifestierende Zeichen („spontaneous icons" oder Glossolalia, ein „in Zungen reden"); ein „Sprechen des Körpers" (präreflexive Empfindungen und Bedeutungen, Stigmata); oder das Medium selbst, dem als Objekt eine sakrale Qualität zugeschrieben wird. In anderen Fällen rückt die mediale Vermittlung selbst in den Mittelpunkt. Wie Van de Port (2011: 76) für den Kontext religiöser Praktiken argumentiert, liegt gerade in dieser überbetonten Demaskierung des Mediums die Möglichkeit einer direkten Empfindung. Diese Ästhetik der Transparenz enthüllt das Medium in seinen technischen und materiellen Eigenschaften, wie dies etwa bei media pilgrimages (Couldry 2003) der Fall ist, wenn Zuschauerinnen und Zuschauer in organisierten Touren an die „originalen Schauplätze" von Fernsehserien oder Filmen geführt werden, um die Realität hinter der Bühne zu entdecken. Für Van de Port (2011: 85) hat dies einen unerwarteten Effekt:

> this revelation only serves to baffle the observer further with the incomprehensibility of the mediation process [...] revealing the medium is not to opt for the real of mediation practices ('mediation is all we have'), it is to enhance the mystery of the immediate, to produce a sense of its superior power and truth.

Die technische Offenbarung allein jedoch ist noch keine „Transparenz", was die medialen Eigenschaften des Mediums betrifft. Der von Van de Port angemahnte Widerspruch entsteht, indem technische Eigenschaften mit medialen konfundiert werden. Genau hieran schließt die im vorliegenden Beitrag verfolgte These an, die Medialität der religiösen Erfahrung nicht als eine *technische* sondern eine *ästhetische* zu betrachten. Denn auch in der vermeintlichen Abwesenheit von Vermittlung – einer ‚direkten Erfahrung' – liegt ein Prozess der Mediatisierung vor, der durch eine eigene Medialität geprägt ist. Schwitzende, bebende, lachende und weinende Charismatiker, deren Körperzeichen als „signs of a divine presence" (Van de Port 2011: 80) gelten, sind mit *Performativität* auch an eine spezifische Medialität gebunden, die eine andere, eben präreflexive, ereignis- und präsenzbasierte Bedeutung hat. Der Körper ist hier nicht als Zeichen für die Anwesenheit einer anderen Bedeutung zu lesen. Im Vordergrund steht die leibliche Empfindung selbst, die einer zeichenhaften Repräsentation zu entkommen sucht.

Jede religiöse Erfahrung – ob individuell oder kollektiv – hat eine spezifische mediale Ästhetik.[5] Besonders deutlich wird dies, wenn die religiöse Erfahrung – etwa die *Kommunikation mit Gott* – wie jede andere Kommunikation auch als ein Prozess der medialen Vermittlung begriffen wird: Blondheim (2015) differenziert die Beziehungen, die Menschen mit Gott aufbauen können, nach *transzendenten* und *immanenten* Relationen:

> Transcendence of the deity, its utter distance from the physical and human, represents one pole of this theological axis. The opposite pole is immanence, the notion of God being present in the physical reality of the world and in the lives and minds of its inhabitants. (Blondheim 2015: 16)

Dieser Kommunikationsprozess ist vor allem durch seine Begrenzungen charakterisiert: Wie kann überhaupt eine kommunikative Verbindung zwischen einer Gottheit, die durch Ewigkeitswert, Omnipräsenz und Unveränderlichkeit definiert ist, zum dynamischen, orts- und zeitspezifischen Erfahrungsraum der Menschen hergestellt und aufrechterhalten werden? Folgt man der Differenzierung lassen sich mit ihrer Hilfe zwei Ausprägungen der Kommunikation unterscheiden, die durch einen jeweils dominanten Medientypus geprägt sind: Das Immanente offenbart sich vorrangig in Texten, Bildern oder Abbildern als „Gottes-Medien" (Belting 2005); das Transzendente hingegen hat seinen Ursprung in rituellen Praktiken und damit einer performativen Medialität.

Die *Immanenz* ist in der Offenbarung der abrahamitischen Religionen zu finden, bei der sich „das Göttliche" dem Menschen zu einer bestimmten Zeit an einem bestimmten Ort präsentiert. Die („heiligen") Schriften spielen hierbei eine herausragende Rolle, wobei auch dem kollektiven Ritual der Verlesung des Worts Gottes – eine wenngleich untergeordnete – Bedeutung zukommt. Der *Transzendenz* einer Gottheit hingegen wird begegnet, indem diese aktiv zur Kontaktaufnahme gesucht wird mit dem Ziel, die räumlichen und zeitlichen Grenzen der Welt zu überwinden (eben: zu „transzendieren"). Das Ritual ist der dominante Medientyp, der zu diesem Zweck genutzt wird (Blondheim 2015: 17).

In der Offenbarung der abrahamitischen Religionen wandelt sich das Göttliche im Prozess der Mediatisierung von einer ewigen und omnipräsen-

---

5 Wie den vorliegenden Text einleitend bereits betont, geht es daher weder um eine Bestimmung des Religiösen oder der religiösen Erfahrung (vgl. Stausberg 2011), noch um das Verhältnis von Medien und Religion zueinander – das in der These ihrer wechselseitigen Austauschbarkeit gipfeln kann (vgl. de Vries 2001).

ten Entität zu einer weltlichen Präsenz, was sie zugleich zu etwas Irdischem reduziert:

> That kind of presence was inevitably understood by humans as a radical reduction of the deity, and it was only an aspect of it that was crowded into time and space – most commonly God's communiqué, complete with the agent or medium delivering it. But the reduction could not be complete; *some residual attributes of the divine remained through the process of revelation, and they could be found in both the message and the medium.* (Blondheim 2015: 17; Hervorhebung T. C. B)

Aus einer medientheoretischen Sicht hervorzuheben ist besonders, dass das „Göttliche" sowohl der Nachricht als auch dem Überbringer und dem genutzten Medium anhaftet – und dadurch zugleich die Totalität des Göttlichen schmälert. Die Botschaft selbst gilt als ein auf ewig Gutes (Ewigkeitswert), von universeller Gültigkeit (Omnipräsenz) und mit performativer Kraft (Allmacht). Ihr wird eine göttliche Qualität zugeschrieben, was schließlich auch für die Medien Gottes gilt: Worte, Altäre, Engel, Schreine, Bücher, Schrifttafeln werden selbst zu heiligen Objekten, insbesondere dann, wenn sie benutzt werden, um mit Gott in Kontakt zu treten:

> First, humankind adopted the visual media of fire and smoke to address God, extending the celestial sun, moon and clouds. Then people used sound as produced by instruments and, finally, the word: written and spoken. (Blondheim 2015: 18)

Die Aneignung bestimmter Medientypen – als nunmehr heilige Gegenstände – zur aktiven Kontaktaufnahme mit Gott wird ein zentrales Element von Ritualen. Die Idee der Offenbarung wird umgekehrt, der Fokus rückt von den Inhalten der Botschaft auf die medialen Praktiken der Gottkommunikation, wobei die ‚ästhetische Qualität des Heiligen' auf beide ausgeweitet wird.

Es ist soweit festzuhalten, dass eine religiöse Erfahrung somit stets eng verwoben ist mit kulturellen und sozialen Strukturen, deren wechselseitige Vermittlung wiederum an mediale Formen gebunden ist. Die Erfahrung selbst unterliegt damit medialen Eigenschaften und wird durch diese geprägt. Der Kommunikationsprozess geschieht über ein Medium, dem der Status eines heiligen Objekts zugeschrieben und das selbst Teil einer rituellen Praxis wird.

Die Bedeutungszuschreibung wirkt auch umgekehrt. Nicht nur haftet das Heilige den Medien an, die zum Mittelpunkt religiöser Praktiken werden, gehalten durch die Projektion der Gottheit hinter Inhalten, medialen Formen und Praktiken. Vielmehr hat auch die Spezifik der medialen Ästhetik ihrerseits einen qualitativen Abrieb auf das Göttliche (oder das, was als solches begriffen wird).

Die Verwandtschaft zwischen dem Medialen und dem Religiösen ist fundamentaler als die bloße Etablierung eines Kommunikationskanals. Derrida (2001) betont in dieser Hinsicht die Besonderheit des Christentums im Vergleich zu Islam und Judentum, die in der zentralen Rolle des Mediums liegt: Die spirituelle Inkarnation in der katholischen Eucharistie, das *hoc est corpus meum!*, beschreibt selbst einen Akt der Mediatisierung, da Gott innerhalb dieses Rituals sichtbar wird:[6]

> Sent remotely via media, the message no less than the messenger (the angel or the evangelist) produces or implies this spectralization. Whence the relation between, the intimate complicity of the religious and the mediatic. *Spectrality permits the remote dispatching of bodies that are nonbodies, nonsensible sensations, incorporeal.* (Derrida 2001: 61; Hervorhebung T. C. B.)

Das Medium ist der Geist und Mediatisierung ist Spiritualisierung, in der ‚entkörperlichte Körper' hergestellt werden: „through this virtualization that in truth 'actualizes' the process of spiritualization-spectralization, the essence of the religious reproduces itself" (Derrida 2001: 61).

Diese Vermittlung beschreibt ein Paradoxon, eine Essentialisierung im Prozess der Virtualisierung, der schließlich exakt auf die konstruktive Leistung der Medialität verweist. Sie ist niemals neutral, sondern erschafft vielmehr ein *Etwas*, das es vor der Mediatisierung nicht gegeben hat und zugleich durch die Ästhetik des Mediums geprägt ist. Die „Struktur des Medialen" zeigt sich in ebenjenem *Etwas*, das Medien „hervorbringen, darstellen, übertragen oder vermitteln". Medien jedoch verschwinden in ihrem Erscheinen: „Kein Medium kann seine eigene Medialität mitteilen, weil die Form der Mitteilung selbst kein Mitgeteiltes sein kann: Sie geht in diese ein" (Mersch 2008: 304-306). Es ist genau diese bedeutungsvolle und immer zugleich auch diffuse Rolle des Mediums, die auch in der Wandlung/Transsubstatiation sichtbar wird: „Das Abendmahl als ontosemiologisches Leitmedium", Hörisch 2009).[7]

Mit dem erklärten Zusammenhang zwischen Medien – genauer: deren Medialität – und spiritueller Erfahrung ist ausdrücklich nicht gemeint, dass Medien eine durchaus wichtige Rolle spielen bei der soziokulturellen Wahrnehmung dessen, was wir über Religion wissen oder als religiös begreifen (vgl. Baldracco 2005). Wie im folgenden zweiten Kapitel ausgeführt wird, besteht ein Verwandtschaftsverhältnis zwischen der Ästhetik des Kunstwerks

---

6 Die christliche Lehre beschreibt diesen Prozess zwar ausdrücklich nicht als Mediatisierung, sondern als Transsubstatiation, eine materielle Wandlung. Die konsekrierte Hostie ist der Leib Christi und wird daher nicht als Medium aufgefasst. Der Leib wird zur realen Präsenz Christi. Aus praxeologischer Sicht muss man jedoch konstatieren: Ohne Medium kann die Bedeutung einer realen Präsenz nicht zugeschrieben werden.

7 Wie eng Medium und Spiritualität verbunden sind, hebt auch McLuhan (2002: 80-82) hervor: Von einer Empfindung und Kontemplation („directly involving the perceiver") zu einer Konzeptualisierung. Zum Zusammenhang von Medium und Wissen auch Bächle (2016b).

und der Ästhetik der religiösen Erfahrung. Die Ästhetik des Mediums schreibt sich in die Erfahrung und Erfahrbarkeit des Göttlichen ein, eine veränderte Medialität – die Hypermedialität – verändert auch diesen Wahrnehmungsmodus.

2 „Appropriating God" – der simulierte Geist

Kehren wir nochmal zu William James zurück und betrachten seine Definition einer religiösen Erfahrung. Auch sie ist primär an einem bestimmten Typus der Medialität orientiert: der Performativität. Die religiöse Erfahrung hat James (2014 [1992]: 383) zufolge „ihre Wurzel und Zentrum in mystischen Bewusstseinszuständen", die er mit vier Merkmalen charakterisiert:

1) *Unaussprechbarkeit*: Es gibt keinen Ausdruck für diesen Zustand und über den Inhalt der Erfahrung kann nicht berichtet werden: „Daraus folgt, dass die Qualität dieses Zustands *direkt erfahren* werden muss; er kann anderen *nicht mitgeteilt* oder auf sie *übertragen* werden".

2) *Noetische Qualität*: Obgleich einem Gefühlszustand ähnlich, wird der mystische Bewusstseinszustand dennoch als Erkenntniszustand aufgefasst, zu dem „Einsichten in Tiefen der Wahrheit", Erleuchtungen und Offenbarungen zählen. Sie haben „einen merkwürdigen Nachgeschmack von besonderer Autorität".

3) *Flüchtigkeit*: Mystische Bewusstseinszustände sind zeitlich begrenzt und können nur schwerlich erinnert werden.

4) *Passivität*: Schließlich sind sie charakterisiert durch das Gefühl des „Mystikers", „sein eigener Wille sei außer Kraft gesetzt" und er „fühlt sich manchmal sogar von einer höheren Macht ergriffen und gehalten". Ganz ähnlich verhielte es sich mit „bestimmten Phänomenen der sekundären oder alternativen Persönlichkeit, wie *prophetisches Sprechen*, *automatisches Schreiben* oder *mediale Trance*" (James 2014 [1902]: 384f.; Hervorhebung T. C. B.).

Das „mystische Gefühl" kann ausgelöst werden durch „Worte und Wortverbindungen, Lichteffekte auf Land oder See, Gerüche und Klänge" (James 2014 [1902]: 386) – und damit ganz ausdrücklich (auch) durch medienvermittelte ‚Stimuli'. Mehr noch, die Erfahrung medialer Formen selbst ist verwandt mit der mystischen und damit der religiösen Erfahrung:

> Worte mögen für uns inzwischen zu etwas nur oberflächlich Glänzendem geworden sein; aber die *lyrische Poesie* und *Musik* sind nun mal nur in dem Maße lebendig und bedeutsam, in dem sie vage Blicke auf ein Leben erhaschen, das mit

unserem zusammenhängt, und uns locken und einladen, unserer Verfolgung aber stets entkommen. *Für die ewige Botschaft der Kunst sind wir in dem Maße lebendig oder tot, als wir diese mystische Empfänglichkeit behalten oder verloren haben.* (James 2014 [1902]: 386f.; Hervorhebung T. C. B.)

Wie im vorangehenden Kapitel bereits gesehen, wird dieses an mystischen Bewusstseinszuständen orientierte Verständnis einer religiösen Erfahrung in jüngeren Beiträgen als zu begrenzt zurückgewiesen, weil durch diese Verengung unter anderem ihre soziale Verortung vernachlässigt werde (s. o. Taylor 2002, Meyer/Verrips 2008). Vernachlässigt wird jedoch – wie oben ebenfalls bereits betont – in dieser Kritik die Medialität als spezifische, irreduzible ästhetische Qualität, die mehr ist als bloßer Effekt soziokultureller Anordnungen. Zwar ist es nicht das Anliegen des vorliegenden Beitrags, *die* Medialität *der* religiösen Erfahrung – gar mit ontologischem Anspruch – zu bestimmen. Vielmehr soll aufgezeigt werden, dass sich mit einer Veränderung medialer Ästhetik auch die Möglichkeitsbedingungen einer (etwa als soziotechnisches Arrangement begriffenen) religiösen Erfahrung verändern.

Ausgehend von dieser Prämisse lässt sich die Medialitätsform, die James in der Charakterisierung einer religiösen Erfahrung sieht, als performativ-auratisch beschreiben. Wie sich in diesem Kapitel zeigen soll, ist sie mit der Audiovisualität des Fernsehens/Fernsehers kompatibler als mit neuen hypermedialen Formen, wie sie das Smartphone prominent macht. Letztere etwa – so ein möglicher Befund der Fokussierung auf Medialität – schließt eine religiöse Erfahrung im Sinne von James aus. Betrachtet man die Neujustierung der Beschreibungskategorien kunstbezogener Ästhetik, die mit einem Medienwandel stets einhergeht, zeigt dies auch mögliche Konsequenzen für die Einordnung der religiösen Erfahrung in veränderten medienästhetischen Bedingungen an.

In der performativ-auratischen Ästhetik des Kunstwerks verlieren Begriffe und Modalitäten der Rezeption wie „Schöpfertum und Genialität, Ewigkeitswert und Geheimnis" durch die technische Reproduzierbarkeit die ihnen zugeschriebene Qualität (Benjamin 2003 [1936]). Es sind dies Begriffe der Begegnung mit Gott (Kap. 2); dadurch wird durch eine Veränderung der medialen Ästhetik auch eine Veränderung der „Ästhetik Gottes". Auch „Echtheit" – die das Hier und Jetzt des Originals ausmacht – entzieht sich der Reproduzierbarkeit. Insofern ist Taylors Kritik an James' „religiösem Humanismus" und der darin wirkenden Kategorie eines „Genies" selbst ein Symptom für sich neu justierende ästhetische Parameter.

Das Ritual – das in der Gott-Kommunikation den Versuch einer aktiven Kontaktaufnahme zu IHM darstellt (Kap. 2) – erfährt auch eine Veränderung durch den medienästhetischen Wandel:

> Die ursprüngliche Art der Einbettung des Kunstwerks in den Traditionszusammenhang fand ihren Ausdruck im Kult. Die ältesten Kunstwerke sind, wie wir

wissen, im Dienst eines Rituals entstanden, zuerst eines magischen, dann eines religiösen. (Benjamin 2003 [1936]: 16)

Diese Einbettung, betont Benjamin, löst sich niemals vollständig aus dem Ritual (oder eben einer Praxis). Was somit

> im Zeitalter der technischen Reproduzierbarkeit des Kunstwerks verkümmert, das ist seine Aura [...] *Die Reproduktionstechnik [...] löst das Reproduzierte aus dem Bereich der Tradition ab. Indem sie die Reproduktion vervielfältigt, setzt sie an die Stelle seines einmaligen Vorkommens sein massenweises. Und indem sie der Reproduktion erlaubt, dem Aufnehmenden in seiner jeweiligen Situation entgegenzukommen, aktualisiert sie das Reproduzierte.* Diese beiden Prozesse führen zu einer gewaltigen Erschütterung des Tradierten. (Benjamin 2003 [1936]; Hervorhebung im Original)

Dies schließt die Medien der Gott-Kommunikation und der religiösen Erfahrung ein. Die qualitative Veränderung von einem „Kultwert" des Kunstwerks als „Instrument der Magie", dessen Status als Kunstwerk man „gewissermaßen erst später erkannte" entspricht der Bewegung hin zu einem Produkt, dessen Ausstellungswert und Funktionen sich der kapitalistischen Massenproduktionsweise – durch Fotografie und Film – angenähert haben (Benjamin 2003 [1936]: 20), als ein Kunst-System.

Die Anleihen dieser medialen Ästhetik aus dem religiösen Ritual beschreiben ein Paradoxon. Wie Wyss (2009: 173) als Kritik am „ästhetischen Irrtum" Benjamins zurecht anführt, entsteht die Aura „gerade durch die Fotografie", denn erst diese Form der technologischen Reproduktion erschafft eine selektive Kanonisierung und die mit einer Aura attribuierten ‚Originale', die massenhaft distribuiert werden kann. Zugleich wird dadurch ein ästhetisches Ideal geschaffen, das wiederum von eben jener kapitalistischen Ästhetik der Masse bedroht ist.

Es handelt sich in diesem Sinne beim „Verlust der Aura" durchaus um eine nachgelagerte Zuschreibung, wodurch es nicht um eine genuine Verlust-, sondern eine Veränderungsgeschichte geht. Entscheidend ist jedoch, die dadurch entstehende Medialität und der Wahrnehmungsmodus, in dem man dem Werk oder dem Medium zu begegnen weiß, nämlich als einem Original, einem Meisterwerk, hinter dem ein unnahbares Genie als Entität steht, überhaupt als Medialität erfahren zu können. Die performativ hergestellte Distanz, die Betrachtung aus der Ferne etc. sind in der Praxis in hohem Maß praktizierte Rezeptionsmodi, die sich insbesondere an den Menschentrauben aus Pilgern vor den ‚einzigartigen' Originalen der kanonisierten Kunst zeigen. Entscheidend ist die performative Medialität, die praktische Bedeutung erhält, indem Handeln und Wahrnehmung an ihr orientiert sind. Konstatieren lässt sich die wesentliche Verwandtschaft dieser Ästhetik mit der Medialität der von Jameson charakterisierten religiösen Erfahrung und den Charakteristika der auratischen Qualität bei Benjamin.

Diese performative Ästhetik wird jedoch nicht von allen medialen Formen adressiert: Die direkte – eben *unmittelbare* – Erfahrung schließt die Funktionen der rein zeichenbasierten Mitteilung und Übertragung aus. Medientechniken wie Schreiben, eine mediale Trance, ein meditatives Gebet oder das „Einüben mystischer Einsichten"[8] sind James (2014 [1902]: 398) zufolge „Methoden" der mystischen oder religiösen Erfahrung und bedienen als praktische Erfahrungstechniken allesamt eine performative Ästhetik. Dies lässt sich durch ein spiritistisches Medium als Mittler oder dem „Priester" (und seinen Spezialisierungen „Schamane", „Zauberer" und „Seher") als „Menschmedium" erreichen, durch das „eine prinzipielle oder originäre Funktion der Vermittlung zwischen Mensch und Gott" erzeugt werden kann (Faulstich 1997: 161ff.).

Der auratische Rezeptionsmodus betrachtet ein einmaliges Werk als Einheit, Produkt eines Schöpfergenies, dem gegenüber die/der Einzelne eine ehrfürchtige, kontemplativen Distanz wahrt und sich ihm fühlend und affektiv zuwendet. Maschinell und massenhaft hergestellte mediale Artefakte sind zerlegbar in analytische Einheiten, die begutachtet und beurteilt werden. Sie werden aus der Nähe betrachtet und sind designiert für eine Masse, wodurch die Wahrnehmung eines exklusiven und individuellen Zugangs gemindert wird. Während mit dem ersten ein Rezeptionsmodus beschrieben wird, der den Charakteristika der religiösen Erfahrung bei James und ihrer Unaussprechlichkeit, noetischen Qualität, Flüchtigkeit und Ehrfurcht sehr nahe kommt, entfaltet die reproduzierte Ästhetik eine andere Wirkung. Die religiöse Erfahrung im Sinne James' ist wahrnehmungsästhetisch eine, die im Feld der reinen Anschauung stattfindet und sich einer sprachlichen Beschreibung entzieht. Sie ist – in einer kulturwissenschaftlichen Notation – fundiert in Präsenz und Ereignishaftigkeit, einem körpergebundenen leiblichen Erleben (Krämer 2008). In religiösen Ritualen kommt körperlich-performativen Aspekten eine besondere Rolle zu (z. B. Turner 1985). Alle Sinne sollen adressiert werden, wozu neben formalisierten Bewegungen oder Körperhaltungen (Sitzen, Stehen, Knien) auch ritualisierte Formen der Sinneserfahrung zählen, die durch bestimmte Stimuli strukturiert werden, etwa solche des Hörens (z. B. durch Glocken), des Sehens (z. B. durch Kerzen), des Riechens (z. B. durch Weihrauch) oder der Berührung. Raumarrangements wie Kirchenräume werden zur gezielten Lenkung und Intensivierung sinnlicher Erfahrungen genutzt, der Körper selbst wird zum Medium in der religiösen Praxis (Mohr 2006).

Heutige ganz wesentlich an Touchscreens gebundene *media environment* laufen der auratisch-performativen Ästhetik einer religiösen Erfahrung zuwider, die eben im Ritual fundiert ist und nicht im Wischen eines Bild-

---

8 James diskutiert an dieser Stelle beispielhaft Yoga, das „die erfahrbare Vereinigung des einzelnen mit dem Göttlichen" bedeute.

schirms. Dass dieser Modus kunst- und religionsästhetischer Erfahrung nicht nur vergleichbar, sondern auch gleichermaßen herausgefordert ist, zeigt sich am deutlichsten in einer alltäglichen Praxis. Während im Louvre *La Gioconda* massenhaft aus einem Halbkreis von Smartphone-Photographinnen und -Photographen heraus reproduziert wird, schwingen in der Kathedrale von Santiago de Compostela im Rahmen der um 12 Uhr stattfindenden Pilgermesse Hunderte von Kameraobjektiven im Takt. Sie folgen dem *Botafumeiro*, einem großen Weihrauchfass, das innerhalb der Kathedrale geschwungen wird. Die ursprüngliche und unmittelbare Medialität der direkten, einmaligen und ereignishaften Erfahrung weicht in beiden Fällen dem Primat der auf Reproduzierbarkeit angelegten Dokumentation. Nicht Präsenz und Anschauung leiten sie an, sondern die mediatisierte Sicht auf die Welt durch den Rahmen des Smartphones. Dieser Blick ist einer, der das Selbst fokussiert und eine spätere Publikation als Möglichkeit anstrebt. Er ist keiner der körperlich erfahrenen Transzendenz, sondern spiegelt die Sinneserfahrung auf das Selbst zurück.

Um zu verdeutlichen, inwiefern die Medialität des Fernsehens kompatibler mit einer performativ-auratischen Ästhetik der religiösen Erfahrung ist als eine Smartphone-vermittelte Wahrnehmung, hilft die Unterscheidung zwischen dem Sakralen und dem Heiligen. Die Dissoziation des *Sakralen* einerseits – ein ‚religiöser Modus', der sich auf den Kult, das Bild(nis), die Inkarnation bezieht – vom *Heiligen* – das Respekt einer Distanz, einer Unnahbarkeit, einer Unsichtbarkeit ausdrückt – ist stark bezogen auf ästhetische Modi und Medientechniken: Während das Sakrale in der Idolatrie ihren Ausdruck findet, so bleibt das Heilige überhaupt ohne Ausdruck, ein ausgesprochenes Geheimnis.[9]

Derrida bezieht sich ausdrücklich auf das Fernsehen, wenn er von „globalisierten Mediatisierung der Religion" spricht, und dabei betont, dass auch diese in erster Linie eine christliche ist:

> During a Christian mass [...] the thing itself, the event takes place in front of the camera: communion, the coming of real presence, the Eucharist in a certain sense, even the miracle (miracles are produced on American television) – the thing actually takes place ‚live' *as* a religious event, *as* a sacred event. (Derrida 2001: 58; Hervorhebung im Original)

9 Derrida (2001: 66f.) greift hier auf eine Unterscheidung von Levinas zurück und betont zugleich, dass das Begriffspaar *sacred* und *saintly* nur schwerlich unterschieden und übersetzt werden kann – auch wenn die konzeptuelle Differenzierung deutlich ist: „In ‚Faith and Knowledge' [Derrida 2002: 1996; T. C. B.] I noted that Levinas's [1977; T. C. B.] distinction has difficulty in inscribing itself in language. In no language, not even in the Latin languages, can one rigorously oppose the sacred and the saintly, above all not in holy or in heilig. We can understand what Levinas wants to say, but it is very difficult to incorporate in a language or in a coherent terminology." (Derrida 2001: 67)

In anderen Religionen wie dem Judentum oder dem Islam würde zwar über die Religion gesprochen, aber nur im Christentum manifestiert sich das „sacred event" vor der Kamera. Dies liegt ganz wesentlich am besonderen Ritual einer Mediatisierung als Spiritualisierung, die in der christlichen (katholischen) Eucharistie als sinnstiftende Praxis erfolgt (s. Kap. 2).
Der Live-Charakter des Fernsehens versucht – ganz ähnlich der Wandlung – die Spuren der medialen Vermittlung und damit auch des Mediums selbst zu verwischen. Sichtbar wird das Ereignis als eine „echte" und „wahrhaftige" Erfahrung:

> Such ‚direct', ‚live' presentation, translated into the Christian code, is the ‚real presence', the ‚transubstantiation' or the ‚Eucharist', and, in a more general way, a phenomenon of incarnation: deictic and sensible *immediacy* of the mediator, here and now, in the *this*, the making present of the mediation or of reconciliation. (Derrida 2001: 62; Hervorhebung i. O.)

Die mediale Ästhetik des Fernsehens dient sich in besonderer Weise der Ästhetik der Spiritualisierung an. Die Fernsehforschung spricht hier von einem „phatischen Kanal", durch den Zuschauerinnen und Zuschauer an *Media Events* teilhaben können, ohne dabei die mediale Vermittlung des Geschehens wahrzunehmen, sondern vielmehr einem bestimmten – feierlichen – Modus der Rezeption verpflichtet sind (Dayan/Katz 1985). Eine besondere ästhetische Qualität des „Live-Fernsehens" liegt dabei in der Teilhabe an einem Geschehen – eine Anwesenheit trotz körperlicher Abwesenheit –, die gleichwohl im Bewusstsein erfolgt, dass diese Erfahrung mit einem großen Kollektiv geteilt wird (Rath 1989). Diese Realität ist nicht räumlich, sondern allein zeitlich. Eine weitere Parallele zwischen der audiovisuellen und der spirituellen Ästhetik wird mit dem sozialpsychologischen Phänomen der Parasozialität gezogen (Horton/Wohl 1956). Es beschreibt eine einseitig empfundene emotionale Nähe, die auf eine *persona* (zumeist Medienakteure) projiziert wird, die in Analogie auch eine (performativ) im Gebet adressierte Gottheit sein kann. Entscheidend ist in beiden Fällen die *erlebte Präsenz*.

Die Audiovisualität, insbesondere des Live-Fernsehens, ist in der Lage, diese spezifische Ästhetik als Modalität einer religiösen Erfahrung anzubieten. Die Textualität hingegen kann dies nicht leisten: Im Ausdruck, in der expliziten Zeichenhaftigkeit und Mitteilung wird die ästhetische Spezifik des Heiligen im Sinne der von James beschriebenen religiösen Erfahrung gestört. Der Moment ihrer medialen Sichtbarmachung (durch mediale Funktionen wie Beobachten, Speichern oder Übertragen) erschafft einen anderen Wahrnehmungsmodus.

Als eine ästhetische Konstante der Mediatisierung kann die Eigenschaft des Mediums gelten, den Akt der Vermittlung selbst und die mediale Form des Inhalts zu kaschieren. In visuellen Darstellungen wird dies etwa durch das Ideal der „Immersion" deutlich, das sich sowohl in der Illusionsmalerei von Trompe-l'oeil-Darstellungen oder auch dem Film zeigt. Ein zur Lenkung der sinnlichen Wahrnehmung angelegter Kirchenraum steht damit auch in einer Traditionslinie zu heutigen *virtual reality* Brillen. Der visuelle Effekt eines geöffneten Fensters – *finestra aperta* – erlaubt den Blick über die Kirchenmauern hinaus: „Das religiöse Geschehen wird auch empirisch-konkret ‚wahr'", „ein ‚Durchbruch' durch die Wand, eine Illusionsarchitektur" (Schmitz 2015: 39).[10] Der Kirchenraum als ein „augmented space" (Manovich 2006), der durch seine spezifische mediale Form auf eine Transzendenzerfahrung, zur Erfahrbarmachung des Jenseitigen angelegt ist.

Mit dem Begriffspaar *immediacy/hypermediacy* charakterisieren Bolter und Grusin (2000) den (vermutlich „westlich" zu nennenden) Versuch, Unmittelbarkeit der Erfahrung durch einen Reichtum medialer Formen zu erreichen – eine eigentlich paradoxe Position, die jedoch – mit zentralperspektivisicher Malerei, Fotografie oder „High Fidelity" – eine jahrhundertealte ästhetische Konstante ist. Was aber ändert sich mit digitalen, ‚neuen' Medien?[11] Eine einfache Antwort lautet, dass der Computer als Universalmedium dazu in der Lage ist, unterschiedlichste andere mediale Formen zu vereinen, und er bedient sowohl eine textuelle als auch eine audiovisuelle Ästhetik, die im Unterschied zum Fernsehen gleichzeitig in Erscheinung treten kann – wie sich an der Hypermedialität einer Webseite bereits erkennen lässt. Die größere Fülle an akustischen und optischen Reizen jedoch bedeutet nicht notwendigerweise einen höheren Grad des unmittelbaren Bezugs. Wie oben gesehen, erlaubt gerade die spezifische Ästhetik des Live-Fernsehens durch die synchronisierte Zeugenschaft eine Teilhabe, die in der Lage ist, die feierliche Ereignishaftigkeit als Teil eines vorgestellten zeitlich ko-präsenten Kollektivs zu erfahren. Es weist als phatischer Kanal der Zuschauerin eine feste Rolle zu – eine Schauende, aus der Distanz – und moduliert das „Besondere" des auratischen Rezeptionsmodus.

Betrachtet man hingegen die medialen Eigenschaften vernetzter und mobiler „Hypermedien" wie die mit einem Touchscreen ausgestatteten Smartphones, so stellen diese eine visuelle Ästhetik in den Vordergrund. Die Rezeption ist selten exklusiv, eine Erfahrung neben vielen anderen, deren Kontext (materielle oder soziale Räume; durch die Umgebung affizierte Sinneseindrücke) eine grundlegend neue ästhetische Erfahrung nach sich zieht. Zugleich bedeutet es Verfügbarkeit, Nähe und eine examinierende Haltung gegenüber der Umwelt. Wenn jede soziale Situation audiovisuell dokumentiert werden kann und in vielen Fällen auch wird, verändert das die soziale aber auch die ästhetische Qualität eines auf Unmittelbarkeit ausgelegten Präsenzerlebens. Mit einem ‚maschinistischen' Blick durch den Bildschirm des Smartphones – sei er nun auf *La Gioconda* oder den *Botafumeiro* – entsteht

---

10 Schmitz bezieht sich hier auf die Trinità des Masaccio (1425-1428) in der Klosterkirche Santa Maria Novella in Florenz.
11 Für eine Diskussion des kritikwürdigen Begriffs der „neuen Medien" s. Lister et al. (2009).

ein maschinistisches Wahrnehmen, das vorgezeichneten Strukturen folgt und um einen egozentrischen Blick einer immergleichen pseudoindividuellen Selbstpräsentation kreist (Bächle 2016b).

Dies steht einer Ästhetik der Atmosphäre (Böhme 2013) entgegen, die durch Architektur, Licht, Materialität oder Stimme stets eine leibliche Präsenz erfordert, eine Ästhetik des Ereignisses, der Präsenz des Performativen (Fischer-Lichte 2004), dem auch immer die Erwartung des Unerwarteten anhaftet. Medienästhetisch steht sie damit auch in einem Widerspruch zur Passivität, Affektzentriertheit und Sprachlosigkeit dessen, was James als tiefere, wenngleich flüchtige innere Einsicht einer religiösen Erfahrung charakterisiert. Die auratische Ästhetik geht mit der Überführung in textuelle und hypermedial-audiovisuelle Formen verloren, die lediglich auf Reproduktion und Distribution – etwa in sozialen Netzwerken oder *photo sharing communities* – angelegt sind. Die Erfahrung ist bestimmt von Repräsentation (nicht Präsenz) und Verfügbarkeit (nicht Distanz), einer pseudoindividuellen Massenkultur, die ein einzigartiges Erleben unter diesen Bedingungen ausschließt.

Immanenz tritt an die Stelle auratischer Transzendenz. Dies gilt sowohl für die Medialität der kunstästhetischen als auch diejenige der religiösen Erfahrung. Für die Ästhetik des Kunstwerks lassen sich als mögliche Folge daraus seine *Desakralisierung*[12] oder aber auch eine aktive Thematisierung dieses Verlusts als Funktion einer Abwesenheit beobachten: Ein Werk, das in sich selbst vordergründig auf „das Original", oder präziser, auf dessen verlorengegangenen auratischen Rezeptionsmodus verweist und diesen mithin konstruiert. Das bewusste und strategische Zitat eines bekannten Kunstwerks, seine *appropriation*, umfasst neben der Repräsentation des Originals also auch eine Ästhetik der Absenz. In den 1980ern – das Jahrzehnt, in dem kaum überraschend die „elektronischen Bildtechnologien umfassend zum Einsatz kamen" – zeigt sich dies etwa im „fotografischen Werk der postmodernen Appropriateure Richard Prince, Cindy Sherman und Sherry Levine", indem sich eine „angeeignete Aura" entdecken lässt (Lunenfeld 2002: 170). Das Ziel von Sherman, Levine und Prince sei es gewesen, Arbeiten zu schaffen, in denen die angeeignete Aura „keine Funktion der Präsenz, sondern der Absenz [ist], getrennt von einem Ursprung, von einem Urheber, von Authentizität. In unserer Zeit ist die Aura nur noch eine Präsenz, das heißt ein Geist" (Crimp 1996: 140). Die Aura als ein Geist ist ein anregender Gedanke (Lunenfeld 2002: 170).

---

12 Diese Art der ‚proaktiven' Zurückweisung eines auratischen Rezeptionsmodus wird deutlich in der *Anti Art*, welche die tradierte Position des Kunstwerks ablehnt. Joan Mirós *Antipintura* ‚entheiligt' das Gemälde durch Verbrennen oder Durchstechen der Leinwand bis hin zu seiner vollständigen Zerstörung.

Abb. 1: David LaChapelle (2003): Jesus is my Homeboy – Angeeignete Aura eines ursprünglich als „Gottmedium" intendierten Werks als Funktion einer Distanz, eine virtuelle Aura.

David LaChapelles Abendmahl-Szene (s. Abbildung 1) virtualisiert die Präsenz seines Originals, das als zentralperspektivisches Wandgemälde im Dominikanerkloster Santa Maria delle Grazie in Mailand der Betrachterin noch einen bestimmten Ort zuweist, um den Geschehnissen beizuwohnen. Die Transzendenz wird in den Alltag geholt. „The aura as ghost is a stimulating idea", lautet Lunenfelds Einschätzung im englischsprachigen Original. Was bedeutet nun dieser Zusammenhang für die mediale Ästhetik der religiösen Erfahrung?

Überträgt man diese kunstästhetische Dynamik auf die veränderten Voraussetzungen einer religiösen Erfahrung wie James sie zeichnet, ergeben sich deutliche Parallelen zwischen der *appropriation art* und dem Prozess einer Sakralisierung, der zuvörderst eine Visualisierung der Sichtbarmachung des „Heiligen" ist. Ein Beispiel für eine solche hypermediale Ästhetik zeigt sich in der Übersetzung des Gebetsmediums „Rosenkranz" in eine virtuelle Form, die auf dem Smartphone auf eine audiovisuelle, pseudo-haptische Repräsentation reduziert ist.

Die audiovisuelle Repräsentation verweist dabei auf die performativ-auratische Ästhetik des meditativen Gebets. Geprägt ist die Erfahrung aber durch

Abb. 2: Rosenkranz-Funktion der GebetsApp „Laudate" (unter iOS): Etwas unpräzise farbige Markierung der bereits ‚prozessierten' Perlen des virtuellen Rosenkranzes (links); „Tippen grün / rot-Symbol und folgen, um alle Gebete sehen, goto Einstellungen → Rosenkranz und dre…" (Gebetsanweisung; Mitte); „Folgen Sie bitte dem Auftrag des Rosenkranz – OK" (eingebaute Qualitätskontrolle des Gebetsalgorithmus; rechts).

andere mediale Eigenschaften, denn Materialität wird virtualisiert, die haptische Erfahrung bleibt ohne Idiosynkrasie. Der virtuelle Rosenkranz hat keinen Ort, an dem er aufbewahrt wird, lässt sich beliebig in unterschiedlichen sozialen (Alltags-)Räumen herstellen – endlos reproduzierbar, aber ohne Ewigkeitswert, ohne Einzigartigkeit, eine dekontextualisierte, gar ‚idolatrisierte' Simulation eines Heiligen.

Hinzu kommen bestimmte im Software-Code angelegte Handlungsoptionen („Folgen Sie dem Auftrag des Rosenkranzes"), die eine Erfahrung bereits präformieren und anleiten. Diese medialen Angebote (*media affordances*; Bucher/Helmond 2017) stehen in einem engen Zusammenhang mit der Struktur des Interface, das Wahrnehmungsmuster und Handlungen normiert und einfordert (Ernst/Bächle 2020).

Mit der an den Medialitätstypus der Performativität gebundenen Aura des Objekts verändert sich der ästhetische Modus der religiösen Erfahrung, wenn sie nicht mehr an Präsenz, Ereignishaftigkeit und (‚vorsymbolische') Unaussprechlichkeit gebunden ist. Textualität und Audiovisualität bedeuten Immanenz, das Transzendente wird als Absenz simuliert: *appropriating God*. Anders als die einzigartigen Worte, Altäre, Engel, Schreine, Bücher, Schrifttafeln lässt sich dem Smartphone keine göttliche Natur zuschreiben – zwar ist es omnipräsent, die universelle Relevanz, die ewige Güte und die performative Kraft, die ihre Macht vor allem aus einer kollektiven Ritualisierung ziehen, lässt sich neben Wetter-App, Routenplaner, Spiel und Dating-Portal nicht aufrechterhalten. Virtualität und Austauschbarkeit stehen gegen Einzigartigkeit, die Nähe des am Körper getragenen Computers steht gegen ein Distanzerleben. Dazu trägt auch die Vermischung sozialer Kommunikationsräume bei, da die Kommunikation mit Gott auf der Rosenkranz-App immer neben ganz weltlichen Kommunikationsmodi wie Kurzmitteilungen, Emails oder Videotelefonie vollzogen wird. Das Universalmedium reduziert das Göttliche zu einem unter vielen. Es ist nicht mehr das Göttliche, das in Botschaft und Medium wiedergefunden wird und diesem anhaftet (s. Kap. 1), es wird vielmehr der Ästhetik des Mediums unterstellt. Die zeichenhafte Appropriation kaschiert die Absenz des ehemals religiösen Wahrnehmungsmodus, wodurch per Definition das Kriterium einer Simulation erfüllt wird. Gott wird zum Simulakrum.

3 Spirituelle Ästhetik und die Ökonomie der religiösen Erfahrung

Kehren wir abschließend nochmals zu der Kritik Taylors an James zurück, für den die Jamesianische Zweiteilung von individueller religiöser Erfahrung einerseits und sozialer Kollektivierung und Dogma-getriebener Institutionalisierung in der europäischen Moderne angesiedelt ist und deren Gedanken fortsetzt. Am deutlichsten zählen dazu „die Betonung, daß Religion etwas Persönliches ist" und der Fokus auf das Individuum gelegt wird – Aspekte von Religiosität, die auch heute noch zu einem ‚modernen' Religionsverständnis zählen. Damit einher geht „der Druck, eine persönliche, engagierte, innerliche Form der Religion anzunehmen", was sich mit der Reformationsbewegung verstärkt: „Die Brisanz der Erklärung, die Erlösung erfolge durch den Glauben, lag in ihrer radikalen Entwertung des Ritual und der äußerlichen Praxis zugunsten des inneren Festhaltens an Christus dem Erlöser" (Taylor 2002: 15). Die „Bewegung der verpflichteten Innerlichkeit" löst auch das in anderen Phasen komplementäre Verhältnis zwischen „religiöser Hingabe und Verpflichtung" einerseits und der Beteiligung am „kollektiven Ritual" andererseits auf – die Hinwendung zur Innerlichkeit ist aufrichtiger, „echter" als andere Formen der Religiosität, womit Taylor (2002: 17) seine Kritik an James bekräftigt, der auch die innere Erfahrung priorisiert.

Der Wegfall der religiösen Praxis fordert in der Folge einen „höheren Grad an Reflektiertheit und innerer Verpflichtung" (Taylor 2002: 18) und damit eng verbunden mit dem forschenden Blick der Aufklärung, dem Willen zum Wissen sowie der Konstruktion des modernen Subjekts (Foucault 1983),

Abb. 3: App „Muslim Pro" (unter iOS): Links: Übersichtliches Gebets-Management; rechts: „Premium-Elemente" als Incentive für Gebetsleistungen.

was sich am deutlichsten wohl in der Introspektionsleistung der Beichte als Subjektivierungstechnologie zeigt. Gerade weil sie als eingeübtes Ritual vollzogen wird, entsteht in ihrer Folge eine bestimmte Machtkonstellation und ein Wissen um das Selbst. Der Verweis auf das „Individuelle" religiöser Erfahrung benötigt ein Subjekt – eine Instanz, die überhaupt in der Lage dazu ist, (religiös) erfahren zu können. Dieses wiederum entsteht erst in der religionsbezogenen Introspektion und Subjektivierung. Die Beichte ist daher kein leeres und äußerliches Ritual. Ihre Praxis schafft erst die Voraussetzungen für ein Subjekt, das zu religiösen Erfahrungen befähigt ist. Subjektivitätskonstruktion ist notwendigerweise gebunden an die religiöse Erfahrung, die – und dies ist der entscheidende Punkt – jeweils durch eine mediale Ästhetik geprägt ist.

„Das gläubige Selbst" ist damit kein eigenständiger Subjekt-Typus sui generis, sondern eingebettet in die neoliberalen Bedingungen des unternehmerischen Selbst (Bröckling 2007). Die Voraussetzungen von Selbstoptimierung, -kontrolle und -disziplinierung sind dabei ganz wesentlich an eine digitale Medienästhetik gebunden (Bächle 2020). Die eingeforderten Handlungen (media affordances) und kommunikativen Muster der GebetsApp (Abb. 3) artikulieren sich in der Erinnerungsfunktion, der Haben-Liste bereits „erledigter" Gebete und dem Marketing-Duktus des Erwerbs von Premium-Leistungen.

Die modern-neoliberale Selbstregierung des gläubigen Selbst findet sich einerseits in Tendenzen zu als Dienstleistungen ausgedeuteten Angeboten von Spiritualität, einem Gemischtwarenladen neoliberaler Konsum- und Wahlfreiheitsoptionen, denen jedoch der Zwang zur Individualisierung anhaftet und wird andererseits durch die ästhetischen Mittel vermeintlicher *Individualmedien* ermöglicht, befördert und geprägt. Die subjektivierende Praxis der Religion wird bedingt durch die Ästhetik der dafür gebrauchten Techniken, das ‚religiöse Selbst' unterliegt den Regeln der Ökonomie.

4 Schluss

Die ästhetischen Eigenschaften ihrer Vermittlung prägen die Kommunikation mit Gott und in einem allgemeineren Sinne die religiöse Erfahrung. Diese Medialität lässt sich durch andere Bedingungen nicht reproduzieren oder in ihrer spezifischen ästhetischen Qualität herstellen. Zwar hat dies keine fortlaufende Verlust-, wohl aber eine massive Veränderungsgeschichte zur Folge. Auf ein Transzendenz-Erleben angelegte Formen religiöser Erfahrung sind an eine performative Medialität gebunden, für die Ereignishaftigkeit, Präsenz und Unaussprechlichkeit charakteristisch sind. Andere Medienumwelten stellen andere Formen der Medialität in den Vordergrund, die als symbolische Sphären Immanenz bedeuten, das Transzendente gleichwohl zu simulieren versuchen. Die hypermediale Ästhetik der Smartphones, Tablets oder VR-Brillen bietet keine Einzigartigkeit, sondern Ubiquität, Verfügbarkeit und Austauschbarkeit. Als so genannte Individualmedien verkauft sich mit ihnen die Idee der Wahlfreiheit, doch bleiben sie eingebettet in den neoliberalen Zwang zur Konsum-Freiheit, der auch die Techniken religiöser Praxis präformieren kann. Die Konstruktion des Subjekt-Typus eines gläubigen Selbst im Kontext von Vermessung, Regulation, Optimierung und Kontrolle ist zugleich Konsequenz und Fundament der medialen Formen. Die Ikonografie der neuen Medien – als Omnipotenz, Omnipräsenz und Omniszienz – bedient die Figur eines religiös konnotierten Fetischs. Sie konstituiert ein Referenzsystem, das den Bezug auf ein Göttliches obsolet macht, eine religiöse Modalität in medienästhetischer Form.

Literatur

Badracco, Claire (Hrsg.) (2005): Quoting God. How media shape ideas about religion and culture. Waco/TX: Baylor University Press.
Bächle, Thomas Christian (2016a): Digitales Wissen, Daten und Überwachung zur Einführung. Hamburg: Junius.
Bächle, Thomas Christian (2016b): Das Smartphone, ein Wächter. Selfies, neue panoptische Ordnungen und eine veränderte sozialräumliche Konstruktion von Privatheit. In: Beyvers, Eva [et al.] (Hrsg.): Räume und Kulturen des Privaten. Wiesbaden: Springer VS, S. 137-164.
Bächle, Thomas Christian (2020): Das digitale Selbst. In: Heßler, Martina/Liggieri, Kevin (Hrsg.): Handbuch Historische Technikanthropologie. Baden-Baden: Nomos, S. 273-278.
Belting, Hans (2005): Das echte Bild. Bildfragen als Glaubensfragen. München: Beck.
Benjamin, Walter (2003) [1936]: Das Kunstwerk im Zeitalter seiner technischen Reproduzierbarkeit. Drei Studien zur Kunstsoziologie. Frankfurt am Main: Suhrkamp.
Blondheim, Menahem (2015): The Jewish Communication Tradition and Its Encounters with (the) New Media. In: Campbell, Heidi A. (Hrsg.): Digital Judaism. Jewish Negotiations with Digital Media and Culture. New York/London: Routledge, S. 16-39.
Bolter, Jay David; Grusin, Richard (2000): Remediation. Understanding New Media. Cambridge, MA/London: MIT Press.
Böhme, Gernot (2013): Atmosphäre. Essays zur neuen Ästhetik. Berlin: Suhrkamp.
Bröckling, Ulrich (2007): Das unternehmerische Selbst. Soziologie einer Subjektivierungsform. Frankfurt am Main: Suhrkamp.
Bucher, Tania/Helmond, Anne (2017). The Affordances of Social Media Platforms. In: Burgess, Jean, Poell Thomas/Marwick, Alice (Hrsg.): The SAGE Handbook of Social Media. London/New York: SAGE Publications. S. 233-253.
Couldry, Nick (2003): Media rituals: a critical approach. London: Routledge.
Crimp, Douglas (1996): Die fotografische Aktivität des Postmodernismus. In: Crimp, Douglas: Über die Ruinen des Museums. Dresden/Amsterdam: Verlag der Kunst, S. 123-140.
Derrida, Jacques (2001): Above All, No Journalists!. In: de Vries, Hent (Hrsg.): Religion and Media. Stanford: Stanford University Press, S. 56-93.
Derrida, Jacques (2002) [1996]: Faith and Knowledge: The Two Sources of "Religion" at the Limits of Reason Alone. In: Derrida, Jacques, Anidjar, Gil (Hrsg.): Acts of Religion. New York: Routledge, S. 42-101.
de Vries, H. (2001): In media res: global religion, public spheres, and the task of contemporary religious studies, in: de Vries, H.; Weber, S. (Hrsg.): Religion and media, Stanford: Stanford University Press, S. 4-42.
Ernst, Christoph/Bächle, Thomas Christian (2020): Interface. In: Heßler, Martina/ Liggieri, Kevin (Hrsg.): Handbuch Historische Technikanthropologie. Baden-Baden: Nomos, S. 408-412.

Faulstich, Werner (1997): Das Medium als Kult. Von den Anfängen bis zur Spätantike (8. Jahrhundert), Die Geschichte der Medien Band 1. Göttingen: Vandenhoeck & Ruprecht.
Fischer-Lichte, Erika (2004): Ästhetik des Performativen. Frankfurt am Main: Suhrkamp.
Foucault, Michel (1983): Der Wille zum Wissen. Sexualität und Wahrheit 1. Frankfurt am Main: Suhrkamp.
Giddens, Anthony (1995): Die Konstitution der Gesellschaft. Grundzüge einer Theorie der Strukturierung. Frankfurt am Main: Campus.
Hegel, Georg Wilhelm Friedrich (1986): Phänomenologie des Geistes [1807], Bd. 3/20. Frankfurt am Main: Suhrkamp.
Hörisch, Jochen (2009): Das Wort ward Fleisch – Das Abendmahl als ontosemiologisches Leitmedium. In: Hörisch, Jochen (Hrsg.): Bedeutsamkeit. Über den Zusammenhang von Zeit, Sinn und Medien. München: Hanser, S. 304-320.
Horton, Donald; Wohl, R. Richard (1956): Mass Communication and Para-Social Interaction. Observations On Intimacy at a Distance. In: Psychiatry, 19, S. 215-229.
James, William (1997): Die Vielfalt religiöser Erfahrung. Eine Studie über die menschliche Natur. Frankfurt am Main: Insel.
James, William (2014) [1901/02]: Die Vielfalt der religiösen Erfahrung. Eine Studie über die menschliche Natur. Berlin: Verlag der Weltreligionen.
Katz, Elihu/Dayan, Daniel (1985) Media events: On the experience of not being there. In: Religion, 15:3, S. 305-314.
Krämer, Sybille (2008): Medium, Bote, Übertragung. Kleine Metaphysik der Medialität. Frankfurt am Main: Suhrkamp.
Krüger, Oliver (2013): Die mediale Religion, Probleme und Perspektiven der religionswissenschaftlichen und wissenssoziologischen Medienforschung. Bielefeld: transcript.
Levinas, Emmanuel (1977): Du sacré au Saint, Paris: Editions de Minuit. Dt.: Levinas, Emmanuel (1998): Vom Sakralen zum Heiligen. Fünf neue Talmud-Lesungen. Frankfurt am Main: Verlag Neue Kritik.
Lister, Martin et al. (2009): New Media. A Critical Introduction. London: Routledge.
Lunenfeld, Peter (2002): Digitale Fotografie. Das dubitative Bild, in: Wolf, Herta (Hg.): Paradigma Fotografie. Fotokritik am Ende des fotografischen Zeitalters, Bd. 1, Frankfurt am Main: Suhrkamp, S. 158-177.
Manovich, Lev (2006): The poetics of augmented space. In: Visual Communication, Vol 5, Issue 2, S. 219-240.
McLuhan, Marshall (2002): The Medium and the Light. Reflections on Religion. Eugene, OR: Wipf & Stock.
Mersch, Dieter (2008): Tertium datur. Einleitung in eine negative Medientheorie. In: Münker, Stefan; Roesler, Alexander (Hrsg.): Was ist ein Medium?. Frankfurt am Main: Suhrkamp, S. 304-321.
Meyer, Birgit/Verrips, Jojada (2008): Aesthetics. In: Morgan, David (Hrsg.): Key words in religion, media and culture. New York: Routledge, S. 20-30.
Mohr, Hubert (2006): Perception/Sensory Systems. In: Stuckrad, Kocku von (Hrsg.): The Brill Dictionary of Religion. Leiden: Brill, S. 1435-1448.

Rath, Claus-Dieter (1989): Live Television and its Audiences: Challenges of Media Reality. In: Seiter, Ellen et al. (Hrsg.): Remote Control: Television, Audiences and Cultural Power. New York: Routledge, S. 79-95.

Schmitz, Norbert M. (2015): Der digitale Apelles. Zur Diskursgeschichte der Immersion, in: Grabbe, Lars C./Rupert-Kruse, Patrick/Schmitz, Norbert M. (Hrsg.): Bild und Interface. Zur sinnlichen Wahrnehmung digitaler Visualität. Darmstadt: Büchner, S. 39-64.

Stausberg, Michael (2011): From 1799 to 2009: Religious Experience Reconsidered – background, arguments, responses. In: Religion, 40(4), 2010, S. 279-285.

Stolow, Jeremy (2013a) (Hrsg.): Deus in Machina: Religion, Technology, and the Things in Between. New York: Fordham University Press.

Stolow, Jeremy (2013b): Introduction. Religion, Technology and the Things in Between. In: Stolow, Jeremy (Hrsg.): Deus in Machina: Religion, Technology, and the Things in Between. New York: Fordham University Press, S. 1-24.

Taylor, Charles (2002): Die Formen des Religiösen in der Gegenwart. Frankfurt: Suhrkamp.

Turner, Victor (1985): On the edge of the bush. Anthropology as Experience. Tucson, Arizona: The University of Arizona Press.

Van de Port, Mattijs (2011): (Not) Made by the human hand: media consciousness and immediacy in the cultural production of the real. In: Social Anthropology, 19, S. 74-89.

Wittgenstein, Ludwig (2001): Philosophische Untersuchungen [1953]. Kritisch-genetische Edition. hg. v. Joachim Schulte. Frankfurt am Main: Wissenschaftliche Buchgesellschaft.

Wyss, Beat (2009): Nach den großen Erzählungen. Frankfurt am Main: Suhrkamp.

Autor:innen

Atwood, David: Dr. phil., ist Oberassistent für Religionswissenschaft an der Universität Basel und arbeitet für die Regierung des Kantons Basel-Stadt als Koordinator für Religionsfragen. Ausgewählte Publikationen: *Schwellenzeiten. Mythopoetische Ursprünge von Religion in der Zeitgeschichte* (Ergon 2019); *Killing Dragons. Religionisations in the Alps* (Culture and Religion 21, 2020, S. 72-86).

Bächle, Thomas Christian: Dr. phil., leitet das Forschungsprogramm Digitale Gesellschaft am Alexander von Humboldt Institut für Internet und Gesellschaft (HIIG) in Berlin. 2019/2020 Gastprofessor für Medienwissenschaft/Digitale Medien an der Humboldt-Universität zu Berlin; 2020 Research Fellow am Cognitive Science Lab der Waseda-Universität in Shinjuku, Tokio (gefördert durch die Japanese Society for the Promotion of Science, JSPS). Promotion im Fach Medienwissenschaft an der Universität Bonn. Buchpublikationen u. a. *Die Maschine: Freund oder Feind? Mensch und Technologie im digitalen Zeitalter* (Springer VS 2019), *Digitales Wissen, Daten und Überwachung* (Junius 2016) und *Mythos Algorithmus – Die Fabrikation des computerisierbaren Menschen* (Springer VS 2014).

Coenen, Christopher: Forschungsgruppenleiter am Institut für Technikfolgenabschätzung und Systemanalyse (ITAS) im Karlsruher Institut für Technologie (KIT). Seit 2003 am ITAS. Leitender Herausgeber der Zeitschrift *NanoEthics: Studies of New and Emerging Technologies* (Springer). Aktuell Koordinator des transnationalen Forschungsprojekts „FUTUREBODY" (ERA-Net NEURON). Ausgewählte Publikationen: *Die Mensch-Maschine als Utopie*. In: Kevin Liggieri und Oliver Müller (Hg.). Mensch-Maschine-Interaktion: Handbuch zu Geschichte - Kultur – Ethik. J.B. Metzler 2019 (S. 71-80); *Die wissenschaftlich-technisch ermöglichte Gottwerdung der Menschheit*. In: Armin Grunwald (Hg.) Wer bist du, Mensch? Transformationen menschlicher Selbstverständnisse im wissenschaftlich-technischen Fortschritt. Herder 2021 (S. 324-345).

Dickel, Sascha: Professor für Mediensoziologie und Gesellschaftstheorie an der Johannes Gutenberg-Universität Mainz. Zuvor tätig an der TU München, TU Darmstadt und Universität Bielefeld. Fellow am Institut für ökologische Wirtschaftsforschung Berlin. Lehr- und Forschungsaufenthalte in Cardiff, Washington DC und Wien. Promotion 2010 zu Utopien des Human Enhancement (Bielefeld), Habilitation 2019 zur digitalen Partizipation in Wissenschaft und Technik (München). Ausgewählte Publikationen: *Prototyping Society. Zur vorauseilenden Technologisierung der Zukunft* (transcript 2019); *Gleiche Menschen, ungleiche Maschinen. Die Humandifferenzierung digita-*

ler Assistenzsysteme und ihrer Nutzer:innen in der Werbung (mit Miriam Schmidt-Jüngst). In: Dilek Dizdar et al. (Hg.). Humandifferenzierung. Disziplinäre Perspektiven und empirische Sondierungen. Velbrück 2021 (S. 342-367).

Grunwald, Armin: Prof. Dr., lehrt Philosophie und Ethik der Technik und forscht zu Theorie und Praxis der Technikfolgenabschätzung und der nachhaltigen Entwicklung. Leiter des Instituts für Technikfolgenabschätzung und Systemanalyse (ITAS) am Karlsruher Institut für Technologie (KIT), seit 2002 in Verbindung mit der Leitung des Büros für Technikfolgen-Abschätzung beim Deutschen Bundestag (TAB). Seit 2007 auch Professor für Technikethik und Technikphilosophie am KIT. Mitglied des Deutschen Ethikrates. Veröffentlichungen zuletzt: *Living Technology. Philosophy and Ethics at the Interface between Life and Technology* (Jenny Stanford 2021); *Technology Assessment in Practice and Theory* (Routledge 2019); *Der unterlegene Mensch: Die Zukunft der Menschheit im Angesicht von Algorithmen, künstlicher Intelligenz und Robotern* (riva 2018); *The Hermeneutic Side of Responsible Research and Innovation* (Wiley 2016); *Nachhaltigkeit verstehen: Arbeiten an der Bedeutung nachhaltiger Entwicklung* (oekom 2016).

Jochum, Georg: Dr., wissenschaftlicher Mitarbeiter an der TU München, Lehrstuhl für Wissenschaftssoziologie, Munich Center for Technology in Society. Ausgewählte Publikationen: *Plus Ultra oder die Erfindung der Moderne. Zur neuzeitlichen Entgrenzung der okzidentalen Welt.* transcript 2017); *Transformationen alltäglicher Lebensführung* (Beltz Juventa 2020, Hg. mit Karin Jurczyk, G. Günter Voß, Margit Weihrich); *Dialectics of emancipation through technology – Considerations on a reflexive, sustainable technology development* (NanoEthics 2021,Volume 14).

Keller, Felix: Prof. Dr., Titularprofessur für Soziologie, lehrt und forscht an der Universität St. Gallen. Zuvor arbeitete er an diversen anderen Universitäten, so Zürich, Lausanne, Luzern, EHESS Paris. Zu seinen Schwerpunkten gehören wissenssoziologische Fragen der Darstellung, Vermessung und Erzählung des Sozialen. 2021/22 erscheint von ihm eine zweiteilige Monographie zu *Anonymität und Gesellschaft* (Velbrück, Band 1: *Die Beschreibung der Anarchie;* Band 2: *Wissenschaft, Utopie, Mythos)*.

Maasen, Sabine: Prof. für Wissenschafts- und Innovationsforschung an der Universität Hamburg sowie Wissenschaftliche Direktorin der dortigen TransferAgentur. Sie ist u.a. Mitglied der Wissenschaftlichen Kommission des Wissenschaftsrats. Ihre Arbeitsschwerpunkte liegen in den Bereichen ko-kreativer Wissensproduktion, des Verhältnisses von Wissenschaft und Gesellschaft in Zeiten forcierter Innovationstätigkeit sowie der Organisationsentwicklung in Wissenschaft und Hochschule. Ausgewählte Publikationen

Soziologie des Digitalen – Digitale Soziologie? Sonderheft (23) der Sozialen Welt, (Nomos 2020, Hg. mit Jan-Hendrik Passoth); *TechnoScienceSociety. Technological Reconfigurations of science and society. Yearbook Sociology of the Sciences* (Springer 2020, Hg. mit Sascha Dickel und Christoph Schneider); *Psychoanalyse in der techni¬schen Gesellschaft. Streitbare* Thesen (Vandenhoeck & Ruprecht 2019, Hg. mit Eckhard Frick und Andreas Hamburger).

Mohn, Jürgen: Dr. phil. habil., 2003-2006 Professor für Theorie und Methodik der Religionswissenschaft an der LMU München; seit 2006 Ordinarius für Religionswissenschaft an der Universität Basel. Publikationen zu den Arbeitsschwerpunkten: Religionstheorie, Religionssemiotik und -aisthetik, Buddhismusrezeption im Westen, Europäische Religionsgeschichte, Wissenschaftsgeschichte, Mythos, Religion im Comic, Religion und Recht, Religion und Digitalisierung (Cyberspace). Zuletzt: *Die Medien der Blasphemie: Religionswissenschaftliche Beobachtungen und religionspolitische Überlegungen*, In: Wüthrich, M. D., Gockel, M., Mohn, J. (Hg.) Blasphemie. Anspruch und Widerstreit in Religionskonflikten. Tübingen 2020 (S. 39-54); *'Religion spielen' auf der Bühne der Geschichte - Reenacting Religion in der Französischen Revolution* (Forum modernes Theater 30, 2019).

Nordmann. Alfred: Prof. für Philosophie und Geschichte der Wissenschaften und der Technowissenschaften an der Technischen Universität Darmstadt. Seit 2013 ist er Herausgeber der Buchreihe *History and Philosophy of Technoscience*, seit 2020 chief science editor von *Technology and Language*. Sein wissenschaftsphilosophisches Interesse zielt auf die Einbeziehung der Technikphilosophie in die Rekonstruktion einer modernen Forschungspraxis, der es nicht um die Übereinstimmung von Geist und Welt geht, sondern um die teilnehmende Beherrschung von Wirkzusammenhängen. Er ist Autor einer Interpretation von Wittgensteins *Tractatus Logico-Philosophicus* und einer *Einführung in die Technikphilosophie*. Derzeit ist er mit Fragen des Werkwissens und mit Kompositionslehren an der Schnittstelle von Kunst und Technik befasst.

Ornella, Alexander Darius: Dr., ist Senior Lecturer in Religion an der University of Hull in Großbritannien. Er forscht hauptsächlich zum Verhältnis von Religion und Technologie; zu Religion und Populärkultur sowie zu Religion und Sport. Ausgewählte Publikationen: *Sport as Bodily Practice of Remembrance: Remembering Heroes, Remembering Nations* In: A. Saviello, B. Scolari , M.-T. Mäder (Hg.). The Highgate Cemetery in London. Nomos 2020; *Suffering in, for, and with Christ: Faithful CrossFit Bodies. In* A.-L. Zwilling (Hg.): Corps, religion et diversité. Academia 2019.

Schwarke, Christian: Prof. für Systematische Theologie an der Technischen Universität Dresden. Ausgewählte Publikationen: *Technik und Religion. Religiöse Deutungen und theologische Rezeption der Zweiten Industrialisierung in den USA und in Deutschland* (Kohlhammer 2014); *Star Trek und der Traum von der Allgegenwart. Technik und die Realisierung von Utopien.* In: Kanzler, K., Schwarke, C. (Hg.): Star Trek: Discovery. Gesellschaftsvisionen für die Gegenwart. Springer 2019 (S. 49-65); *Säkularisierung als Transformation religiösen Wissens* In: Ballod, Matthias (Hg.): Transfer und Transformation von Wissen. Peter Lang 2020 (S. 51-66).

Wyss, Beat: 1947 in Basel geboren, Studium der Kunstgeschichte, Philosophie und der deutschen Literatur in Zürich, Berlin und Rom. 1990 wurde er Professor für Kunstgeschichte an der Universität Bochum, bevor er von 2003 bis zu seiner Emeritierung an der Staatlichen Hochschule für Gestaltung Karlsruhe lehrte und forschte. Seit 2001 ist er ordentliches Mitglied der Heidelberger Akademie der Wissenschaften. Wyss ist Autor vielfältiger Publikationen, darunter *Der Wille zur Kunst* (Dumont 1996), *Die Wiederkehr des Neuen* (Fundus 2007), *Nach den großen Erzählungen* (Suhrkamp 2009) oder *Renaissance als Kulturtechnik* (Fundus 2013).

Ortwin Renn

Gefühlte Wahrheiten

Orientierung in Zeiten
postfaktischer Verunsicherung

2. überarb. Aufl. • 2019 • 206 Seiten • Kart. • 19,90 € (D) • 20,50 € (A)
ISBN 978-3-8474-2271-6 • eISSN 978-3-8474-1342-4

Populistische Strömungen gewinnen weltweit an Resonanz, gleichzeitig beobachten wir ein tiefes Misstrauen in die Problemlösungsfähigkeit der Politik, in die Fairness der Wirtschaft und die Unabhängigkeit der Wissenschaft. Der Soziologe und Risikoforscher Ortwin Renn führt diese Tendenzen auf gesellschaftliche Verunsicherung angesichts gesellschaftlicher Veränderung und Komplexität zurück. In seinem Buch untersucht er die aktuellen gesellschaftlichen Ängste, ihre Ursachen und Folgen. Aufklärend zielt Renn darauf, Verunsicherung abzubauen.

www.shop.budrich.de

Detlef Garz

Von den Nazis vertrieben

Autobiographische Zeugnisse von Emigrantinnen und Emigranten. Das wissenschaftliche Preisausschreiben der Harvard Universität aus dem Jahr 1939

Qualitative Fall- und Prozessanalysen. Biographie – Interaktion – soziale Welten, Band 22. 2021 • 366 Seiten • Kart. • 39,90 € (D) • 41,10 € (A)
ISBN 978-3-8474-2578-6 • eISBN 978-3-8474-1736-1

Wie veränderten sich unter der Nazi-Herrschaft Leben und Alltag derer, die verfolgt wurden? Ein außergewöhnliches wissenschaftliches Preisausschreiben der Harvard Universität stellt im Jahr 1939 diese Frage und sammelt über 180, zum Teil umfangreiche autobiographische Manuskripte von Emigrantinnen und Emigranten aus dem nationalsozialistischen Deutschland sowie aus Österreich. Der Korpus ist bis heute weitgehend unerschlossen. Detlef Garz widmet sich in umfassender Weise dem Preisausschreiben und rückt die Lebensgeschichten der Teilnehmenden in den Mittelpunkt.

www.shop.budrich.de